Günter Dammann (Hrsg.)
—
B. Traven

B. Traven

Autor – Werk – Werkgeschichte

Herausgegeben von
Günter Dammann

Königshausen & Neumann

Gedruckt mit Hilfe der Geschwister Boehringer Ingelheim Stiftung
für Geisteswissenschaften in Ingelheim am Rhein

Bibliografische Information der Deutschen Nationalbibliothek

Die Deutsche Nationalbibliothek verzeichnet diese Publikation in der Deutschen
Nationalbibliografie; detaillierte bibliografische Daten sind im Internet
über http://dnb.d-nb.de abrufbar.

© Verlag Königshausen & Neumann GmbH, Würzburg 2012
Gedruckt auf säurefreiem, alterungsbeständigem Papier
Umschlag: skh-softics / coverart
Umschlagabbildung: B. Traven in Mexiko
Bindung: Zinn – Die Buchbinder GmbH, Kleinlüder
Alle Rechte vorbehalten
Dieses Werk, einschließlich aller seiner Teile, ist urheberrechtlich geschützt.
Jede Verwertung außerhalb der engen Grenzen des Urheberrechtsgesetzes ist
ohne Zustimmung des Verlages unzulässig und strafbar. Das gilt insbesondere
für Vervielfältigungen, Übersetzungen, Mikroverfilmungen und die Einspeicherung
und Verarbeitung in elektronischen Systemen.
Printed in Germany
ISBN 978-3-8260-4797-8
www.koenigshausen-neumann.de
www.buchhandel.de
www.buchkatalog.de

Vorwort

Jede „bedeutende Schrift" sei „nur Folge des Lebens", heißt es in *Literarischer Sansculottismus*, jener in Schillers *Horen* erschienenen unwirschen Abrechnung Goethes mit einem journalistischen Kritiker des *state of the art* der deutschen Literatur um 1795; und: „der Schriftsteller so wenig als der handelnde Mensch bildet die Umstände, unter denen er geboren wird und unter denen er wirkt".[1] Folgt eine Aufzählung der Bedingungen, zwischen denen und gegen die ein deutscher Autor der zweiten Hälfte des 18. Jahrhunderts mühsam seinen Weg hatte suchen müssen. Die freilich seien weit entfernt von einer Kultur, in welcher wesentliche Werke einer Nationalliteratur möglich gewesen wären; ein deutscher Schriftsteller habe weder „in der Geschichte seiner Nation große Begebenheiten und ihre Folgen in einer glücklichen und bedeutenden Einheit" noch „in den Gesinnungen seiner Landsleute Größe, in ihren Empfindungen Tiefe und in ihren Handlungen Stärke und Konsequenz" finden können. Kein Wunder also, so Goethe, dass es hierzulande noch keinen klassischen *Autor*, kein klassisches *Werk* gegeben habe.

Die Äußerung wirft einen Lichtstreif auch auf die Bildungsgeschichte eines Autors aus der ersten Hälfte des 20. Jahrhunderts. B. Travens bedeutendere Werke, gewiss auf in die Augen fallende Weise ‚Folge des Lebens', konnten entstehen erst mit dem biographischen Wechsel aus einer Nationalkultur in eine andere. Nicht im Deutschland, vor, während und nach dem weltverändernden Krieg, sondern außerhalb Europas, in Mexiko schließlich, fanden sich jene ‚Begebenheiten in einer glücklichen und bedeutenden Einheit', jene ‚Größe', ‚Tiefe', ‚Stärke und Konsequenz', die einen peripheren, seine umfangreicheren Erzählwerke nur für die Schublade schreibenden Autor zu einem literarischen Stern von am Ende auch internationaler Größe machten. Haben gerade ihn (anders gewiss als die Mann, Döblin oder Musil) die Umstände, ‚unter denen er geboren wurde', offenbar auf weniger als die Hälfte seiner Möglichkeiten beschränkt, so hat er sich die ihm dann soviel günstigeren, ‚unter denen er wirkte', eben doch selbst wählen können. Traven als problematischer Nationalautor: in der Geschichte nicht seines, sondern eines anderen Staates fand er das, was Nietzsche-Wirkung und Darwin-Mode, was vitalistischen Monismus und Bewegungen der ‚Lebensreform', die Vorgaben seiner Herkunft also, zu einem *Werk* von unverkennbarer Prägung verschmolz. Es würde zukünftig eine große Herausforderung der Forschung sein, im Profil des *Autors*,

---
[1] Alle Goethe-Zitate aus diesem Aufsatz auch im folgenden nach [Johann Wolfgang] Goethe: Werke. Hamburger Ausgabe in 14 Bdn. Bd. 12. Hg. von Herbert von Einem, Hans Joachim Schrimpf u. Werner Weber. 5. Aufl. Hamburg 1963, S. 239–244.

dem wir *Das Totenschiff* und die ‚mexikanischen' Romane verdanken, das mentalitätsgeschichtliche Konglomerat der Jahrhundertwende 1900 als generierende Struktur aufzuspüren. Soviel und soweit in spielerischer Ableitung aus Goethes Postulaten von 1795 zu den Stichworten *Autor* und *Werk*, wie sie für Traven zu denken wären.

Goethes Aufsatz bringt noch einen anderen Aspekt in den Blick. Der Erkenntnis in besonderem Maße förderlich sei es, wenn Literaturgeschichte als *Werkgeschichte* erscheine. Er getraue sich zu behaupten, so der Verfasser von *Literarischer Sansculottismus*, „daß ein verständiger, fleißiger Literator durch Vergleichung der sämtlichen Ausgaben unsres Wielands [...] allein aus den stufenweisen Korrekturen dieses unermüdet zum Bessern arbeitenden Schriftstellers die ganze Lehre des Geschmacks würde entwickeln können".

Dass dieser Passus, ein *locus classicus* der Editionswissenschaft, schon immer auch und sogar in besonderem Maße für Traven griff, wurde lange nicht gesehen oder wenigstens nicht ernsthaft reflektiert. Dabei hatte schon Karl S. Guthkes Biographie einen Brief des Autors an den Rowohlt-Verlag vorgestellt, in dem Traven deutlich sein Recht postulierte, bei jeder neuen Auflage in seine Bücher eingreifen zu können, und zwar „to better them for future readers".[2] Da klingt's nun tatsächlich, als wär' es verfremdet das Stück von Goethe, doch wird dessen Beispiel Wieland von unserem Beispiel Traven noch um eine ganze Dimension überstiegen, haben wir es doch im Œuvre des deutsch-mexikanischen Schriftstellers nicht nur mit einer vertikalen (chronologischen) Werkgeschichte der deutschen Fassungen, sondern auch mit der horizontalen (topographischen) Konstellation von Neufassungen in anderen Sprachen sowie nicht zuletzt mit horizontal-vertikalen Interferenzen zu tun.

Nach den Leitworten *Autor*, *Werk*, *Werkgeschichte* sind die im vorliegenden Band versammelten Aufsätze in zwei Abteilungen geordnet.

Den Anfang macht die unter dem Titel *Autor / Werkgeschichte* zusammengestellte Gruppe. Sie setzt ein mit *Heidi Zogbaums* Evokation der mexikanischen Episode im Exil deutscher Intellektueller während des Zweiten Weltkrieges, als von der in Mexiko recht ahnungslos agierenden Gruppe um Egon Erwin Kisch Versuche unternommen wurden, Traven aus seiner Verborgenheit zu locken; in dieser Episode sieht Zogbaum auch eine Ursache für die Partnerschaft des Schriftstellers mit Esperanza López Mateos und seinen Entschluss zur Autorisation spanischer Übersetzungen. *Günter Dammann* handelt über Travens seit Mitte der dreißiger Jahre intensivierte Absicht, sich als US-amerikanischer Schriftsteller neu zu erfinden und *Das Totenschiff* sowie andere Romane deshalb ins Deutsche rückübersetzen zu lassen. Steht in diesen beiden Beiträgen der *Autor* im Vordergrund, so befassen sich die folgenden vier Aufsätze vorwiegend mit der *Werkgeschichte*. *Karl S. Guthke* widmet sich dem Roman *Die Baumwollpflücker* und unternimmt ausführliche vergleichende Analysen mehrerer deutsch-

---

[2] Karl S. Guthke: B. Traven. Biographie eines Rätsels. Frankfurt a. M. / Olten / Wien 1987, S. 537.

sprachiger Versionen sowie der (einer ungedruckten Vorlage folgenden) englischen und der (von Traven selbst verantworteten) amerikanischen Übersetzung, so dass sich u. a. erhellende Blicke auf die Entwicklung von Travens sozialpolitischen Anschauungen ergeben. Komplexer noch ist die Geschichte von Travens erfolgreichstem Werk *Das Totenschiff*, wie *Galina Potapova* sie für die große Zahl der deutschen Auflagen rekonstruiert; Potapovas Beitrag liefert gewissermaßen Prolegomena für eine dermaleinstige kritische Ausgabe des Romans und enthält konsequenterweise auch eine eingehende Analyse jener Edition, die von Edgar Päßler im Rahmen seiner Werkausgabe besorgt wurde. *Klaus Meyer-Minnemann* nimmt die spanischsprachigen Versionen von Travens Romanen in den Blick, die bis 1940 als unautorisierte (und daher den Ärger des Autors herausfordernde), seit 1941 aber als von Traven gebilligte und durch Esperanza López Mateos angefertigte Übersetzungen erschienen sind; Meyer-Minnemann leuchtet die Konstellation anhand der drei im spanischen Sprachbereich vorliegenden Fassungen von *Die Brücke im Dschungel* exemplarisch aus. Den Stellenwert Travens im heutigen Mexiko umreißt am Maßstab seiner Erzählungen und Kurzgeschichten *Dieter Rall*, der sodann die Geschicke der erstmals 1930 veröffentlichten Erzählung *Der Großindustrielle* nachzeichnet. Abgeschlossen wird die Abteilung *Autor / Werkgeschichte* mit *Heidi L. Hutchinsons* Referat über die *Gerd Heidemann Collection* und das *Edgar Päßler Archive*, zwei wichtige Archive mit Material zu Leben und Werk B. Travens, die seit rund zehn bzw. drei Jahren die bereits länger vorhandenen einschlägigen Bestände der University of California, Riverside Libraries ergänzen; Hutchinsons Ausführungen sind erfreulich benutzerorientiert auf den Aspekt der Dienstleistung für die Forschung abgestellt.

Eine zweite Abteilung des vorliegenden Bandes, *Werk / Autor* betitelt und gewiss nicht gleich an der ‚zukünftigen großen Herausforderung' zu messen, beginnt mit *Jörg Thunecke* und seiner Analyse des von ihm selbst 2008 aus dem Marut-Nachlass herausgegebenen Romans *Die Fackel des Fürsten*, die das erzählerische Mittel der Digression in den Mittelpunkt stellt. Die beiden folgenden Aufsätze fragen jeweils nach Travens Poetik, obschon nur der erste den Begriff ausdrücklich im Titel führt. Für *Gerhard Bauer*, der seine Untersuchung am Roman *Die Baumwollpflücker* unternimmt, läuft die Transformation des Abenteuerromans, die Traven wie etwa auch Upton Sinclair als Schreibziel anstrebe, wesentlich über den neuen Gestus einer pragmatischen und widerstehenden Gelassenheit, wie er den Helden und Erzähler auszeichne, sowie über eine ähnlich nonchalante Führung der Handlung. Zieht Bauer erst gegen Ende seiner Ausführungen einige Folgerungen für den Leser Travens, so setzt *Günter Helmes* gleich beim Publikum ein, um sodann die Poetik der Vermittlung von Diskursen im Roman *Das Totenschiff* in mehreren explizit vollzogenen Schritten zu erhellen. *Anna Wojciechowska* verortet *Die Brücke im Dschungel* literaturgeschichtlich im ‚magischen Realismus' als einer für die Darstellung fremdkultureller Erfahrungen besonders geeigneten gattungspoetischen Form und beschäftigt sich zugleich mit Rolle und Funktion der Blickkontakte in dieser Erzählung. Der Beitrag von *Tadeusz Zawiła* handelt über negative literarische

Figuren in Travens Werken, die er in großer Zahl in den kürzeren Erzählungen findet, deren dargestellte Wirklichkeiten denn auch Welten ohne Werte seien. Wesentlich am Leitfaden der Sprechakttheorie widmet sich *Mathias Brandstädter* dem späten ‚Caoba'-Zyklus; ein vorheriger kurzer Ausblick auf die Befunde im *Ziegelbrenner* macht die Komplexität des aufbegehrenden Sprachhandelns vor allem in *Die Rebellion der Gehenkten* deutlich. Den Schluss der zweiten Abteilung bildet *Urszula Bonters* Aufsatz über Bilder und ihre Funktion in *Aslan Norval*, dem letzten zu Lebzeiten veröffentlichten Roman des Autors, der überraschenderweise – und damit sind wir erneut auf die Fragestellung des ersten Segments verwiesen – auch in einer zweiten (leicht gekürzten) Fassung vorliegt; dass diese zweite Fassung im Rahmen der Werkausgabe und wie dort üblich ohne Rechtfertigung erschienen ist, macht ein weiteres Mal darauf aufmerksam, dass Päßlers erfolgreiche und bei breiteren Leserschichten kanonisierte Edition dringend einer sorgfältigen historisch-kritischen Analyse bedürfte.

Erwähnt werden sollten, um möglicher Verwunderung bei der Lektüre vorzubeugen, zwei kleinere formale Dinge. Es wurde allen Beiträgern frei gestellt, welcher Rechtschreibung sie folgen wollten, sofern nur das Niveau der alten Interpunktion in Geltung blieb; orthographische Inkonsistenzen zwischen den einzelnen Aufsätzen sind also kein Versehen. Sodann erscheinen bei Titelaufnahmen der Werke Travens, während sonst lediglich Ort und Jahr gegeben werden, zusätzlich auch die Verlage.

Der hier vorgelegte Band verdankt seine Entstehung vielfältiger Unterstützung. Er geht auf eine Tagung zurück, die vom 19. bis zum 21. März 2010 im Deutschen Literaturarchiv Marbach stattfand. Sehr herzlich möchte ich dem DLA für seine Bereitschaft danken, dieser Veranstaltung den ihr angemessenen Ort zu bieten und zudem ihre Organisation und Durchführung zu übernehmen. An zweiter Stelle geht der Dank an die Deutsche Forschungsgemeinschaft für die Finanzierung unserer Internationalen Fachkonferenz, die zudem ein kleines, aber kundiges Publikum angelockt hatte. Wie bei den Traven-Tagungen der letzten anderthalb Jahrzehnte war auch diesmal, freudig begrüßt, Travens Stieftochter María Eugenia Montes de Oca de Heyman, in deren Besitz sich seit dem Tod Rosa Elena Lujáns der Nachlass befindet, aus México, D. F. angereist. Aus der Sicht der Traven-Forschung dankbar erwähnt werden muss zudem, dass Jörg Altekruse (*Zeitfilm Media*, Hamburg) im Rahmen der Konferenz zahlreiche ausführliche Interviews mit Tagungsteilnehmern aufzeichnete, die *online* gestellt werden sollen. Bei der Herstellung der Druckvorlage dieses Bandes schließlich hat mir Galina Potapova kollegial geholfen, dafür möchte ich ihr auch an dieser Stelle danken. In besonderem Maße bin ich der Geschwister Boehringer Ingelheim Stiftung für Geisteswissenschaften verpflichtet, die das Erscheinen des Buches durch einen Zuschuss zu den Druckkosten ermöglicht hat.

Mehrfach wird in den folgenden Beiträgen beklagt, dass der Nachlass Travens weiterhin nicht in einer geregelten und professionellen Form zugänglich sei. Dieser Befund gewinnt sein eigentliches Gewicht erst, wenn man in Rechnung stellt, dass Traven vom aktuellen Buchmarkt weitgehend verschwunden ist.

Seinen Namen und sein Werk künftig in einem Kanon der deutschen Literatur zu halten, dürfte mehr als vierzig Jahre nach dem Tod des Autors nur über die editorische und werkaufschließende Kompetenz der Wissenschaft gelingen. Eine Schlüsselfunktion wird der Edition zukommen. Was wir dabei nicht brauchen, sind neue anspruchslose Leseausgaben; der Antiquariatsmarkt hält Exemplare aller Art in großer Zahl bereit. Dringlich nötig wären vielmehr kritische Studienausgaben in zuverlässiger Textgestalt und nicht zuletzt mit umfänglicheren Editionsberichten sowie Sachkommentaren. Derartige Projekte aber wird man, wenn man kein Vabanquespieler ist, nur in Angriff nehmen, sofern das archivalische Umfeld ‚stimmt', um einmal einen Ausdruck aus dem Schatz der stereotypen Formulierungen zu verwenden. Sollte das zukünftig längerfristig nicht der Fall sein, dann kann geschehen, dass in jenem Programm, das Goethe gegen Ende seines Aufsatzes ins Auge fasste und an dem in dieser oder jener Weise Literaturwissenschaftler seitdem gearbeitet haben, nämlich „die Geschichte der Ausbildung unsrer vorzüglichsten Schriftsteller, wie sie sich in ihren Werken zeigt, dem Publikum vorzulegen", Name und Werk B. Travens schließlich nicht mehr vertreten wären. Das ist eine Entwicklung, die niemand wünschen kann.

Hamburg, im September 2011   Günter Dammann

Inhalt

Vorwort V

Autor / Werkgeschichte

HEIDI ZOGBAUM:
Encounters in Exile:
B. Traven and Egon Erwin Kisch 3

GÜNTER DAMMANN:
Die Rückübersetzung von Traven-Romanen ins Deutsche
während des Exils der Büchergilde Gutenberg in Zürich 13

KARL S. GUTHKE:
Vergangenheitsgestaltung.
Die Baumwollpflücker: deutsch, englisch, amerikanisch 29

GALINA POTAPOVA:
B. Travens Roman *Das Totenschiff*.
Fassungsgeschichte eines Werks zwischen der Erstausgabe
und dem Edierten Text der Gesamtausgabe 57

KLAUS MEYER-MINNEMANN:
Traven spanisch:
Die Brücke im Dschungel – (Un / El) Puente en la selva 95

DIETER RALL:
Travens Erzählung *Der Großindustrielle*.
Fassungen, Übertragungen, Bearbeitungen 115

HEIDI L. HUTCHINSON:
The B. Traven Collections at UC Riverside Libraries 129

Werk / Autor

JÖRG THUNECKE:
Brückenschlag zu B. Traven?
Die Funktion der Digressionen in Ret Maruts Roman
Die Fackel des Fürsten 149

GERHARD BAUER:
Travens *Baumwollpflücker*.
Ein Nobody verfertigt seine do-it-yourself-Poetik 165

GÜNTER HELMES:
Die erzählstrategische Vermittlung von Diskursen
in B. Travens *Das Totenschiff* 183

ANNA WOJCHIECHOWSKA:
Böse Augen in Travens Novelle *Die Brücke im Dschungel* 195

MATHIAS BRANDSTÄDTER:
Pathos der Distanz – Strategien des Performativen im ‚Caoba'-Zyklus . . 205

TADEUSZ ZAWIŁA:
Die ‚Silberdollar-Mentalität'.
Negative Anthropologie in den Erzählungen von B. Traven 217

URSZULA BONTER:
Die Macht der Bilder in Travens Altersroman *Aslan Norval* 227

Personenregister 237

Werkregister 241

Autor / Werkgeschichte

HEIDI ZOGBAUM (La Trobe University, Melbourne)

Encounters in Exile: B. Traven and Egon Erwin Kisch

During the Second World War, Mexico City became the second largest centre, after Moscow, of the German communist exile. One hundred or so prominent German Communist Party (KPD) members congregated in Mexico,[1] among them Egon Erwin Kisch, Ludwig Renn, Bodo Uhse, Otto Katz alias André Simone, personal secretary to Willi Münzenberg, Anna Seghers and her husband, László Radványi, Hanns Mayer, the former director of the Bauhaus, and many more. From the first, they enjoyed the generous support of the Mexican labour leader, Vicente Lombardo Toledano, which made it possible for them to publish their own newspaper, *Freies Deutschland,* with a circulation of between three and four thousand copies, to establish their own publishing house, *El Libro Libre,* where such classics as *Das siebte Kreuz* (*The Seventh Cross,* 1943) by Anna Seghers and the 'demon reporter' Kisch's volumes on Mexico and his autobiography appeared.[2] Thus a rare concentration of German-speaking literary and journalistic talent had suddenly arrived in Mexico City.

Lombardo helped with everything: money, paper, printing, organizing speaking opportunities for his German friends, publishing their work in his newspapers, and even employing some of them at his Workers' University. Lombardo, a Marxist for much of his life,[3] and with a great sense of innovation, understood early the importance of the enforced brain drain from Germany and was determined that Mexico—and Lombardo—would benefit from it. But at the

---

[1] Friedrich Katz: El exilio centroeuropeo. Una mirada autobiográfica. In: México, país refugio. Ed. by Pablo Yankelevich. Mexico City 2002, p. 44.
[2] Anna Seghers' most famous short story, *Der Ausflug der toten Mädchen,* first appeared in Spanish translation in *Cuadernos Americanos* 38 (Nov.–Dec. 1944), pp. 228–254. Egon Erwin Kisch: Marktplatz der Sensationen. Mexico City: El Libro Libre 1942. This is the closest Kisch came to an autobiography. Egon Erwin Kisch: Entdeckungen in Mexiko. Mexico City: El Libro Libre 1945. Kisch was the only one of the exiled writers who took an active interest in Mexico while he lived there. Anna Seghers began to become nostalgic for Mexico after her return to East Germany. See Anna Seghers: Hier im Volk der kalten Herzen. Briefwechsel. 1947. Ed. by Christel Berger. Berlin 2000. For an appraisal of the importance of Mexico for Communist exiles see Alexander Stephan: "Communazis". FBI Surveillance of German Emigré Writers. New Haven 2000, pp. 223–226. See also W. Dirk Raat: US Intelligence Operations and Covert Action in Mexico, 1900–1947. In: Journal of Contemporary History 22 (1987), pp. 615–637; Uwe Lübken: Bedrohliche Nähe: Die USA und die nationalsozialistische Herausforderung in Lateinamerika, 1937–1945. Stuttgart 2004.
[3] José Revueltas: México: Una demócracia bárbara. Mexico City 1983, p. 9 called him "'el jefe marxista mexicano' en los años cuarenta".

same time, Lombardo, "an opportunist of the first rank"[4], was a skilled politician, nurtured in the byzantine system of Mexican post-revolutionary politics of personal loyalties and relentless power struggles. However, as a Mexican politician with a long and distinguished career, he could not afford to be a member of any Communist Party.

The KPD group itself as well as most German and Austrian researchers who dealt with this episode assumed that Lombardo protected his friends most effectively. But they were all wrong. There was at least one person who understood this: B. Traven. After the arrival of the KPD group, a cat-and-mouse game started between Kisch and Traven which I am trying to trace here.

By the time the KPD group around Egon Erwin Kisch reached Mexico City in late 1940, B. Traven had been a resident of Mexico for sixteen years. Traven was an exile from WW1, forced to leave his homeland Germany after his involvement in the disastrous Munich Soviet Republic of 1919. Although Traven only had a minor appointment as the censor for a local newspaper, he was caught up in the deadly sweep of the irregular troops sent to Munich to clean up the reds. He was condemned to death by what amounted to little more than a kangaroo court. He managed to escape at the last moment and by 1924 he arrived in Mexico, very much against his inclinations. He wanted to stay in the U. S. A. and pretended long and hard that he was an American citizen. But Mexico was the only country where a refugee without papers could live without constant danger of discovery and expulsion. Traven had never enjoyed such public and effective support as the KPD group received from Lombardo. At the most, he was helped by the IWW to cross the border into Mexico.[5]

In Mexico, the opinionated and pompous editor of a one-contributor anarchist newspaper in Munich developed into a serious writer. By the time Kisch arrived, Traven had reached his zenith as a writer, world-famous for such classics as *The Treasure of the Sierra Madre, The Death Ship, The Cotton Pickers* and his dramatic novels set in the mahogany logging camps of Chiapas. The German communists, as well as increasing numbers of Mexicans, regarded Traven as Mexico's greatest author. But nobody seemed to know who Traven was, except a select few writers on the left in Weimar Germany, and quite possibly, Kisch was one of them.

Kisch was also a reporter / journalist turned writer. But he was a very public figure in Weimar Germany. In fact, he was the first star journalist, known as the 'Roving Reporter' after one of his books. Kisch was from Prague and had become a founding member of the Austrian Communist Party in 1918. His speciality was travelogues on far-away countries such as Australia, China, the Soviet

---

[4] Stephen Niblo: Mexico in the 1940s. Modernity, Politics, and Corruption. Wilmington, Delaware 1999, p. 113.
[5] IWW: International Workers of the World, a radical, outlawed labour union specialising in operations in ports and at borders to help workers escape prosecution. For details of Traven's arrival in Mexico see Heidi Zogbaum: B. Traven: A Vision of Mexico. Wilmington, Delaware 1992, chapter 1.

Union or the U. S. A. He was a very public and recognisable figure who worked closely with Willi Münzenberg, the Comintern head of propaganda for Western Europe and an international publisher.[6] That, to Traven, was the danger: Kisch knew everybody on the left literary scene in Germany in which Traven, under the name of Ret Marut, had once been involved.

It is highly unlikely that Kisch and Traven ever shook hands, either in Germany or in Mexico, but once in Mexico, Kisch became very keen to do just that. Traven, however, was hell-bent on maintaining his image as a mysterious stranger of a dark and dangerous political past whose identity was the subject of intense speculation. As long as Traven still had a death sentence pending on him in Germany there was some justification for his mystery-mongering about his identity. But in 1924, the year he arrived in Mexico, the Weimar Republic had declared a well publicised amnesty for all political prisoners which not only covered Kisch's and Marut's friend, the poet Erich Mühsam, but also Adolf Hitler. Traven had little to fear from the Hitler regime who were keen to cash in on his books. But in 1953, when he met his wife, Rosa Elena Luján, Traven still maintained that he was in mortal danger because of the death sentence of 1919.[7] The well and truly annulled death sentence became indispensable to Traven's self-image and anyone who knew about the circumstances was a threat to him. And Kisch knew.

Kisch and Traven were very different people. Kisch was full of laughter and charm, witty, entertaining and few people who met him disliked him. Traven was paranoid, morose and doctrinaire. Kisch went to incredible length to help others in trouble, especially fellow-writers. In contrast, Traven denied a colleague, Jonny Rieger, in deep trouble in Denmark after the German invasion, a helping hand because Rieger also knew who Traven was. As a result Jonny Rieger was drafted into the German army and had to endure the horrors of the Eastern front.[8]

Kisch and his friends had also wanted to stay on in the U. S. A. after they managed to flee Europe when Hitler invaded France. But being well known communists, they had to move on to Mexico where President Lázaro Cárdenas (1934–1940) had generously offered asylum to fighters from the Spanish Civil War. In all probability, all the knowledge Kisch and his communist fellow-exiles from the Münzenberg stable possessed of Mexico when they arrived in late 1940, was derived from Traven's popular books.

---

[6] For details of Kisch's nomadic life see Marcus Patka: Egon Erwin Kisch: Stationen im Leben eines streitbaren Autors. Wien / Köln / Weimar 1997.
[7] Personal interview with R. E. Luján, Mexico City, April 1984. See also Wolfgang Schumann: Ein Niemand mit vielen Namen. In: Rheinischer Merkur, 20 Nov. 1992, p. 19.
[8] For details see Klaus Schulte: Jonny Rieger (1908–1985), Schriftsteller. In: Exil in Dänemark. Ed. by Willy Dähnhardt and Brigitte Nielsen. Heide 1993, pp. 625–653. On the twisted relationship between Rieger and Traven see Klaus Schulte / Heidi Zogbaum: Under the Spell of 'Land des Frühlings': B. Traven and Jonny Rieger. In: B. Traven's Erzählwerk in der Konstellation von Sprachen und Kulturen. Ed. by Günter Dammann. Würzburg 2005, pp. 323–335.

As communists, they were also ambitious and began to work for Germany's post-Hitler future which, they were quite certain, could only be communist. They aspired to an extension of the Popular Front policy on the American continent and even envisaged a government-in-exile. Their newspaper, their publishing house and their cultural club run by Anna Seghers, were all designed to put themselves into leadership positions during their period of exile.

Once their publishing enterprises were established and running, the KPD group needed prestige in order to gain the recognition of fellow-refugees who shied away from communists because everybody understood that Hitler could only come to power because of Stalin's insane foreign policy. Talented or not, the German communist group was denied what they most wanted: to have their leadership role recognised by all other refugee organizations. They were even shunned by people who should have been close to them: Münzenberg's widow, Babette Gross, avoided her former friends after she arrived in Mexico City. Franz Pfemfert, who had edited in Berlin a similar anarchist newspaper to Marut's Munich version and who probably knew Marut, stayed out of politics altogether after his arrival in Mexico. He set up a photography shop and some of the portrait shots available today of Esperanza López Mateos were made by him.[9] If the German communist group could enrol the anarchist B. Traven in their cause, they would not only benefit from his literary prestige and his standing in Mexico, but also demonstrate a certain independence from Stalin's more insane policies without much risk to themselves.

They regarded themselves as Traven's "natural friends", as one of them wrote.[10] They saw Traven as a fellow-anti-fascist. Traven's descriptions of Indian exploitation in Mexico were close to their own cause of defending working-class people and glorifying their lives in their books. Of equal importance was that Traven had managed what they would all have to achieve if they wanted to survive financially in exile: to make their names in their host country. Traven would be able to dispense invaluable advice, they hoped.[11]

To achieve their objective they began to put out bait. Anna Seghers analysed and praised Traven's work in the group's newspaper, *Freies Deutschland*.[12] Seghers and Pablo Neruda, the Chilean consul in Mexico who was close to the German communist group, publicly maintained that, if Traven could be found, he would deserve the Nobel Prize.[13] Kisch paid Traven the highest possible

---

[9] Personal information by Terry Priest, Evansville, Indiana, who is the custodian of the personal papers of Henry Schnautz, one of Leon Trotzky's bodyguards and Esperanza's lover in 1941.

[10] Ludwig Renn: Nachwort. In: B. Traven: Die Baumwollpflücker. Berlin: Verlag der Nation 1954, pp. 273–275, p. 274. This was one of the many reprints of Traven's work in East Germany.

[11] See Wulf Köpke: B. Traven and the German Exiles in Mexico. In: B. Traven. Life and Work. Ed. by Ernst Schürer and Philip Jenkins. University Park / London 1987, pp. 296–306, p. 297.

[12] Ibid, p. 296.

[13] Wolfgang Kießling: Puentes a Mexico, tradiciones de una amistad. Berlin 1989, p. 211.

compliment. He wrote in *Freies Deutschland* that Traven had given his host country the novel as social critique and in the footsteps of Alfons Goldschmidt, Traven had acquainted Germany with the fundamental changes occurring in Mexico.[14] Again, there was no reaction from Traven. What none of the communist group appreciated was that for Traven the mystery of his identity was more important than anything else and that he would go to any length to remain unrecognised. The famous playwright Ernst Toller, also a close friend of Kisch's, who had been a leader of the Munich Soviet Republic, had suddenly appeared in Mexico City in 1937.[15] Imagine they would have accidentally met in the street! This high-profile German invasion of Mexico City was not to Traven's liking.

Traven was extremely wary of Kisch and called him "the wildest among the German reporters whose noisy articles threaten everything and everybody."[16] Kisch was a well known sleuth and Traven had every reason to be afraid of him. Kisch was a close long-time friend of the poet Erich Mühsam who had also been a leading member of the Munich Soviet Republic, and was convinced that the Ret Marut he had known in Munich in 1919 had turned himself into B. Traven. How threatened Traven felt became clear when he was still spitting chips against Kisch eight years later in his correspondence with his trusted German editor.[17] But most dangerous of all, Oskar Maria Graf, also a colleague from the Munich days who had been the first to make public the connection between Marut and Traven, came to see Kisch in Mexico. According to Traven, it was Graf who whispered the Traven-Marut connection into Kisch's ear and the „Jew Kisch" capitalized on this story „because it would bring him money".[18] At least, that was the opinion of Traven.

Since the tactic of signaling to Traven that "his natural friends" were waiting for him failed dismally, they decided on a new approach. Traven's most famous novel, *The Rebellion of the Hanged*, had been converted into a stage play which was now performed in the Heinrich Heine Club run by Anna Seghers. It was expected that Traven would turn up and according to Ludwig Renn, another famous writer of the communist group and also fascinated by Traven's books and his mystery, he did. Renn later recounted the absurd episode. He must have had some idea of what Traven looked like. He approached the person he thought was Traven and asked him: "You are Traven, aren't you?" Whereupon the stranger,

---

[14] Egon Erwin Kisch: Karl May, Mexiko und die Nazis [1941]. In: Ders.: Mein Leben für die Zeitung. 1926–1947. Journalistische Texte 2. Berlin / Weimar 1983 (Gesammelte Werke in Einzelausgaben 9), pp. 456–461, p. 458sq.
[15] Marcus G. Patka: Wildes Paradies mit Ablaufzeit. Struktur und Leistung deutschsprachiger Exilanten in México Ciudad. In: Exilforschung. Ein internationales Jahrbuch 20 (2002), pp. 213–241, p. 223. Toller had come to Mexico as an honoured guest for the festivities of the 20th anniversary of the Russian Revolution, held at Bellas Artes.
[16] See Traven's letter to Ernst Preczang, dated 20 July 1948, quoted in Karl S. Guthke: B. Traven. Biographie eines Rätsels. Frankfurt a. M. / Olten / Wien 1987, p. 517.
[17] See ibid., p. 497.
[18] Quoted ibid., p. 517.

obviously taken aback, replied quite incongruously: "But I do not even know how to write!", a reply which fits nicely into Traven's stylized autobiography. Nonetheless, it seems that the illiterate stayed and watched the play. It was performed by a group of working-class lay actors under the direction of one of Erwin Piscator's students. The play was so successful that it began to tour the whole country, subsidised by the Avila Camacho government.

The next attempt to flush out B. Traven was made through his purse. *El Libro Libre*, the book publishing venture of the communist group, reprinted Traven's works in an existing but pirated Spanish translation. Traven later complained that this was done without authorization nor was he paid.[19] Seeing he refused to contact them, they could not very well ask him or pay him. But that was not really the point. Traven had resisted Spanish translations for years for fear that his criticism of Mexican exploitation of natives could be construed as interference in and critique of Mexican politics and Article 33, the Noxious Foreigners Act of the 1917 Constitution, be invoked against him. As justification and another piece of provocation, the German communists claimed that Traven was dead and therefore his work could be printed by anyone.[20] Even to this outrage Traven did not react but only complained to his trusted German publisher.

Since the KPD group—quite mistakenly—felt very safe and protected in Mexico, they obviously had no understanding whatever for a fellow-writer who knew Mexico better and did not feel half so safe. That they could put Traven at risk never occurred to any of them. What the KPD group did not know was that they were far from safe. What none of them realised was that they were all under surveillance by the Mexican secret service which was run by the President's brother, the legendarily corrupt Maximino Avila Camacho, a very dangerous man. Unbeknown to anyone, Maximino allowed the FBI access to the KPD group's files which created an endless trail of trouble for quite a number of them.[21] When they finally got permission from Moscow to leave Mexico in 1947, they were not even allowed a transit visa through the U. S. A. They had to return to Europe via Vladivostok.[22] Traven who understood the corrupt workings of Mexican governments better than anyone, never assumed that he was safe and his only measure of defence was keeping a very low profile. The KPD group, lulled into a sense of security by what looked like Lombardo's extensive power and influence, came very close to being expelled from Mexico because of

---

[19] BT-Mitteilungen, Nr. 4 (1951), quoted ibid., p. 496.
[20] Ibid.
[21] See Stephan (fn. 2), p. 223, 245. See also Barry Carr: Marxism and Communism in Twentieth-Century Mexico. Lincoln, Nebraska / London 1992, p. 78.
[22] Fritz Pohle: Das mexikanische Exil. Ein Beitrag zur Geschichte der politisch-kulturellen Emigration aus Deutschland (1937–1946). Stuttgart 1986 (Germanistische Abhandlungen 60), p. 361, 376.

repeated attempts to interfere in politics.[23] Luckily, the war had ended when they had finally outstayed their welcome.

However, eventually Traven did react to the KPD group's challenges, but in ways which the German communists never understood. A few years earlier Traven had become acquainted with Esperanza López Mateos, the sister of Adolfo López Mateos who was then Minister of Labour, and later became president of Mexico. At the time, she was married to Roberto Figueroa, the brother of Gabriel Figueroa, Mexico's most famous cameraman. He not only became Traven's life-long friend but also filmed those of his books which were put on screen, including *The Treasure of the Sierra Madre* by John Huston. Traven now authorized Esperanza López Mateos to prepare Spanish translations of his books. Since he could not stop the KPD group, at least he could harm their business. And Traven now retired to his farm in Acapulco. Mexico City was becoming too hot for a man in his predicament. Esperanza López Mateos became his trusted front, his woman in the capital who watched over his interests.

Esperanza was an orphan who did not know who her father was, nor was there certainty about her date of birth. It was some time around 1910. She and her brother Adolfo had been adopted by the mother of Roberto and Gabriel Figueroa. According to Traven's widow, Rosa Elena Luján, and Henry Schnautz, Esperanza's lover, the first meeting between Traven and Esperanza happened in a typically twisted Traven manner: he insisted that both take a train to a small town in Michoacán, but not together. They would only identify themselves once they were there. It seems that they reached an agreement and Traven employed Esperanza as his translator and secretary. But according to Schnautz, he had also done something infamous to Esperanza: he had persuaded her that he was her father and that Esperanza believed him.[24] Schnautz stuck to this story until the end of his life and it was after Esperanza's meeting with Traven that Schnautz suddenly became a jilted lover. Even by Traven's bizarre standards this sounded just a little bit too bizarre. But there was method to the madness.

In the first place, Esperanza did not do more than anyone who was in regular contact with Traven: they had to swear that they would not betray him. But the additional deal with Esperanza was that she would vouch that he was her father in case any stray German in Mexico claimed that he was an old acquaintance from their shared Munich days after WW1. If anyone accused him of being Ret Marut from Munich, Esperanza would then vouch that he was her father. Traven could not possibly have been Ret Marut if he was in Mexico making babies. Esperanza was blond and could quite plausibly parade as Traven's daughter. Whoever recognised him as Ret Marut could be easily proved wrong.

---

[23] On the deteriorating relationship between Lombardo and Maximino Avila Camacho see Bernal Tavares: Vicente Lombardo Toledano y Miguel Alemán, una bifurcación de la Revolución Mexicana. Mexico City 1994, p. 121. For other reasons for the erosion of Lombardo's power see Heidi Zogbaum: Vicente Lombardo Toledano and the German Communist Exile in Mexico, 1941–1947. In: JILAS 11 (2005), no. 2, pp. 1–28.
[24] Personal communication from Terry Priest (fn. 9).

Traven certainly did not act from sentimental reasons or was desperate to suddenly acquire a daughter. He actually had a daughter in Germany who was born in 1912. She knew who he was from her mother, and when she tried to get in contact with him after the war, he reacted hysterically, trying to keep her away. The contact had been facilitated by Traven's otherwise trusted publisher, Ernst Prezcang. In reply to her request, Traven wrote her a stinging letter in English, addressing her simply as 'Lady', repudiating any claims she must have made of being his daughter, stating that at the time of her birth he was serving with the U. S. Pacific Merchant Marine and was too young to have offspring.[25] But Irene Zielke was his natural daughter.

The other aspect of his deal with Esperanza López Mateos concerned Spanish translations of his books. He now charged her with preparing translations to thus defy the cheeky KPD group and spoil their business with authorised translations without making any concessions about his identity.

But it seems that Traven also envied some of the KPD group and their outstanding talents. The communist group had a near monopoly in Mexico City on reporting on the war in Europe. Especially Otto Katz produced excellently informed reports for Vicente Lombardo Toledano's newspapers since 1941. Traven now also tried his hand. His first article, translated and launched by Esperanza López Mateos, appeared in the November issue of the journal *Estudios Sociales*.[26] Compared to the master reporters Katz and Kisch, Traven's confection was poor fare, poor on analysis and poor on knowledge of Europe, full of generalizations and broad sweeps, mostly in wrong directions. But the self-righteous Traven never realised this.

For his second article in November 1946 in the more widely read newspaper *Mañana*, Traven wisely waited until Otto Katz and Kisch were safely gone.[27] It seems that Traven followed the articles written by Kisch and Katz because now he praised Stalin's foresight, his wisdom and superior strategy in a vein not unlike Katz's without realising that Uncle Joe had somewhat gone out of fashion. He offered his articles to the *New York Times, Life* and *The New Republic*, and all declined. Although his articles were badly written and the author's ignorance of world affairs was on display at all times, Traven alleged that the real reason behind the refusals was that they did not dare to publish "dynamite", as he called it.[28] This, it seems, was the end of Traven's forays into world politics.

Ironically, not one member of the communist group ever understood how close they really came to B. Traven. Esperanza López Mateos was involved with the *Liga pro cultura alemana*, the precursor of the *Movement of Free Germans* which was founded by the KPD group. Although they were rival organisations, the members all knew each other. It is entirely possible that Kisch and Traven's

---

[25] Quoted in Guthke (fn. 16), p. 517.
[26] For some of the text see Guthke (fn. 16), p. 502.
[27] Kisch, Katz and their wives were the only members of the KPD group who received transit visas through the U. S. A. because they were Czech citizens.
[28] Guthke (fn. 16), p. 503.

business front met more than once. What is more, Vicente Lombardo Toledano had put them in contact with a good and cheap printing shop where, for a while, the books for *El Libro Libre* and their newspaper, *Freies Deutschland,* were produced. The workshop had a good record of printing in German because it had done a good deal of work for the *Liga pro cultura alemana*.[29] The owner was Esperanza López Mateos whose close connection to Traven they remained quite unaware of.

---

[29] Every edition of *Freies Deutschland* bore the stamp of the print shop. See also Kießling (fn. 13), p. 297.

GÜNTER DAMMANN (Hamburg)

Die Rückübersetzung von Traven-Romanen ins Deutsche während des Exils der Büchergilde Gutenberg in Zürich

In der bunten Textgeschichte travenscher Romane heben sich zwei Editionen als besonders eigentümliche Fälle heraus.[1] Die Büchergilde Gutenberg in Zürich veröffentlichte 1940 *Das Totenschiff* und 1942 *Der Schatz der Sierra Madre* in Ausgaben, die sich zwar in Einband und Layout nicht oder kaum von den seit 1926 bzw. 1927 erschienenen Bänden dieser Romane unterschieden, aber doch in anderer Hinsicht sogleich auffielen: Sie waren ein ganzes Stück dicker als ihre Vorgänger, *Das Totenschiff* von 1940 enthielt etwa 25%, *Der Schatz der Sierra Madre* von 1942 sogar 35% mehr Text als die Editionen der Berliner Büchergilde vor 1933 – und übrigens auch als die dann seit 1948 im Westen Deutschlands herauskommenden Neuauflagen dieser beiden Erfolgsbücher. Wer sie aufschlug, etwa mit dem Beginn des 5. Kapitels, und mit dem Tonfall von Travens Erzählen vertraut war, wunderte sich noch mehr. „In diesen europäischen Häfen", so liest man da die Stimme des räsonierenden Erzählers, der in Rotterdam ohne Schiff und Papiere sitzt,

> ist es schwer, auf einem Schiff unterzukommen, und gar auf einem, das die Fahrt in die Staaten hinüber macht. Das ist ganz unmöglich.
> Alle wollen hinüber in unser großes Gottesland.
> Ich bringe es einfach nicht in meinen Schädel, was diese Burschen dort alles erwarten. Sie müssen die unsinnige Vorstellung haben, daß dort jedermann auf dem Rücken liegt und nur das Maul aufzumachen braucht, damit ihm ein gebratener Truthahn mit Preißelbeeren und allem Drum und Dran hineinfliegt; und keiner brauche zu arbeiten, jedermann bekomme für Nichtstun hohen Lohn, sitze herum und schaue einem Baseballspiel zu.[2]

Früher klang das an der gleichen Stelle doch ein bisschen anders:

---

[1] Der vorliegende Aufsatz hätte nicht entstehen können ohne die Bestände zweier Archive. Für die großzügige Einräumung bequemer Benutzungsmöglichkeiten sowie die Erlaubnis zum Zitieren aus den Quellen danke ich dem Fritz-Hüser-Institut für Literatur und Kultur der Arbeitswelt, Dortmund (im folgenden: ‚FHI: NL Dreßler') sowie der University of California, Riverside Libraries, Special Collections & Archives (im folgenden: ‚Riverside: Heidemann [bzw. Päßler]'); Heidi L. Hutchinson fertigte in sehr entgegenkommender Weise Kopien aus den Beständen in Riverside an. In gleicher Weise geht der Dank an das Institut für Zeitgeschichte, München, dessen Nachlass Wilhelm Hoegner sich allerdings für das hier behandelte Thema doch als weniger ergiebig erwies (im folgenden: ‚IfZ: NL Hoegner ED 120').
[2] B. Traven: Das Totenschiff. Die Geschichte eines amerikanischen Seemanns. [Aus dem Engl. von Wilhelm Ritter.] Zürich [1940], S. 31.

> Nun trieben sich auch schon so viele Seeleute dort herum, die alle auf ein Schiff warteten. Und nun gar noch eins erwischen, das rüber geht nach den States, das ist schon ganz hoffnungslos. Alle wollen sie auf einen Kasten, der rüber geht, weil sie dort alle absacken wollen, achteraus seilen. Denn alle denken, drüben werden die Leute mit Rosinen gefüttert, sie brauchen den Schnabel nur hinzuhalten. Schiet. Und dann liegen sie dort zu Zehntausenden in den Häfen rum und warten auf ein Schiff, das sie wieder heimbringt, weil eben alles ganz anders ist, als sie sich gedacht haben.[3]

Zu denjenigen unter Travens Lesern, denen dieser neue Ton eigenartig vorkam, gehörte auch der seit 1934 im Exil lebende Vagabundenschriftsteller und Büchergildenautor Jonny (alias Gerhard) Rieger.[4] Im Rahmen seiner Korrespondenz mit Bruno Dreßler, dem langjährigen Leiter der Gilde, in der es zur Hauptsache um seine eigenen Buchprojekte ging, vor allem die Publikation von *Reisefieber* (1948), fragte Rieger im August 1947:

> Wie kommt es, dass Travens „Totenschiff" sich in der letzten Ausgabe so fundamental von der Berliner Urausgabe unterscheidet? Es ist ja ein ganz verschiedener Text. Hat Traven selbst das Manus umgeschrieben zu der neuen Ausgabe? Die neue Ausgabe mutet fast wie eine Uebersetzung aus dem Amerikanischen an. [...] Warum ist die alte Form nicht beibehalten worden? War es Travens Wunsch, die neue Auflage neu bearbeitet herauszugeben? Hat Traven die Umarbeitung vorgenommen? Die neue Form erscheint mir nicht immer ganz glücklich getroffen. [...] Bitte schreiben Sie mir etwas darüber.[5]

Dreßler, seit 1946 aus Altersgründen nicht mehr in der Züricher Geschäftsleitung tätig, zog es vor, diese Fragen zu überhören. Wenn er allerdings gedacht haben sollte, das Thema sei damit erledigt, musste er seinen Korrespondenzpartner im fernen Kopenhagen schlecht kennen. Der hakte Anfang September nach, es „wäre schön", wenn Dreßlers Zeit es zulasse, ihm doch das Rätsel der zwei *Totenschiff*-Versionen aufzulösen.[6] Da bequemte Dreßler sich zu einer Antwort: „Traven, Totenschiff. Soviel ich mich erinnern kann, verlangte Traven eine Uebersetzung aus dem Englischen. Diese lautet vielleicht anders wie das deutsch geschriebene Urmanuskript".[7] Das war alles. Und das klingt, was die vorgebliche Gedächtnisschwäche und den Gestus der Beiläufigkeit betrifft, nicht besonders ehrlich, muss man sagen. Die im Falle des *Totenschiffs* sieben und im

---

[3] B. Traven: Das Totenschiff. Die Geschichte eines amerikanischen Seemanns. Berlin 1926, S. 28.
[4] Über Rieger siehe Klaus Schulte: Tropenfracht aus Dänemark. Zur Bedeutung von Person und Werk B. Travens für den deutschen Vagabunden- und Exilschriftsteller Jonny Rieger. In: B. Traven the Writer. Der Schriftsteller B. Traven. Hg. von Jürg Thunecke. Nottingham 2003, S. 485–540.
[5] Jonny Rieger an Bruno Dreßler in Zürich, 18. August 1947 (FHI: NL Dreßler, Dre–110).
[6] Jonny Rieger an Bruno Dreßler in Zürich, 6. September 1947 (FHI: NL Dreßler, Dre–110).
[7] Bruno Dreßler an Jonny Rieger in Kopenhagen, 9. September 1947 (FHI: NL Dreßler, Dre–110).

Wiederholungsfall des *Schatzes* erst fünf Jahre zurückliegende Angelegenheit ist dem ehemaligen Geschäftsführer ganz offensichtlich so peinlich, dass er sich in eine geradezu travensche Paradoxie flüchtet und indirekt anheimstellt, die Übersetzung, die der Autor dann wohl verlangt habe, sei möglicherweise aber auch gar keine gewesen, wenn sie vielleicht eben doch so gelautet habe wie der ursprüngliche Text ...

Natürlich sind *Das Totenschiff* von 1940 und *Der Schatz der Sierra Madre* von 1942 Übersetzungen. Im ersten Fall ist das allerdings dem Impressum des Bandes nicht zu entnehmen. Daraus erklärt sich die Frage Riegers. Auch auf das Publikationsjahr hat man (wie oft bei der Gilde) für das Buch verzichtet. Es erscheint daher in den Bibliographien der Werke Travens seit Rolf Recknagel irrtümlich zweimal, einmal (fälschlich) mit einem Erscheinungsdatum 1937 (nach dem Jahr des Copyrights im Impressum), einmal (korrekt) 1940; zugleich wird auch ein Übersetzer (aus dem Englischen) angeführt und als Wilhelm Ritter namhaft gemacht.[8] *Der Schatz der Sierra Madre*, abermals ohne Jahr, mit einem Copyright von 1942, führt dagegen auf dem Titelverso den ausdrücklichen Vermerk: „Aus dem englischen Originaltext übersetzt von Rudolf Bertschi".

Ich möchte im folgenden die Hintergründe dieser beiden Fälle schildern, soweit sie nach Vorarbeiten der Forschung und den Unterlagen, die ich einsehen konnte, aufzuhellen sind.[9]

1

In den dreißiger Jahren verschlechterte sich die Einkommenssituation des 1926 wie ein Stern über dem deutschen Buchmarkt aufgegangenen Autors.[10] Von 1926 bis 1931 waren nicht weniger als sieben Romane oder buchlange Erzählungen sowie ein Band mit Kurzgeschichten in z. T. hohen Auflagen, *Das Totenschiff* sogar mit einer sechsstelligen Zahl von Exemplaren, bei der Büchergilde Gutenberg erschienen. Seitdem verlangsamte sich zwar die Frequenz der Neuerscheinungen, doch musste man darin zunächst noch kein Problem sehen. Unmittelbar gravierender war, dass Traven nach der Übergabe der Macht an die Terrororganisation um Adolf Hitler 1933 seinen Verlag in Deutschland und einen großen Teil seiner Leserschaft verlor. Die bisherigen Filialen der Gilde in Prag,

---

[8] Rolf Recknagel: B. Traven. Beiträge zur Biografie. Leipzig 1966 (Reclams UB 269), S. 355 (3. Aufl. 1983, S. 398); Edward N. Treverton: B. Traven. A Bibliography. Lanham, Maryland / London 1999 (Scarecrow Author Bibliography Series 101), S. 22 (Nr. 39 u. 41).
[9] Diese wie jede andere archivgestützte Untersuchung zur Geschichte des Werks von B. Traven muss notwendig Lücken aufweisen (und wird zugleich potentiell jederzeit falsifizierbar bleiben), solange der noch in Mexiko–Stadt im Familienkreis aufbewahrte Nachlass nicht in institutionalisierter Weise für die Forschung öffentlich zugänglich ist.
[10] Siehe die eindringliche Darstellung bei Karl S. Guthke: B. Traven. Biographie eines Rätsels. Frankfurt a. M. / Olten / Wien 1987, S. 450-458; vgl. auch z. B. den gewiss von Traven selbst ‚diktierten' Satz in: Joseph Wieder an den Universitas-Verlag in Berlin, 22. Mai 1947 (FHI: NL Dreßler, Dre–588).

Wien und Zürich wandelten sich in von Berlin künftig getrennte selbständige Einrichtungen um, unter denen (nach einem Anfang 1934 zwischen ihnen geschlossenen Abkommen) Zürich mit der zentralen Leitung betraut war.[11] Schon im Frühsommer 1934 hatte Traven den Bruch mit der von der ‚Deutschen Arbeitsfront' übernommenen Büchergilde forciert, um den Vertrieb derjenigen seiner Titel, die nicht sogleich verboten worden waren, durch die jetzt nationalsozialistisch gewordene Organisation zu unterbinden.[12] Am 16. Oktober 1933 schlossen die Vertreter beider Seiten einen Vertrag, nach dem sämtliche zwischen der Büchergilde bzw. dem Buchmeister-Verlag und B. Traven bestehenden Verlagsverträge zum 31. Dezember des Jahres aufgehoben wurden. Zugleich erklärte die Gilde sich bereit, alle vom Autor im Laufe der Geschäftsbeziehungen übersandten Manuskripte, Briefe und Materialien zurückzuerstatten und die noch vorhandenen Lagerbestände seiner Bücher, auch der im Buchmeister-Verlag herausgekommenen, gegen einen angemessenen Kaufpreis an Joseph Wieder abzutreten, der Travens Bevollmächtigter und zugleich Mitglied des Vorstandes der Büchergilde in Zürich war.[13] Damit hatte der deutsche Markt für den im fernen Mexiko residierenden Erfolgsschriftsteller der späten Weimarer Jahre von 1934 an mehr oder weniger aufgehört zu existieren.[14]

Mit Abschluss der Übereinkunft vom 16. Oktober war klar, dass die Büchergilde Gutenberg in Zürich (sowohl für sich als auch, bis auf weiteres, für ihre Partner in Prag und Wien) die in Aussicht stehenden *künftigen* Romane des Autors verlegen würde. Das waren in den dreißiger Jahren immerhin noch drei, mit denen Traven seinen ‚Caoba'-Zyklus fortsetzte; *Der Marsch ins Reich der Caoba* kam 1933 heraus, *Die Troza* und *Die Rebellion der Gehenkten* erschienen 1936. Als eine weitere Neuerscheinung kann man den gleichfalls 1936 publizierten schmalen Band mit der aus dem ersten Teil des Zyklus ausgekoppelten und überarbeiteten mythischen Erzählung *Sonnenschöpfung* zählen. Wiederauflagen des *vor* 1933 erschienenen Romanwerks hat es dagegen für die im Jahre 1937 fast 30.000 Mitglieder der drei Gilden außerhalb des Reichs nicht gegeben.[15]

---

[11] Dies und das Folgende nach der vorzüglichen Darstellung bei Beate Messerschmidt: „... von Deutschland herübergekommen'? Die ‚Büchergilde Gutenberg' im Schweizer Exil. München 1989 (tuduv-Studien: Reihe Sprach- und Literaturwissenschaften 25), S. 48–61.
[12] Hierzu auch Guthke (Anm. 10), S. 468–475.
[13] Riverside: Heidemann, Binder 28, Nr. 11; selbst über die Abgabe von Matern und Stehsatz sowie Prägestempeln für die Buchausstattung finden sich detaillierte Festlegungen. Der Text des Vertrags findet sich auch im Archiv der Büchergilde Gutenberg in Frankfurt a. M.
[14] Im Prinzip bestand nun zwar für Zürich durchaus die Möglichkeit, diese in die Schweiz ausgelieferten Bücher wieder ins ‚Reich' einzuführen, und die Büchergilde nutzte den Weg des Verkaufs in Deutschland generell auch, bis 1941 ihre Gesamtproduktion verboten wurde. Traven gehörte jedoch bereits vorher zu den (neun) Gildenautoren, die mit all ihren Titeln indiziert waren, wie Messerschmidt (Anm. 11), S. 213–216 und 328 vermerkt.
[15] Die 1924 gegründete Büchergilde Gutenberg hatte es bis 1933 auf 85.000 Mitglieder gebracht, deutlich weniger übrigens als andere Buchgemeinschaften der Weimarer Republik. Die drei Gilden in Zürich, Prag und Wien starteten 1934 mit zusammen 14.000 Mitgliedern. Die Zahlen für die seit der Annexion Österreichs allein noch unabhängig existierende Züricher

Lediglich *Land des Frühlings* kam, und zwar ebenfalls 1936, mit Änderungen im Fototeil wieder heraus. Doch konnten die Züricher ja über den vertraglich an sie übergegangenen Lagerbestand an Büchern Travens verfügen, die noch aus der Produktion der Berliner Gilde stammten. Nach einer Aufstellung über die Buchproduktion von Mai 1933 bis Juni 1943 waren das aber nur die beiden ersten Teile des ‚Caoba'-Zyklus, *Der Karren* und *Regierung*, die mit anfänglich jeweils um die 2.000 Exemplaren verbucht sind und von denen 1943 der erste Titel ausverkauft, der zweite noch mit 660 Exemplaren greifbar war.[16] Deutlich ist demnach, dass die Exil-Büchergilde sich eine Pflege der Traven-Backlist nicht übermäßig angelegen sein ließ. Dabei kann man nicht unbedingt sagen, dass der ehemalige Star zum Kassengift geworden wäre: Von den Neuerscheinungen war *Der Marsch ins Reich der Caoba* mit 8.800, *Die Troza* mit 6.480, *Die Rebellion der Gehenkten* mit 8.100 Exemplaren aufgelegt worden, die bis 1943 bis auf einen kleinen Restbestand an *Die Troza* weggegangen waren; 5.000 Stück von *Land des Frühlings* hatten ebenfalls sämtlich ihren Käufer gefunden. *Das Totenschiff* von 1940, um vorzugreifen, wurde mit einer Auflage von 17.000 für das nur mehr schweizerische Lesepublikum der Gilde ins Rennen geschickt und bis Mitte 1943 rund 13.000mal verkauft. Dass Dreßler dennoch darauf verzichtete, alles von Traven so lange vorrätig zu halten, wie es sich noch absetzen ließ, erklärt sich wohl aus zwei Gründen.

Zum einen musste man in Zürich seit 1934 mit einem veränderten Profil der Büchergilde Wien rechnen. Nach den bürgerkriegsähnlichen Unruhen vom Februar 1934 war die sozialdemokratische Partei in Österreich verboten worden. Nun wurden „nicht selten Werke, deren Auflagenhöhen für alle drei Gilden festgelegt waren, von Wien nicht mehr übernommen".[17] Da die österreichische Gilde etwa genauso viele Mitglieder hatte wie die Züricher, musste die neue Lage wohl oder übel ernsthaft ins Kalkül einbezogen werden. Es ist mithin möglich, dass hier ein Grund für den Verzicht von Neuauflagen travenscher, also der neuen Konstellation in Österreich nicht genehmer, Romane lag. – Der Befund erklärt sich aber doch wahrscheinlich zum andern auch aus der typischen Struktur einer Buchgemeinschaft selbst, die auf Absatz durch vierteljährliche Bestellung von

---

Gilde unter der Geschäftsleitung Bruno Dreßlers steigerten sich von rund 30.000 im Jahre 1940 auf rund 100.000 zu Kriegsende – eine bemerkenswerte Ziffer bei einer deutschsprachigen Gesamtbevölkerung von nur etwa drei Millionen. Diese (und weitere Zahlen) bei Messerschmidt (Anm. 11), S. 17f., 259, 301 u. 322.

[16] Buchproduktion Mai 1933 bis Juni 1943, Typoskript (FHI: NL Dreßler, Dre–284). Zu diesen Titeln hinzuzählen sind ferner die seinerzeit unter dem Zeichen des Buchmeister-Verlags produzierten Ausgaben, die vom 1933 vornehmlich für Exilschriftsteller gegründeten Europa-Verlag in Zürich vertrieben wurden. Treverton (Anm. 8) führt für *Die weiße Rose*, *Der Karren* und *Regierung* Exemplare mit überklebtem Logo des Europa-Verlags auf (S. 60, 66 u. 70; Nr. 505, 582 u. 658). Aber auch dann bleibt eine auffällige Differenz zwischen den im Vertrag vom 16. Oktober 1933 § 4 explizit aufgeführten neun (für die Gilde) bzw. sechs (für den Buchmeister-Verlag) travenschen Titeln einerseits und dem nach den Unterlagen in Zürich verkauften Bestand. Eine Erklärung habe ich nicht.

[17] Messerschmidt (Anm. 11), S. 251.

seiten ihrer Mitglieder rechnet und ihre Programmplanung deshalb auf den Durchlauf eines immer gleich vielfältigen Angebots abstellen muss. Das Vorhandensein etwa von einem Dutzend Titeln des gleichen Autors kann da, anders als in einem den Sortimentsbuchhandel beliefernden Verlag, nur ein Unding sein. Dass der gleiche Dreßler früher Travens Erfolgsbücher Jahr für Jahr nachdruckte, ist kein Widerspruch. Damals hatte er es, bei einer an Mitgliedern zudem deutlich zahlreicheren Gilde, mit drei oder vier travenschen Titeln zu tun. Bei einem im Umfang gewachsenen Œuvre war das, und zumal unter den Bedingungen der dreißiger Jahre, ausgeschlossen.

2

Dass es sich bei der Büchergilde Gutenberg um einen besonderen Verlag handelte, mit dem er – und dies nicht nur, weil die Verkaufspreise niedrig, folglich die Honorare ebenso schmal waren – sich auch gravierende Nachteile eingehandelt hatte, ging Traven nun zunehmend deutlicher auf. Wenn er einmal wollte sagen können, was Günter Grass in seinen späteren Jahren gelegentlich von Oskar Matzerath sagte, nämlich, dass Gale, Gerard Gale, für ihn, Traven, arbeite, dann war das mit der Gilde allein gewiss nicht mehr zu erreichen.

Unter den Strategien, dieses für seine wirtschaftliche Situation in den Dreißigern bedrohlich werdende Problem in den Griff zu bekommen, sein bisher so erfolgreiches (und praktisch bereits abgeschlossenes) Korpus von Romanen also nachhaltiger auszubeuten, wurde seit 1934 das Spielen der amerikanischen, und das hieß hauptsächlich der nordamerikanischen, Karte die wichtigste. Man weiß, wie es zu den Ausgaben im New Yorker Verlag von Alfred A. Knopf kam, der 1934 *The Death Ship*, 1935 *The Treasure of the Sierra Madre* und 1938 *The Bridge in the Jungle* veröffentlichte.[18] Alle drei Romane erschienen hier bekanntlich nicht einfach in Übersetzung, sondern in neuen Versionen: Traven hatte zunächst seine deutschen Fassungen selbst übertragen und dabei passagenweise erheblich redigiert; die von ihm in dieser Form eingereichten Manuskripte mussten von Knopfs Lektor Bernard Smith anschließend aus einem teutonischen in ein amerikanisches Englisch gebracht werden. Den Eintritt in den Buchmarkt der Vereinigten Staaten begleitete der Autor zudem mit einer Intensivierung seiner schon Ende der Zwanziger eher vorsichtig begonnenen Selbstdarstellung als geborener US-Amerikaner.[19] Knopf kündigte die Romane (auch auf Travens Wunsch) als Originalromane an. Das publizistische Begleitwerk in der amerikanischen Presse ist der Forschung erst bruchstückhaft bekannt und wäre noch zu recherchieren. Hier sei aus Gründen, die später deutlich werden, allein ein Artikel aus der Wochenzeitung *New Masses* erwähnt. In diesem linken Blatt veröffentlichte Lawrence Clark Powell, seines Zeichens Angestellter der Universitäts-

---

[18] Guthke (Anm. 10), S. 476–486.
[19] Zum Spiel mit der US-Herkunft seit Ende der zwanziger Jahre ebd., S. 51–63.

bibliothek der University of California, 1938 einen Beitrag *Who Is B. Traven?*, der sich zwar entgegen seinem Titel größtenteils nicht mit der Biographie, sondern dem Werk des Schriftstellers beschäftigte und es als Glanzstück einer „strong and truly romantic proletarian literature" feierte, aber doch auch aus einem Brief des Autors an einen US-Buchhändler zitierte, in dem die Zuschreibung einer deutschen Nationalität oder Herkunft kategorisch zurückgewiesen und mit Blick auf die Erstveröffentlichung der Romane in deutscher Sprache behauptet wurde: „The publishers of the German editions of my books knew from the first day of our relations that I am an American born in the USA." Powell spekulierte auf eigene Rechnung zusätzlich, man habe es wohl mit einem „Wisconsin-born Scandinavian" zu tun.[20] All solcher Bemühungen zum Trotz stach die amerikanische Karte nicht. Karl S. Guthke qualifiziert den Versuch aus den dreißiger Jahren, auf dem Markt der Vereinigten Staaten Fuß zu fassen, angesichts der äußerst geringen Verkaufszahlen kurzweg als „Fiasko".[21]

Es erübrigte sich also keineswegs, es noch mit einer zweiten Karte zu versuchen. Die war nun doch auf dem deutschen Markt zu spielen. Signifikant ist hier ein Brief Travens an Bruno Dreßler vom Januar 1936. Traven antwortete damit auf ein (in den mir zugänglichen Materialien nicht überliefertes) Schreiben vom 15. Dezember 1935, in dem sich der Leiter der Gilde einerseits wohl offenherzig über den ständig drohenden Entzug seiner Aufenthalts- und Arbeitserlaubnis durch die Eidgenössische Fremdenpolizei geäußert und andererseits offenbar mit Möglichkeiten eines Lebens außerhalb der Schweiz befaßt, dabei auch über die Gründung eines eigenen Verlags spekuliert hatte. Traven springt sofort an. In gänzlicher Verkennung der Realität empfiehlt er für das neue Verlagsunternehmen einen Standort im Süden Deutschlands, weil „die Clowns in Berlin die Haende jetzt so dick voll" hätten, „dass sie sich wahrscheinlich nicht viel um Bucher kuemmern werden". Dann kommt er auf die Hauptsache: „Welche Linien im Verlagswesen Sie einzunehmen beabsichtigen kommt genuegend stark heraus wenn Sie mit einigen meiner Bucher beginnen." Wie es seine Art ist als Briefschreiber, belässt er es nicht bei dieser allgemeinen Empfehlung, sondern geht ins Detail. *Land des Frühlings* sei ein guter Start, weil nicht verboten – und weil, wie Traven weiß, „dieses Buch nicht ungern gesehen wird in

---

[20] Lawrence Clark Powell: Who Is B. Traven? In: New Masses 28, Nr. 6 (2. August 1938), S. 22f.
[21] Guthke (Anm. 10), S. 475 u. 485. Siehe ferner Bruno Dreßler an Ernst Preczang in Flüeli, 17. Februar 1936: „In England und auch in Amerika wollen eigenartigerweise die Bücher von Traven nicht gehen. Am Sonnabend erhielten wir die Auflagenziffern vom amerikanischen Verleger. Er teilt mit, dass die Traven-Bücher trotz Propaganda nicht genügend Umsatz finden." Ernst Preczang an B. Traven in Mexiko, 15. März 1937: „Mit einiger Verwunderung fand ich in Ihrem Briefe die Bemerkung von dem mangelnden materiellen Erfolg [...]. Jedenfalls glaubte ich, Sie seien nun auch in finanzieller Beziehung ‚über den Berg'. [...] Meine Annahme stützte sich weniger auf die von der Büchergilde gezahlten Honorare als auf den Umstand, dass sich Ihre Werke auch in USA. Bahn zu brechen begannen. Von dort, dachte ich, werde Ihnen das goldene Heil in Gestalt von amerikanischen Dollars kommen. Ist aber nach Ihrem Schreiben doch wohl nicht so." (Beides Riverside: Heidemann, Binder 26, Nr. 69 bzw. 74).

den Kreisen, die dort heute die Gewalt ausueben". Gleichfalls verlegt werden könnten, weil sämtlich nicht verboten, *Die Brücke im Dschungel, Der Busch, Der Schatz der Sierra Madre* und *Die weiße Rose*. Zum Roman über die Goldgräber in der Sierra hat er noch mehr zu sagen:

> Hier wuerde ich empfehlen, das Buch voellig neu herauszugeben und zwar aus dem Americanischen uebersetzen zu lassen, das bei weitem besser ist als das deutsche. Dadurch, dass Sie es aus dem Americanischen uebersetzen lassen, koennten Sie eine besonders erfolgreiche Reklame aufmachen, den Lesern ein Buch von B. T. anzubieten, wie es wirklich urspruenglich geschrieben wurde. Es wuerde ein ganz neues Buch fuer Deutschland sein.[22]

Damit sind wir am Punkt. Schon Anfang 1936 also verfällt Traven auf die ingeniöse Strategie, seine Romane durch Übersetzung aus dem Amerikanischen wieder in Neuerscheinungen für den deutschsprachigen Markt zu verwandeln. Zu Beginn des Jahres 1938 unterbreitet er diesen Gedanken gewissermaßen offiziell der Büchergilde. In einem Schreiben an Joseph Wieder empfiehlt er zunächst, für *Schatz* und *Weiße Rose* in künftigen Auflagen „Bilder beizufuegen". Dann aber hat er noch „einen anderen Vorschlag", nämlich

> den „Schatz" aus dem americanischen ins Deutsch [sic] zu uebersetzen. Die americanischen Ausgaben sind bedeutend besser als die deutschen, in jeder Hinsicht. Die Bucher wuerden ein voellig neues Interesse erwecken. Selbst jene Mitglieder, die bereits die Bucher besitzen, wuerden wahrscheinlich reges Verlangen zeigen, auch die americanischen zu erhalten. [...] Zeigt dieser erste Versuch einen Erfolg, koennte spaeter auch „Das Totenschiff" aus dem americanischen uebersetzt werden.[23]

Tatsächlich geht die Gilde auf die Strategie ein. Ende November 1938 schreibt Dreßler an seinen Autor:

> „Das Totenschiff" wird auf lange Jahre hinaus, vielleicht für immer, Geltung haben. Ich will das „Totenschiff" in den nächsten Wochen nach der amerikanischen Ausgabe neu übersetzen lassen. Ja, ich möchte das „Totenschiff" auch in neuer Ausstattung herausbringen, damit wir später das Buch neuartig ankündigen können.

Hier ist die Rede auch bereits vom *Schatz*, für den Dreßler „ein oder zwei Bogen gute Photos" von Traven anfordert.[24]

---

[22] B. Traven an Bruno Dreßler in Zürich, 24. Januar 1936 (FHI: NL Dreßler, Dre–585); Faksimile des Briefes bei Luise Maria Dreßler: Erfüllte Träume. Bruno und Helmut Dreßler und die Büchergilde Gutenberg 1924–1974. Frankfurt a. M. 1997, S. 41f. – Über Dreßlers Lage als Ausländer in der ‚Überfremdung' befürchtenden Schweiz sehr genau Messerschmidt (Anm. 11), S. 227–234.
[23] B. Traven an Büchergilde Gutenberg (Joseph Wieder) in Zürich, 8. Januar 1938; Teiltranskription und Teilfaksimile in: Rotes Antiquariat: B. Traven. Katalog Berlin Mai 2009, S. 30f.
[24] Bruno Dreßler an B. Traven in Tamaulipas (Mexiko), 28. November 1938 (Riverside: Päßler, Box 3, Folder 6, Nr. 58).

3

Nun allerdings erfährt die Geschichte der beiden Rückübersetzungen von Traven-Romanen ins Deutsche unversehens eine Komplikation durch die Verschlechterung der Beziehungen des Autors zur Gilde. Der Zusammenhang muss an dieser Stelle skizziert werden, wenngleich er in der Forschung seine gebührende Wahrnehmung längst gefunden hat[25] – und wenngleich er den Bericht, der zu erzählen ist, bedauerlicherweise nicht eben klarer macht.

Im Januar 1937 reichte Traven seinem Verlag den sechsten und letzten Teil des ‚Caoba'-Zyklus ein. Das Manuskript unter dem Titel *Der Dschungel-Marschall* wurde vom Literarischen Komitee der Gilde, das seit 1936 die Lektoratsaufgaben wahrzunehmen hatte, abgelehnt. Zwei Jahre später, im März 1939, fand das von Traven nach einigen Vorgaben umgearbeitete Manuskript erneut keine Gnade in Zürich und musste, wie man weiß, in Stockholm (1939) bzw. Amsterdam (1940) erscheinen. Zur gleichen Zeit, zum 1. Januar 1939, erhielt Joseph Wieder, der in den ersten Jahren Mitglied des Vorstandes gewesen und in leitender Stellung für die Gilde tätig war, seine Kündigung. Über die Gründe und Umstände gibt es von seiten Wieders und Dreßlers naturgemäß sehr unterschiedliche Versionen, die hier nicht zu prüfen sind. Jedenfalls konnte Traven, der den Entlassenen in Doppelfunktion als Angestellten des Verlags zum einen und als seinen Interessenvertreter und Bevollmächtigen zum andern genutzt hatte, und das wohl in intuitiver Erkenntnis von Wieders subalternem Charakter, sich durch diesen Vorgang im Haus an der Züricher Morgartenstraße brüskiert fühlen. Es waren wahrscheinlich beide Ereignisse, die erstmalige Ablehnung eines Buchmanuskripts und die Entlassung seines Interessenvertreters, die nun zu einer massiven Veränderung des Tons führten, in dem von Mexiko aus an Bruno Dreßler geschrieben wurde.

Hieß es in einem Brief an Dreßler von Ende Oktober 1938 noch geradezu übermäßig solidarisch: „Ich bin entbehrlich, die B. G. ist unentbehrlich", so las sich das wenige Monate später, Mitte Januar 1939, ganz anders: „Bereits 1931", so nunmehr Travens Sicht auf die Gilde, „begann die B. G. den Nazis freundliche Gesichter zu machen", besonders aber nachdem sie dann in Zürich ihren Hauptsitz genommen habe, sei sie sogleich „geneigt" gewesen, „sich mit den Nazis auf versoehnlichen Gebieten zu treffen".[26] Eine wüste Polemik gegen Kleinbürger wie Bürokraten (als Leiter der Gilde) und Pastoren nebst Greisen und Schulmädchen (als deren Mitglieder) einschließlich der wenig geistreichen Unterstellung, als Jubiläumsband werde demnächst *Mein Kampf* ausgeliefert, ging auf den konsternierten Dreßler nieder, der noch zehn Jahre später bei aller demon-

---

[25] Guthke (Anm. 10), S. 466–468; Jürgen Dragowski: B. Traven und die ‚Büchergilde Gutenberg'. Einige Bemerkungen zu einer Interessengemeinschaft auf Zeit. In: Text und Kritik 102: B. Traven (April 1989), S. 22–32.

[26] B. Traven an Büchergilde Gutenberg (Bruno Dreßler) in Zürich, 29. Oktober 1938 und B. Traven an Büchergilde Gutenberg (Bruno Dreßler) in Zürich, 14. Januar 1939; Teiltranskriptionen und Teilfaksimiles in: Rotes Antiquariat (Anm. 23), S. 36–39 u. 40f.

strativen Gelassenheit seine Verletzung nicht zu verbergen vermochte: „Traven hat mir Briefe geschrieben, die ungezogen waren und die in den Papierkorb gewandert sind", so 1948 gegenüber Johannes Schönherr.[27] Einmal habe, berichtet der ehemalige Leiter, in einem Brief aus Mexiko an den Vorstand in Zürich sogar der Vorwurf gestanden, Bruno Dreßler sei der „Nazidirektor" der Büchergilde: „Auch eine Ehrung von einem Manne, den man mit Aufbietung aller Mittel in Deutschland eingeführt hat."[28] Die Beschimpfungen endeten bald; am 8. Mai 1939 teilte Traven dem Geschäftsführer mit, er sehe „keinen anderen Ausweg, als meine Beziehungen zur Büchergilde Gutenberg zu lösen", ganz konkret, er wünsche,

> dass Sie zukünftig keines meiner Bücher, das ausverkauft ist, in neu gedruckter Auflage erscheinen lassen, so dass mit dem Verkauf des letzten vorhandenen meiner Bücher mein Name in den Authoren Listen der B. G. nicht mehr geführt wird.[29]

Weniger bekannt ist, dass man ungeachtet dieser markigen Worte aus Mexiko seit dem Frühjahr 1939 in einer Parallelwelt via Wieder bereits über einzelne Punkte eines neuen Verlagsvertrags verhandelte, in den sämtliche Werke Travens einbezogen sein sollten. Die Verhandlungen zogen sich wegen Travens Intransigenz über Jahre hin. Eine erste Phase, die wohl großenteils in den Mai 1939 fiel,[30] führte schließlich zum Entwurf eines Vertrags vom Oktober des gleichen Jahres, aus dem ich den für unsere Zusammenhänge wichtigen Absatz heraushebe:

> Muss ein Werk für den Nachdruck neu gesetzt werden, hat der Autor das Recht, eine neue, nach der amerikanischen Urschrift bearbeitete Fassung des Manuskriptes einzureichen, sofern der Autor nicht ausdrücklich die

---

[27] Bruno Dreßler an Johannes Schönherr in Leipzig, 7. April 1948 (FHI: NL Dreßler, Dre–586).

[28] Bruno Dreßler an Jonny Rieger in Kopenhagen, 7. Mai 1947, Bruno Dreßler an Jonny Rieger in Kopenhagen, 14. Januar 1948 und Bruno Dreßler an Jonny Rieger in Kopenhagen, 14. Mai 1949, hieraus das Zitat (FHI: NL Dreßler, Dre–110); Bruno Dreßler an Ernst Preczang in Flüeli, 2. Juni 1948 (FHI: NL Dreßler, Dre–652).

[29] B. Traven an Büchergilde Gutenberg (Bruno Dreßler) in Zürich, 8. Mai 1939; Teiltranskription in: Rotes Antiquariat (Anm. 23), S. 45. Dieser bedeutende Schritt musste sogleich auch Ernst Preczang, dem Schriftsteller und ehemaligen Gildenlektor, dem Traven seit Beginn ihrer Korrespondenz offenbar eine tiefe Verehrung entgegenbrachte, mitgeteilt werden. So ging denn wenige Tage später ein umfangreicher Brief an den mittlerweile fast Siebzigjährigen, der gleichfalls in der Schweizer Emigration lebte, um ihn darüber zu informieren, es sei „wieder einmal ein Abschnitt meiner Lebensgeschichte abgeschlossen, ein Abschnitt, der mit einem Briefe, von Ihnen geschrieben vor nunmehr vierzehn Jahren, begann"; B. Traven an Ernst Preczang in Flüeli, 15. Mai 1939; Teiltranskription und Teilfaksimile ebd., S. 46–49.

[30] Büchergilde Gutenberg (Hans Oprecht) an Joseph Wieder in Zürich, 11. Mai 1939; Joseph Wieder an Büchergilde Gutenberg (Hans Oprecht), 12. Mai 1939; Büchergilde Gutenberg (Hans Oprecht) an Joseph Wieder in Zürich, 15. Mai 1939; Joseph Wieder an Büchergilde Gutenberg (Hans Oprecht), 17. Mai 1939; Büchergilde Gutenberg (Bruno Dreßler) an B. Traven in Tamaulipas (Mexiko), 22. Mai 1939 (Riverside: Päßler, Box 3, Folder 7, Nr. 19, 21, 22, 26 und Folder 6, Nr. 62).

Ueberarbeitung aus der Urschrift dem Verlage überlässt. In letzterem Falle werden die Kosten der Ueberarbeitung zur Hälfte von der Büchergilde Gutenberg Zürich, zur Hälfte vom Verfasser getragen. [...] Die Uebersetzungen sind möglichst originalgetreu vorzunehmen.[31]
Anfang 1943 war man immer noch nicht zum Abschluss gekommen.[32] Aus dem November dieses Jahres aber liegt dann der von beiden Seiten unterzeichnete Vertrag über dreizehn bereits publizierte Traven-Titel (einschließlich *Sonnenschöpfung*, aber ohne *Ein General kommt aus dem Dschungel*) mitsamt der Option auf die „noch unveröffentlichten Werke" vor.[33] Neben dem Faktum selbst, dass damit ein neues Rechtsverhältnis zwischen der Büchergilde und Traven eingerichtet worden war, ist aus dem Wortlaut des Textes noch eine Kuriosität mitteilenswert. Von Beginn der Unterhandlungen an hatte der Autor versucht, sich für den Eventualfall einer Übernahme auch der Züricher Gilde durch den Nationalsozialismus vertraglich abzusichern. Dagegen wendete man in der Morgartenstraße nichts in der Sache, wohl aber einiges in der Ausgestaltung des entsprechenden Paragraphen ein. Als schließlich unterzeichnet wurde, war (als Absatz 12) die Bestimmung enthalten, dass der Vertrag „mit sofortiger Wirkung" seine Gültigkeit verliere, wenn die Büchergilde von einer Organisation oder Person würde übernommen werden, „die als antidemokratisch angesehen werden muss". Es folgt, überraschend genug, der Satz: „Den Entscheid darüber, ob dieser Fall eingetreten ist, überlassen die Parteien endgültig dem Schriftsteller Thomas Mann als Schiedsrichter".[34]
Unbeschadet nun allerdings sowohl der bis zum Bruch mit der Büchergilde betriebenen Polemik Travens als auch des Stockens in den Verhandlungen über einen neuen Verlagsvertrag ging die Produktion einer Neuauflage des *Totenschiffs* (wie dann auch des Romans über die scheiternden Goldgräber) in übersetzter Form ihren Gang. Die Gilde verließ sich offenbar auf den von ihrem Justitiar Kurt Düby vertretenen Standpunkt, Traven sei in jedem Fall noch durch den alten Berliner Vertrag gebunden.[35] Freilich ist eine Störung der Kommunikation unübersehbar. Im April 1939 schickte Dreßler die bereits fertige Ver-

---

[31] Kurt Düby an Büchergilde Gutenberg (Vorstand) in Zürich, 19. Oktober 1939, Anlage Verlags-Vertrag, §§ 5 u. 6 (Riverside: Päßler, Box 3, Folder 9). In der früheren Version des Vertrags aus dem Mai war nicht von einer dem Verlag überlassenen „Ueberarbeitung", sondern einer „Uebersetzung" die Rede; die Kosten dieser „Uebersetzung" wollte damals noch der Verlag zur Gänze tragen. Siehe Büchergilde Gutenberg (Hans Oprecht) an Joseph Wieder in Zürich, 11. Mai 1939, Anlage Verlags-Vertrag (Riverside: Päßler, Box 3, Folder 7, Nr. 19).
[32] Siehe Büchergilde Gutenberg (Bruno Dreßler) an Kurt Düby in Zürich, 10. Februar 1943 (Riverside: Päßler, Box 3, Folder 9).
[33] Verlagsvertrag vom 15. November 1943 (Riverside: Heidemann, Binder 28, Nr. 15); der Vertragstext findet sich auch im Archiv der Büchergilde Gutenberg in Frankfurt a. M.
[34] Ebd. Eine Dokumentation dieser Verabredung scheint sich – zu urteilen jedenfalls nach den publizierten einschlägigen Repertorien – im Nachlass Manns nicht zu finden.
[35] Kurt Düby an Büchergilde Gutenberg (Vorstand) in Zürich, 19. Oktober 1939, vgl. auch Büchergilde Gutenberg (Bruno Dreßler) an Joseph Wieder in Zürich, 19. September 1939 (Riverside: Päßler, Box 3, Folder 9 und Folder 7, Nr. 40).

sion des *Totenschiffs* an Traven mit der Bitte um baldige Prüfung, weil man das Buch im vierten Quartal ankündigen wolle; im Mai und Juni folgte jeweils der gleichfalls schon übersetzte *Schatz der Sierra Madre* im Manuskript.[36] Aber selbst im September des Jahres hatte Traven nicht auf die Zusendung der ersten Übersetzung reagiert, Wieder wiederum das Manuskript des zweiten übersetzten Romans offenbar gar nicht weitergeleitet.[37] Das kümmerte im Haus an der Morgartenstraße mittlerweile wohl auch niemanden mehr.

4

So erscheinen *Das Totenschiff* im zweiten Quartal 1940 und *Der Schatz der Sierra Madre* im ersten Quartal 1942, jeweils „in neuer Fassung" bzw. „in neuer Übersetzung aus dem amerikanischen Original", wie die Ankündigungen in der Monatsschrift der Gilde zu vermelden wissen.[38] Die Namen der Übersetzer werden dabei nicht genannt. Es handelt sich – wie eingangs erwähnt – um einen Rudolf Bertschi für den Roman über die Goldschürfer in Mexiko und Wilhelm Ritter für Travens berühmtes Seestück. ‚Wilhelm Ritter' und ‚Rudolf Bertschi' aber sind, das ist seit längerem bekannt, zwei Pseudonyme für ein und dieselbe Person, nämlich für Wilhelm Hoegner.[39] Damit abschließend zum ausführenden Übersetzer in diesem kuriosen literaturgeschichtlichen Fall.

Hoegner, Jahrgang 1887, geboren in München, lebte als im ‚Dritten Reich' von der ersten Stunde an verfolgter SPD-Politiker seit 1934 mit Frau und zwei Kindern im erzwungenen Exil in der Schweiz.[40] Der Jurist, seit 1920 als Staats-

---

[36] Büchergilde Gutenberg (Bruno Dreßler) an B. Traven in Mexiko, 20. April 1939; Büchergilde Gutenberg (Bruno Dreßler) an B. Traven in Tamaulipas (Mexiko), 23. Mai 1939; Büchergilde Gutenberg (Bruno Dreßler) an Joseph Wieder in Zürich, 12. Juni 1939 (Riverside: Päßler, Box 3, Folder 6, Nr. 61 u. 63 sowie Folder 7, Nr. 34). Das Schreiben vom 12. Juni vermerkt übrigens zum Manuskript von *Der Schatz der Sierra Madre*: „Aus dem englischen Originaltext übersetzt von Wilhelm Ritter [!]."

[37] Büchergilde Gutenberg (Bruno Dreßler) an Joseph Wieder in Zürich, 14. September 1939; Joseph Wieder an Büchergilde Gutenberg, 15. September 1939; Büchergilde Gutenberg (Bruno Dreßler) an Joseph Wieder in Zürich, 19. und 28. September 1939 (Riverside: Päßler, Box 3, Folder 7, Nr. 38–41).

[38] Büchergilde. Monatsschrift der Büchergilde Gutenberg. Zürich 1940, Heft 5 (Mai), S. 74f. bzw. 1942, Heft 2 (Februar), S. 27f. Eine erste stilistische Analyse von *Der Schatz der Sierra Madre* im Vergleich der Versionen von 1927 (Büchergilde, Berlin), 1935 (Knopf, New York) und 1942 (Büchergilde, Zürich) findet sich bei Alan Corkhill: B. Travens ‚Der Schatz der Sierra Madre'. Fassungen und Übersetzungen. In: B. Travens Erzählwerk in der Konstellation von Sprachen und Kulturen. Hg. von Günter Dammann. Würzburg 2005, S. 247–259.

[39] Siehe auch Messerschmidt (Anm. 11), S. 217f. u. 221f.; Wilfried Eymer: Eymers Pseudonymen-Lexikon. Realnamen und Pseudonyme in der deutschen Literatur. Bonn 1997 führt den Decknamen ‚Ritter', den Hoegner mit mehreren Vornamen verwendete, nur als ‚Hans Ritter'.

[40] Zum Folgenden siehe die bis heute einzige umfassende Biographie Peter Kritzer: Wilhelm Hoegner. Politische Biographie eines bayerischen Sozialdemokraten. München 1979; vgl. auch

anwalt, Amtsrichter und Landgerichtsrat in seiner Heimatstadt tätig, war 1924 für die Sozialdemokraten in den Bayerischen Landtag und 1930 in den Reichstag gewählt worden. In beiden Gremien profilierte er sich nicht zuletzt durch seine besonders engagierte Gegnerschaft gegen den Nationalsozialismus. Diesem Thema hatte auch seine im Auftrag der Fraktion gehaltene Jungfernrede in Berlin gegolten, die noch im selben Jahr unter dem Titel *Der Volksbetrug der Nationalsozialisten. Reichstagsrede vom 18. Oktober 1930. Antwort auf Gregor Strasser* gedruckt wurde und Hoegner sogleich in bald lebensbedrohlicher Weise bekannt machte. Zum 1. Mai 1933 aus dem Staatsdienst entlassen, entging der nun ehemalige Landgerichtsrat, gegen den auch ein Haftbefehl vorlag, mit Umsicht und Glück sowie der Hilfe von Parteimitgliedern mehrmals dem Zugriff des Terrors. Anfang Juli 1933 flüchtete er unter Umständen, die man wohl ‚filmreif' nennen könnte, wenn man es auf Zynismus abgesehen hätte, zu Fuß auf abseitigen Wegen über das Karwendelgebirge nach Österreich. Als angestellter Parteisekretär mit Wohnsitz in Innsbruck verdeckte er seine Identität erstmals mit dem Pseudonym ‚Wilhelm Ritter'. Die Februarunruhen 1934 machten den Aufenthalt des SPD-Politikers auch im Land des Austrofaschismus unmöglich, und Hoegner emigrierte abermals, jetzt in die Schweiz, wo er mit seiner Familie, mehrfach gegen die Ausweisung kämpfend und in finanziell sehr engen Verhältnissen, bis zum Ende des ‚Dritten Reiches' lebte. Im September 1945, Hoegner war unverzüglich nach München zurückgekehrt, wurde er von der amerikanischen Besatzungsmacht zum Ministerpräsidenten in Bayern ernannt. In den folgenden ersten gewählten (Koalitions-)Regierungen war Hoegner unter dem CSU-Politiker Hans Ehard Justiz- bzw. Innenminister, ehe er von 1954 bis 1957 selbst wieder einer Vier-Parteien-Koalition vorstand. Soviel zu dem Mann, der B. Travens *The Death Ship* und *The Treasure of the Sierra Madre* im Auftrag der Büchergilde aus dem Amerikanischen ins Deutsche übersetzte.

Die Konstellation ist gewiss apart: Zwanzig Jahre, nachdem ein Ret Marut seinen Hals aus der Zerschlagung der Münchner Räterepublik mit genauer Not retten konnte, macht sich ein künftiger bayerischer Ministerpräsident von der SPD an die Arbeit, die Bücher eines angeblichen US-Amerikaners namens Traven einzudeutschen. Viel mehr als diese Pointe erbringt die Tatsache, dass Wilhelm Ritter und Rudolf Bertschi Wilhelm Hoegner sind, allerdings leider nicht.

Der Emigrant Dreßler hat den Emigranten Hoegner unterstützt, indem er ihm Übersetzungsaufträge gab, für die Hoegner, ebenso wie für die Arbeiten in Zeitungen und Zeitschriften der Schweizer Sozialdemokratie, einen Strauß an Pseudonymen zur Verfügung hielt. Dass er sich viele Decknamen zulegte, war gewiss keine Marotte dieses nüchternen und seiner Sache verpflichteten Mannes. In Österreich vor dem Februar 1934 mit einem einzigen Pseudonym auskommend, sah der abermals Vertriebene sich unter dauerndem Druck durch die

---

Hoegners Memoiren, d. i. Wilhelm Hoegner: Der schwierige Außenseiter. Erinnerungen eines Abgeordneten, Emigranten und Ministerpräsidenten. München 1959.

Schweizer Fremdenpolizei. Der Redakteur eines sozialdemokratischen Blattes aus Bern, für das Hoegner Beiträge schrieb, berichtet seinem Autor einmal, wie er, als man sich erneut nach der Tätigkeit des Ausländers erkundigt habe, den Beamten versicherte, „daß Sie nur wissenschaftlich-theoretische Abhandlungen schreiben, keine politischen", und er fügt an: „Aus diesem Grunde habe ich auch wieder Ihr Pseudonym geändert."[41] Bunt wie die Decknamen war ebenfalls das Romanangebot, das die Büchergilde und der ihr liierte Humanitas-Verlag dem linken Juristen auf den Tisch legten. Hoegner übersetzte Romane u. a. von Charles Dickens und Louis Bromfield, Archibald Joseph Cronin und Hugh Walpole, Alice Tisdale Hobart und eben B. Traven. Im Nachlass des Politikers liegt zu all diesen Arbeiten kaum Material vor.[42] Dass Hoegner, literarisch gebildet, historisch beschlagen, politisch von sicherem Urteil, zum Werk Travens eine intensivere Beziehung gehabt hätte als zu den sonstigen Auftragsarbeiten, wird man mithin nicht sagen können. Allenfalls verrät der Artikel, mit dem die Gilde die neue Version von Travens *Totenschiff* in ihrem Mai-Heft 1940 ankündigt und der von Hoegner verfasst wurde, die Bedrängnisse des Exulanten. Der Aufsatz beginnt mit einer Rechtfertigung, warum überhaupt eine ‚neue Fassung' nötig sei:

> In der New Yorker Zeitschrift „New Masses" wurde im August 1938 ein Brief B. Traven's veröffentlicht, in dem er sich als ein „in den USA. geborener Amerikaner" bezeichnet. Dieser Umstand legte es der Büchergilde nahe, bei der Neuauflage seines Werkes „Das Totenschiff" nicht mehr von der deutschen, sondern von der englischen, also der von Traven ursprünglich geschriebenen Fassung auszugehen und sie ins Deutsche übertragen zu lassen.[43]

Das ist, unter Berufung auf den oben bereits herangezogenen Artikel von Lawrence Clark Powell, den Traven seinem Verlag in Zürich also nachdrücklich zur Kenntnis gebracht haben wird, die neue ‚offizielle' Version des Autorbildes. Dann aber wendet Hoegner sich in einer eindringlichen Besprechung dem Roman selbst zu und nimmt entschiedene Aktualisierungen vor. Wie alle deutschen

---

[41] Redaktion ‚Berner Tagwacht' an Wilhelm Hoegner in Zürich, 10. Juni 1941 (IfZ: NL Hoegner ED 120, Bd. 12). Vgl. auch den Brief vom 20. Juni (ebd.).

[42] Dokumentiert hat Hoegner bezeichnenderweise nur seine Beteiligung an der Übersetzung von Tolstojs *Krieg und Frieden*, weil es hier zu einer Kontroverse mit dem Hauptübersetzer Otto Wyss kam, die sich auch in einem Briefwechsel niedergeschlagen hat; überliefert sind ferner Entwürfe zu einem Dickens-Essay. Für beides siehe IfZ: NL Hoegner ED 120, Bd. 14. In den Memoiren Hoegner (Anm. 40) spielen die Übersetzungen für die Büchergilde gleichfalls kaum eine Rolle; S. 145f. findet sich nicht einmal eine ganze Seite, namentlich erwähnt werden wiederum lediglich Dickens und Tolstoj; ähnlich Kritzer (Anm. 40), S. 99.

[43] [Wilhelm Hoegner:] Travens Totenschiff in neuer Fassung. In: Büchergilde (Anm. 38) 1940, Heft 5 (Mai), S. 74f., hier 74. Auch der unter dem Titel *Frühling 1940* gedruckte Leitartikel in der gleichen Nummer S. 71 stammt von Hoegner. Alle Zuschreibungen der (nicht gezeichneten) Beiträge können sich auf den Nachlass berufen; Hoegner hat die von ihm stammenden Beiträge zur Gildenzeitschrift in Kopien dokumentiert; siehe IfZ: NL Hoegner ED 120, Bd. 29.

Emigranten der dreißiger Jahre in der Schweiz, nicht zuletzt Bruno Dreßler, konnte auch der sozialdemokratische Reichstagsabgeordnete Hoegner sich nur mit hochrangiger einheimischer Unterstützung im Lande halten und war trotzdem immer wieder von einer Ausweisung bedroht. Besonders bewegend zu lesen sind Dokumente aus dem Herbst 1941 und dem Herbst 1942, als der Emigrant dringende Versuche unternehmen musste, das Auslaufen seiner „Toleranz-Bewilligung" abzuwenden, das die Ausweisung nach Nazi-Deutschland und damit den sicheren Tod bedeutet hätte.[44] Ein Mann mit einem solchen Hintergrund identifiziert sich verständlicherweise mit dem Personal des *Totenschiffs* auf eigene Weise; das sei etwas ausführlicher zitiert:

> Eine ungeahnte Bedeutung hat infolge der politischen Ereignisse seit der ersten deutschen Ausgabe des Buches (1926) jener „Menschenkehricht" bekommen, wie ihn Traven selbst benannt und in seinem Buche geschildert hat, jene „Toten", die zwar noch atmen und arbeiten, aber keine Verbindung mit der lebenden Welt mehr haben, weil sie schriften- und staatenlos sind [...]. Der Schriftenlose hat nach Traven's Darstellung niemand, der seine schützende Hand über ihn hält. [...] Sein Heimatstaat hat ihn ausgestoßen, kein Konsul nimmt sich seiner Angelegenheiten mehr an, kein Staatsvertrag verbürgt ihm irgend welche Menschenrechte, nicht einmal das Recht auf Aufenthalt. Im Gaststaat ist er nur vorübergehend geduldet, bei jeder passenden oder unpassenden Gelegenheit wird ihm durch behördliche Erlasse bedeutet, wo der Zimmermann das Loch gemacht hat. [...] Wieviele „Tote" gibt es heute? Traven schätzte sie einige Jahre nach dem Weltkrieg auf ein paar tausend, inzwischen sind es Hunderttausende geworden.[45]

Soweit die Geschichte dieser beiden eigentümlichen Fälle aus der bunten Werkhistorie travenscher Romane. Die Episode mag ephemer erscheinen – schließlich wurden nach 1945 sowohl *Das Totenschiff*, das zuerst 1948 bei Wolfgang Krüger, dem „Verleger aus der Nazizeit",[46] erschien, als auch *Der Schatz der Sierra Madre*, 1949 bei Universitas und Paul von Bergen, dieser politisch „einwandfrei",[47] wieder in den *grosso modo* ursprünglichen Versionen der Gilde aus Berliner Zeiten dem deutschen Publikum angeboten.[48] Bruno Dreßler wollte die Geschichte der Übersetzungen gegenüber Jonny Rieger, wie eingangs gezeigt, sogar so beiläufig machen, dass er sich nicht mehr erinnern zu können vorgab. Zweifellos auch musste es dem seriösen Verleger peinlich sein, einst unter Druck und wider bes-

---

[44] Siehe vor allem Wilhelm Hoegner an das Eidgenössische Justiz- und Polizeidepartement in Bern, 5. Oktober 1941 (IfZ: NL Hoegner ED 120, Bd. 12).
[45] [Hoegner:] Totenschiff (Anm. 43), S. 74.
[46] So das Urteil von Johannes Schönherr an Bruno Dreßler in Zürich, 29. Juli 1948, der sich hierin mit seinem Korrespondenzpartner einig weiß (FHI: NL Dreßler, Dre–586).
[47] So das Urteil von Bruno Dreßler an Ernst Preczang in Flüeli, 2. Juni 1948 (FHI: NL Dreßler, Dre–652).
[48] Eine präzise Analyse der Textgeschichte von *Das Totenschiff* vor und nach 1945 unter Aussparung der hoegnerschen Übersetzung gibt der Beitrag von Galina Potapova in diesem Band.

seres Wissen seinen Lesern Traven als US-Amerikaner vorgespiegelt zu haben. Doch das Übersetzungspostulat zeigte eine eigentümliche Hartnäckigkeit, wie nach dem Vertrag von 1943 auch nicht anders zu erwarten. Als *Die Brücke im Dschungel*, der dritte und letzte der bei Knopf veröffentlichten Romane, nach zwanzigjähriger Abwesenheit vom deutschsprachigen Markt 1949 wieder bei der Züricher Gilde erscheinen soll (gleichzeitig übrigens bei der neuen westdeutschen Büchergilde in Frankfurt), da heißt es im Lizenzvertrag:

> 1. Der Lizenzgeber [d. i. Traven bzw. Wieder, G. D.] überträgt dem Lizenznehmer [d. i. Büchergilde Gutenberg, G. D.] das Recht, „The Bridge in the Jungle" in deutscher Uebersetzung herauszugeben und an die Mitglieder [...] zu verkaufen. [...]
> 2. Für die deutsche Ausgabe kann der Lizenznehmer die alte im Verlag des Lizenznehmers erschienene Ausgabe benützen. Der Lizenznehmer ist jedoch berechtigt, nach Belieben die Form des englischen Textes zur Ergänzung der neuen Ausgabe heranzuziehen.[49]

Das ist zwar eine halbe Revokation, aber das Modell, das Traven für *Das Totenschiff* von 1940 und *Der Schatz der Sierra Madre* von 1942 durchgesetzt hatte, steht erkennbar noch im Hintergrund. 1951 freilich, als die Sphinx im fernen Mexiko sich nach langer Weigerung endlich bereit erklärte, auch *Das Totenschiff* gnädig wieder an die Büchergilde abzugeben, war die Kehrtwendung vollständig. Josef Wieder durfte Helmut Dreßler darüber informieren, dass sein Mandant vom 1940er Experiment nichts mehr wissen, sondern die Textgestalt der ersten Nachkriegsauflage als gültig angesehen haben wollte: „Der Autor wünscht, dass für Ihre Ausgabe nicht die sehr mässig gute Übersetzung der Zürcher Gilde, sondern die Ausgabe des Wolfgang Krüger Verlages als Grundlage genommen wird."[50] Also ist der Eindruck richtig, dass wir es mit einer vorübergehenden Schrulle zu tun hatten?[51] *Die Brücke im Dschungel* indessen, für die 1949 trotz der Erlaubnis zur Orientierung an der Ausgabe bei Knopf die alte Fassung wiederaufgelegt worden war, kam 1955 unversehens doch mit einem nach der US-amerikanischen Version ‚ergänzten' Wortlaut heraus, der zudem als ‚Übersetzung' eines (ominösen) Werner Preußer firmierte.[52] Für die Editionswissenschaft hält der Fall Traven noch manches Rätsel, manches Skandalon bereit.

---

[49] Lizenzvertrag vom 16. Oktober 1947 (Riverside: Heidemann, Binder 28, Nr. 16), zitiert unter Korrektur eines Tippfehlers.
[50] Josef Wieder an die Büchergilde Gutenberg (Helmut Dreßler) in Fankfurt a. M., 19. Februar 1951 (Riverside: Päßler, Box 3, Folder 14).
[51] Ganz ephemer blieb die Episode übrigens schon deshalb nicht, weil ein Gutachten Rolf Recknagels 1961 für eine Neuausgabe von *Das Totenschiff* die Berücksichtigung der ‚amerikanischen' Zürcher Fassung empfahl; siehe den Beitrag von Galina Potapova in diesem Band, S. 88f. (Anm. 93).
[52] Für einen Vergleich der Fassungen siehe Jan Christoph Meister: Begründungen des ‚Ich'. Tempusgebrauch, nachgereichte Vorgeschichten und symbolische Vorausdeutungen in Travens ‚Die Brücke im Dschungel'. In: Travens Erzählwerk (Anm. 38), S. 193–214, bes. 193f. Vgl. auch den Beitrag von Klaus Meyer-Minnemann in diesem Band.

KARL S. GUTHKE (Harvard)

Vergangenheitsgestaltung
Die Baumwollpflücker: deutsch, englisch, amerikanisch

1. Ein Roman ohne maßgeblichen Text

Die gediegene Aufmachung der Büchergilde-Ausgaben von Travens Romanen mit ihrem geschmackvollen Leineneinband und ihrer formschönen Typographie täuscht: als Indiz konsequenter redaktioneller Sorgfalt seitens des Autors oder des Verlags darf man sie nicht nehmen. Traven hat, besonders in den ersten Jahren, der Büchergilde für die Textherstellung mehr oder weniger freie Hand gegeben, wenn er sich auch hinsichtlich der sozialpolitisch-ideologischen Akzentsetzung manchmal gegenüber editorischen Eingriffen hartnäckig verhalten hat. (Der Briefwechsel mit Preczang gibt darüber Auskunft.)[1] Korrekturlesen war offenbar nicht seine starke Seite, soweit er sich überhaupt dazu Zeit gelassen hat. Die Langwierigkeit des transatlantischen Postverkehrs und der nicht zuletzt auch wirtschaftlich motivierte Drang, seine Typoskripte Hals über Kopf in Druckseiten umzusetzen, erklären da manche erst viel später oder nie beseitigte Schludrigkeit. Hinzu kommt, daß auch das Lektorat grammatische, syntaktische und sonstige Unebenheiten, auch Anglizismen, nicht immer korrigiert hat, ganz zu schweigen von mehr oder weniger offensichtlichen Druckfehlern. Erst von den frühen fünfziger Jahren an, als das Romanwerk mit Ausnahme des Nachzüglers *Aslan Norval* längst vollständig vorlag, hat jedenfalls Traven selbst sich die Mühe gemacht, seine Texte für Neuausgaben zu korrigieren und sonstwie zu revidieren, sowohl sprachlich (wobei die Verlage beteiligt gewesen sein mögen) wie auch inhaltlich. „Traven unterzieht alle seine Bücher vor dem Neudruck einer Umarbeitung", heißt es im Januar 1951 in der ersten Nummer der *BT-Mitteilungen*.[2] Das bedeutet aber nicht unbedingt, daß Traven oder auch der jeweilige Verlag jetzt ganze Arbeit geleistet hätte im Sinne einer sorgfältigen Durchsicht des vorliegenden Textes, die zu konsequenten Korrekturen geführt hätte. Travens sprachliche Kompetenz hatte in der Zwischenzeit bekanntlich erheblich gelitten: ein Blick auf das Deutsch von *Aslan Norval*, das immerhin noch von dem Lektor Johannes Schönherr ziemlich

---

[1] Dazu Karl S. Guthke: B. Traven. Biographie eines Rätsels. Frankfurt a. M. 1987, S. 390, 426–429, 459; vgl. auch Peter Küpfer: Aufklären und Erzählen. Das literarische Frühwerk B. Travens. Diss. phil. Zürich 1981, S. 189f. Ähnlich verhielt Traven sich dem Redakteur des *Vorwärts* gegenüber; siehe B. Traven: Ich kenne das Leben in Mexiko. Briefe an John Schikowski 1925 bis 1932. Mit einem Essay von Karl S. Guthke. Frankfurt a. M. 1992, S. 35 u. 37.
[2] BT-Mitteilungen, hg. von Kilian Schott, Berlin: Guhl 1978, S. 20.

rigoros, aber eben nur im Rahmen der autorbedingten Möglichkeiten korrigiert worden war, läßt da keinen Zweifel. Die sprachliche Behinderung ist natürlich irrelevant für die sachlichen Änderungen, Streichungen zumeist, die Traven seit den fünfziger Jahren in Bezug auf die sozialen und politischen Verhältnisse in Mexiko, Nordamerika und Europa und namentlich in Deutschland angebracht hat. Doch auch da hat er nicht die Konsequenz walten lassen, die man erwarten würde.

Die Übersetzungen spiegeln diese Verhältnisse unvermeidlich wider, und noch konfuser wird das Gesamtbild dadurch, daß Traven selbst manche seiner Romane aus dem Deutschen ins Englische übertragen hatte, wobei es sich stellenweise mehr um Bearbeitungen als um Übersetzungen handelt und überdies auch jene spanischen Fassungen eine Rolle gespielt haben mögen, die quasi unter seinen Augen entstanden waren.

Am Paradigma der *Baumwollpflücker* (auf deren Neuausgabe im Januar 1951 in den *BT-Mitteilungen à propos* der jeweiligen „Umarbeitung" der Traven-Texte „vor dem Neudruck" hingewiesen wurde) sollen im folgenden die *fata* eines Traven-Textes dargestellt werden. Auf diesen Roman fiel die Wahl aus mancherlei Gründen. Im Juni 1926 im Buchmeister-Verlag, der kommerziellen Filiale der Büchergilde, als *Der Wobbly* erschienen, ist er zwar nicht der erste mit dem Namen „Traven" auf der Titelseite; *Das Totenschiff* war im April des Jahres vorausgegangen. Aber die Geschichte der Entdeckung Travens ist die Geschichte der *Baumwollpflücker*. Denn der erste Teil des *Wobbly* hatte bereits im Sommer 1925 als Fortsetzungsroman mit dem Titel *Die Baumwollpflücker* im sozialdemokratischen *Vorwärts* gestanden, wo die Büchergilde Gutenberg auf ihn aufmerksam wurde; und vor allem war der Roman – für die Buchform von 1926 um einen zweiten Teil zu *Der Wobbly* erweitert und dann ab 1928 stets als *Die Baumwollpflücker* veröffentlicht – das erste Werk aus dem Themenkreis ‚Mexiko', der dann synonym mit ‚Traven' und die Signatur des Autors wurde (während *Das Totenschiff* als Vorspiel zur Mexiko-Thematik figuriert). Unbestreitbar ist der Seeroman gehaltlich, ja: weltanschaulich bedeutsamer als der erste Bericht Travens über das ‚ferne Land', der sich eher burschikos und leichtgewichtig gibt bei aller linkssozialen Thematik. Doch kommt den *Baumwollpflückern* mit ihrer lockeren Verknüpfung von pikaresken Episoden zu einer farbenfrohen Abenteurergeschichte auf exotischem Terrain nicht zuletzt auch ein unverächtliches Interesse zu – als Kapitalismuskritik nicht nur, sondern auch als autobiographischem und zeitgeschichtlichem Dokument: der schmale Band liest sich wie ein romanhaft ausgestaltetes Tagebuch, und tatsächlich kann man in Travens knapp gehaltenem authentischen Tagebuch der ersten Wochen in Tamaulipas denn auch manche Stichworte für den Roman entdecken.[3]

Um so bedauerlicher ist es jedoch, daß gerade im Hinblick auf *Die Baumwollpflücker* bis in die neueste Zeit noch allerlei falsche Vorstellungen über die

---

[3] Über das Tagebuch siehe Guthke (Anm. 1), S. 257f. u. 269f. Nicht jede Ausgabe der *Baumwollpflücker* bezeichnet das Buch als Roman.

Textgeschichte herrschen. Denn die Textgeschichte wirft Streiflichter auf die Geschichte von Travens sozialpolitischen Anschauungen und seiner entsprechenden Einstellung zu Mexiko: im Laufe der Jahre vertieft und erweitert er seine Sachkenntnis, und damit dürfte man eine veränderte Akzentsetzung in seiner Beurteilung der Verhältnisse erwarten. Nach und nach reduziert, aber nicht hundertprozentig eliminiert werden, wie in anderen seiner frühen Bücher auch, die Hinweise auf zeitgeschichtlich konkrete soziale und politische Umstände in Mexiko, aber auch in den Vereinigten Staaten und Europa, insbesondere Deutschland, und zwar in drei Revisionen: 1950 für den Universitas-Verlag, 1951 ebenfalls für den Universitas-Verlag und 1962 für den Rowohlt-Verlag sowie in einer Bearbeitung des englischen Wortlauts 1969 – Spurenverwischung dessen, der sich zeitlebens auf der Flucht in die Anonymität sah,[4] aber wohl auch eine Bereinigung der Thematik vom Lokalen und Zeitgebundenen.[5]

Die Vorstellung, die der Leser von dem Buch bekommt, hängt also zum Teil von dem Textstadium ab – früh oder spät –, in dem er den Roman zur Kenntnis nimmt; davon muß man prinzipiell ausgehen, ohne diesen Sachverhalt im einzelnen beurteilen zu können, solange kein extensiver Textvergleich vorgenommen ist.

Dies ist denn auch der Zusammenhang, in dem die eben berührten falschen Vorstellungen von den *Baumwollpflückern* ins Gewicht fallen. So wird noch 2008 behauptet, *Der Wobbly* von 1926 sei in der Buchmeister-Ausgabe von 1928 (unter dem Titel *Die Baumwollpflücker*) „erweitert" worden,[6] wovon nicht die Rede sein kann. – Der Biograph Rolf Recknagel bezeichnet mehrere Ausgaben als „gekürzt",[7] was nicht unrichtig ist, aber nicht berücksichtigt, daß von unterschiedlichen Kürzungen zu sprechen wäre. – Die einzige textgeschichtlich relevante Traven-Bibliographie, diejenige von Edward N. Treverton, behauptet gleich zweimal, die erste amerikanische Ausgabe, nämlich die von Traven

---

[4] Über Entsprechendes in der Überarbeitung anderer Werke seit den fünfziger Jahren siehe Rolf Recknagel: B. Traven. Beiträge zur Biographie. 3. Aufl. Leipzig 1982, S. 151, 203 u. 214.
[5] Für die genannten drei Fassungen sowie für die weiteren in dieser Studie ausführlicher untersuchten Ausgaben werden im weiteren die folgenden Siglen verwendet:
    1945: B. Traven: Die Baumwollpflücker. Zürich: Büchergilde Gutenberg 1945
    1950: B. Traven: Die Baumwollpflücker. Roman. Berlin: Universitas [1950]
    1951: B. Traven: Die Baumwollpflücker. Roman. Berlin: Universitas 1951
    1956: B. Traven: The Cotton-Pickers. Übers. von Eleanor Brockett. London: Robert Hale 1956
    1962: B. Traven: Die Baumwollpflücker. Roman. Reinbek bei Hamburg: Rowohlt 1962 (rororo 509)
    1969: B. Traven: The Cotton-Pickers. New York: Hill & Wang 1969
    W: B. Traven: Die Baumwollpflücker. Frankfurt a. M. / Wien / Zürich 1978 (Werkausgabe B. Traven. Hg. von Edgar Päßler. Bd. 2).
[6] Rolf Raasch: B. Traven und Mexiko. Ein Anarchist im Land des Frühlings. Eine politisch-literarische Reise. 2. Aufl. Berlin 2008, S. 57. Von 1926 bis 1930 haben die Editionen dieselbe Seitenzahl.
[7] Recknagel (Anm. 4), S. 402.

verantwortete Fassung, die 1969 als „first American edition" bei Hill and Wang in New York erschien, sei bereits 1965 bei Robert Hale in London herausgekommen. Ein Exemplar dieser Edition läßt sich jedoch mit den üblichen Suchprogrammen nicht ermitteln, wie Treverton denn auch zugibt, mit nur etwa der Hälfte der verzeichneten Bücher durch Autopsie vertraut zu sein, und diese Londoner Ausgabe von 1965 in seiner Liste der *Baumwollpflücker*-Ausgaben (in allen Sprachen) nicht aufführt.[8] – Die Traven-Texte in der Werkausgabe (W) der Büchergilde (1978) werden von einem Sachkenner in einer Textstudie als „Ausgabe letzter Hand" bezeichnet,[9] während der Wortlaut der *Baumwollpflücker* dort in Wirklichkeit teilweise den Textbestand aus der Zeit noch vor der ersten Revision (1950), ja: vor dem Zürcher Neusatz von 1945 (Büchergilde) wiedergibt, andererseits aber auch einige (keineswegs alle) der Änderungen und Kürzungen gegenüber dem bis 1945 geltenden Wortlaut aufweist, die in der ersten und zweiten Revision (1950 und 1951) erschienen, jedoch keine der für die autorisierte Ausgabe von 1962 verfügten.[10] Im Druck läßt sich dieser Text zu Lebzeiten Travens (und auch vor 1978) nirgends nachweisen, und die Werkausgabe gibt keine Auskunft über die Druckvorlage; in den *Neuen B. Traven-Mitteilungen* steht lediglich der pauschale Hinweis, der Wortlaut der Werkausgabe-Bände beruhe auf „revidierten Fassungen aus B. Travens Nachlaß" bzw. auf „Originalmanuskripten, soweit nicht verschollen".[11] Für *Die Baumwollpflücker* kann es sich da folglich nur um ein vom Autor *ad hoc* erstelltes Typoskript oder ein handschriftlich korrigiertes (auch gekürztes) Handexemplar einer Ausgabe von vor 1945 gehandelt haben, über dessen Datum (vor oder nach 1962?) und Autorisation zum Druck nichts bekannt ist. – Außerdem muß es eine ähnliche,

---

[8] Edward N. Treverton: B. Traven. A Bibliography. Lanham, MD / London 1999 (Scarecrow Author Bibliography Series 101), S. 31 u. 138; Autopsie: S. 17; Liste: S. 33.

[9] H. D. Tschörtner: Varianten zu B. Travens Erzählungen. In: B. Traven the Writer. Der Schriftsteller B. Traven. Hg. von Jörg Thunecke. Nottingham 2003, S. 552–567, S. 553.

[10] Ein paar Beispiele: *Übereinstimmung von W mit Ausgaben von vor 1945*: W, 20 „Farmern" (wie in allen Ausgaben vor 1945) statt 1945, 16 „Farmen" wie auch in allen späteren Ausgaben (vgl. dazu unten S. 34); W, 160 „Sie neppen nicht" (wie in allen Ausgaben vor 1945) statt Streichung oder Ausfall des Satzes in 1945, 141 und allen folgenden Ausgaben (vgl. dazu unten S. 34). – *Übereinstimmung von W mit Ausgaben von vor 1950 / 1951, wo 1950 / 1951 geändert wird*: W, 52 wie 1945, 44 (= 1950, 62) „selbst nicht in Odessa", gestrichen 1951, 59; W, 130f. wie 1945, 115 „der vor der Blutgier des Herrn Horthy hatte fortrennen müssen", gestrichen 1950, 159 und 1951, 156; W, 145f. wie 1945, 128: der ganze Absatz von „Da log er" bis „saftlos sind", gestrichen 1950, 179 und 1951, 174. – *Übereinstimmung von W mit 1950 / 1951 im Unterschied zu 1945 und vorausgehenden Ausgaben*: generell Gales statt Gale; W, 45 und 1951, 51 fehlen alle vier Hinweise auf die Wobblies, einschließlich der beiden Fußnoten, vorhanden noch in 1945, 38 und 1950, 53; das gilt auch für den fehlenden Hinweis auf „I. W. W." 1945, 46 und 1951, 52 gegen 1945, 39 und 1950, 54; W, 205 = 1950, 255 = 1951, 249: der erste Satz von Kap. 39 wird neugefaßt im Unterschied zu 1945, 180; W, 12 und 1951, 11 „Indianer auf uns zusteuerte" statt 1945, 10 (= 1950, 11) „Indianer uns zusteuerte" (und 1926, 10: „uns ansteuerte").

[11] Neue B. Traven-Mitteilungen. Nr. 1 (Oktober 1978), S. 2. Über den Verbleib des Typoskripts der ursprünglichen Fassung, das Rolf Recknagel nach den Angaben in Recknagel (Anm. 4), S. 330f. vom Kiepenheuer-Verlag erhalten hatte, ist m. W. nichts bekannt.

Vergangenheitsgestaltung. Die Baumwollpflücker 33

aber nicht identische handschriftlich revidierte Fassung gegeben haben, die, im Druck nirgends nachweisbar, der Übersetzung *The Cotton-Pickers* von Eleanor Brockett (London: Robert Hale, 1956) zugrundelag; auch sie greift auf den Wortlaut von vor 1950 zurück und übernimmt zugleich einige der Korrekturen von 1950 und 1951. (Diese beiden deutschsprachigen *ad hoc*-Versionen, die mir nicht vorlagen, bleiben hier außer Betracht, da sie nicht zum Druck gelangten. Von der Übersetzung der zweitgenannten durch Eleanor Brockett ist später die Rede.)

Fazit aus dieser Überlieferungssituation: es gibt bis heute keinen maßgeblichen Text (sei es erster, sei es letzter Hand) im Sinne eines konsequent nach irgendwelchen textkritischen Prinzipien vereinheitlichten Wortlauts. Das Bild, das sich statt dessen mehr oder weniger ausgeprägt, nämlich je nach dem Stand der Revision und deren Grad von Nachlässigkeit bzw. Sorgfalt, in allen Ausgaben der *Baumwollpflücker* bietet, ist daher in vielfacher Hinsicht inkongruent und hybrid:

> Druckversehen; grammatische und syntaktische Unrichtigkeiten; Uneinheitlichkeit in der Wortbildung in der Art von Rancho-Haus / Ranch-Haus, backten / buken, andre / andere, Syndikats / Syndikates; sprachliche Inkonsequenzen (ob etwa Rinder essen oder fressen, ob nach Kilometern oder Meilen gemessen wird, Chinesen das r als l aussprechen oder nicht, ob Schwarze Neger sind oder Nigger u. ä.); groteske Anglizismen (also falsches Deutsch) wie ‚feuern‘ im Sinne von entlassen, jemand ‚zahlen machen‘, ‚sie hatte es gehen lassen damit‘, ‚helfen Sie sich nur‘, ‚Nachtkappe‘, ‚Schwarzvögel‘ usw. *und* idiomatisches Deutsch einschließlich Redewendungen und Zitate; in frühen Ausgaben auch falsches Englisch und falsches Spanisch; antiquiert hochliterarische Sprachgebung bis hin zu arkanen Bildungsanspielungen, etwa auf Hannibals Alpenüberquerung (1945, 190) und Goethes *Der Gott und die Bajadere* (1945, 131) *in engster Nachbarschaft* zu umgangssprachlichem, burschikosem und vulgärem, auch regionalem, nämlich nördlichem Deutsch (dieses in kuriosem Widerspruch zu ‚Samstag‘, der erst 1962 zu ‚Sonnabend‘ wird). Hinzu kommen handlungsmäßige Widersprüche und Unklarheiten, sachliche Irrtümer wie die mittelamerikanischen ‚Tiger‘ oder auch ‚Berglöwen‘ (Pumas; engl. ‚mountain lions‘, span. ‚leones de montaña‘), ferner das Nebeneinander von vertrauenerweckend konkreter Sachkenntnis mexikanischer Lebensverhältnisse in den zwanziger Jahren (einschließlich Rotlichtdistrikt, Banditenhorden, Streikorganisation und Interna des Viehtransports) und der erst in Travens ‚eigener‘ Fassung von 1969 *ganz* retouchierten und nirgends plausibel gemachten Vertrautheit des Erzählers, also des ungelernten nordamerikanischen Gelegenheitsarbeiters Gale(s), mit der deutschen Sprache und mit europäischen, speziell deutschen sozialen und politischen Zeitumständen, ob es sich nun um die Kleinstadt Herne im Ruhrgebiet handelt oder um Horthys Politik (1945, 44 u. 115) oder allgemeiner um Westeuropa als kultivierteres oder auch schon bedauerlich überzivilisiertes Gegenbild zu Mexikos Rückständigkeit (die ihrerseits ambivalent visiert wird, nämlich auch als naturnahe Ursprünglichkeit). Schließlich finden sich in allen Ausgaben die bis zur zynischen Kraßheit gehende schnod-

derige Gefühlskargheit des mit allen Wassern gewaschenen Erzählers *und* dessen lyrisches Schwelgen in Gefühligkeit, wenn es um Mexiko als gesegnetes „Land des ewigen Sommers" (1945, 176) geht oder auch nur um den Zauber der Prärienacht (1945, 189) oder „meine lieben kleinen Kälber" auf dem Viehtransport (1945, 182).

2. Die deutschsprachigen Fassungen, 1926–1962

Trotz der prinzipiellen Konstanz solcher Inkongruenzen sind im Zeitraum von der Erstausgabe von 1926 bis zur von Traven selbst verantworteten amerikanischen Fassung aus dem Todesjahr 1969 klar voneinander unterschiedene Textstufen zu erkennen, in denen die Milderung jedenfalls einiger dieser Inkonsequenzen eine Rolle spielt, ohne daß sie ganz beseitigt würden: vor allem die vielberedeten Anglizismen in den deutschen Ausgaben bleiben, nämlich als Reflex von Travens, wie er selbst sagte, „nur englisch" sprechender „Umgebung" der frühsten Zeit.[12] Keine ins Gewicht fallenden Änderungen finden sich in den Ausgaben nach 1926 bis 1945,[13] also in denen von 1928, 1929, 1930 und 1932 im Buchmeister-Verlag Berlin (184 Seiten) sowie in den neugesetzten Buchmeister-Ausgaben von 1931 und 1932 (279 Seiten), in der Ausgabe des Berliner Universitas-Verlags, des Nachfolgers des Buchmeister-Verlags,[14] von 1931 (279 Seiten) und in der wiederum neugesetzten Ausgabe der Büchergilde Zürich 1945 (194 Seiten). Ob Traven überhaupt an diesen Editionen beteiligt war, ist unbekannt und eher unwahrscheinlich. Die Zürcher Ausgabe, die als erste die *durchgehende*, dann von allen späteren Ausgaben übernommene Kapitelnumerierung für die beiden ‚Bücher' des Romans einführt (42 Kapitel statt 19 und 23), aber die Einteilung in zwei ‚Bücher' beibehält, ist durch erstaunlich viele Druckversehen entstellt, die zum Teil ein außerordentliches Vererbungspotential bewiesen haben.

So heißt es 1945, 16: „Bei uns hat er dann nicht mehr gestohlen, und was er bei umliegenden Farmen zusammenstahl" statt wie vorher stets und zweifellos richtig: „Farmern", ohne daß eine der zu Travens Lebzeiten erschienenen deutschen Ausgaben oder auch die englische Übersetzung von 1956 den Fehler berichtet hätte (die amerikanische Neufassung 1969, 14 hat: „when he pilfert from others"); und 1945, 141 ist der Satz „Sie [die Prostituierten, K. S. G.] neppen nicht", vermutlich durch ein Setzerversehen,

---

[12] B. Traven an John Schikowski in Berlin, 26. August 1925. In: Traven: Ich kenne (Anm. 1), S. 33–41, S. 34, im Zusammenhang mit *Die Baumwollpflücker*.

[13] Zu den Änderungen gegenüber dem Vorabdruck des ersten Teils im *Vorwärts* siehe Küpfer (Anm. 1), S. 152–155, der „nirgends eindeutige Indizien für einen ernsthafteren inhaltlichen Eingriff" ausmacht (S. 152). Den „Originaltext" legt nach eigener Angabe S. 283 die Ausgabe B. Traven: Die Baumwollpflücker. Hg. von Werner Sellhorn. Berlin: Volk und Welt 1965 zugrunde.

[14] Nach Küpfer (Anm. 1), S. 190.

ausgefallen und fehlt dann in allen späteren Drucken zu Lebzeiten, einschließlich der englischsprachigen Fassungen von 1956 und 1969 (während der Text der Werkausgabe ihn noch hat).

Die nächsten Ausgaben, 1950 und 1951 (278 bzw. 271 Seiten; Copyright 1950 bzw. Copyright 1951), beide im Universitas-Verlag (und als Ost-Berliner Lizenzausgaben der 1951er Ausgabe im Verlag der Nation bzw. bei Volk und Welt, 1954 bzw. 1962), sind dann die ersten, die nennenswerte Revisionen, vor allem Kürzungen, 1951 extensiver als 1950, aufweisen, nämlich offenbar die, auf die in der ersten Nummer der *BT-Mitteilungen* hingewiesen wurde als Travens eigene (ob der Lektor zusätzlich korrigiert hat, bleibt unklar). 1950 und 1951 heißt der Erzähler Gerard Gales statt Gerard Gale wie dann auch in allen späteren Drucken einschließlich der Werkausgaben-Fassung und der englischsprachigen Texte von 1956 und 1969.

Eine dritte und letzte durchgreifende Revision des deutschen Wortlauts durch Traven selbst, 1962 für den Rowohlt-Verlag, legt prinzipiell die Korrekturen und Streichungen der Universitas-Ausgabe von 1951 zugrunde, geht aber in nicht wenigen Fällen noch über diese hinaus; es wird also ein weiterer durchgehender Arbeitsgang eingeschaltet mit neuen Änderungen, Zusätzen und auch Kürzungen (was den Verlag nicht gehindert hat, diese Fassung mit dem Impressum-Vermerk ‚ungekürzt' auf den Markt zu bringen). Über die Textgestalt der Rowohlt-Ausgaben seiner Romane schreibt Traven am 24. August 1964 an Fritz J. Raddatz, den damaligen Lektor:

> All this brings us to a point: you know there's a controversy all over the world whether an author should revise, change or edit himself a book after its publication, that is, for future publications in the same language. Some are of the opinion that once a book has been written an author should not „touch" it anymore and leave it exactly as it was first written. Well, Traven does not believe in this, he thinks an author may revise, re-write, or whatever he pleases to do with his books to better them for future readers. Usually he makes very small changes, though.
> Of course, you know very well he is not the only author who does this. Many others make considerable changes in new editions. Thomas Mann, I believe, made changes in his novels *Felix Krull* and *Lotte in Weimar*.
> As a rapid composer, Traven often has to make changes in successive editions. Perhaps the best contemporary example of similar behavior is Vladimir Nobakov [sic] (Lolita), who wrote several books first in Russian; others in German; on arriving in USA, he began to write and publish in English. We have been told that after he was famous for *Lolita*, he supervised the translations of his Russian books into English, with considerable changes.[15]

Es handelt sich also wiederum um Travens eigene Texteingriffe (und wiederum ist unklar, aber denkbar, daß darüber hinaus auch der Verlag beteiligt war).

---

[15] Zitiert nach Guthke (Anm. 1), S. 537 (Durchschlag im Nachlaß).

Änderungen, Kürzungen vor allem, wurden also nach und nach über ein Dutzend Jahre hin vorgenommen; doch betreffen sie die Motiv-Substanz der aneinandergereihten Vagabundengeschichten nur am Rand, nämlich im Bereich der expliziten zeitkritischen sozialpolitischen Akzentsetzung, dort aber progressiv stärker. Die fabulierfreudig ausgestalteten Abenteuer und Erlebnisse des durch nichts unterzukriegenden nordamerikanischen Gringos Gale(s) rollen nach wie vor unaufhaltsam ab: als Baumwollpflücker und Erdöldriller, als Gelegenheitsarbeiter und ungelernter Bäcker, als Viehtreiber schließlich, der eine riesige Rinderherde Hunderte von Kilometern über Land führt, schlägt er sich von Woche zu Woche in stets wechselnder Umwelt durch. So entsteht unterderhand ein lebendiges Bild von Land und Leuten einer damals in Europa noch wenig vertrauten Weltgegend. Es ist die Welt der Aztekenduelle und Gefahren im Busch, der US-amerikanischen Erdölindustrie und der Cowboy-Romantik mexikanischen Stils, der Banditen, der ausländischen Großgrundbesitzer und Entrepreneurs, der jobbenden Indianer, des arbeitsuchenden Proletariats verschiedener Rassen und der grell bemalten Señoritas im kleinstädtischen Vergnügungsviertel, dem auch ein Spielkasino nicht fehlt. Nur knapp angedeutet, aber konsequent im Auge behalten wird der zeitgeschichtliche gesellschaftspolitische Rahmen dieser überbordenden Geschehensfülle. Dessen Koordinaten sind der ‚Kapitalismus' der Landfremden (vor allem, aber nicht nur der Nordamerikaner) und das ‚Proletariat': die „Arbeiterverhaeltnisse Centralamericas und Mexicos" der zwanziger Jahre sind es, in die der Autor, wie er am 24. November 1927 an Johannes Schönherr schreibt, einen „Einblick" verschaffen will, weil er für „die deutschen Arbeiter" von Interesse sei.[16] Dies nicht zuletzt, weil man im Mexiko der *Baumwollpflücker*, anders als in europäischen Ländern, eine arbeiterfreundliche Regierung hat, die „den Kampf mit den Kapitalisten" aufnimmt.[17] Mit den Episoden der ‚Handlung' verbunden ist dieser zeitgeschichtliche Rahmen durch den Verdacht, der sich wie ein roter Faden durch den ganzen Roman hinzieht, daß der Erzähler Gale(s) die Arbeiterschaft zum Widerstand gegen die Arbeitgeber aufwiegle, ja: ein ‚Wobbly' sei, also Mitglied jener ‚linken' nordamerikanischen Organisation Industrial Workers of the World, die damals im Erdölförderungsgebiet um Tampico besonders aktiv war. Und so wenig ernst dieser Mann auch als Politiker zu nehmen ist, da er alles und jedes auf die leichte Schulter nimmt und sich lausbubenhaft durchs Leben driften läßt, so brechen doch überall dort, wo er mit seiner materialistischen Lebens- und Moralauffassung hinkommt, Streiks aus, werden höhere Lohnforderungen gestellt und verbesserte Arbeitsbedingungen verlangt – was immerhin mit seinen umstürzlerischen sozialpolitischen Überzeugungen im Einklang steht.[18]

---

[16] Zitiert nach ebd., S. 389.
[17] Dazu B. Traven an Ernst Preczang in Berlin, 11. Oktober 1925; zitiert bei Guthke (Anm. 1), S. 388; vgl. auch B. Traven: Die Baumwollpflücker. Zürich: Büchergilde Gutenberg 1945, S. 96.
[18] Zu Gales umstürzlerischer proletarischer ‚Ideologie' vgl. Markus Eigenheer: B. Travens Kulturkritik in den frühen Romanen. Bern 1993, S. 43–50.

Vergangenheitsgestaltung. Die Baumwollpflücker

Dieses intellektuelle Profil Gales und der rote Faden der Handlungsführung geben dem Autor vielfach Gelegenheit, – strukturell am Rand, aber ideologisch keineswegs am Rand, vielmehr das intendierte thematische Grundgerüst bezeichnend – durch den Mund seines Protagonisten zu politisieren. Dabei wirft er vergleichende Seitenblicke auf die USA, Europa und namentlich auch Deutschland, und zwar in charakteristischer Dialektik: einerseits herrscht im Unterschied zu Europa in Mexiko die Ausbeutung der arbeitenden Klasse durch die Industrie und den Großgrundbesitz (der Ausländer) besonders kraß, andererseits weiß das gewerkschaftlich organisierte Proletariat sich in Mexiko pfiffig gegen die Ausbeuter zur Wehr zu setzen, wobei es der Unterstützung durch die Regierung sicher sein kann. So sind also die *expressis verbis* formulierten sozialkritischen Spitzen Fingerzeige auf die beabsichtigte intellektuelle Sinnstruktur der *Baumwollpflücker*; schon der ursprüngliche Titel *Der Wobbly*, der Gales vielfältigen Aktivitäten, besonders im zweiten Teil, gerechter wird als der eingebürgerte, deutet in diese Richtung. Dennoch sind ausgerechnet die explizit ausgesprochenen und den Ereignissen etwas künstlich, mit erhobenem Zeigefinger aufgesetzten zeitgeschichtlich gezielten Spitzen die Stellen auf der Landkarte des Romans, an denen Traven über die Jahre hin vorwiegend streicht und insofern seine Kritik mildert, während es sich an anderen Stellen eher um sachliche, stilistische, ja: grammatische und syntaktische Schönheitskorrekturen handelt. Das Herunterspielen des explizit Ideologischen geschieht allerdings, wie schon angedeutet, nie mit absoluter Konsequenz, und natürlich sind ja auch die Handlungsepisoden in allen Fassungen weithin als narrative Bestätigung, wenn nicht gar Konstituierung des ideologisch-thematischen Grundgerüsts zu lesen, das wesentlich unverändert bleibt.

Bis einschließlich 1945, als die Zürcher Büchergilde-Ausgabe erscheint, lassen sich, wie gesagt, keine nennenswerten Änderungen beobachten, die über routinemäßige Korrekturen durch den Verlag (oder auch neue Druckversehen) hinausgingen.

> Erwähnenswert ist allenfalls: 1945 fehlt im einleitenden „Gesang der Baumwollpflücker in Mexiko" die letzte Zeile: „Die Wa[a]ge schlag in Scherben!" Da die Waage gemeint ist, die das Gewicht der den Tag über gepflückten Baumwolle feststellt und damit den Lohn des Arbeiters bestimmt, läuft diese Schlußzeile der letzten Strophe (und damit das Lied) im Gegensatz zu den Schlußzeilen der vorausgehenden Strophen, die ebenfalls die Waage zu Sprache bringen und damit refrainartig wirken, auf einen radikalen Appell zum Aufstand gegen die Arbeitgeber hinaus. Bestätigt wird das durch die Stelle im 9. Kapitel, wo die Baumwollpflücker dem Farmer mit ihrer höheren Lohnforderung ein Ultimatum stellen und dazu dieses Lied singen, das in ihnen „das erste leise Bewußtsein der ungeheuren Macht und Stärke der zu einem gemeinsamen Wollen vereinigten Proleten erwach[en]" läßt. „Der erste Refrain" zieht alle in seinen Bann; „was vielleicht geschehen könnte, wenn der letzte Refrain begann, ohne inzwischen die gewünschte Antwort erhalten zu haben, wußte ich. Ich habe es erlebt" (1945, 39). Unklar bleibt jedoch, ob die Auslassung der Schlußzeile in der Zürcher Ausgabe von 1945, der ersten neugesetzten seit 1932, Absicht war

oder ein Setzerversehen: in der revidierten Ausgabe von 1950 (Universitas-Verlag) ist die Schlußzeile ebenfalls ausgefallen, doch in der weiter revidierten desselben Verlags von 1951 ist sie wieder da. Die erwähnten ostdeutschen Lizenz-Ausgaben der 1951er Edition halten es unterschiedlich: im Text des Verlags der Nation (1954), der mit der Ausgabe von 1951 seitengleich ist, fehlt die Schlußzeile, im Neusatz des Volk und Welt-Verlags (1962), der den Copyright-Vermerk „Universitas-Verlag 1951" trägt, steht sie wieder. Es scheint, jemand hat sich Gedanken darüber gemacht, ob hier der umstürzlerische Akzent zu mildern sei oder nicht. (Die Schlußzeile fehlt auch in der englischen Übersetzung von Brockett [1956], nicht aber – deutlich abgeschwächt – in Travens amerikanischer Textfassung von 1969.)

So oder so: diese Milderung durch Streichung 1945 (wenn es sich nicht um ein Versehen handelt) betrifft unkonkret Allgemeines. Wo jedoch die Universitas-Ausgabe von 1950 und in stärkerem Maße die Universitas-Ausgabe von 1951 gegenüber der von 1945 ändert, vor allem streicht, geht es um Konkreteres, nämlich *erstens* um Bemerkungen zur Rassenidentität, *zweitens* um Bezugnahmen auf Deutschland, Europa und die USA und *drittens* um zeitgeschichtlich Sozialpolitisches (aktuelle Revolutionsideologie). Andere Änderungen und Streichungen bleiben ihrer gehaltlichen Unbedeutenheit wegen im folgenden außer Betracht. Vorauszuschicken ist: die Ausgaben von 1950 und 1951 – wie gesagt, die ersten mit substantiellen Änderungen – basieren auf der Zürcher von 1945 als der unmittelbar vorausgehenden: der erwähnte Druckfehler „Farmen" statt „Farmern" und die Auslassung von „Sie neppen nicht", beide erstmalig 1945, finden sich auch in ihnen (1950, 20 u. 198, 1951, 20 u. 194).

Ein rassistischer Ausfall der Baumwollpflücker sehr verschiedener Herkunftsidentität gegen den Chinesen unter ihnen als Vertreter einer „stinkigen und uns widerlichen Rasse" (1945, 14) wird 1951, 17, aber nicht schon 1950, 17, kurzerhand gestrichen, wobei offenbar nicht bemerkt wurde, daß der Fortgang des Textes 1951 nicht eben logisch anschließt. Ebenfalls gestrichen wird nicht schon 1950, 231f., sondern erst 1951, 226 die Stelle – eine Personenrede – über den „Rassenhaß" auf das „Ungeziefer" der Chinesen, der deren erfolgreichen Erwerbsfleiß, besonders im Restaurantgewerbe, aufs Korn nimmt (1945, 163f.). Ebenso verhält es sich mit dem Schwarzen Abraham: die Charakterisierung „der echte, dummschlaue, gerissene, freche und immer lustige amerikanische Nigger der Südstaaten" (1945, 15) wird 1951, 19 ersatzlos gelöscht, nicht aber schon 1950, 19; allerdings bleibt der Ausdruck ‚Nigger' 1951 an anderen Stellen weiterhin stehen, ebenso wie gegenüber allen Farbigen häufig die ‚Weißen', selbst wenn sie ‚Proletarier' sind, noch eigens als solche gekennzeichnet werden und damit als (bevorzugt behandelte) Menschen mit höheren Zivilisationsansprüchen, und sei es auch nur, was die Qualität der Kleidung angeht (1951, 163f.). Erst 1962 wird solche Hervorhebung der Weißen sprachlich etwas reduziert.

Was die Verwischung der Spuren zurück nach Deutschland und Europa angeht, so ist der Vergleich des mexikanischen Erdölfelds mit einer Zeche in Herne

(1945, 44) 1950, 61 und 1951, 59 noch stehen geblieben. Ebenso stehen geblieben ist die Bildungsanspielung auf Goethes Bajadere (1945, 131; 1950, 184; 1951, 179). Mr. Wood, der Gale(s) an einen nichtexistierenden Job bei einem Baumwollfarmer vermittelt (1945, 148), hat 1950, 208 und 1951, 203 noch seinen „Hindenburgbart". Ebenso steht der Vergleich von Crackers mit „europäischem oder gar deutschem Brot" (1945, 165) 1950, 234 und 1951, 229 noch unverändert da. Die Prostituierte Jeannette (1945, 132) ist immer noch aus Charlottenburg, spricht aber 1950, 184 und 1951, 180 nicht mehr Deutsch mit Gale(s), der damit seiner inkongruenten deutschen Herkunft verlustig geht. Vergleichende Hinweise auf ‚Europa' werden ebenfalls nur inkonsequent eliminiert. Daß mit Gales abgerissener Kleidung „kein Mensch in Europa, selbst nicht in Odessa, herumlaufen" könne (1945 44), wird *in toto* erst 1962, 37 gestrichen, 1951, 59 nur der Verweis auf Odessa und 1950, 62 selbst der nicht; „Europa" bleibt als Vergleichspunkt auch etwas später im selben Absatz sowohl 1950, 62 wie auch 1951, 60. Doch 1950, 84 und 1951, 81 fehlen in Kapitel 14 zwei Sätze (1945, 59), die die Eßmanieren am Trafalgar Square und in „Mitteleuropa" zum Vergleich heranziehen. Ferner ist in Kapitel 14 1950, 82f. und 1951, 80 nicht mehr wie 1945, 58f. davon die Rede, daß „Chile" ein für „Europäer" ungenießbares Gewürz sei; ebenso fehlt da das Statement Gales, daß er sich nicht „zu den Europäern zähle"; „die Europäer haben mir das abgewöhnt" (1945, 59; vgl. 1950, 83 u. 1951, 80).

Mehr ins Gewicht fallen die Streichungen, die sozialpolitische Stellungnahmen betreffen. Die Erwähnungen von „Bolsches" als politische Revolutionäre (auch „Bolschewisten") (1945, 38, 66, 101, 111) werden 1951, 51, 92, 135, 151 gestrichen, nicht aber schon 1950, 53, 95, 139, 154), und dazu gehört der radikale Passus: „Den Schrei: ‚Rache!' Warum ist Rußland in den Händen der Bolsches? Weil dort vor dieser Zeit am meisten gepeitscht wurde. Die Peitsche der Polizisten ebnet den Weg für die Heranstürmenden, deren Schritte Welten erdröhnen und Systeme explodieren macht" (1945, 66).[19] Daß der ungarische Wanderarbeiter Apfel „vor der Blutgier des Herrn Horthy hatte fortrennen müssen" (1945, 115) fehlt 1950, 159 und 1951, 156. Am interessantesten ist vielleicht, wie Traven 1950 und 1951 mit den Erwähnungen der Wobblies verfährt. In allen Ausgaben beteuert Gales etwa ein Dutzend Zeilen vor dem Ende, er sei kein Wobbly. Was ein Wobbly ist, erläuterte Kapitel 9 1945, 38f. und noch 1950, 53f. Gestrichen werden diese Stellen einschließlich der den Ausdruck erläuternden Fußnote erst 1951, 51f., so daß der Leser der deutschen Ausgaben ab 1951 (im Unterschied zu der englischsprachigen 1956) also mit dem ‚Wobbly' am Schluß nichts anzufangen weiß, weil er nicht weiß, daß ein Wobbly ein Mitglied der Industrial Workers of the World ist, der I. W. W., einer „sehr radikalen Arbeiter-Organisation", wie es in der Fußnote bis 1950 hieß. Zum Thema des Saisonarbeiters im Mexiko der zwanziger Jahre erklärt der deutsche Konsul

---

[19] Bei ihrem letztmaligen Abdruck 1950, 95 wird die Stelle sprachlich korrigiert: „deren Schritte Welten erdröhnen und Systeme explodieren machen."

einem deutschen Wanderarbeiter später: „Wir haben hier eine Arbeiterregierung, und zwar eine richtige Arbeiterregierung, die zu den Arbeitern hält." So 1945, 96 und noch 1950, 132. Streikbrecher seien daher in Mexiko im Unterschied zu Deutschland nicht „beliebt". 1951, 128 wird der zitierte Satz ganz gestrichen: also ein konkret zeitgeschichtlicher politischer Hinweis vermieden. Ganz in diesem Tenor hatte ein paar Seiten zuvor auch Gale diesem deutschen Streikbrecher die Leviten gelesen: ein „Lump" sei er, wenn er sich in dem Bäckerstreik auf die Seite des Management stelle: der ganze Passus, 1945, 89–92 fast drei Seiten, wird 1950, 126 und 1951, 122 ausgelassen. Mehr die sozialen als die politischen Normen betrifft eine weitere umfangreiche Streichung: der Wegfall eines ganzen Absatzes in Kapitel 29 (1945, 128): hier empört sich der Erzähler über die verlogene Sexualmoral des puritanischen Nordamerika und lobt demgegenüber vom „natürlichen und gesunden Standpunkt" die geregelte Prostitution in Mexiko; seit 1950, 179 bzw. 1951, 174 war dem Autor das offenbar zu gewagt, er kassiert die ausführliche Stelle.

Aber die Streichungen bzw. Änderungen *à propos* Sozialpolitik sind überraschenderweise eher noch inkonsequenter als die auf den beiden anderen, thematisch weniger relevanten Problemfeldern. Denn die bezeichneten Eingriffe ändern wenig, nämlich nur das zeitgeschichtlich allzu Konkrete und Direkte, und selbst das nicht restlos. Sie ändern damit wenig an der Tatsache, daß *Die Baumwollpflücker* auch 1950 und 1951 (und zwar 1950 durch die geringere Zahl der Eingriffe in etwas höherem Maße als 1951) ein aggressiv sozialkritisches Buch bleibt, für das der Konflikt zwischen dem immer noch nachdrücklich so bezeichneten Proletariat und den ebenfalls beim Namen genannten arbeitgebenden Kapitalisten grundlegend ist; auch bleiben die Sympathien des Erzählers eindeutig auf der Seite der Benachteiligten und ihrer gewerkschaftlichen Organisation. Nur einige wenige solche *loci*, die 1951 noch da sind, seien hier herausgestellt.

Bloß angetippt wird „das Lieblingsthema aller Arbeiter der Erde" noch 1951 gleich anfangs, im sechsten Kapitel, nämlich der „ungerechte Zustand in der Welt, der die Menschen in Ausgebeutete und Ausbeuter, in Drohnen und Enterbte teilt" (35).[20] Immerhin ein Auftakt. Das implizierte Stichwort ist „Klasse", und was in der Klassengesellschaft geschieht, ist ungerecht: „Jede Klasse hat ihre Raubmörder", doch in der oberen werden sie hoch geehrt, in der unteren, der Gales angehört, werden sie gehenkt (77). Die obere ist mit dem Staat liiert, dessen Polizei den Arbeiter „peitscht" – bis diese Klasse eines Tages zur Gewalt greift „und alles in Scherben geht" (91: die „Scherben" des einleitenden ‚Gesangs'!). „Wehe den Zufriedenen, wenn die Gepeitschten ‚Rache!' schreien! [...] Man zwang mich, Rebell zu sein und Revolutionär" (92). „Die Arbeiter sind im Kriege, bis sie endlich nicht nur eine Schlacht, sondern den ganzen Feldzug gewonnen haben", nämlich gegen die kapitalistischen Ausbeuter (127). Das ist

---

[20] Seitenverweise in diesem Absatz und den beiden folgenden beziehen sich auf die Ausgabe von 1951.

Vergangenheitsgestaltung. Die Baumwollpflücker

gesagt im Zusammenhang mit dem Streik der Arbeiter gegen den Restaurateur Doux (vgl. 155); und damit spricht der Erzähler den Standpunkt der mexikanischen Gewerkschaft aus, die, bereits kurz zuvor wegen ihrer Fortschrittlichkeit gelobt (120), den Streik organisiert. Denn der Sprecher des ‚Syndikats', der an seinem Schreibtisch vor der Parole „Proletarios del mundo, unios!" sitzt (142), schlägt im Namen der sozialen Gerechtigkeit denselben Ton an (147). Daß die Ausbeuter vor allem Ausländer sind (155), aber außerdem – bei aller Anerkennung arbeiterfreundlicher Initiativen mancher Gouverneure (215) – wenigstens potentiell, wie *de facto* in der rezenten Vergangenheit, auch die höchsten Regierungskreise Mexikos, gestützt durch ihr Militär und ‚kolonial' verfahrende amerikanische „Ölkompanien" und „Großkapitalisten" (254 u. 257f.), definiert den Konflikt zeitlich und örtlich.

Nicht zu verschweigen ist jedoch: diese klassenkämpferische Ideologie wird an einer Stelle (im selben Kapitel, in dem die „Wehe den Zufriedenen"-Passage steht) deutlich unterwandert mit der Bemerkung, daß im „Busch" ein geradezu biologischer Kampf ums Dasein herrsche:

> Friß! oder du wirst gefressen! Die Fliege von der Spinne, die Spinne vom Vogel, der Vogel von der Schlange [...]. Immer im Kreise herum. Bis eine [...] Revolution [kommt] und der Kreis von neuem beginnt, nur anders herum. [...] Man lernt es so schnell im Busch. Das Beispiel ist zu häufig, und die ganze Zivilisation [nur eine Seite zuvor war sie der Ort der Klassenkampfs und der Ausbeutung] ist ja nichts anderes als die natürliche Folge einer bewundernswerten Nachahmungsfähigkeit (93; ähnlich 94).

Auch das also bleibt noch 1951 stehen – wie von 1926 bis 1950.

Die Revisionen aus den frühen fünfziger Jahren laufen daher nicht hinaus auf eine signifikante Profiländerung der radikalen Sozialkritik von links. Was abgeschliffen wird, sind ein paar kritische Spitzen, nicht alle, und dazu allenfalls die zeitgeschichtliche Aktualität der zwanziger Jahre (Horthy, Industrial Workers of the World, Bolschewisten, mexikanische Regierungsverhältnisse) – doch auch die nicht konsequent. So kann die Kapitalistin Señora Doux den Präsidenten Obregón immerhin noch als „Hund" und „Spitzbube" beschimpfen (139) – was dem Leser der fünfziger Jahre, also ein Menschenalter nach der Erstausgabe, ebensowenig gesagt haben dürfte wie die Erwähnung Horthys oder der I. W. W.

Als Traven ein Jahrzehnt später den deutschen Text für die Rowohlt-Ausgabe der *Baumwollpflücker* noch einmal revidiert – und zum letzten Mal, da die Fassung der Werkausgabe (1978), wie gesagt, eine frühere Textstufe darstellt –, bewegt er sich ganz in den Bahnen der Änderungen von 1951 (die beibehalten werden). Das heißt: er kürzt oder ändert (eher seltener) in den bezeichneten Bereichen über den Stand von 1951 hinaus, jedoch auch diesmal nicht mit letzter Konsequenz. So bleiben alle eben zitierten stehengebliebenen sozialkritischen Stellen und andere derartige von 1951 auch 1962 noch stehen. Das Profil des Romans ändert sich auch in diesem Stadium nicht signifikant.

Doch was wird 1962 erstmalig geändert? Sieht man ab von der Berichtigung von Druckfehlern, nicht allen allerdings (zum Beispiel *nicht* ‚Farmern' / ‚Farmen'),²¹ und von grammatischen und syntaktischen Unebenheiten sowie von sachlich irrelevanten kleinen Wortstreichungen und -änderungen wie ‚Cabbage' zu „Kohl" im Sinne von Unsinn (157), ‚Bohnen' zu „Oliven" als Zugabe zum Tequila (58), Meilen zu Kilometern (129, aber nicht immer), ‚Häuser' zu „Freudenhäuser" (104),²² so fällt zunächst auf: manche mexikanischen Ortsnamen werden, ggf. samt ihrer unmittelbaren Umgebung, gestrichen: Querétaro, Dolores Hildalgo, Guanajuato (8, 45, 12) wie übrigens schon im Fall von Campeche 1950, 216 und 1951, 211 (vgl. 1945, 153), während andere geändert werden: ‚Celaya' zu „Valles" (52), ‚Mexiko Capitale' [sic] zu „Potosi" (57), das seinerseits später noch stehen bleibt (126) - alles ohne letzte Konsequenz also und kaum von erkennbarem Sinn. Was das Thema Rassenverunglimpfung angeht, so herrscht ebensowenig Konsequenz: zwar wird einmal aus dem ‚Nigger' einfach „Abraham" (25), aber sonst bleibt das anstößige Wort mehrfach unverändert. Wo ‚Weiße' besonders hervorgehoben werden als irgendwie bevorzugt oder zu bevorzugen, wird das Wort samt seiner Umgebung manchmal, aber eben nur manchmal gestrichen (16 u. 34) oder neutralisiert zu „Gringo" (56) oder „Ausländer" (97, wo allerdings auch ein Rassen-Akzent neu eingefügt wird, wenn es jetzt heißt, daß außer Amerikanern und Europäern „nicht einmal die Libanesen" die Wanderarbeiter zu „ihresgleichen" zählten).

Bezugnahmen auf Deutsches und Europäisches werden gelöscht: Goethes Bajadere verschwindet ebenso wie der ‚Hindenburgbart', jetzt zum „Kinnbart" domestiziert (106 u. 119). Jeannette aus Charlottenburg spricht „fließende[s] Spanisch" (106), ‚europäisches oder gar deutsches Brot' wird übernationales „Schwarzbrot" (134), Berufsverhältnisse in England, Frankreich oder Deutschland werden nun solche in England, Frankreich oder Holland (120); der Vergleich des Viehtreibens in Mexiko mit dem in Europa und Mexiko entfällt (128), ebenso im 10. Kapitel, wie gesagt, ein Hinweis auf die anspruchsvollere Kleidung in Europa (37), nachdem an der gleichen Stelle die Erwähnung von Odessa bereits früher entfallen war. Auch ‚Herne' verschwindet (36).

Die proletarisch orientierte kritische Sicht sozialer Verhältnisse wird weiter reduziert, aber im Grunde nur kaum, wenn man bedenkt, was, wie erwähnt, 1951 stehengeblieben ist und jetzt noch stehen bleibt. Während noch 1951, 11 im ersten Kapitel beim Zusammendriften der Wanderarbeiter tonangebend das Stichwort „Klasse" fällt - „Die proletarische Klasse bildete sich, und wir hätten gleich mit dem Aufklären und Organisieren anfangen können" -, ist 1962 nichts dergleichen mehr geblieben (9), und ebensowenig S. 37 die Erinnerung, daß amerikanische Arbeiter sich im Unterschied zu europäischen die Hände nicht schmutziger machen, „als unbedingt notwendig ist" (1951, 59).

Überblickt man die gehaltlich relevanten Änderungen, in erster Linie also Kürzungen, die Traven in den drei im Druck greifbaren Revisionen von 1950, 1951 und 1962 verfügt hat (wobei die jeweils späteren die jeweils früheren vor-

---

²¹ Siehe oben S. 34.
²² Seitenverweise in diesem Absatz und den beiden folgenden beziehen sich, sofern nicht anders vermerkt, auf die Ausgabe von 1962.

Vergangenheitsgestaltung. Die Baumwollpflücker

aussetzen), so wird deutlich: die Linienführung der Korrekturen ist klar erkennbar. Sie betrifft erstens Äußerungen zum Thema Rasse (ähnlich wie in der Revision von *Land des Frühlings*),[23] zweitens die Bekundung von Vertrautheit mit europäischen und besonders deutschen, vorwiegend sozialpolitischen Verhältnissen und drittens die an den Wunschvorstellungen des Proletariats orientierte Kritik an kapitalwirtschaftlichen und polizeistaatlichen Usancen. Nicht aus den Augen zu verlieren ist dabei jedoch, daß namentlich im letztgenannten Bereich keineswegs alles eliminiert wird, was diese Tendenzen zur Geltung bringt. Alles in allem also keine thematisch signifikante Profiländerung. Anders gesagt: was Traven von der Kritik von links stehen läßt, gibt zu erkennen, was ihm thematisch unverzichtbar ist selbst im Abenteuerroman.

3. Die englische Übersetzung von 1956 auf der Grundlage einer ungedruckten Textbearbeitung von Traven

Wie verhält es sich in dieser Hinsicht mit den englischsprachigen Fassungen von 1956 (übersetzt von Eleanor Brockett nach einer von Traven gelieferten Vorlage) und von 1969 (von Traven selbst verantwortet)?

Zunächst ein Wort zur Vorlage für die Übersetzung von 1956 im Londoner Verlag Robert Hale. Wie gesagt, gibt es im Druck keinen deutschen Text, dessen Übertragung Brocketts *The Cotton-Pickers* darstellt. Traven muß also eine eigens für diese Übersetzung bestimmte Vorlage geliefert haben. (Diesbezügliche Korrespondenz mit dem Verlag und der Agentur Curtis Brown ist nach Mitteilung der betr. Firmen nicht mehr vorhanden.) Eindeutige Abweichungen der *Cotton-Pickers* von 1956 gegenüber deutschen Ausgaben von 1926 bis 1945 sind überwiegend Streichungen. Eine ganze Reihe davon haben in den Revisionen von 1950 und 1951 keine Entsprechungen: sie sind sonst nirgends belegbare Besonderheiten dieser Fassung. Diese betreffen samt und sonders einzelne Wörter, Satzteile oder zwei bis drei Zeilen, beeinträchtigen den Sinn nicht und sind damit auch ausnahmslos gehaltlich-ideologisch irrelevant, oft einfach redaktionelle Verbesserungen durch Vermeidung von Überflüssigem: daß eine Mrs. („Missis") immer „angelsächsisch" [sic] ist (1945, 167), braucht nicht eigens gesagt zu werden (1956, 162), „daß ich trocken bin und nie trinke" (1945, 168) ist eine Doppelung, die wegfallen kann mit „I never drink" (1956, 163) usw. Auch andere Verbesserungen redaktioneller Art werden gelegentlich vorgenommen; so heißt es etwa 1945, 1950 und 1951: „Die Senjoritas sprachen alle mehrere Sprachen. Die nur Spanisch sprechen konnten, hatten wenig Erfolg" (1945, 128; 1950, 179; 1951, 174); die Übersetzung beseitigt den Widerspruch: „Most of the señoritas spoke several languages. Those who spoke only Spanish were comparative fail-

---

[23] Vgl. die textkritische Edition im Rahmen der Werkausgabe B. Traven: Land des Frühlings. 2 Bde und Anhang. Frankfurt a. M. / Olten / Wien 1982 (Werkausgabe B. Traven. Hg. von Edgar Päßler. Bd. 16, 17 u. Anhang).

ures" (1956, 123).[24] Ob diese Verbesserung und alle präzedenzlosen Kürzungen von der Übersetzerin stammen, manchmal vielleicht aus Flüchtigkeit, oder aber von Traven selbst, läßt sich nicht entscheiden. Ebensowenig wie durch sie wird der Sinn beeinträchtigt durch die seltenen kleinen Ergänzungen von Wörtern, die den erzählerischen Duktus flüssiger machen. Andere Änderungen, auch Streichungen, können jedoch nicht ohne Zutun des Autors geschehen sein. Das gilt z. B. für einen Textaustausch, der zugleich die bei weitem extensivste Hinzufügung darstellt, im achten Kapitel. Über die in manchen Jahren sehr gute Baumwoll-Ernte sagt der Farmer Shine dort: „Aber dieses Jahr ist schlecht. Die Baumwolle hat, was seit fünfzehn Jahren nicht vorgekommen ist, Frost abbekommen; deshalb ist sie nur halb wie sie sein soll" (1945, 34). Im Englischen steht statt dessen: „And I must say the cotton's [not?] very good this year. My worry is getting a decent offer for it, knowing just how long to wait, just when to sell" (1956, 32), mehr oder weniger übernommen in Travens eigene englische Version 1969, 31. Die Änderung muß von Traven selbst stammen.

Vergleicht man die Änderungen von 1956 (die, wie gesagt, vornehmlich Kürzungen sind) mit denen von 1950 und 1951 gegenüber 1945, so ergibt sich folgendes, in drei Schritten:

1. *Wo der Text von 1951 von dem von 1950 und 1945 abweicht, entspricht der englische von 1956 dem Stand von 1945 und 1950.* Beispiele: Aus dem „heilen" Hemd von 1945, 14 und 1950, 16 wird 1951, 16 ein „neues"; 1956, 12 bleibt es „whole". Die letzte Zeile des Baumwollpflückerlieds fehlt 1945, 1950 und 1956, nicht aber 1951. „[S]elbst nicht in Odessa" als Sonderfall von „Europa", wo Arbeiter besser gekleidet seien als in Mexiko, wird 1951, 59 gestrichen, nicht aber 1945, 44, 1950, 62 und 1956, 42). Zwei rassistische Absätze über die „Anti-China-Bewegung hier im Lande" finden sich 1945, 163f., 1950, 231f. und 1956, 159, doch nicht 1951, 226. Die ausgiebigen Hinweise auf die I. W. W. und die Wobblies im neunten Kapitel, die erklären, worum es sich dabei handelt, werden 1951, 51f. ausgelassen, doch 1950, 53f. bleiben sie wie schon 1945, 38f. und dann noch 1956, 36f. Der englische Text von 1956 stimmt also an diesen Stellen mit dem von 1945 und 1950 überein. *Frage*: an welche Fassung hält er sich genauer: an die von 1945 oder 1950?

2. *An allerlei Stellen weicht die englische Fassung von der 1945er Ausgabe ab, stimmt aber in dieser Abweichung mit dem Text von 1950 (und 1951) überein.* Beispiele: Gale (1945) ist 1950, 1951 und 1956 zu Gales geworden. Der Hinweis auf die Vertreibung des ungarischen Gelegenheitsarbeiters durch Horthy (1945, 115) fehlt 1950, 159 und 1951, 156 sowie 1956, 110. Daß Jeannette Gale anbietet, Deutsch zu sprechen (1945, 132), ist 1950, 184 und 1951, 180 ebenso ausgefallen wie 1956, 127. Die fast drei Seiten lange Stelle, an der Gale dem deutschen Streikbrecher die Leviten liest vom Standpunkt der gegen die Arbeitgeber organisierten Arbeiterschaft (1945, 89–92), ist 1950, 126 und 1951, 122 gestrichen wie auch 1956, 86. *Fazit*: die

---

[24] Die Unlogik wurde dann auch 1962 bemerkt, wo der erste Satz fehlt und lediglich: „Die Señoritas, die nur Spanisch sprechen konnten" bleibt (1962, 103).

Vergangenheitsgestaltung. Die Baumwollpflücker 45

englische Übersetzung von 1956 hält sich an diesen Stellen nicht an den Stand von 1945, sondern an den von 1950. Doch ist das generell der Fall?

3. *Manchmal ist der englische Text von 1956 ein Echo nicht von 1950, sondern noch von 1945.* Beispiele: Der Chinese unter den Baumwollpflückern hatte 1945, 14 „immer die praktischsten Ideen", daraus werden 1950, 16 und 1951, 16 die „praktischeren", doch 1956, 12 sind es, wie 1945, die „most practical ideas". Die Pinup-Photos in Kapitel 28 werden 1950, 170 und 1951, 166 als „Vorhänge" (in Anführungszeichen) bezeichnet, waren 1945 aber sinnloserweise, und wieder in Anführungszeichen, „Vorgänge" (122): dem entspricht im Englischen 1956, 117 „proceedings", was ebenso sinnlos ist.[25] „Ein kleines leichtes Floß" (1945, 180) wird 1950, 256 und 1951, 250 ein bloß „kleines", während es im Englischen noch wie 1945 heißt: „a small light raft" (1956, 176).

Ergebnis der drei Schritte: die Vorlage des englischen Texts hält sich an die Fassung von 1950 statt an die von 1951; die zusätzlichen Änderungen und Kürzungen von 1951 wurden also nicht berücksichtigt. Bei der Herstellung der Vorlage für die Übersetzung muß Traven aber die Zürcher Ausgabe von 1945 zugrundegelegt haben: keine frühere, weil 1945 erstmals aus „Farmern" „Farmen" wurden und „Sie neppten nicht" ausfiel – wie noch 1956 im Englischen,[26] und keine spätere, nämlich die von 1950; denn dem Textstand von 1945 im Unterschied zu dem von 1950 entsprechen *The Cotton-Pickers* bei aller sonstigen Berücksichtigung der 1950er Ausgabe immer noch an manchen Stellen, an denen 1950 eine Änderung vorgenommen wurde. Traven muß also für die Übersetzungsvorlage Änderungen von 1950 auf ein Exemplar der Fassung von 1945 übertragen haben, aber nicht alle.

Was bedeutet das für das geistige Profil der englischen Ausgabe? Mit anderen Worten: was bedeutet deren Nähe zu dem Stand von 1950 und sogar 1945 statt zu dem stärker bearbeiteten von 1951 gehaltlich-ideologisch? Zunächst: die (als Personenrede natürlich nicht unbedingt Traven selbst anzulastenden) rassistischen Ausfälle (zwei gegen die Chinesen, einer gegen den südstaatlichen Schwarzen) stehen im Englischen noch unverändert da, nachdem sie 1951 bereits zurückgenommen worden waren (1951, 13 [zwei Stellen], 159). Was das sozialpolitische Profil angeht, so liest man 1956, wie angedeutet, immer noch die konkret zeitnahen signaturgebenden Stellen über die Wobblies und die Bolschewisten (1956, 36f u. 36, 64, 96, 107) wie 1950 und 1945 und schon 1926, im Unterschied zu 1951, wo sie entfielen. Und zu diesen gehört die 1951 gestrichene, auf Deutsch bereits zitierte revolutionäre Stelle, die auf Englisch so lautet: „A cry of ‚Revenge!' Why is Russia in the hands of the Bolshies? Because the Russians were of all people the most whipped before the new era. The policeman's whip prepares the way for an offensive which makes continents quiver and political systems explode" (1956, 64). Daß man in Mexiko, anders als in Deutschland in den zwanziger Jahren, eine arbeiterfreundliche Regierung hat,

---

[25] Travens englische Fassung macht „photos" daraus (1969, 129f.).
[26] Siehe oben S. 34.

hört man wie von 1926 bis 1945, 96 und 1950, 132 so auch im Englischen (1956, 90), während dieser Satz (des deutschen Konsuls) 1951 gestrichen worden war (1951, 128). Damit bleibt die sozialpolitische Kritik zweifellos im Englischen konkreter, gezielter, den zeitgeschichtlichen Verhältnissen näher. Nicht zu übersehen ist aber wieder die mangelnde Konsequenz. So ist Gales' drei Seiten lange Standpauke für den deutschen Streikbrecher in Kapitel 22 (1945, 89–92) im Englischen 1956, 86 genau so gestrichen wie schon 1950 und 1951, ebenfalls die Verteidigung der liberalen Sexualmoral (1945 128) in Kapitel 29 (1956, 123). Doch alle jene sozialpolitisch aufrührerischen Stellen, die, wie gesagt,[27] 1950 und 1951 unangetastet aus dem Druck von 1945 übernommen wurden, sind auch 1956 im Englischen noch vorhanden.

Alles in allem ist damit das geistige Profil der Übersetzung nicht wesentlich geändert gegenüber den deutschen Fassungen von 1926 bis einschließlich 1950. Die weitergehenden Streichungen von Sozialpolitischem (Wobblies, ‚Bolschies') von 1951 wurden nicht übernommen; so ist die englische Fassung in dieser wie auch in ideologisch neutraler Hinsicht dem Stand von 1950 (und damit in geringerem Grade noch dem von 1945 und schon 1926) näher als dem der zeitlich unmittelbar vorausgehenden Bearbeitung von 1951. Merkwürdig bleibt bei dieser Sachlage, daß nicht einfach nach dem Text von 1950 oder 1951 übersetzt wurde, sondern offenbar nach einer von Traven (unbekannt, wann) hergestellten hybriden Fassung (wie er ja auch bei einer anderen Gelegenheit jene damit nicht identische hybride Fassung hergestellt hat, die dann in der Werkausgabe gedruckt wurde).

Noch ein Wort zur übersetzerischen Leistung und Eigenart.[28] Der Text liest sich mühelos und flüssig. Offenbar hatte die Übersetzerin (so muß man in Unkenntnis ihrer deutschen Vorlage urteilen) ein ausgeprägteres sprachliches Fingerspitzengefühl, mehr Gespür für Stil und ein schärferes Auge für Redundanz, aber auch für Lücken im erzählerischen Duktus, als Traven, der in dieser Hinsicht bekanntlich immer etwas sorglos war, es selbst mit Grammatik und Syntax nicht immer genau nahm. Aufs Ganze gesehen, ist die englische Fassung mit andern Worten gepflegter, glatter (infolge von kleinen Umstellungen, Streichungen oder auch Einfügungen), sprachbewußter und reichhaltig idiomatisch (dies natürlich in britischer Prägung). Was im Deutschen Anglizismen waren, sticht bei Brockett selbstverständlich nicht mehr hervor: man trinkt jetzt statt der ‚Nachtkappe' (was mögen sich deutsche Leser darunter eigentlich vorgestellt haben?) die übliche „night-cap" (170), die ‚Landmarke' normalisiert sich zur „landmark" (97), ‚Bitte, helfen Sie sich nur' zu „Go ahead, help yourself" (179), ‚Sie hatte es gehen lassen damit' wird verständlich als „She had let it go at that" (130f.), und ‚bulkige Schweigsamkeit', die auch bei Erkennung des Anglizismus dunkel bleibt (‚bulky' bedeutet ‚sperrig'), klärt sich bei Brockett auf zu „sulky silence", was tatsächlich gemeint gewesen sein mag (35).

---

[27] Siehe oben S. 40f.
[28] Seitenverweise in diesem Absatz beziehen sich immer auf die Ausgabe 1956.

Vergangenheitsgestaltung. Die Baumwollpflücker 47

Aber das Verschwinden der Anglizismen – schließlich kein Verdienst der Übersetzerin, sondern ein linguistisches Naturereignis – ist nicht der einzige Fall von tadellosem Englisch.[29] Hier käme man gern von Hundertsten ins Tausendste. Ein paar Beispiele. Idiomatisch Umgangssprachliches, Redensartliches wird entsprechend wiedergegeben: „Die Frau wird ihm doch nicht etwa was geläutet haben" (191) erscheint als „Surely she couldn't possibly have spilled the beans" (187); „in den falschen Hut greife[n], wenn ich mein Los ziehe" (139) wird „backing the wrong horse" (133); der „Hausdrache" (173) kehrt stilrein als „the old battle-axe" wieder (168); „über einen Kamm geschoren" (58) als „much of a muchness" (55), „die Schuhe waren schon hinüber" (116) als „his shoes having already gone west" (111). „Es ist zum Verrücktwerden" (70) wird mit „It's enough to drive you up the pole" (68) wiedergegeben und „da wird man noch ganz verrückt" (122) mit „we'd go crackers" (117).

Die drei letzten Beispiele deuten schon an: idiomatisches Englisch gehört zu den Stärken der Übersetzerin. Stilistisch wird die englische Fassung infolgedessen oft ausdruckskräftiger als die deutsche. Etwa: „[...] dauert es nicht lange, und die Banditen sind herum" (158) – wohl kein akzeptables Deutsch und sicher weniger originell als „the bandits would be around the place before you could say knife" (153); die „zweitausend Dollar in der Tasche" (130) der über Nacht zu Geld gekommenen Spendierfreudigen sind stilistisch weniger als „two thousand dollars burning holes in their pockets" (125); „jedes Haus war dicht an das Nachbarhaus geklebt" (130) ist nicht so bildkräftig wie „cheek by jowl with its neighbour" (125). Das farblose „protzen" (89) ersteht als „spike the guns" (86) auf. Mit geschenkten Lebensmitteln halten sich Jeannettes Eltern „vier weitere Wochen am Leben" (133), während im Englischen die Lebensmittel „kept body and soul together" (128); das „Volk" der Rinder (181): recht und schlecht, aber blaß neben „kith and kin" (176); „die Großen des Reiches" (131) werden „those at the top of the profession" (126), nämlich des ältesten weiblichen Gewerbes usw. Stilgefühl meldet sich bei der Übersetzerin auch, wenn sie Travens gelegentlich allzu unbeholfene Bemühung um Humor kurzerhand wegläßt: nämlich daß Antonios Jacke einmal, „lange vor der Entdeckung Amerikas" einer Jacke ähnlich gewesen sei (17 bzw. 15) und daß Abrahams Hühner mehr Eier legen, „als sonst eine Henne zu liefern sich verpflichtet fühlt" (29 bzw. 27).[30] Eindrucksvoll ist schließlich, wie es gelingt, Travens hier und da diffuse Artikulation kompakter und damit präziser zu gestalten: „Live and let live" (116) statt „Laßt es gehen, wie es will. Laßt uns leben" (121), „To the pure all things are pure" (122) statt „Wer Sittlichkeit hat, der verliert sie nicht, wenn er etwas sieht, das als Unsittlichkeit anzusehen ihn niemand gelehrt hat" (127).

Von eigentlichen Übersetzungsfehlern (abgesehen von vermutlichen Setzerversehen wie „wide" statt ‚wise' [68] und „hardboard" statt ‚cardboard' für ‚Pappe' [142]) wird man nur in den seltensten Fällen sprechen wollen, vielmehr eher

---

[29] Seitenverweise in den folgenden beiden Absätzen beziehen sich bei deutschen Zitaten auf die Ausgabe 1945, bei englischen auf die Ausgabe 1956.
[30] In beiden Fällen so noch 1962, 14 bzw. 24.

an bewußte, weil sinnvolle Änderungen denken, etwa wenn ‚heißer Kuchen (‚hot cakes'?) zu „hot cookies" (18) wird und ‚um der ganzen Figur die mollige Form zu geben' zu „to give the whole figure a harmonious shape" (97).[31] Allenfalls geht es um kleine Flüchtigkeiten wie „pleasant" (11) für ‚beliebig', „after tomorrow" (65) für ‚ab morgen'; ‚ein Strafmandat über hundert Pesos' ist nicht „a fine of over a hundred pesos" (96); daß Peons im Rotlichtdistrikt ‚um fünfzig Centavos handelten', bedeutet wohl nicht, daß „business was done for fifty centavos" (124). Zu sehr klammert die Übersetzerin sich ans Deutsche (‚Diesen Unterstand wählte ich als Behausung') mit „I elected to use this shelter [...]" (23; unverständlich bleibt, wieso aus einem ‚kleinen Berg' ein „young mountain" [22] wird).

Solche Schönheitsfehler ändern nichts an dem Befund, daß Brocketts Übersetzung, aufs Ganze gesehen, eine verantwortungsbewußte und gekonnte Leistung darstellt, die in sprachlicher Gepflegtheit und stilistischer Sorgfalt über ihre Vorlage hinausgeht. Das hat allerdings auch eine Schattenseite: manchmal wirkt das Englische ein bißchen zu literarisch-kultiviert, um nicht zu sagen gestelzt. Das wird spätestens deutlich, wenn man Travens englische Fassung von 1969 vergleicht: dort geht es sprachlich oft handfester, alltäglicher, hemdsärmeliger, aber darum eben auch stilistisch der Sache angemessener zu.

Gehaltlich, ja ideologisch unterscheidet sich Brocketts Übersetzung, wie angedeutet, kaum, wenn überhaupt, von dem drei Jahrzehnte zuvor erschienenen Text. Die Worte, mit denen Traven in seinem Brief vom 14. März 1926 den Roman *Der Wobbly* dem *Vorwärts*-Redakteur John Schikowski in einem Werbetext-Entwurf vorstellt, passen ohne Abstriche noch auf die Fassung von 1956:

> In seinem neuen Roman schildert B. Traven das Leben und die Arbeitsverhältnisse der Bäckerei-Arbeiter und der Restaurant- und Kaffeehausangestellten in Mexiko. Während in den *Baumwollpflückern* [d. h. in dem unter diesem Titel im *Vorwärts* veröffentlichten ersten Teil, K. S. G.] die „Peons" (die mexikanischen Landarbeiter) ihre traurigen Verhältnisse mehr individuell zu verbessern suchten, tritt in dem neuen Roman [d. h. *Der Wobbly*, K. S. G.], wo es sich um Arbeiter in der Stadt handelt, schon die Organisation an Stelle des Individuums. Es wird auch hier ein Streik in allen seinen Phasen geschildert, und der Verlauf des Streikes ist ein ganz anderer, als ihn deutsche Arbeiter kennen. So verschieden auch die Abwickelung des Streikes ist, so ist das Temperament des Streikes doch, der Nationalität durchaus entsprechend, bei den Peons genauso wie bei den intelligenteren Arbeitern der Städte, nämlich „sehr handfest". Zahlreiche andere Bilder aus dem Leben Mexikos und Zentral-Amerikas, die in den Roman verwoben sind, werden sicher das Interesse unserer Leser bis zur letzten Zeile wachhalten.[32]

---

[31] Seitenverweise in diesem Absatz beziehen sich immer auf die Ausgabe 1956.
[32] B. Traven an John Schikowski in Berlin, 14. März 1926. In: Traven: Ich kenne (Anm. 1), S. 50–54, S. 53f.

Das trifft in solcher Allgemeinheit auch noch auf die Fassung von *The Cotton-Pickers* zu, die 1969, wenige Wochen vor Travens Tod, bei Hill and Wang in New York als „first American edition" (so das Imprimatur) erschienen ist. Doch wie unterscheidet sich diese Letztfassung über das bereits Angedeutete hinaus von der vorausgehenden? Warum kam sie überhaupt zustande und vor allem: wie?

4. Die amerikanische Fassung von 1969

Elizabeth Maples vom Verlag Hill and Wang teilt mir am 15. Juni 2009 mit: im Verlagsarchiv befände sich Korrespondenz aus dem Jahre 1967, aus der hervorginge, daß Traven unzufrieden sei mit „some of the English translations" (gemeint ist: von englischen Übersetzungen seiner Werke überhaupt, da es von den *Baumwollpflückern* ja nur die eine gab) und „for some time" an „an English manuscript" der *Cotton-Pickers* arbeite (was nahelegt, daß er nicht einfach nur Änderungen in einem Exemplar von Brocketts *Cotton-Pickers* vorgenommen hat, sondern eine neue Druckvorlage herstellte). Ferner habe Lawrence Hill am 18. Juni 1968 Rosa Elena Luján mitgeteilt, er habe das inzwischen fertiggestellte „manuscript" durchgesehen und mit „the English edition" (von 1956 offenbar) verglichen. 1972 habe Rosa Elena Luján Arthur Wang geschrieben, „that all the American editions were written by Traven himself". Das schließt allerdings nicht aus, daß – wie früher in den amerikanischen Ausgaben anderer Traven-Romane im Verlag Alfred Knopf – ein Muttersprachler den von Traven verfaßten englischen *Cotton-Pickers*-Text sprachlich-stilistisch überarbeitet hat; Charles Miller, der 1961 während seines Aufenthalts in Mexico-Stadt das Englisch von *Rosa Blanca* ‚stilisiert' („stylized") hatte, erinnerte sich 1987, er habe „in the 1960s" *The Cotton-Pickers* redigiert („copy-edited").[33]

Eine solche Redaktion wäre jedoch nicht die einzige Fremdbeteiligung an dieser „American edition", die als „written by Traven himself" ausgegeben wurde. Wenn man nämlich, wie Lawrence Hill seinerzeit, die „English edition" damit vergleicht, erlebt man eine Überraschung: die amerikanische Version ist keine Travensche Neufassung von Grund auf, keine Übersetzung oder Bearbeitung eines deutschen Wortlauts, sondern eine Bearbeitung der englischen Übersetzung von Eleanor Brockett, die 1956 im Verlag Robert Hale (ohne Copyright-Angabe) erschienen war. Vermerkt wird das jedoch in den *Cotton-Pickers* von 1969 an keiner Stelle; es heißt vielmehr nur „Copyright © by B. Traven and R. E. Luján". Der einleitende Baumwollpflücker-Song ist, zwar noch gerade eben erkennbar auf der Grundlage des Wortlauts von Brockett, intensiv neugestaltet; auch die 1956 noch fehlende Schlußzeile ist jetzt eingefügt, wenn auch nicht als Übertragung des agitatorischen Originaltextes „Die Wa[a]ge

---

[33] Charles H. Miller: Traven's Anarchistic Treasures. Reflections on *The Treasure of the Sierra Madre*. In: B. Traven. Life and Work. Hg. von Ernst Schürer und Philip Jenkins. University Park u. London 1987, S. 73–82, S. 80f.

schlag in Scherben!", sondern gezähmt zu "Hear, are the scales breaking?" Doch im großen und ganzen hält sich der sonstige amerikanische Text erstaunlich eng an den britischen. Allerdings ist auch deutlich: das geschieht nicht routinemäßig und nicht ohne kritische Sorgfalt und Aufmerksamkeit aufs Detail. Auch wenn längere Absätze übernommen werden, kommt es oft zu kleinen Änderungen des Wortlauts: offensichtlich hat Traven jeden Satz genau in Augenschein genommen und daraufhin Wörter, Wendungen und ganze Sätze ausgewechselt, überdies manches – Wörter, Sätze und, eher selten, auch ganze Absätze – gestrichen oder auch ergänzt;[34] manchmal wird auch eine längere Stelle gründlich umgeschrieben; gelegentlich sind ganze Textpassagen umgestellt, also übersprungen und dann etwas später eingefügt.

Generell wird durch solche Eingriffe die Textur gestrafft, es entfallen Umständlichkeiten der Formulierung, Exkurse, manche läppischen Humoreinlagen und vor allem belehrend dozierende Passagen über mexikanische Usancen.[35] Der narrative und dialogische Verlauf ist entsprechend zügiger und sei es auch nur durch die Einführung eines "so" oder "for" oder "then". Gestrafft ist auch die Kapiteleinteilung (25 statt 42 Kapitel).

Zu bezweifeln ist angesichts der wechselnden Intensität der Bearbeitung, daß tatsächlich der ganze Text als neues "manuscript" (eher Typoskript) an den Verlag geliefert wurde, eher wohl nur längere Textpartien wie besonders die über die Señoritas und das Spielkasino; denn jedenfalls streckenweise wären Korrekturen auf den vorliegenden Druckseiten der englischen Fassung von 1956 aus-

---

[34] Im folgenden, und zwar bis zum Ende von Abschnitt 4, bezieht sich bei Angabe von zwei Seitenzahlen die erste auf die Ausgabe von 1969, die zweite auf die Ausgabe von 1956; findet sich nur ein Seitenverweis, gilt er, sofern nicht anders vermerkt, für die Ausgabe von 1969. – Einige erste Belege für Varianten: Die Schilderung der menschenunwürdigen Zustände in den Arbeiterherbergen wird gekürzt (153f. / 140f.), ebenso die der ekelerregend unzivilisierten Lebensweise der Wanderarbeiter (44 / 42); über die Einzelheiten der Bedingungen auf einer Bahnfahrt in Mexiko werden weniger Worte verloren (168f. / 156f.); ganz weggelassen werden der Absatz über den amerikanischen Besucher, der sich puritanisch entsetzt über die mexikanische Prostitution, die er in vollen Zügen genießt (135 / 123), und die Ausführungen über den indianischen Bäckerstreik am Schluß, der lediglich das Stichwort dafür ist, daß die Sprache auf Gales' angebliche Anzettelung des Streiks der Bäckergehilfen seines Arbeitgebers Doux kommt (199 / 189). Zu Ergänzungen siehe unten S. 55.

[35] Gestrichen wird die episodische Geschichte von dem Gnadenschuß für den vom vorbeifahrenden Zug verletzten Esel (170 / 157f.), sei es um den Bericht über das Rindertreiben zügiger zu gestalten oder um Sentimentalität zu vermeiden oder um die weniger tierlieben profitgierigen Indianer nicht anzuschwärzen. Wo Brockett Humoriges kassiert hatte, führt Traven es nicht wieder ein, geht vielmehr noch weiter, indem er etwa streicht, was Gales sich bei der Annahme von unverdientem Geld von einem Spielkasino-Bekannten denkt: Verhungern sei Selbstmord, Selbstmord Sünde und sündigen verpönt (160 / 149). Belehrendes entfällt zum Thema Gringos (9f. / 10f.), Mexikokarten (180 / 167f.), mexikanische vs. amerikanische Ehefrauen (173 / 162), Launenhaftigkeit und gute Ehe (143 / 138), handwerkliche Spezialausbildung in Europa vs. Vielseitigkeit in Mexiko (155 / 144), vor allem aber zum Thema Puritanismus vs. mexikanische Freizügigkeit *in puncto* Sexualmoral und Prostitution (134f. / 122f.; 140 / 134; 141 / 135).

reichend gewesen. Wie dem auch sei: sicher ist, daß Traven bei der Revision nicht auf einen deutschen Text, welchen Datums auch immer, zurückgegriffen hat, vielmehr werden gelegentliche geringfügige Streichungen und Änderungen des englischen Texts gegenüber dem deutschen Grundtext regelmäßig übernommen. Das heißt allerdings nicht, daß die amerikanische Fassung mit ihren Revisionen in jeder Hinsicht wohlüberlegt wäre und nichts zu wünschen übrig ließe. So koordiniert Traven zwar die Erzählstränge, indem er im zweiten Teil Gales' Kumpel Osuna Antonio nennt, ihn also mit jenem Wanderarbeiter identifiziert, den man bereits aus dem ersten Teil kennt. Doch läßt er die Inkongruenz aller Versionen bestehen, daß Gales später in seiner Rechenschaft an Mr. Pratt, den Besitzer der Rinderherde, die er über Land treibt, behauptet, die Banditen hätten ihn einigermaßen günstig davonkommen lassen, weil einer von ihnen sein alter Freund Antonio gewesen sei (197) – wovon in der Banditenepisode jedoch nicht die Rede war![36] Ob die seitenlang ausgeführte Jeannette-Episode die Geschichte der deutschen Familie Bartel ist oder ob diese Bartels heißt, bleibt im Unterschied zu allen früheren Fassungen widersprüchlich (143–145). Und vor allem: auf der letzten Seite kommt wie in allen Fassungen die Sprache auf Gales' Rolle als Streikanführer; das ist immerhin ein wichtiges Thema in einem Wobbly-Roman (der in seiner amerikanischen Fassung in der Auseinandersetzung mit dem Baumwollfarmer Shine die Erklärung, was Wobblies sind, und überhaupt die Rede von den Wobblies stehen läßt, ohne die Fußnoten jedoch – im Unterschied zu den deutschen Revisionen von 1951 an). Am Schluß also erinnert Gales Mr. Pratt daran, daß er ihm schon bei ihrer ersten Begegnung versichert habe, er habe nichts mit dem Streik in der Bäckerei Doux zu tun gehabt und es sei nicht seine Schuld, daß, wohin er auch als Gelegenheitsarbeiter komme, immer ein Streik ausbreche (200). Doch hat Traven vergessen, daß er die betr. Stelle in seiner Bearbeitung weggelassen hatte (166; vorhanden 1956, 154). So schafft er ein blindes Motiv. Hinzu kommen kleinere Irrtümer, die der Bearbeiter unversehens einführt: Germanismen wie „wink" (178), wo ‚einen Wink geben' gemeint ist statt ‚zuzwinkern', und die deutsche, aber nicht englische Redewendung „paper is patient" (180); handgreifliche Widersprüche wie „perpetual summer" und, als Äquivalent gemeint, gleich in der nächsten Zeile Travens Zusatz „everlasting springtime" (183); falsches Englisch wie „Art [...] amazes and rejoices our souls" statt Brocketts „makes our souls rejoice" (133 / 120), „one maintained [statt etwa ‚opted'] for rattlesnakes", wo Brockett ganz richtig „one maintained they had been rattlesnakes" hatte (193 / 183); Stilbruch wie das biblische „came to pass" statt Brocketts „happened" (137 / 124), und mindestens einmal ist ein Wort („wrapped") ausgefallen, ohne das die Stelle keinen Sinn ergibt (172 / 161).

---

[36] Dies als erzählerische Technik zu erklären, wie Tom Kindt: „Man wird ja bereits bemerkt haben, daß ich nicht normal bin." Erzähler und Erzählweise in B. Travens Roman *Der Wobbly*. In: Neue „BT-Mitteilungen". Studien zu B. Traven. Hg. von Mathias Brandstädter u. Matthias Schönberg. Berlin 2009, S. 67–84, S. 79f. vorschlägt, scheint mir wenig überzeugend.

Britisches Englisch wird amerikanisch eingemeindet: „trunk" (Kofferraum des Autos) statt „boot" (173 / 162), „truck" statt „lorry" (35 / 35), „can" statt „tin" (15 / 16), „corn husks" statt „maize leaves" (52 / 50), „a beating" statt „a wigging" (113 / 103), „go nuts" statt „go crackers" (129 / 117), „welcher" statt „rotter" (156 / 145), „two weeks" statt „a fortnight" (20 / 19). „Copper-snakes" (183), die es auch im britischen Englisch nicht gibt, werden zu waschecht amerikanischen „copperheads" oder gar zu regional-umgangssprachlichen „coppers" (193) naturalisiert.

Nicht nur amerikanisiert, auch mexikanisiert wird die Sprache. So führt Traven hier und da ein paar weitere spanische Wendungen und Vokabeln ein (und nun auch im Unterschied zu den frühen deutschen Ausgaben orthographisch einwandfrei): „Seguro, señor" und „muchachos" (193 / 183) sowie die Bezeichnungen von ortsüblichen Speisen (59 / 56). Darüberhinaus tauscht Traven englische Wörter gegen landessprachliche aus, um das Lokalkolorit zu authentisieren: „vaqueros" statt „herd overseers" (195 / 184), „serape" statt „blanket" (15 / 16), „chile" statt „Spanish peppers" (20 / 20), „siesta" statt „midday rest" (24 / 24), „burro" statt „donkey" (25 / 25), „mañana" statt „tomorrow" (100 / 91), „iguanas" statt „lizards" (171 / 159), „Sierra Madre Oriente" statt „mountain chains" (169 / 156). Dank fortgeschrittener Landeskenntnis räumen nun auch die Tiger den Jaguaren das Feld (185 / 174; 188 / 178), während die Berglöwen als „mountain lions" unbehelligt (und sprachlich existenzberechtigt) weiterleben (195 / 185).

Gewisse Aktualisierungen sollen ebenfalls den Eindruck des Authentischen verstärken: Leningrad statt St. Petersburg (136 / 124), amerikanische Touristen statt Überseekapitäne in Tampico (137 / 125), die identischen Holzhäuser im Rotlicht-Distrikt sehen aus wie „Baltimore row houses" (137 / 125).

Vor allem aber wird häufig die literarisch gehobene, ja: manchmal auch hochgestochene Sprachgebung Brocketts (die zum Teil durch den uneinheitlichen Stil von Travens Deutsch zu erklären ist) auf den festen Boden des robusteren und milieugerechten umgangssprachlichen Idioms versetzt: ‚down to earth', wie der vorgebliche Nordamerikaner Traven vielleicht gesagt hätte. Anders als die britische Übersetzerin ist Traven natürlich vertraut mit dem Umgangston der amerikanischen Arbeiterkreise in und um Tampico damals. So wird vieles Umständliche, Literatursprachliche und auch Gestelzte einfacher, konkreter, direkter, alltäglicher bis hin zum Vulgären, was vielfach lediglich heißt, daß romanisches Vokabular gegen elementar angelsächsisches ausgetauscht wird.

Auch hier käme man leicht und gern vom Hundertsten ins Tausendste. Ein paar Beispiele: „My bare calves were soon so scratched up" (von Insektenbissen) statt „lacerated" (15 / 17); auf der verlassenen Farm sammelt sich „junk" an statt „vestiges of human habitation" (16 / 17: an sich ganz richtig für „Überbleibsel einer menschlichen Behausung" [1945, 19]); „a table, which I would use as my bed" war bei Brockett noch „I elected to use [...] the table as my bed" (23 / 23: allzunah am deutschen „als Bett wählte" [1945, 25]); „high food value" war „substantial nutritive value" (31 / 31),

Vergangenheitsgestaltung. Die Baumwollpflücker

„nuts" „mad" (63 / 60), „spooky" „spectral" (48 / 46), „tried" „strove" (49 / 48), „shit" „dung" (107 / 98), „taken to the local poorhouse" „taken to the institution as a pauper" (122 / 112), „a hole in the wall" „some small dark premises" (127 / 115), „bum" „scoundrel" (172 / 161), „nothing doing" „no reaction" (178 / 166), „glittering" „iridescent" (183 / 172), „wrangles" „arguments" (48 / 46), „beat up" „chastise" (145 / 129), „showed" „evinced" (158 / 146) usw.

Andere Änderungen des Bearbeiters sind substantiellerer Art; sie betreffen die drei Themen, die schon bei den früheren Revisionen eine Rolle spielten: Rassismus, Seitenblicke auf Europa, insbesondere Deutschland, und die sozialpolitischen Akzente.

Rassistische Formulierungen, die 1956 noch nicht beseitigt waren, werden jetzt fallen gelassen oder gemildert, vor allem, aber nicht nur, in Personenreden. Von der „stinking and loathsome race" der Chinesen ist nun nicht mehr die Rede, stehen bleibt da aber die Beleidigung, der Chinese sei „a low Chink hatched by a monstrous yellow dragon" (12 / 13); Mr. Pratts Ausfall gegen die Chinesen – „vermin", „lice" – , die sich in Mexiko zu sehr durchsetzen, wird zurückgenommen (171 / 159). Abraham ist nicht mehr „the regular nigger of the southern states", wenn auch immer noch „wily, cunning, cheeky", worauf folgt „and ever in good spirits" (13 / 13). „Nigger" wird generell gestrichen oder ersetzt (15 / 16, 21 / 20, 23 / 23, 26 / 26, 28 / 28, 31 / 31, 39 / 38), bleibt aber manchmal dennoch – als Personenrede – stehen, wohl aus mangelnder Sorgfalt (19 u. 45). Vom Ausschluß der Indianer aus dem Spielkasino ist nicht mehr die Rede (158 / 147). Doch ist Antonios (des „Spaniard") Verachtung für den Indio Gonzalo stehen geblieben (73), und überhaupt wird, schon gleich an der um den Rassismus gekürzten Spielkasino-Stelle und sonst noch öfters, die bevorzugte Stellung und Behandlung der „Weißen" keineswegs verschwiegen, was man mit der Bemühung um landeskundliche Authentizität erklären mag (34, 39, 127 u. ö.); auch ohne solche positiv diskriminatorische Akzentsetzung wird die isolierende kulturelle Sonderstellung der Weißen, selbst wenn sie nur Wanderarbeiter sind, ausdrücklich beibehalten in einem kulturhistorischen Exkurs (128).

Die Seitenblicke auf europäische, insbesondere deutsche Verhältnisse werden deutlich eingeschränkt, ob sie nun einzelne an sich harmlose Details betreffen oder Allgemeineres. Verschwunden sind so gegenüber Brocketts Fassung von 1956 jetzt, 1969, der „Hindenburg moustache" (zugunsten eines „mighty mustache, 154 / 143), ferner Goethes Bajadere (139 / 126), der Vergleich der Erdölanlage mit einem Bergwerk „in the Ruhr" (ehemals Herne) (44 / 42) und an dieser Stelle auch der Vergleich der europäischen Facharbeiter mit den amerikanischen Alleskönnern in Mexiko. Aus dem deutschen Bäckereiarbeiter wird ein italienischer (95 / 86), womit dann auch die Standpauke des deutschen Konsuls für den deutschen Streikbrecher mit ihrem Vergleich mit deutschen Gewerkschaftsverhältnissen, die nicht etwa durch italienische ersetzt werden, entfallen kann (99 / 90). An anderen Stellen streicht Traven sogar den Vergleich von Viehtreiben und Schafherdenüberwachung in Europa und Mexiko (165 /

152f.; 182 / 171). Andererseits bleibt aber der Vergleich der Zugklassen in Mexiko (nur zwei Klassen und damit „less class distinction") mit denen in „four-class countries", die nun *expressis verbis* in Europa lokalisiert werden (168 / 156).

Deutlich ist also: sowohl die Streichungen wie gelegentliche Überbleibsel des Seitenblicks auf Europa betreffen die übergreifende Thematik des Romans nur am Rand. Diese Thematik gründet m. a. W. nicht wesentlich auf einem speziellen zeitgeschichtlichen Vergleich mit Europa, sondern auf den Verhältnissen vor Ort, in Mexiko, und, davon ausgehend, auf der generellen Gegenüberstellung von Unterdrückern und Unterdrückten (nämlich Arbeitern) und der Andeutung der Revolution, die sich früher oder später daraus ergeben müsse.

In der amerikanischen Fassung von 1969 ist diese Thematik noch virulent. Sie wird nicht ausgeschaltet, zum Teil sogar noch gesteigert. Vorhanden sind 1969 noch die konkret zeitgeschichtlichen Verweise auf ‚linke' Aktivität und Mentalität, die in den Revisionen des deutschen Textes von 1951 und 1962 bereits gestrichen waren, nicht aber in der deutschen Vorlage der englischen Fassung von 1956: so die Bezugnahmen auf die „I. W. W." und die „Wobblies" und „Bolshies" in Mexiko, die das Establishment als gefährliche Umstürzler sieht (37), wenn auch die erläuternden Fußnoten dazu jetzt fehlen, deren eine 1956 noch die Radikalität der Wobblies herausstrich.[37] Die Bolschewisten werden auch sonst noch beim Namen genannt (68, 105, 117), wie im Deutschen schon 1951 nicht mehr; und eine dieser Stellen ist der im Anschluß an die Schilderung der Polizeibrutalität im Stadtpark bereits zitierte Passus über den Polizeistaat, der eine „offensive" heraufbeschwöre „that makes [...] political systems explode" (68). 1951 gestrichen war auch schon die Betonung der arbeiterfreundlichen Einstellung der Regierung Obregón (99). *Zwar*: manches sozialpolitisch Ausmünzbare wird 1969 gegenüber 1956 fallengelassen. So der Hinweis gleich am Anfang, als sich die Wanderarbeiter zusammenfinden, daß diese Vertreter des ‚Proletariats' sich jetzt doktringetreu organisieren könnten (4 / 8), auch das Wort „proletarian" wird gelegentlich kassiert (7 / 9), ebenso die Bemerkung, daß man bei miserablen Arbeitsbedingungen leicht ein „proletarian revolutionary" werden könne (59 / 57). Und übersprungen wird 1969 ferner eine bittere Auslassung über die diktaturfreundlichen Eingriffe des nordamerikanischen Ausbeutungskapitalismus in die mexikanische Politik: es bleibt jetzt nur die weniger brisante Erinnerung an „Spanish overlords and Church domination" in Mexiko (191f. / 181). *Doch*: viele seit 1926 vorhandene sozialrevolutionäre Äußerungen allgemeiner Art, ja: selbst zeitgeschichtlich pointierte bleiben unangetastet. So bleiben die amerikanischen Drohungen mit „military intervention" (123), die klassenbewußten Vorhaltungen des mexikanischen Gewerkschafters gegen den Kapitalisten Doux (112–114), die kritisch zugespitzten Bemerkungen zum kapitalistischen Ausbeutertum (120f., auch als Personenrede 162f.). Nach wie vor, von 1926 bis 1969, sind die mexikanischen Gewerkschaften unverblümt revolutionär orientiert (91) – allerdings nicht etwa unter Berufung auf Marx;

---

[37] Siehe oben S. 39.

eher ist die Erinnerung an das Gesetz des Dschungels relevant (69).[38] Tatsache ist immer noch, wie seit 1926, daß „the workers were waking up and taking an interest in their masters' profits" (108).

Nicht genug damit: Traven führt als Bearbeiter 1969 auch noch mindestens eine signifikante Stelle neu ein, die den revolutionären sozialpolitischen Aspekt auf die Spitze treibt. Während in einem frühen Kapitel dem Besitzer der Baumwollplantage und damit dem Kapitalisten, Mr. Shine, gegenüber Brocketts Fassung und allen deutschen Ausgaben in einem Zusatz die Worte in den Mund gelegt werden (er richtet sich an den ‚Wobbly' Gales): „I know your kind. You're trying to bring in your ideas before this Revolution [die mexikanische von 1910ff., K. S. G.] is over. It won't be long, though, it'll have failed completely" (37 / 36), erhält Gales 1969 an einer späteren Stelle (Gespräch mit Antonio) eine antwortartige, ebenfalls 1956 und vorher noch fehlende Redepartie, die den vom Autor gemeinten Sinn der Revolution ausspricht: hier ist Gales' letztes Wort zur Ausbeutung der Baumwollpflücker durch Mr. Shine und seinesgleichen nicht mehr das zwar beibehaltene „There's nothing you can do about it now", sondern (als neu eingefügter Text): „They still use the same tactics as during the dictatorship of Diaz. But don't worry, Antonio, there'll be an end to this some day before the Revolution is completely over" (162 / 151).

5. *Rückblick: Die Logik der Revisionen*

Im Rückblick auf die Fassungen von 1926 bis 1969 sähe man vielleicht gern eine konsequente und sinnhaltige textkritische Strategie am Werk. Davon kann nur in sehr beschränktem Maße die Rede sein. Ein deutliches *stilistisches* Interesse Travens, das Änderungen diktiert, tritt erst in der allerletzten Phase zutage, und dann nur im Medium des Englischen; die Revisionen des deutschen Originaltextes betreffen Stilistisches so gut wie überhaupt nicht; selbst grammatische, syntaktische Unebenheiten, nicht nur stilistische, bleiben bestehen. Substantielle Änderungen betreffen von den frühen fünfziger Jahren an – über die Vorlage für die englische Fassung von 1956 und die Rowohlt-Fassung von 1962 bis hin zur letzten englischsprachigen Revision 1969 – Aspekte des Romans, die zwar unübersehbar, doch gesamtthematisch nicht zentral sind: rassistische Ausfälle werden nach und nach ausgeschaltet bzw. stark gemildert; die Rück- und Seitenblicke auf Europa und namentlich Deutschland als Folie für das, was sich auf der sozialpolitischen Szene in Mexiko abspielt, werden nach und nach so gut wie ganz weggelassen – sei es, weil Traven seine Spuren verwischen will, sei es, daß er die Kontrastierung mit der Alten Welt nicht mehr für wesentlich hält (oder aus beiden Gründen). Bestehen bleibt über alle Revisionen hin jedoch der sozialpolitische Impetus, die ‚Botschaft', wie man seinerzeit zu sagen pflegte: das leidenschaftliche Engagement für die Unterdrückten in der kapitalistischen

---

[38] Vgl. das Zitat oben S. 41.

Gesellschaft. Wohl werden hier im Lauf der Jahre Kleinigkeiten, vor allem die zeitgeschichtlich allzu konkreten Hinweise, die dem späteren Leser nichts mehr sagen und das Engagement zu beschränken angetan sind, gelöscht (analog zu den Streichungen der Verweise auf Europäisches). Das aber ist ein Gewinn. Denn ähnlich wie Traven die Romane der ‚Mahagoni'-Serie als historische mexikanische Dokumente und zugleich als über den thematisierten historischen Moment und lokalen Schauplatz hinaus allgemeingültige und damit auf andere (politische) Konstellationen (wie das Naziregime und seine Opfer) anwendbare parabelähnliche Zeugnisse verstanden hat,[39] so mag man auch *Die Baumwollpflücker* und *The Cotton-Pickers* heute noch als aktuell lesen, nämlich im Hinblick auf solche Formen der Konstellation Unterdrücker – Unterdrückte, die erst geraume Zeit nach der mexikanischen Revolution und anderswo Gestalt angenommen haben.

Dieser Beitrag ist zuvor schon in Karl S. Guthke: Die Reise ans Ende der Welt. Erkundungen zur Kulturgeschichte der Literatur. Tübingen und Basel: A. Francke 2011 (Edition Patmos 15) erschienen. Wir danken dem Verlag für die Erlaubnis zum Abdruck.

---

[39] Vgl. dazu Guthke (Anm. 1), S. 436.

GALINA POTAPOVA (Bremen)

B. Travens Roman *Das Totenschiff*
Fassungsgeschichte eines Werks zwischen der Erstausgabe und dem Edierten Text der Gesamtausgabe[*]

1

Dieser Beitrag ist der Geschichte der deutschen Druckfassungen des Romans *Das Totenschiff* gewidmet. Die bisherige Forschung hat bereits viel über die Entstehung dieses Werks spekuliert und auch schon Wichtiges zu diesem Thema gesagt.[1] Schon oft wurde, wenn auch unsystematisch, auf die Unterschiede zwischen der deutschen Erstausgabe und der 1934 erschienenen amerikanischen Fassung hingewiesen.[2] Die deutschen Neuauflagen des Romans hingegen sind von der Forschung bis heute kaum thematisiert worden. Deshalb möchte ich in den folgenden Ausführungen diejenigen Änderungen ins Zentrum des Interesses stellen, die in den deutschen Neuauflagen vorkommen.[3] Diese zunächst trocken

---

[*] Für die sprachliche Korrektur meines Beitrages sei hier Christiane Hauschild sehr herzlich gedankt. Ich danke Günter Dammann für anregende Bemerkungen, die er im Laufe unserer Zusammenarbeit an der russischen Ausgabe des *Totenschiffes* gemacht hat; viele von ihnen sind in diesem Aufsatz berücksichtigt. Darüber hinaus bin ich Wolf-Dietrich Schramm verpflichtet, der mir die Möglichkeit gegeben hat, mit den Dokumenten und Traven-Ausgaben aus seiner Sammlung zu arbeiten, und Heidi Hutchinson, die mir mit Auskünften über die Traven-Sondersammlungen an den Riverside Libraries sehr geholfen und viele Kopien angefertigt hat. Ich danke ferner der Büchergilde Gutenberg für die Erlaubnis, Dokumente aus dem Verlagsarchiv in diesem Aufsatz zu benutzen, und ganz besonders Heike Guderjahn, die mich während meines Aufenthalts bei der Büchergilde betreute und mich mit ihren Kenntnissen auf dem Gebiet der Geschichte der Gilde sehr unterstützt hat.

[1] Ich beziehe mich hier vor allem auf die von Karl Guthke publizierte englische ‚Urfassung' (1923/24) und deren Untersuchung durch Frank Nordhausen; siehe Karl S. Guthke: B. Traven. Biographie eines Rätsels. Frankfurt a. M. / Olten / Wien 1987, S. 658–691; Frank Nordhausen: B. Travens Anfänge. Die ‚Urfassung' des ‚Totenschiffs'. In: The German Quarterly 65 (1992), S. 378–395.

[2] Hubert Jannach: B. Traven – An American or German Author? In: German Quarterly 36 (1963), S. 459–468; Michael Leopold Baumann: B. Traven. An Introduction. Albuquerque 1976, S. XIVf., 59, 60, 158, 166.

[3] Die Wichtigkeit dieser Aufgabe hat bereits Peter Küpfer erkannt, der in seiner Dissertation den Textvarianten des *Totenschiffes* einen mehr als zehn Seiten langen Abschnitt gewidmet hat; siehe Peter Küpfer: Aufklären und Erzählen. Das literarische Frühwerk B. Travens. Diss. phil. Zürich 1981, S. 192–203. Allerdings beschränkt sich sein Textvergleich auf die Unterschiede zwischen der Erstausgabe von 1926 (BG 1926) und der Werkausgabe (WA 1978), was angesichts einiger Stufen, die zwischen diesen beiden Textgestaltungen liegen, nicht ausreichend ist, wie weiter unten noch gezeigt wird. Über die „Unvollständigkeit [dieses] Vorgehens" (ebd.,

anmutende textphilologische Arbeit erbringt manchmal Ergebnisse, die weit über editorische Fragen hinausgehen und wichtige Einblicke in den Aufbau des uns beschäftigenden Textes und in grundlegende Gesetzmäßigkeiten von Travens schriftstellerischer Arbeit erlauben. Wie, wann und warum korrigierte er seine Texte? Inwieweit waren diese Korrekturen durch den Zeitkontext motiviert? Was verraten sie über Travens implizite Poetik und sein Selbstbewusstsein als Schriftsteller? Um Antworten auf diese und ähnliche Fragen zu finden, lohnt es sich, die Unterschiede zwischen verschiedenen Ausgaben systematisch zu untersuchen.

Eine textkritische Edition des Romans *Das Totenschiff* (wie im übrigen der Travenschen Werke überhaupt) gehört immer noch zu den Desideraten der Traven-Forschung. Das Erscheinen der von Edgar Päßler vorbereiteten Werkausgabe in den Jahren von 1977 bis 1982 hat die Situation nicht leichter, sondern im Gegenteil schwieriger gemacht.[4] Wenn man den *Totenschiff*-Band der Päßlerschen Edition und die Erstausgabe des Romans von 1926 auch nur stichprobenartig vergleicht, stößt man bald auf wesentliche Unterschiede. Zieht man weiterhin in Betracht, dass die Werkausgabe grundsätzlich auf Erläuterungen zur Bestimmung des Edierten Textes verzichtet und nicht einmal Hinweise darauf gibt, auf welche Textgrundlagen sie sich stützt,[5] dann sieht sich der Forscher mit neuen Fragen und Bedenken konfrontiert: Seit wann hat der Roman die Textgestalt angenommen, die hier als Edierter Text der Werkausgabe firmiert? Und inwieweit ist diese editorische Entscheidung legitim? Auch zur Klärung dieser Fragen werde ich mich im Folgenden vor allem auf die Nachkriegsausgaben des Romans konzentrieren. Was die Ausgaben der 1920er und 1930er Jahre betrifft, so fasse ich die Sachverhalte nur kurz zusammen.

Von dem Erscheinen der Erstausgabe der Büchergilde Gutenberg in Berlin Ende April 1926 an bis zum Jahr 1933, in dem die Zentrale der Gilde nach Zürich

---

S. 203) ist Küpfer sich auch selbst im Klaren; er unternimmt seinen Textvergleich grundsätzlich in der Absicht, zu motivieren, dass er sich in seiner darauf folgenden Analyse des Romans ausschließlich auf BG 1926 stützt und nicht auf WA 1978. Die Fassung der Werkausgabe findet er an mancher Stelle politisch entschärft und ästhetisch abgeschmackt „in Richtung auf Befriedigung von Lesererwartungen" (ebd., S. 201), verfolgt aber nicht die Wege, die zur Entstehung der Fassung der Werkausgabe geführt haben. Ansonsten sind die Resultate seines interpretierenden Textvergleichs sehr aufschlussreich, und man muss anerkennen, dass Küpfer bereits mit diesem unvollständigen Vergleich den Nachweis geliefert hat, „dass eine textkritische Edition der Werke B. Travens ein imperiales Gebot ist und dass erst eine sie vorbereitende Forschung Ergebnisse liefern kann, die den Spekulationen um B. Traven den Boden entziehen" (ebd., S. 203).

[4] B. Traven: Werkausgabe. Hg. von Edgar Päßler. Bd. 1–17 und ein Bd. Anhang. Frankfurt a. M. / Olten / Wien: Büchergilde Gutenberg 1977–1982.

[5] In den *Neuen B. Traven Mitteilungen* (Frankfurt a. M. 1978, Nr. 1 [Okt. 1978], S. 2) wird zwar damit geworben, dass die Werkausgabe „anhand von revidierten Fassungen aus B. Travens Nachlass und den Originalmanuskripten, soweit nicht verschollen," durchgesehen wurde, konkrete Angaben zu jedem einzelnen Werk fehlen jedoch. Eine Ausnahme stellt lediglich der Anhang (Bd. 17[a]; 1982) zu den beiden Bänden *Land des Frühlings*, in dem sämtliche Unterschiede zwischen der Erstausgabe und der Neuauflage 1951 aufgeführt sind.

wechselt, wird der Text stets nur in einer Fassung abgedruckt.⁶ Kleinere Korrekturen werden dennoch immer wieder vorgenommen. So liegt schon die Erstausgabe von 1926 in fünf verschiedenen Drucken vor, und bereits in diesen Drucken, die kurz nacheinander im Laufe einiger Monate erfolgen, wird hie und da ein Druckfehler korrigiert, hie und da ein neuer Druckfehler gemacht, eine offensichtlich ungeschickte Gliederung in Absätze verbessert, hie und da die Partikel ‚zu' eingeführt (die bei Traven in den Konstruktionen ‚brauchen + Infinitiv' systematisch fehlte) usw. Eine genaue Untersuchung aller mikrologischen und unsystematisch auftauchenden Unterschiede dieser Art wird einmal das Leben desjenigen Editionswissenschaftlers, der sich eine wirklich solide textkritische Traven-Ausgabe vornimmt, zur Hölle machen. Es handelt sich aber in all diesen Fällen um Unterschiede, die keinen Anlass dazu geben, von einer neuen Fassung des Romans zu sprechen.

Auf die Fassungsgeschichte in den dreißiger Jahren haben so heterogene Faktoren wie das Übersetzen in eine andere Sprache und die Büchermarktpolitik des deutschen Exils in der Nazizeit Einfluss gehabt. 1934 kommen gleichzeitig zwei englischsprachige Ausgaben des Romans heraus. Die eine erscheint in London⁷ und ist eine „normale" Übersetzung, die andere aber, die in New York beim Alfred Knopf Verlag veröffentlicht wird,⁸ stammt von Traven selbst (wenngleich sie vom Verlagslektor sprachlich bearbeitet wurde). Auf diese amerikanische Fassung kann ich im gegebenen Rahmen leider nicht ausführlich eingehen. Im Großen und Ganzen stimmt der Inhalt fast aller Kapitel mit der deutschen Erstausgabe überein (bis auf ein paar umfangreichere Erweiterungen, auf die ich noch zurückkomme). Der Roman ist aber in der amerikanischen Fassung umfangreicher: Traven nimmt den deutschen Text als Grundlage, um über diese frei zu variieren und die Wortergießungen seines Erzählers noch üppiger zu gestalten. Auffallend ist, dass dort viele Hinweise auf deutsche Realien verschwinden und, umgekehrt, viele Hinweise auf amerikanische Realien eingeführt werden. Darüber hinaus tritt in dieser Fassung das Groteske und Pittoreske noch viel stärker hervor als in der deutschen Erstfassung; vor dem Hintergrund solcher etwas gröberen Komik verblassen aber diejenigen raffiniert syllogistischen ironischen Passagen, die in der deutschen Fassung zu den wichtigen textinternen Strukturen gehörten.⁹

---

⁶ Das gilt bis einschließlich der Ausgabe B. Traven: Das Totenschiff. Berlin: Büchergilde Gutenberg 1933.
⁷ B. Traven: The Death Ship. The Story of an American Sailor. London: Chatto & Windus 1934.
⁸ B. Traven: The Death Ship. The Story of an American Sailor. New York: Alfred A. Knopf 1934.
⁹ Vgl. z. B. die folgende Passage in den beiden Ausgaben: BG 1926, 143: „Was da alles auf dem Deck herumlag, läßt sich nur dadurch näher beschreiben, daß ich sage: ‚Da lag alles auf dem Deck herum.' Alles, was die Erde hervorbringt, je hervorgebracht hat. Unter diesem alles lag sogar ein schwerbesoffener Schiffszimmermann, der der Zimmermann der Yorikke war [...]". – Knopf 1934, 174: „To make the description short I would say: everything possible under heav-

Als die Büchergilde ins Schweizerische Exil ging, wurde diese amerikanische Fassung ins Deutsche übersetzt und in Zürich 1940 veröffentlicht. Über diese Station der internationalen Fassungsgeschichte des *Totenschiffes* berichtet ausführlich der Aufsatz von Günter Dammann im vorliegenden Band.

2

Obwohl Traven die amerikanischen Fassungen von *Das Totenschiff* und *Der Schatz der Sierra Madre* beim Erscheinen von deren deutschen Übersetzungen zuerst euphorisch zu den einzig legitimen Ausgaben dieser Werke erklärt hat, musste er nur wenige Jahre danach schweren Herzens zugeben, dass das Experiment nicht gelungen war.[10] Die deutschen Originaltexte kommen bereits in den ersten Nachkriegsjahren auf den deutschen Büchermarkt zurück, allerdings in leicht redigierter Form. Die neue Fassung (nennen wir sie die ‚Nachkriegsfassung') des *Totenschiffes* erscheint 1948 bei Wolfgang Krüger in Hamburg.[11] Die Gründe, aus denen Traven die Abdruckrechte für diese Ausgabe ausgerechnet Krüger überlassen hat, und die Rolle, die Travens Vertreter Josef Wieder in dieser ganzen Geschichte gespielt hat, bleiben unklar. Jedenfalls war diese Situation für die Büchergilde Gutenberg sehr unerfreulich. Wie Bruno Dreßler im Brief an Ernst Preczang vom 2. Juni 1948 ausführte, wollte es ihm überhaupt „nicht einleuchten, dass ein Autor der Gemeinschaft, die ihn gross gemacht, die Nachdruckserlaubnis verweigert".[12] Wenn Dreßler sich und den anderen auch einzureden versuchte, „die ganze Angelegenheit nicht mehr so wichtig [zu nehmen]", weil „die Travenzeit" nun sowieso vorbei zu sein schiene,[13] begann die Büchergilde ab Juni 1949 doch um ihr Recht zu kämpfen, *Das Totenschiff* neu auflegen zu dürfen. Die Streitigkeiten zwischen der Gilde einerseits und Traven, Wieder und Esperanza López Mateos andererseits können

---

en was lying on deck. Even a ship's carpenter was lying there, drunk like a helpless gun with all its ammunition shot off."

[10] Vgl. S. 20 u. 28 im vorliegenden Band.

[11] Neben der Ausgabe Krüger 1948 ist bei Krüger um diese Zeit noch eine andere *Totenschiff*-Ausgabe erschienen, die keine Jahresangabe trägt und einen anders gestalteten Einband hat. In der Traven-Bibliographie von Edward Treverton ist diese Ausgabe mit einem Fragezeichen versehen unter dem Jahr 1946 aufgeführt (Edward N. Treverton: B. Traven. A Bibliography. Lanham, Maryland / London 1999 [Scarecrow Author Bibliography Series 101], S. 23, Nr. 48). Wie aber der Briefwechsel zwischen Bruno Dreßler, Ernst Preczang und Johannes Schönherr zeigt, wird im Sommer 1948 die Überlassung des *Totenschiffes* an Krüger als eine unangenehme Nachricht besprochen (Fritz-Hüser-Institut, Nachlass Dreßler, Dre–586, Dre–652 [im folgenden: ‚FHI: NL Dreßler']; Hinweis von Günter Dammann). Daher ist es unwahrscheinlich, dass die erste Krügersche Ausgabe früher als 1948 erschienen ist.

[12] FHI: NL Dreßler, Dre–652.

[13] Brief von Bruno Dreßler an Johannes Schönherr vom 4. Februar 1949 (FHI: NL Dreßler, Dre–586).

Das Totenschiff. *Fassungsgeschichte*

an dieser Stelle nicht ausführlich beleuchtet werden.[14] Erst mehr als anderthalb Jahre später, im Februar 1951, wird der Vertrag über *Das Totenschiff* endlich abgeschlossen,[15] und erst im März 1952 erscheint die erste Nachkriegsausgabe der Büchergilde[16] (die oft in Bibliothekskatalogen und sogar in den Traven-Bibliographien irrtümlich – nach dem Jahr des Copyrights im Impressum – als Ausgabe Büchergilde 1948 aufgeführt wird[17]). Entsprechend Travens nachdrücklicher Verordnung wurde diese Ausgabe nicht nach der Übersetzung der Züricher Gilde, sondern nach der Ausgabe des Krüger Verlags gedruckt.[18]

Ein textueller Vergleich dieser Nachkriegsfassung des *Totenschiffes* (sowohl Krüger 1948 als auch BG 1952) mit der Erstausgabe führt übrigens zu einem viel einfacheren Befund, als man es angesichts aller rechtlichen Verwicklungen erwarten könnte. Der Text folgt ohne Kürzungen und Änderungen der Fassung der Erstausgabe 1926 – bis auf eine Ausnahme: im 35. Kapitel, in der Mitte dieses

---

[14] Die entsprechende Mappe mit der Korrespondenz der Büchergilde befindet sich heute im Nachlass von Edgar Päßler, The University of California, Riverside Libraries, The B. Traven Collections: Edgar Päßler Archive (im weiteren immer: ‚Riverside: Päßler [bzw. Heidemann]'), Box 3, Folder 14.

[15] Unterschrieben von Josef Wieder am 19. Februar 1951 und von Helmut Dreßler am 23. Februar 1951 (Riverside: Päßler, Box 3, Folder 14).

[16] Im Brief der Büchergilde (i. A. Ruhl) an Josef Wieder vom 1. März 1952 wird mitgeteilt, dass in der Anlage dreißig Belegexemplare von *Das Totenschiff* geschickt werden (ebd.).

[17] Unter dem richtigen Jahr 1952 wird *Das Totenschiff* im Verzeichnis der Büchergilde: Bücher voll guten Geistes 1924–1964. 40 Jahre Büchergilde Gutenberg. Frankfurt a. M. 1964, S. 75 aufgeführt. Bei Treverton (Anm. 11), S. 23f. wird die Ausgabe der Frankfurter Büchergilde zweimal verzeichnet: Nr. 52, mit einem falschen Erscheinungsdatum 1948, und Nr. 66, unter richtiger Jahresangabe 1952. Um Missverständnisse zu vermeiden, müssen hier noch einige Worte über die vier Wiener Ausgaben gesagt werden, die Treverton auf S. 23 auflistet. Die Ausgabe der Büchergilde Gutenberg, gedruckt bei E. Kainz vorm. J. B. Wallishausser, Halbleineneinband mit schwarzen Deckeln (eine silberne Schiffssilhouette wie bei BG 1926 aufgeprägt) und hellgrauem Rücken (Treverton, Nr. 50), habe ich in die Hände bekommen. Das Jahr 1948 findet sich hier – genauso wie in der orangenfarbenen Ausgabe der Frankfurter Büchergilde 1952 – nur im Copyright; der Text entspricht vollständig der Fassung Krüger 1948/ BG 1952; wahrscheinlich wurde der divergierende Satz für diese Wiener Ausgabe (231 S. gegen 256 S. der Frankfurter Ausgabe) einfach parallel in Wien erstellt. Nr. 54 bei Treverton ist vermutlich derselbe Druck, und Nr. 51 („[b]ound in black boards and white linen and printed by Offset Waldheim-Eberle") ist wahrscheinlich eine Teilauflage derselben Auflage, die dann von der Wiener Büchergilde bei einer anderen Firma in den Druck gegeben war. Darüber hinaus ist bei Treverton unter Nr. 53 eine Auflage beim Wiener Volksbuchverlag aufgeführt, die zumindest nach der Seitenzahl eine genaue Kopie der Ausgabe der Wiener Büchergilde 1952 zu sein scheint. Rolf Recknagel: B.Traven. Beiträge zur Biografie. Frankfurt a. M. 1983, S. 399 hat nur die beiden Wiener Ausgaben (Büchergilde und Wiener Volksbuchverlag) unter der Jahresangabe 1948 aufgeführt, für die Ausgabe der Frankfurter Büchergilde hingegen das richtige Jahr 1952 angegeben. Es ist interessant anzumerken, dass es noch eine, in den gedruckten Traven-Bibliographien nicht berücksichtigte Ausgabe der Buchgemeinschaft *Der Bücherring aus der Gutenbergstadt Mainz* gibt (in blauem Leinen mit weißer Prägung), die wiederum 1948 im Copyright trägt und denselben Textstand dokumentiert.

[18] Vgl. S. 28 im vorliegenden Band.

Kapitels, wird jetzt von dem Treffen des Erzählers mit einem geheimnisvollen Syrer berichtet,[19] der hundertsechzig Jahre alt ist und dreiundzwanzig Mal die Yorikke ‚gefahren' haben soll, weil er jedes Mal Rettung vor einer neuen Ehefrau suchen musste. Diese grotesk und phantastisch wirkende Episode entstammt der amerikanischen Fassung, die nun für das weitere Schicksal des deutschen Textes partiell wichtig wird. (Die Beziehungen zwischen den verschiedenen Fassungen des Romans sind zusammenfassend in Abb. 1 dargestellt.)

In diesem Zusammenhang lassen sich die interessanten Beobachtungen von Frank Nordhausen über den Umgang Travens mit grotesken Momenten ergänzen. Nordhausen zufolge fielen diese in der englischen ‚Urfassung' des *Totenschiffes* stärker ins Gewicht, wurden jedoch in BG 1926 wesentlich reduziert.[20] Die Episode mit dem Syrer und noch einige Momente in der amerikanischen Ausgabe von 1934 und in den deutschen Nachkriegsausgaben lassen das Groteske nun wieder stärker hervortreten. Es kommt sogar zu einem qualitativen Sprung: mit der Figur des Syrers rücken die Fantasmen aus dem Bereich des Stils in den Bereich der erzählten Wirklichkeit.[21]

Im Zusammenhang mit dieser Syrer-Episode ist noch ein Hinweis zu machen, der für unsere weiteren Ausführungen relevant sein wird. Der Syrer kommt natürlich auch in der Züricher Ausgabe der Büchergilde vor, die ja eine Übersetzung der amerikanischen Fassung ist. Allerdings wurde in der deutschen Nachkriegsfassung der Text dieser Seiten über den Syrer nicht etwa wörtlich aus der Züricher Ausgabe übernommen, sondern neu geschrieben, gleichsam als freie Variation des Textes der amerikanischen Fassung. Dies vielleicht einfach deswegen, weil Traven der Text der Züricher Ausgabe zu jenem Zeitpunkt nicht vorlag?[22] In jedem Fall ist anzumerken, dass wir es mit einem Autor zu tun haben, der ohne große Bedenken eine einmal gemachte Arbeit völlig neu ausführt.

---

[19] Die Entscheidung, ausgerechnet einen Syrer zu nehmen, steht vermutlich in einem Zusammenhang mit der früheren Darstellung Beiruts im Roman Ret Marut: Der Mann Site und die grünglitzernde Frau. Die Geschichte eines Lebens, das nach einem Ziele strebte. Nottingham 2008, S. 116–127 u. passim. Für diesen Hinweis sei hier Jörg Thunecke gedankt.

[20] Nordhausen (Anm. 1), S. 387f. Übrigens bemerkt Nordhausen, dass der Unterschied zwischen der englischen ‚Urfassung' und der deutschen Erstausgabe nur graduellen Charakters sei: vom Verschwinden grotesker Momente könne in der Erstausgabe keine Rede sein, aber das Groteske werde nun überdacht und mit Maß gehandhabt und wirke daher besonders raffiniert.

[21] Auch die Beschreibung der ‚Yorikke', die Nordhausen als Beispiel heranzieht (ebd.), um die höhere Intensität des Grotesken und Fantastischen in der englischen ‚Urfassung' zu belegen, gehörte zur stilistischen Ausstattung der Erzählung und nicht zur erzählten Wirklichkeit.

[22] Einer Auskunft von Wolf-Dietrich Schramm zufolge befindet sich die Züricher Ausgabe jetzt übrigens in Travens Nachlassbibliothek.

Das Totenschiff. *Fassungsgeschichte*

Abb. 1. Die Beziehungen zwischen den Fassungen des Romans

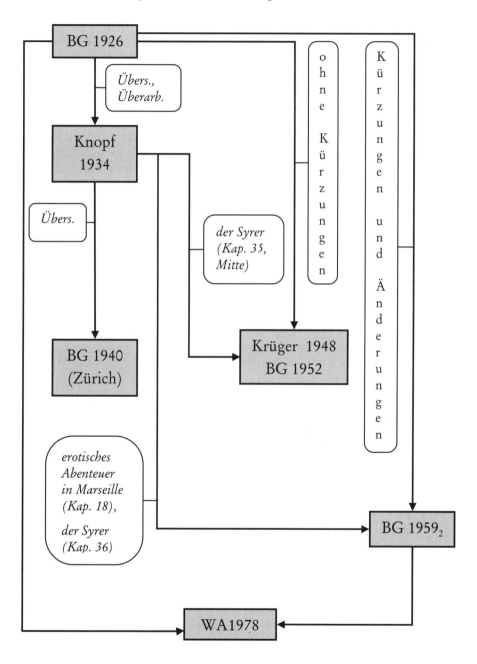

3

In der 1948 vorliegenden Form (Nachkriegsfassung) wird der Roman bis 1959 gedruckt. Mit diesem Jahr beginnt eine sehr wichtige, in der Traven-Forschung bisher übersehene neue Etappe der Textgeschichte. Mit „1959" im Impressum erscheinen bei der Büchergilde zwei verschiedene *Totenschiff*-Ausgaben.[23] Die erste dieser beiden Ausgaben (bezeichnen wir sie ‚BG 1959$_1$') entspricht dem Textstand der bereits besprochenen Fassung aus den ersten Nachkriegsjahren und trägt den Vermerk „Copyright by Esperanza López Mateos and Joseph Wieder".[24] Kurze Zeit danach erscheint eine andere, stark veränderte Version, die nur 294 Seiten (und nicht 304 Seiten) umfasst und mit dem Copyright „by R. E. Lujan and Joseph Wieder" versehen ist. Bezeichnen wir diese im folgenden als ‚BG 1959$_2$'.

Dazu, dass diese Etappe der Textgeschichte in der Traven-Forschung bisher völlig übersehen wurde, trug auch der Umstand bei, dass die beiden Ausgaben einander äußerlich sehr stark ähneln. Die korrigierte Neuauflage wird nicht als solche gekennzeichnet, im Gegenteil, es entsteht der Eindruck, man habe sich darum bemüht, dass der Unterschied zwischen BG 1959$_1$ und BG 1959$_2$ unmerklich bleibt.

Das Gefühl, dass mit diesen beiden schnell aufeinander folgenden Neudrucken etwas ‚nicht stimmt', bestätigt sich, wenn man die Herstellungsunterlagen heranzieht, wie sie im Archiv der Büchergilde Gutenberg heute noch vorliegen. Sie erlauben es uns, die Geschichte der beiden Auflagen (BG 1959$_1$ und BG 1959$_2$) folgendermaßen zu rekonstruieren: Zum 17. August 1959 ist die Hauptauflage mit dem Impressum 1959 (15.000 Exemplare) in der Buchdruckerei Richard Borek in Braunschweig gedruckt, wenn auch nicht alle Exemplare sofort aufgebunden werden.[25] Ende Januar des Folgejahres gibt die Büchergilde in Auftrag, weitere 4.000 Exemplare eines neuen Satzes nach einer korrigierten Druckvorlage herzustellen, wobei dies in auffallender Eile und mit engen Fristen geschieht. Da die für die Büchergilde sonst arbeitende Braunschweiger Druckerei Borek sich durch die Terminsetzung überfordert sieht, sucht man geradezu hektisch nach einem neuen Betrieb, zugleich auch nach einer neuen Binderei. Für einen erheblichen Preis erklärt sich die Firma C. Fikentscher in Darmstadt am 29. Januar 1960 bereit, die Quote fertigzustellen, dabei wird auf Verlangen der Büchergilde zugesichert, dass die ersten 1.000 Exemplare bereits zum 29. Februar vorliegen.[26] Bedingung ist ferner: „Die Ausführung ist in allen Teilen so wie das mitgeführte Buch [d. h. die 1959 bei Borek gedruckte und

---

[23] In der Bibliographie von Treverton (Anm. 11), S. 25 ist als Nr. 82 nur die zweite der beiden Ausgaben verzeichnet.
[24] Esperanza López Mateos war 1959 übrigens bereits seit acht Jahren tot.
[25] Vgl. die Rechnung der Druckerei R. Borek vom 17. August 1959 (Archiv der Büchergilde Gutenberg, Frankfurt am Main; im weiteren immer: Archiv BG).
[26] Vgl. die Briefe der Büchergilde an die Buchbinderei C. Fikentscher vom 29. Januar und 8. Februar 1960 (Archiv BG).

Das Totenschiff. *Fassungsgeschichte*

gebundene Auflage, G. P.]".[27] Die erste Bindequote (1067 Ex.) wird dann tatsächlich bis Ende Februar ausgeliefert.[28] Sämtliche Druckbögen dieser Auflage liegen zum 21. April 1960 vor.[29]

Der Hintergrund für diese Vorgänge erhellt aus einem umfangreichen Briefwechsel, der heute im Nachlass von Edgar Päßler (Riverside Libraries) liegt. Danach läuft auf der Phase der Planung und Vorbereitung der Hauptauflage (d. i. BG 1959$_1$) zuerst alles glatt. Weil für den Herbst 1959 der UFA-Film *Das Totenschiff* in der Regie Georg Tresslers angekündigt ist, erwartet der Redaktionskreis der Büchergilde, dass ein Interesse der Mitglieder am Roman erneut befördert werde, so dass mit einem guten Absatz zu rechnen sei.[30] Gegen Ende März 1959 bereits wird der Neudruck in Auftrag gegeben. Aber Mitte August, als 13.500 Exemplare schon fast fertig vorliegen, erhält der Leiter der Gilde, Helmut Dreßler, ein Schreiben von Josef Wieder, das ihn sehr beunruhigen muss. Wieder, der nichts von der in Druck gegebenen Neuauflage weiß, macht Dreßler darauf aufmerksam, dass die letzten Exemplare der früheren Ausgaben, die Anfang 1959 noch auf Lager waren, in den ersten Monaten des Jahres – laut Abrechnung – abgesetzt worden seien, und erinnert die Gilde in diesem Zusammenhang an die Bedingungen des *Totenschiff*-Vertrages von 1951, der lautete:

> Wenn das Buch vergriffen ist, sodass der Verlag weniger als 25 Exemplare besitzt, hat der Verlag den Verlaggeber zu benachrichtigen. Druckt der Verlag nicht innerhalb von zwölf Monaten eine Neuauflage, so fallen die erteilten Rechte wieder an den Verlaggeber zurück. Vor jedem Nachdruck ist dem Autor Gelegenheit zu Aenderungen an seinem Buche zu geben.[31]

---

[27] Brief der Büchergilde an die Firma C. Fikentscher vom 29. Januar 1960 (Archiv BG).
[28] Vgl. den Brief der Druckerei Borek an die Büchergilde vom 29. Januar 1960 und die Rechnung der Binderei Fikentscher vom 29. Februar 1960 (Archiv BG).
[29] Rechnung der Union-Druckerei vom 21. April 1960 (Archiv BG). Es wurde seitens des Verlags offensichtlich alles unternommen, um auch die Lizenzausgaben im Text geändert erscheinen zu lassen. Als die Druckbögen der korrigierten Auflage (BG 1959$_2$) fertiggestellt waren, wurde am 20. Mai 1960 in einem Telefonat mit dem Rowohlt-Verlag abgesprochen, dass auch die Rowohltsche Taschenbuchausgabe auf den Stand der neuen Fassung gebracht werden sollte. Hier ein Zitat aus einem entsprechenden Brief des Rowohlt-Verlags an das Lektorat der Büchergilde (J. Seuss) vom 21. April 1960: „Anliegend übersenden wir Ihnen wie gestern telefonisch besprochen 2 Taschenbücher Nr. 126: Traven, Das Totenschiff. Sie wollten freundlicherweise in ein Exemplar unserer Ausgabe die für den Nachdruck zu berücksichtigenden Korrekturen eintragen" (Archiv BG). Das auseinandergerissene und seitenweise aufgeklebte Exemplar (Verbleib unbekannt) mit den Korrekturen wurde am 5. Mai 1960 abgeschickt, begleitet von einem Anschreiben, in dem die neue Zählung der Kapitel 36 und 37 betont wurde. Rowohlt bestätigte den Eingang des Korrekturexemplars am 13. Mai 1960 (Archiv BG). Eine den Wortlaut von BG 1959$_2$ aufweisende rororo-Ausgabe erschien übrigens erst im Januar 1962.
[30] Darauf, dass es gute Chancen gäbe, *Das Totenschiff* „jetzt anlässlich des Ufa-Filmes stark in den Vordergrund zu rücken", wies Johannes Schönherr im Brief an Helmut Dreßler vom 24. Februar 1959 hin (Riverside: Heidemann, Binder 34, Item 51).
[31] Riverside: Päßler, Box 3, Folder 14.

Da Dreßler ihm „unter Missachtung der vertraglichen Vereinbarungen" nicht mitgeteilt habe, ob er einen Nachdruck auflegen werde, schlussfolgert Wieder: „Falls ich bis zum 31. August 1959 ihre geschätzte Rückäusserung nicht in Händen habe, nehme ich an, dass Sie an den Rechten für dieses Buch kein Interesse mehr haben[,] und werde mit einer andern deutschen Buchgemeinschaft einen Vertrag abschließen". Es ist dabei kaum zu überhören, dass diese Situation dem Briefschreiber nicht unlieb wäre, weil unter „eine[r] andere[n] deutsche[n] Buchgemeinschaft" der Bertelsmann-Lesering zu verstehen ist: Die Gütersloher haben Wieder bereits einen Lizenzvertrag über 80.000 Exemplare unter günstigeren Bedingungen als die Büchergilde Gutenberg angeboten.

Dreßler antwortet diplomatisch, dass die Neuauflage in Auftrag gegeben sei. Die ganze Wahrheit – nämlich, dass sie bereits zum größten Teil ausgedruckt ist – kann er verständlicherweise allerdings schlecht preisgeben. Denn das hieße einzugestehen, dass der vertraglichen Bedingung über das Recht des Autors, Änderungen für den Neudruck vorzunehmen, nicht entsprochen wurde. Und dieser Punkt erweist sich jetzt als kardinal. Wieder kündigt im nächsten Brief vom 22. August 1959 an, dass der Autor Änderungen plane und der Neudruck nicht ohne seine Genehmigung erfolgen dürfe:

> Es dürfte Ihnen bekannt sein, dass der Autor B. T. im Laufe der Zeit alle seine Bücher überarbeitet hat und immer wieder überarbeitet, und so auch am „Totenschiff" Aenderungen – Einschiebung eines neuen Abschnittes – vorgenommen hat. [...]
> Gemäss den vertraglichen Bestimmungen muss ihm vor jedem Neudruck Gelegenheit zu Aenderungen gegeben werden. Aus diesem Grunde dürfen Sie mit dem Nachdruck noch nicht beginnen, wenn Sie nicht riskieren wollen, dass Ihnen der Autor den Verkauf von Exemplaren, in denen seine Wünsche nicht berücksichtigt sind, untersagt.[32]

Obwohl der Punkt tatsächlich im Vertrag von 1951 steht, ist dieser Schlag für Dreßler unerwartet. Denn, wie er die Sache nachträglich den Juristen erklärt, die Büchergilde hat *Das Totenschiff* „bereits zweimal nachgedruckt [...], nämlich einmal im zweiten Quartal 1955 und einmal im vierten Quartal 1957, ohne dass wir Herrn Wieder, wie im Vertrag festgelegt, davon Mitteilung gemacht hätten, und ohne dass Herr Wieder gegen diese Vertragsverletzung protestiert hat".[33] Daher sei es nur logisch gewesen zu denken, dass die Gilde „auch ein weiteres Mal ,ungestraft' einen Nachdruck machen konnte".[34] Dieses Mal stellt sich die Situation aber eben anders dar, und das Schicksal der bereits fertigen mehr als 13.500 Buchexemplare ist bedroht. Da Dreßler ein derart großes Kontingent aus wirtschaftlichen Erwägungen nicht vernichten kann, entscheidet er sich, die Existenz dieser Auflage vor Travens Bevollmächtigtem zu verheimlichen. Wieder

---

[32] Riverside: Päßler, Box 3, Folder 15.
[33] Helmut Dreßler an den Rechtsanwalt Hans Bergmann in Frankfurt a. M., 12. Februar 1960 (Riverside: Päßler, Box 3, Folder 15).
[34] Helmut Dreßler an den Rechtsanwalt Erich List in Frankfurt a. M., 4. April 1960 (Riverside: Päßler, Box 3, Folder 15).

Das Totenschiff. *Fassungsgeschichte* 67

gegenüber erklärt er also, dass er den Abschluss der Autorkorrekturen abwarten werde, und kalkuliert offenbar, dass die Gilde dann stillschweigend einen Nachdruck im Zuge derselben Auflage mit den von Traven erwünschten Änderungen machen könne. Darüber hinaus besteht er darauf, dass die Korrekturen bereits zum 20. September vorliegen sollen, damit die Neuauflage während der Laufzeit des Films erscheint, dessen Erstaufführung für den 1. Oktober angekündigt ist.

Darauf, dass dieser Termin für die Überarbeitung zu knapp sei, weist Wieder in seinem nächsten Brief vom 26. August 1959 hin:

> In seinem Briefe, datiert vom 22. ds. teilt mir der Autor B. T. mit, dass die Aenderungen im „Totenschiff", wie früher schon angedeutet, ebenso umfangreich, wenn nicht umfassender sein werden, als in „Regierung". Die veränderten Zeiten und die neuen Probleme der Menschen machten diese gründliche Revision des Buches notwendig, um zu vermeiden, dass es veraltet erscheint. Die Arbeit an dem Buche wird wenigstens noch zwei Monate dauern. […]
> Der Autor hält an seiner Entscheidung fest, dass keine neue Auflage der alten Fassung mehr gedruckt werden darf.[35]

Bei dieser Mitteilung über die sich in die Länge ziehende Überarbeitung wird Dreßler misstrauisch. Er vermutet, dass die Arbeit an der Neuauflage verlangsamt werden solle, so dass der Neudruck nicht innerhalb eines Jahres nach Ausverkauf der letzten Lagerreste erscheinen und Wieder deswegen auf seinem Recht bestehen könne, *Das Totenschiff* an Bertelsmann überzugeben. So informiert Dreßler seinen Vertragspartner am 3. September 1959 im Ton einer Warnung, „daß wir in jedem Fall vor Ablauf von 12 Monaten (laut unserer Frist für Nachdrucke im Vertrag) einen Nachdruck veranstalten werden, falls bis dahin eine Neubearbeitung des Autors nicht vorliegt".[36] Würde im übrigen, dies wohl seine stille Hoffnung, die angekündigte Revision noch lange dauern, dann würde sich die Situation mit den fertigen Exemplaren der alten Fassung von selbst erledigen, man könnte den unveränderten Nachdruck als vertragsgemäße Neuauflage innerhalb der Zwölfmonatsfrist präsentieren – eine freilich etwas naive Auffassung, wie ihn ein Rechtsanwalt etwas später aufklären wird.[37]

---

[35] Riverside: Päßler, Box 3, Folder 15.
[36] Ebd.
[37] Vgl. im Brief des Rechtsanwalt Hans Bergmann an Dreßler, 24. Februar 1960: „Diese 12-Monats-Frist wird sicherlich angemessen erstreckt werden können, wenn der Autor Änderungen verspätet mitgeteilt hat, sodass sie erst kurz vor Ablauf der 12-Monats-Frist oder gar nach Ablauf derselben dem Vertrag zugehen" (Riverside: Päßler, Box 3, Folder 15). Und eben das Erscheinen einer unveränderten Auflage innerhalb der ‚richtigen' Frist konnte nach Bergmann gefährlich für die Gilde sein: „Man könnte, vom Standpunkt des Verlaggebers aus, wie folgt argumentieren: – Eine Neuauflage, bei welcher der Autor keine Gelegenheit zu Änderung hatte, ist keine solche im Sinn der Ziff. 9 Satz 3 des Vertrages. Die Frist von 12 Monaten ist daher durch die unveränderte Neuauflage nicht gewahrt und kann mithin ablaufen, wenn innerhalb der Frist eine veränderte Neuauflage nicht erscheint" (ebd.).

Travens Überarbeitung dauert allerdings nicht so lange, wie befürchtet oder bei der Büchergilde Gutenberg insgeheim auch gehofft. Ganz in Entsprechung mit den angekündigten zwei Monaten bekommt Wieder das korrigierte Exemplar des Textes aus Mexiko gegen Mitte der zweiten Oktoberdekade.[38] Wie er aber Dreßler am 6. November mitteilt, haben sich „im korrigierten Manuskript [...] einige Unstimmigkeiten ergeben, die es nötig machen, es noch einmal an den Autor zurückzuschicken".[39] Am 30. November sendet Wieder dann die nochmals von Traven überarbeitete Vorlage an Dreßler.

Anfang 1960 beeilt sich die Gilde, wie oben erwähnt, die erste Lieferung der revidierten Auflage (BG 1959_2 also) möglichst schnell fertigzustellen. Mithin scheint zu Beginn der zweiten Januardekade 1960 die Situation endgültig geregelt zu sein: Die Wünsche des Autors werden zumindest in einem Teil der Auflage berücksichtigt, und die erste Quote soll garantiert noch vor Ende Februar erscheinen. Und was die Auflage vom August 1959 (d. h. BG 1959_1) betrifft, so wird Wieder kaum auf deren Existenz kommen – und umso weniger Traven.

Aber ausgerechnet in diesem Augenblick, als alles glücklich auszugehen scheint, läuft doch etwas schief: die Buchhaltung der Gilde, die nicht auf dem Laufenden aller Raffinessen war, schickt Wieder eine Abrechnung für das dritte Quartal 1959, aus der nun ersichtlich wird, dass bereits im September 8.300 Exemplare des von Dreßler verschwiegenen Nachdrucks verkauft worden sind. Am 25. Januar 1960 reagiert Wieder – offensichtlich triumphierend, weil er Dreßler bei Lüge ertappt hat – mit einem langen zornigen Brief, in dem er alle Inkorrektheiten bei der Informationsverteilung aufzählt und den Vertrag über *Das Totenschiff* für ungültig erklärt:

> Ich teile Ihnen im Auftrage des Autors mit, dass wir das glatten Vertragsbruch betrachten und uns nicht mehr an unsere vertraglichen Abmachungen, die übrigens niemals von einem Alleinrecht auf das „Totenschiff" lauteten, halten werden. Zugleich verbieten wir Ihnen, von der neuen Fassung des Buches „Das Totenschiff" eine Auflage zu drucken.[40]

---

[38] Notiz von Helmut Dreßler, 9. Oktober 1959, über Wieders Besuch in Frankfurt während der Buchmesse: „Herr Wieder erwartet das Manuskript in etwa 8 Tagen. Er will es dann übertragen und uns schicken" (Riverside: Päßler, Box 3, Folder 15).
[39] Was unter den „Unstimmigkeiten" gemeint ist, erläutert Wieder im selben Brief: „Wie Sie wissen, sind darin mehrmals Geldbeträge genannt, holländische Gulden, belgische Franken, französische Franken und spanische Pesetas, usw. Da in der neuen Fassung die Yorikke nicht mehr von Spanien, sondern von Portugal aus in See sticht, ergeben sich auch noch portugiesische Escudos. Der Autor hat nun die genannten Geldbeträge ohne genaue Kenntnis ihres heutigen Kaufkraftwertes aufgerundet, sodass einige unmögliche Werte entstanden sind. Es sind auch sonst noch einige Unstimmigkeiten stehen geblieben, die es mir als ratsam erscheinen liessen, den Autor selbst bestimmen zu lassen, was noch berichtigt werden soll" (Riverside: Päßler, Box 3, Folder 15).
[40] Riverside: Päßler, Box 3, Folder 15.

Darauf folgt ein langer und in Inhalt und Ton heftiger Briefwechsel unter Einschaltung der Rechtsanwälte, die ihre Meinungen zu vielen heiklen Fragen äußern müssen: Wie schwerwiegend war der ‚Vertragsbruch' seitens der Gilde? Ist die unveränderte Neuauflage nun aus dem Verkehr zu ziehen? Waren die Textänderungen, die der Verfasser wünschte, wesentlicher oder eher stilistischer Art? Sind bei einem ‚schöngeistigen Werk' Änderungen überhaupt üblich und praktikabel? Die Rechtsanwälte der Gilde bezweifeln am Ende sogar, „ob der Autor Traven überhaupt die Änderungen selbst vorgenommen" habe und „ob Traven überhaupt noch leb[e] und was zu gelten hab[e], wenn letzteres nicht der Fall" sei.[41]

Als Reaktion auf diese Frage greift ‚der berühmte Unbekannte' endlich selbst in den Streit ein und schickt an den Rechtsanwalt Erich List in Frankfurt einen Brief, in dem er – um die Formulierung des letzteren aus seiner Mitteilung an Dreßler zu nutzen – „aus sicherem Hinterhalt (Mexiko) [...] mit Verbalinjurien und schweren sachlichen Beleidigungen"[42] schießt. Traven wirft dem Rechtsanwalt vor, dass er „einen einfachen und klaren Fall von Vertrags-Bruch"[43] zu verschleiern suche, und macht „Bruno Dressler Vater und Bruno Dressler Sohn"[44] für alle denkbaren Vergehen und Verbrechen verantwortlich; schließlich versteigt er sich gar zu der Argumentation, die Leiter der Gilde hätten „eine nichtswuerdige Schandtat der Nazis" nachgeahmt, indem sie 40.000 Exemplare des *Totenschiffes* einstampften, nur damit deutsche Leser das Buch nicht zu lesen bekämen. Da die Klärung der vertraglichen Rechte am Roman indessen sich doch günstig für die Frankfurter entwickelt, gibt der Autor schließlich widerwillig zu: „Bruno Dressler mag die Erlaubnis haben, mein Werk ‚Das Totenschiff' sowie ein anderes meiner Werke, das er zufaellig im Verlag haben sollte, an Mitglieder ‚seiner' Buechergilde abzugeben", protestiert aber trotzdem gegen „das Monopol", das die Gilde „zu besitzen vorgibt".[45] Nachdem Helmut Dreßler den Vorschlag Lists abgelehnt hat, Traven vor ein deutsches Gericht zu ziehen, resümiert List den Ausgang des Streites wie folgt: „Sicher ist ja nun jetzt, daß Sie auf alle Fälle weiter drucken können. Aber ebenso sicher ist auch, daß T. nun Bertelsmann *auch* eine Lizenz geben wird".[46] Die Ausgabe, die 1960 bei Bertelsmann erscheint,[47] ist – bis auf ein paar winzige neue Textänderungen[48] –

---

[41] Hans Bergmann an Helmut Dreßler, 24. Februar 1960 (Riverside: Päßler, Box 3, Folder 15).
[42] Erich List an Helmut Dreßler, 15. Mai 1960 (Riverside: Päßler, Box 3, Folder 15).
[43] Traven an Erich List, 9. Mai 1960 (Fotokopie Archiv BG).
[44] Ob Traven tatsächlich meinte, dass Bruno Dreßlers Sohn, der aktuelle Leiter der Büchergilde, ebenfalls ‚Bruno' heiße, oder ob er sich eher über die Dreßlers lustig machen wollte, darüber kann man wiederum nur spekulieren. „Übrigens darf ich bei der Gelegenheit sagen, daß der Sohn Dressler mit Vornamen Helmut heißt", reagierte dieser im Brief an Traven vom 6. Juli 1960 (Riverside: Päßler, Box 3, Folder 6, No. 65).
[45] Traven an Erich List, 9. Mai 1960 (Fotokopie Archiv BG).
[46] Riverside: Päßler, Box 3, Folder 15.
[47] B. Traven: Das Totenschiff. Gütersloh: Bertelsmann Lesering 1960.
[48] Ein paar Beispiele: BG 1959₂, 224: „und nachts bringen sie mich über die Grenze und schieben mich rüber." In Bertelsmann 1960, 243 ist hier das Verb geändert: „...und schieben

genau dieselbe Fassung, die bereits mit dem Erscheinen von BG 1959₂ vorlag. Aber dieses Mal wird die Gültigkeit des Textstandes durch einen Vermerk auf der Titelblattrückseite legitimiert: „Vom Verfasser autorisierte Lizenzausgabe für den Bertelsmann Lesering" – ein Vermerk, den eigentlich die korrigierte Ausgabe der Büchergilde tragen könnte.

Fragt man nach Recht und Unrecht in diesen Streitigkeiten um den Neudruck des Romans, so muss man sagen, dass beide Seiten nicht tadellos aussehen. Das Verhalten Helmut Dreßlers kann man natürlich nicht in allem billigen: das Verschweigen des tatsächlichen Standes der Dinge, offensichtliche Verschleierungsmanöver, wenig geschickte Rechtfertigungen usw. Zusätzlich gab es weitere Momente von Seiten der Büchergilde, die Traven wütend machen konnten, etwa das Faktum, dass die deutschen Rechtsanwälte die Existenz seiner Person in Zweifel zogen, oder auch die Behauptung, dass in einem „schöngeistigen" Werk – im Unterschied zu „einem wissenschaftlichen Werke, das auf den Stand der Forschung gebracht werden muss" – Textänderungen „ganz ungewöhnlich sind, ja fast überhaupt nicht vorkommen."[49] Mag man auch als Editionswissenschaftler den Ärger Travens bei der letzteren Behauptung des Rechtsanwalts teilen, sollte man dennoch nicht aus dem Auge verlieren, dass der eigentliche Gegenstand der Auseinandersetzungen anderswo lag. Nämlich, wie es derselbe Rechtsanwalt trefflich in einem Brief an Wieder formulierte: „Sie wollen aus ganz anderen Gründen von dem Verlag loskommen, nämlich, um einen günstigeren abzuschließen, und deshalb wird der Grund[,] der Autor sei vor dem Nachdruck nicht gehört worden, vorgeschoben."[50]

Der Hintergrund, vor dem sich der ganze Skandal abspielte, war in der Tat der Wunsch Wieders bzw. Travens, der Büchergilde Gutenberg den Roman zu nehmen und ihn an eine andere Buchgemeinschaft, nämlich den Bertelsmann-Lesering, zu übergeben – an eine sehr viel erfolgreichere Buchgemeinschaft also, freilich auch sehr viel niedrigeren Niveaus und geringeren Ansehens, zu schweigen von der jüngsten Vergangenheit des Verlagshauses[51] und den schon seinerzeit vielbeschriebenen skandalösen Werbepraktiken des Leseringes. Man sollte meinen, dass dieser Wechsel also kaum im Sinne Travens hätte sein können. Mag hier der Einfluss seines Vertreters Wieder als Ursache gelten oder

---

mich ab". BG 1959₂, 291: „Ich muß rüber, rüber, rüber!'", ebd.: „und jetzt zerrte er auch dort die Schlinge los." Bertelsmann 1960, 315: „Muß rüber, rüber, rüber!'"; ebd.: „und jetzt zerrte er auch dort die Stringe los." Darüber hinaus ist in der Bertelsmann-Ausgabe die Gliederung in Absätze durchgehend anders als in BG 1959₂; an mancher Stelle sind auch die Anführungszeichen, Gedankenstriche und Auslassungspunkte anders gesetzt, aber dies scheinen eher die Entscheidungen des Verlagslektors zu sein. – Ein Hinweis darauf, dass die Ausgabe Bertelsmann 1960 eine „vom Verfasser autorisierte Ausgabe" sei, findet sich bei Recknagel (Anm. 17), S. 400.

[49] Hans Bergmann an Helmut Dreßler, 24. Februar 1960, und Erich List an Josef Wieder, 8. April 1960 (Riverside: Päßler, Box 3, Folder 15).
[50] Erich List an Josef Wieder, 8. April 1960 (Riverside: Päßler, Box 3, Folder 15).
[51] Saul Friedländer: Bertelsmann im Dritten Reich. Unter Mitarbeit von Hans-Eugen Bühler [...]. München 2002.

Das Totenschiff. *Fassungsgeschichte* 71

eine Ahnungslosigkeit des alternden Autors im Hinblick auf den deutschen Büchermarkt, Travens Sicht der ganzen Situation ist in jedem Fall sehr entstellt und führt ihn zu Entscheidungen, die seinen eigenen Absichten wenig zu entsprechen scheinen. *Das Totenschiff* der Büchergilde Gutenberg nehmen zu wollen, um es an den ausgesprochen kommerziell orientierten Bertelsmann-Leseringe zu übergeben, war ein Schritt, der den ursprünglichen Intentionen Travens so wenig entsprach wie seine ein Jahrzehnt zurückliegende hartnäckige Weigerung, mit den angeblichen ‚Nazis' Dreßler zu verhandeln, während er gleichzeitig durch Wieder *Das Totenschiff* ausgerechnet dem durch seinen Gründer und Inhaber eigentlich belasteten Krüger-Verlag überließ.[52]

4

Um von diesen juristisch komplizierten Auseinandersetzungen zurück zu textgeschichtlichen Fragestellungen zu kommen: Über den Verbleib jener die Änderungen enthaltenden Druckvorlage, die Traven seinem Vertreter Wieder zugesandt haben muss, kann gegenwärtig nichts gesagt werden.[53] Der einzige Weg, das Ausmaß der Varianten festzustellen, ist ein Textvergleich der beiden auf das Jahr 1959 datierten Auflagen. Wie es die im obigen Abschnitt referierte Korrespondenz der Büchergilde erwarten lässt, erscheint die Auflage BG 1959_2 im Vergleich zur vorhergehenden Fassung viel stärker überarbeitet. Wie bereits gesagt, bot die Fassung aus den ersten Jahren nach dem Krieg (ihr entspricht BG 1959_1) den faktisch unberührten Text der deutschen Erstausgabe – mit Ausnahme der Episode über den Syrer. Hingegen sind in BG 1959_2 insgesamt sieben Kapitel (Kap. 13, 16–18 sowie 35–37) von einschneidenden Veränderungen betroffen – und darüber hinaus wurden noch an manch anderer Stelle in weiteren

---

[52] Bruno Dreßler äußerte sich im Brief an Ernst Preczang vom 2. Juni 1948: „Mich nannte Traven einen Nazidirektor und nun erhält das Totenschiff ein Mann zum Abdruck, der diesen Namen verdient hätte" (FHI: NL Dreßler, Dre–652); vgl. Bruno Dreßler an Johannes Schönherr, 15. Juli 1948: „Die Ueberlassung des Totenschiffes an Krüger ist ein guter Witz und zeigt, dass Traven nicht mehr so auf Reinlichkeit achtet wie früher" (FHI: NL Dreßler, Dre–586). Vgl. auch die Meinung von Johannes Schönherr im Brief an Bruno Dreßler vom 29. Juli 1948: „Gegen Herrn Wolfgang Krüger werden hier allgemein grosse Bedenken geäussert, ich hatte Wieder schon vorher alles mitgeteilt, aber trotzdem hat er ausgerechnet diesen nicht einwandfreien Verleger aus der Nazizeit bevorzugt" (FHI: NL Dreßler, Dre–586).
[53] Vgl. einige Vermutungen dazu weiter unten, Abschnitt 6 des vorliegenden Aufsatzes. Eine Auskunft über das Procedere der redaktionellen Arbeit gibt rückschauend Josef Wieder im Brief an Helmut Dreßler vom 25. Januar 1960: Beim Eintreffen des erwarteten „Manuskripts" aus Mexiko (wahrscheinlich eines Buchexemplars mit Korrekturen) gehörte es zu seinen Pflichten, sämtliche Korrekturen „noch auf ein zweites Exemplar [zu] übertragen"; da es aber im korrigierten Manuskript Unstimmigkeiten gab, schickte er es an den Autor zurück; erst nach einer abermaligen Überprüfung durch den Autor ging „das überarbeitete Manuskript" dann nach Frankfurt. Unklar bleibt aus diesen Erläuterungen, ob die Gilde letztlich das Exemplar mit Travens eigenhändigen Korrekturen oder ein Exemplar mit übertragenen Korrekturen bekam.

Kapiteln ein Satz oder einige Worte weggelassen oder geändert. Ohne Gefahr zu laufen, die Aufgaben des Apparats einer textkritischen Ausgabe zu übernehmen, lassen sich hier allerdings nicht alle Änderungen auflisten.[54] Daher konzentriere ich mich im folgenden nur auf die wesentlichen (vgl. die tabellarische Darstellung in Abb. 2).

Die meisten Änderungen betreffen das Erste Buch, das – in den Fassungen von 1926 und 1948 – die europäischen Verhältnisse nach dem Ersten Weltkrieg thematisiert – ein Gegenstand, der dem späten Traven nicht mehr aktuell zu sein scheint. Die Hauptrichtung der Änderungen kann man so spezifizieren: Die meisten Kürzungen betreffen die Situation des Protagonisten als eines vermeintlichen Deutschen in Frankreich und Spanien.

Sehr stark ist das *Kapitel 13* gekürzt, das von den Wochen berichtet, in denen der Erzähler bei französischen Bauern gearbeitet hat. Aus den Erzählungen der Franzosen verschwindet die Figur des fleißigen deutschen Kriegsgefangenen Wilhelm. Aber noch wesentlicher sind andere Kürzungen: In der Erstausgabe haben die Franzosen fast zwei Seiten lang gegen die Amerikaner gewettert; mehr als die Hälfte dieser Schimpftirade ist nun gestrichen. Es wäre aber voreilig zu behaupten, dies geschehe aus dem Grunde der politischen Korrektheit den Amerikanern gegenüber. Bemerkenswerterweise war eben gerade die amerikanische Fassung an dieser Stelle noch viel stärker als die deutsche Erstausgabe von antiamerikanischem Ressentiment durchsetzt, die Schimpferei fällt hier noch üppiger und grotesker aus.[55] Und in BG 1959$_2$ verschwinden die Tiraden gegen die Amerikaner auch nicht vollständig. Die Passage: „Niemand konnte die Amerikaner leiden" usw. (BG 1959$_1$, 74) bleibt stehen. Die Streichungen fangen dort an, wo es um die Gegenüberstellung der Amerikaner und der Deutschen geht: „Dagegen die Boches. Gut, wir haben Krieg mit ihnen gehabt, einen ehrlichen und richtigen Krieg. [...] Nun aber geht es den armen Teufeln genau so dreckig wie uns. Auch die hat der amerikanische Hund am Schlafittchen und holt noch den letzten abgenagten Knochen heraus. [...] Denn wir müssen ja alles bezahlen. Wir und die armen Boches" usw. (BG 1959$_1$, 75; in BG 1959$_2$ weggelassen).

Was in dieser Fassung radikal reduziert wird, ist ausgerechnet das Motiv des ‚armen Boches'. Die Streichung lässt nun allerdings einen Zug der Erstausgabe 1926 deutlicher hervortreten, der dort vielleicht nicht besonders stark ins Auge fiel – oder nur sehr selten und eher aus einer Außensicht. Liest man z. B. die folgende Äußerung eines sowjetischen Literaturkritikers aus dem Jahr 1928, ist man zuerst vielleicht etwas überrascht: seiner Meinung nach ist nämlich an vielen Stellen des Romans eine „vorsichtige, unaufdringliche Propaganda für das vom Krieg gekränkte, schöne Deutschland" wahrnehmbar.[56] Wenn man sich aber die

---

[54] Viele davon (aber wohl gemerkt: nur diejenigen, die ebenfalls in WA 1978 vorkommen) wurden bereits von Küpfer (Anm. 3), S. 192–203 aufgeführt und inhaltlich interpretiert.
[55] Traven: Death Ship (Anm. 8), S. 83.
[56] B. Traven: Korabl' smerti. [Das Totenschiff.] Übers. von Emilija Grejner-Gekk. Moskva 1928 (Roman-gazeta 1928, Nr. 6[18]), S. 3.

Streichungen dieser Stellen in BG 1959₂ vergegenwärtigt, wird man der Tatsache gewahr, dass die Erstausgabe tatsächlich einigermaßen ‚deutschenfreundlich' war – wie viel Kritik an der Staatsbürokratie preußischen Musters sie auch enthalten mochte. Mit der Liebe zum ‚schönen Deutschland' steht es im *Totenschiff* ungefähr so: erst wenn etwas nicht mehr da ist, merkt man, dass es existiert hat.

Hinter den erwähnten Streichungen kann man als Motiv vermuten, dass Travens Beziehung zu Deutschland nach dem Zweiten Weltkrieg noch problematischer geworden war als vorher: zu dieser Zeit fand er es bereits wenig angebracht, von einem ‚armen Boche' zu sprechen.[57] Oder Traven hatte vielleicht den Wunsch, keine Spuren zu hinterlassen, was seine nationale Identität betrifft.[58] Gleichzeitig aber bleiben die Streichungen in diesem Kapitel nicht ohne Folgen für die motivische Struktur des Textes. Eliminiert wird zum Beispiel das für die Erstfassung des *Totenschiffes* wichtige Motiv der paradoxen Logik nationaler Sympathien und Antipathien. In der Darstellung einer zunächst absurd erscheinenden Situation – die Bevorzugung der ‚armen Boches', des gestrigen Kriegsfeindes, gegenüber den Amerikanern – zeigt sich die für Traven charakteristische Vorliebe, scheinbar abwegige Gedankengänge in ihrer eigenartigen Logik zu verfolgen und zu rekonstruieren.

Die Situation, dass der ‚arme Boche' bei den Franzosen entgegen aller Erwartung durchaus freundlich empfangen wird, wiederholt sich in der Erstausgabe im *Kapitel 18*: Der Erzähler gerät – als vermeintlicher Deutscher – in eine Hafenkneipe in Marseille und hat kein Geld dabei. Nachdem die Kellnerin den Anwesenden gesagt hat, „ein armer deutscher Seemann" (BG 1926, 89) befinde sich hier, kommt es nicht zu einer Schlägerei, wie Travens Erzähler befürchtet, sondern die Anwesenden sammeln sogar etwas Geld für ihn. In der neuen Fassung bleibt diese Episode zwar stehen, sie wird sogar viel länger, aber im Zentrum des Interesses ist nicht mehr das Motiv der unerwarteten und uneigennützigen Hilfe seitens der gestrigen Kriegsfeinde, sondern die Episode gewinnt eine frivole erotische Note: Die Kellnerin handelt jetzt nicht mehr uneigennützig, sondern sie fordert vom Erzähler eine Art Belohnung, die er ihr dann die ganze Nacht lang als ‚kerngesunder' amerikanischer Junge gern zahlt. Diese Ausarbeitung der Episode mit der Kellnerin fand auch schon in die amerikanische Fassung des *Totenschiffes* von 1934 Eingang:[59] Wieder einmal stellen wir fest, dass die amerikanische Fassung für die neue deutsche Fassung des Romans als Vorlage für Ergänzungen dient – ein weiteres Argument dafür, dass die Fassungsgeschichte von Travens Werken international angelegt werden sollte. Diese Motivik des ‚Bezahlens', das auf intermenschliche, u. a. sexuelle Beziehungen übertragen wird, ist zwar wiederum typisch Traven, und es wäre vielleicht nicht gerecht, hier von einer ‚Verschlimmbesserung' zu sprechen.[60] Und dennoch

---

[57] Vgl. Küpfer (Anm. 3), S. 194–197.
[58] Ebd., S. 199.
[59] Traven: Death Ship (Anm. 8), S. 104f.
[60] Küpfer (Anm. 3), S. 200 weigert sich sogar, „diese Änderung als B. Travens Willen zu akzeptieren", und vermutet, die Textvariante entspringe „dem Geschäftssinn derer, die wissen,

nimmt dadurch die ganze Episode den Charakter eines unterhaltsamen erotischen Abenteuers an, während sie in der Erstausgabe mit einer für den Autor wichtigen aufklärerischen Botschaft endete: „Ich glaube nicht daran, dass es irgendeine Feindschaft zwischen Völkern gäbe, wenn sie nicht künstlich erzeugt und dann tüchtig geschürt würde. Man sollte eigentlich meinen, dass Menschen vernünftiger seien als Hunde. Hunde lassen sich manchmal gegen ihresgleichen hetzen, manchmal aber auch nicht" (BG 1926, 90). In BG 1959_2 wird diese ernste Botschaft als nicht zum leichten Ton passend gestrichen.

Um das Thema der oft extravagant anmutenden Verteilung nationaler Sympathien und Antipathien abzuschließen, weise ich auch auf die folgenden Änderungen im *Kapitel 16* hin. In der Erstausgabe wurde der Protagonist von der französischen Grenzfestung aus den spanischen Grenzpolizisten übergeben. Diese und die ganze Bevölkerung des kleinen spanischen Ortes empfingen den vermeintlichen Deutschen mit Begeisterungskundgebungen. Die Erklärung dazu lautete: „Mach Krieg mit dem Amerikaner, und du findest keinen besseren Freund auf der ganzen Erde, als den Spanier!" (BG 1926, 80). Davon keine Spur in der überarbeiteten Fassung BG 1959_2. Der freundliche Empfang bei den spanischen Grenzpolizisten und der ganze schlaraffenlandähnliche Zeitvertreib des Erzählers im spanischen Grenzörtchen – alles das ist gestrichen. Sofort nachdem die französischen Soldaten den Erzähler zur spanischen Grenze geleitet haben, heißt es:

> Es glückte mir, wirklich nach Barcelona zu gelangen. Hin und wieder und hier und da hatte ich einige Schwierigkeiten wegen der Papiere, die ich nicht aufzeigen konnte. Aber da alle Gefängnisse bis zum Brechen voll waren mit politisch Gefährlichen, war kein Platz für mich als politisch ungefährlicher Ausländer vorhanden, und man erlaubte mir, mich auf meiner [*sic*] nun sehr gewohnten Art und Weise weiterzumachen. (BG 1959_2, 90f.)

Dadurch ändert sich grundlegend der Ton der Darstellung Spaniens: das Regime des Generals Primo de Rivera erscheint nun als Schreckensherrschaft. Dies entspricht vielleicht besser den politischen Verhältnissen in Spanien Mitte der 1920er Jahre. Wenn man will, kann man hierin eine Verbesserung, die Korrektur des ‚Fehlers' der Erstausgabe sehen.[61] Aber ich bin eher der Meinung, dass es

---

dass sich ein erotisch eingefärbter Traven besser verkaufen lässt als einer, der grundsätzliche politische Fragen [...] erläutert". Für ein dermaßen hartes Urteil gibt es wohl kaum Grund. Die Stelle als „Sex-Episode" (ebd., S. 201) zu bezeichnen, verbietet der eher witzige Charakter eines Wortspiels um das Verb ‚zahlen', das übrigens das an einer früheren Textstelle vorkommende Motiv des ‚Zahlens' der Deutschen (BG 1926, 20) aufgreift. Vgl. das Motiv eines äquivalenten Tausches z. B. in Travens Kurzerzählungen *Spießgesellen*, *Der ausgewanderte Antonio* usw.

[61] Vgl. zum zeitgeschichtlichen Hintergrund des spanischen Kapitel Küpfer (Anm. 3), S. 196f.; Günter Helmes: Literatur und Literaturtransformation. B. Travens Roman ‚Das Totenschiff' (1926) und mediale Adaptionen (Hörspiel, Film). In: B. Traven. Frühe Romane und mediale Adaptionen. Hg. von G. H. Siegen 2003, S. 47–70, hier S. 55. Darüber hinaus beziehe ich mich

keine Verbesserung ist und dass die paradiesische Darstellung Spaniens in der Erstausgabe kein Fehler war – zumindest nicht innerhalb der grundlegenden semantischen Oppositionen dieses Textes: Die Erstausgabe war sehr stark auf den Ersten Weltkrieg hin angelegt – und auf die Tatsache, dass der Krieg, der vermeintlich für demokratische Freiheiten gekämpft wurde, dazu geführt hatte, dass die Freiheit wie niemals zuvor durch Visen, Einwanderungserlaubnisse und alle möglichen administrativen Zwänge eingeschränkt wurde. Spanien nun hatte am Ersten Weltkrieg gerade nicht teilgenommen, und dieses einfache Argument, scheint mir, war für Traven das einzige, das zählte, als er in der Erstausgabe des *Totenschiffes* Spanien – vielleicht polemisch überspitzt – als ein glückliches Land dargestellt hat. In der geänderten Fassung von 1959 zählt dieses Argument nicht mehr. Der Erste Weltkrieg ist nicht mehr aktuell. Als politische Realität zählt hingegen nun das Regime von General Francisco Franco, und man kann in der quasi-historischen negativen Darstellung des Regimes von Primo de Rivera eine deutliche Allusion darauf sehen.[62]

In der Fassung 1959₂ wird die Handlung der letzten Kapitel des Ersten Buches übrigens nach Portugal versetzt: „Inzwischen war es mir gelungen, mich unter allen nur denkbaren, vorstellbaren und nicht vorstellbaren Schwierigkeiten nach der Südküste Portugals durchzuschummeln" (93). Nach dieser Ergänzung kann die Darstellung der paradiesischen Existenz des Erzählers so stehenbleiben, wie sie in der Erstausgabe war, mit dem Unterschied, dass er sich jetzt in Portugal aufhält. Dass er dieses Stückchen Glück noch hat, ist aus der Sicht der textimmanenten Logik sehr wichtig: nach dem Prinzip des Kontrastes – ein Stück Paradies vor der Anheuerung auf dem Totenschiff.

Im Zweiten Buch des Romans (in der Fassung von 1959₂) wird das *Kapitel 35* wieder auf den Stand der Erstausgabe gebracht. Der Syrer, der in der amerikanischen Fassung und in den deutschen Nachkriegsausgaben ziemlich unvermittelt in der Mitte dieses Kapitels auftauchte (und eine lange quasi-wissenschaftliche Abhandlung des Erzählers über die ‚Yorikkische' Sprache unterbrach), verschwindet nun – aber nur aus dem Kapitel 35. Denn diese Figur bekommt nun ihr eigenes *Kapitel 36*. Das Interessante dabei ist, dass Traven dieses längere Kapitel nicht etwa auf dem deutschen Text der Züricher Ausgabe 1940 und auch nicht etwa auf seinem eigenen deutschen Text der Fassung aus den ersten Nachkriegsjahren aufbaut. Er schreibt vielmehr – allerdings wahrscheinlich noch einmal auf der Grundlage der amerikanischen Fassung – eine

---

auf Rolf Recknagels unveröffentlichtes *Gutachten zu den unterschiedlichen Ausgaben von B. Travens Roman ‚Das Totenschiff'* (Sammlung W.-D. Schramm, Lübeck).

[62] Franco wird übrigens auch in der dramatisierten Version des *Totenschiffes* von 1955 erwähnt, in der die ganze Handlung in die Zeit nach dem Zweiten Weltkrieg verlegt ist. Diese Schauspielfassung wurde 1955 in kleiner Auflagenhöhe als Manuskript veröffentlicht: B. Traven's Totenschiff. Schauspiel in vier Akten von H. Croves und R. E. Lujan. Das Aufführungsrecht in deutscher Sprache ist allein zu erwerben durch: Europa Verlag A. G., Rämistrasse 5, Zürich 24. Die Erwähnung Francos findet sich S. 78. Ich danke herzlich Wolf-Dietrich Schramm, der mir die Ausgabe in Kopie hat zukommen lassen.

Abb. 2. Die wichtigsten Änderungen der Fassung BG 1959₂ im Vergleich zur BG 1926, unter Berücksichtigung von deren Übernahme bzw. Nichtübernahme in die Werkausgabe (WA 1978)

	BG 1926 (= Buchmeisterverl./ Universitas 1930)	BG 1959₂	WA 1978
Kap. 13	Aufenthalt des Protagonisten bei den französischen Bauern.	Stark gekürzt, v.a. das Schimpfen der Franzosen gegen die Amerikaner und Bemitleidung der „armen Boches". Die Figur des deutschen Kriegsgefangenen „Wil'em" verschwindet.	Folgt BG 1959₂
	Kap. 16. „Zwei Mann mit aufgepflanztem Seitengewehr..."	*Kap. 16.* „Zwei Mann mit aufgepflanztem Bajonett..." Danach folgt eine neue halbe Seite, die den Rest des Kap. 16 und die erste Hälfte des früheren Kap. 17 ersetzt hat: „Es glückte mir, wirklich nach Barcelona zu gelangen. [...] die Straßen auf und ab zu wandern." Ende des neuen 16. Kap.: „...bei denen ich um Arbeit nachfragte."	*Kap. 16.* Der Text folgt BG 1926, mit zwei Ausnahmen: zwei Sätze in der ‚Kommunisten-Episode' („Soll ich Spanien darum verdammen? Ich denke nicht daran") sind weggestrichen wie in der BG 1959₂. Absatz „Inzwischen war es mir gelungen [...] nun sagen wir wohnhaft machte" ist aus BG 1959₂ übernommen; aber in WA 1978 keine Kapitelgrenze vor dieser Passage.
	Kap. 17. „Sobald es mir in Sevilla..." „...bei denen ich um Arbeit nachfragte." „Ich bekam Appetit auf Fisch..." Ende des Kapitels: „Ich wäre ja nicht wert, daß mich die spanische Sonne bescheint."	*Kap. 17.* Erster Absatz neu: „Inzwischen war es mir gelungen [...] nun sagen wir wohnhaft machte." Danach: „Ich bekam Appetit auf Fisch..." Ende des Kapitels: „Zutritt verboten!""	Ende des Kapitels: „Viel Vergnügen beim Fischen."

Das Totenschiff. Fassungsgeschichte

Kap. 18. „Ich saß auf der Kaimauer…"			*Kap. 17.* „Ich saß auf der Kaimauer…"
		Kap. 18. „Als ich in Barcelona lag…" (Kapitelgrenze neu; in BG 1926 war diese Stelle mitten im Kap. 18.) Neu: erotisches Abenteuer in Marseille („Als reichlich später das Lokal geschlossen wurde […] Am selben Tage hopste ich an einen andern Kohler, der mich zurück nach Barcelona brachte…")	*Kap. 18.* Folgt 1959$_2$
		Ein neues Kapitel über den geheimnisvollen Syrer („In Algier traf ich eines Tages einen Mann, der behauptete, hundertundfünfundsiebzig Jahre alt zu sein…")	Folgt BG 1926
Kap. 36	„Stanislaw wurde nur von mir und den Heizern Stanislaw oder Lawski gerufen…"	„Stanislaw wurde nur von mir und den Heizern Stanislaw oder Lawski gerufen…"; massiv gekürzt. Die früheren Kap. 36 und 37 in ein Kapitel zusammengezogen. Aus der Karriere Stanislaws verschwindet der 1. Weltkrieg.	Folgt BG 1926
Kap. 37	„Das dänische Heuerbuch war nicht viel wert…"		Folgt BG 1926
Kap. 38	„Stanislaw mußte doch wieder nach seinem ehrlichen Handwerk sehen…"	Leicht gekürzt.	

Abb. 3. Die fünf Fassungen des Romans und ihre Ausgaben

BG 1926	Krüger 1948	BG 1959$_2$	Donauland 1963	WA 1978
BG 1927–1933 Buchmeister Verl. 1926, 1929 Buchmeister/ Universitas 1930 Reclam (Leipzig) 1967, 1976 Volk und Welt 1970	Krüger 1951–1969 Buch und Welt 1951 BG 1952–1959$_1$ Wiener Volksbuchverlag [1952?] Der Bücherring (Mainz) [o. J.] Rowohlt 1954–1960 Tribüne 1957 Volk und Welt 1962, 1964 Fackel 1969	Bertelsmann 1960 BG 1969 Rowohlt 1962–2010 Bertelsmann/Donauland 1996		Diogenes 1983 Deutscher Bücherbund [1991] BG 1999 Fischer 1999 Weltbild Verl. [o. J.]

andere, längere Version der Episode, dieses Mal in konsequent durchgeführter dialogisierter Ausarbeitung. Es kann natürlich sein, dass ihm die beiden neueren deutschen Ausgaben, in denen der Syrer vorkommt, einfach nicht vorlagen, nichtsdestoweniger erscheint es mir angebracht, in diesem mehrfachen Aufs-neue-Schreiben der Syrer-Episode einen wesentlichen Zug seiner schriftstellerischen Arbeit überhaupt zu sehen: Man kann nicht sagen, dass er Schritt für Schritt, nach dem Prinzip des organischen Wachstums eine vollendetere Version erschafft. Grundregel seiner Arbeit scheint es zu sein: nicht nach dem Prinzip des Vollkommeneren, sondern nach dem Prinzip des Abweichenden, des Neuen zu arbeiten. Nicht besser, sondern *anders*.[63]

Kapitel 36 gehört also dem Syrer. Stanislaws Geschichte, die in den Ausgaben seit 1926 bis 1959 drei Kapitel umfasste (Kap. 36 bis 38) wird dagegen beträchtlich gekürzt. Nur das dritte der Stanislaw-Kapitel bleibt ohne große Änderungen. Die beiden ersten sind zu einem einzigen Kapitel zusammengezogen (*Kapitel 37* in dieser Textfassung). Eine dermaßen radikale Kürzung wird dadurch verursacht, dass der ganze Erste Weltkrieg aus Stanislaws Lebenslauf gestrichen ist. Er dient nicht mehr in der Kaiserlichen Marine und nimmt nicht mehr an der Schlacht im Skagerrak teil. In der Erstausgabe war er bereits vor dem Ersten Weltkrieg ein erfahrener Seemann (damals noch mit einem ‚anständigen' Seemannsbuch) und musste erst einige Jahre nach dem Krieg den ganzen administrativen Kreislauf erleben sowie schließlich auf einem Totenschiff anmustern. In der neuen Fassung fangen die bürokratischen Schwierigkeiten bereits bei dem ersten Versuch Stanislaws an, auf große Fahrt anzumustern. Er ist nun also ein noch sehr junger Mann, der außer den dänischen Fischern, die ihn als Vierzehnjährigen auf ihrer Insel aufgenommen haben, nichts im Leben gesehen hat. Diese Korrektur durch einfache Streichung eines längeren Textabschnittes ist sehr wenig durchdacht. Am Ende des Romans vergisst der Autor (oder sein Bevollmächtigter Wieder?) zwar nicht, in Stanislaws Rede die Erwähnung Skagens wegzustreichen,[64] aber im Kapitel 37 lesen wir doch überrascht weiterhin, dass Stanislaw vor dem Krieg in Hamburg gemeldet war, bei einem Segelmacher gearbeitet hat und an einer heftigen Schlägerei beteiligt war. Wie er das alles geschafft haben soll, wenn er als Vierzehnjähriger seinen Eltern entlaufen war und seitdem bei dänischen Fischern auf Fünen gelebt hatte, bleibt im Dunkeln.

Wollte man ein grundsätzliches Urteil über die Veränderungen in der Neufassung aussprechen, dann scheint ihr primärer Impuls der Wunsch zu sein,

---

[63] Dieses Prinzip könnte man auch auf der lexikalischen Ebene nachweisen. Hier berufe ich mich auf die in enger Zusammenarbeit mit Günter Dammann gemachten Beobachtungen an Travens Sprache in *Das Totenschiff*. Hinter seiner oft mutwilligen Wortwahl kann man eine absichtliche Distanzierung vom *mot juste* vermuten: Traven wählt ein bestimmtes Wort nicht deswegen, weil es genau passte oder weil es stärker oder malerischer wäre, sondern aus dem Grund, dass es etwas abweicht und die Differenz spürbar macht.

[64] BG 1959₁, 290: „War bei der K. M. auch so. Immer wenn was Besonderes bevorstand, gab es vorher ein paar gute Tage. War auch so, ehe wir rauf nach Skagen glitschten."

in einer veränderten geschichtlichen Wirklichkeit nicht anachronistisch zu wirken, wie es u. a. aus einer zornigen Bemerkung Travens im bereits erwähnten Brief an den Rechtsanwalt List hervorgeht: „Ob andere Autoren ihre Buecher folgend veraenderten Zeit-Verhaeltnissen aendern oder sie lebend verfaulen lassen, kuemmert mich nicht. Ich arbeite meinem eigenen Gewissen gehorchend und nicht irgendwen [sic] zu Gefallen."[65] Aus diesem Grund verschwindet vieles, was zu den Zeitverhältnissen nach dem Ersten Weltkrieg gehörte (nicht nur viele Seiten über den Krieg selbst, sondern auch solche Realien der 1920er Jahre wie die amerikanische Prohibition), aber zugleich eben auch einige anarchistische Passagen, die dem neuen Traven offenbar gleichfalls etwas veraltet erschienen sind.[66] Dennoch ist es unangebracht, von einer konsequenten Entpolitisierung zu sprechen[67] – zum größten Teil bleiben ja anarchistische, den Prinzipien von Staat und Gesetz feindliche Passagen so stehen, wie sie sich in der Erstausgabe fanden. Auch was die geschichtlichen Realien betrifft – trotz umfangreicher Auslassungen wird der Text nicht zum Text einer anderen Epoche. *Das Totenschiff* bleibt auch in dieser Fassung ein Roman aus den zwanziger Jahren, nicht aus den Fünfzigern.[68]

5

Zu Lebzeiten Travens erfährt die Druckfassung des Romans praktisch keine erwähnenswerten Änderungen mehr. Zwar forderte der Autor noch eine einschneidende Änderung von den deutschen Verlegern, aber dieser Korrekturwunsch wurde von keinem Verlag – bis auf einen, allerdings peripheren – berücksichtigt.

In einem Brief an den Rowohlt-Verlag aus dem Jahr 1961, den ich eingesehen habe, dessen Verbleib aber momentan unbekannt ist,[69] teilte Traven mit,

---

[65] Siehe oben S. 68. Vgl. die entsprechende Verteidigung des Rechtes des Autors auf Änderungen in Travens Brief an den Rowohlt Verlag im letzten Abschnitt des vorliegenden Beitrags.
[66] Darauf, dass die Passagen über die Prohibition bei der Überarbeitung des Romans gestrichen wurden, hat bereits Küpfer (Anm. 3), S. 192–194 aufmerksam gemacht. Küpfer hebt auch heraus, dass Traven die gesetzesfeindliche Haltung Gales durch die Substitution von „Gesetze" durch „Predigten" in der folgenden Passage abschwächt: BG 1926, 14: „Ich tadele nicht jenen freundlichen Burschen, wohl aber die Prohibition, die uns so schwach gegenüber Versuchungen macht. Gesetze machen immer schwach, weil es einem in der Natur liegt, Gesetze zu übertreten, die andre gemacht haben." BG 1959_2, 15: „Ich tadele nicht jenen freundlichen Burschen, wohl aber die öden Predigten, die uns so schwach gegenüber Versuchungen machten. Predigten machen immer schwach, weil es einem in der Natur liegt, ihnen nicht zu folgen."
[67] Vgl. Küpfer (Anm. 3), der S. 201 von einer „Tendenz zur Entpolitisierung des Textes" spricht.
[68] Viel radikaler verfährt Traven in dieser Hinsicht in der dramatisierten Version des *Totenschiffes* (Anm. 62), die an sich einer eigenen Untersuchung wert wäre.
[69] Der Brief befand sich (in Fotokopie und als Teil der Materialien aus dem Nachlass von Rolf Recknagel) in der Traven-Sammlung von Wolf-Dietrich Schramm (Lübeck). Bei der Anferti-

Das Totenschiff. *Fassungsgeschichte*   81

dass *Das Totenschiff* von nun an nur in der Fassung abgedruckt werden solle, die er dem Schreiben beilege, und – was besonders wichtig sei – mit einem korrigierten Schluss des Ersten Buches, der das Schreiben als ein separates Typoskriptblatt gleichfalls begleitete.[70] Rowohlt hat in der anstehenden Auflage des Romans, die sich nach Hinweisen der Büchergilde vom Mai 1960 richtete und 1962 herauskam, wie auch in allen späteren diesen Korrekturwunsch des Autors *nicht* berücksichtigt. Der geänderte Schluss wurde allein 1963 in der neuen Lizenzausgabe der österreichischen Buchgemeinschaft Donauland abgedruckt, wo man die Druckvorlage direkt aus Mexiko bekommen hatte.[71] Am 9. März 1962 schrieb Traven an den Wolfgang Krüger Verlag:

> Sehr geehrte Herren,
> Vielen Dank fuer Ihren werten Brief, der sich auf die Textvorlage B. Traven „Das Totenschiff" fuer Buchgemeinschaft Donauland, Wien, bezieht.
> Um Zeitverlust und Missverstaendnisse zu verhueten, haben wir heute Donauland die Druckvorlage mit den Aenderungen, die Traven wuenscht, via Air Mail zugesandt.[72]

Im Unterschied zu Krüger und Rowohlt musste und konnte die Buchgemeinschaft Donauland, die den Roman zum ersten Mal im Rahmen eines Lizenzvertrages bekam, den Text nur in der Gestalt abdrucken, in welcher er ihr vom Autor zugesandt wurde. Die aus der Druckvorlage übernommenen „Aenderungen, die Traven wuenscht", sind für uns eigentlich nur in einem einzigen, aber entscheidenden Punkt wichtig: Der korrigierte Schluss des Ersten Buches findet sich dort tatsächlich (und genau in der Form, wie ich ihn aus der Lektüre des verlorengegangenen Briefes an Rowohlt in Erinnerung habe). Ansonsten bezieht sich die Rede von „Aenderungen" im Plural wahrscheinlich einfach auf die Änderungen, die bereits in der Fassung von 1959_2 gemacht wurden: Für die Korrespondenz mit dem Krüger-Verlag war dieses Thema immer noch aktuell, weil Krüger bis in die sechziger Jahre den Roman in der Nachkriegsfassung abdruckte, ohne die Änderungen von BG 1959_2 zu berücksichtigen (siehe Abb. 3).

---

gung einer Kopie für mich durch Herrn Schramm ging das gesamte Dokument im Copyshop unglücklicherweise verloren. Wenn man will, kann man in diesem Vorfall wiederum eine kleine Missgunst des Schicksals sehen, an denen die Textgeschichte des *Totenschiffes* ziemlich reich ist.
[70] Von der Neufassung dieses Schlusses abgesehen, waren die vom Autor gewünschten Änderungen wahrscheinlich dieselben, die in der Ausgabe BG 1959_2 bereits gemacht worden waren. Bis 1961 hatte der Rowohlt Verlag seine Ausgabe übrigens noch nicht auf diesen Stand gebracht (vgl. oben Anm. 29).
[71] Donauland gehört zu den dem Hause Bertelsmann angeschlossenen Buchgemeinschaften; in dieser Rolle wird die Firma auch in Lizenzverträgen der Büchergilde Gutenberg erwähnt. Der Vorgang der Arbeit an der *Totenschiff*-Ausgabe ist im Archiv der Buchgemeinschaft Donauland heute nicht mehr belegbar.
[72] Eine Kopie des Briefes (Kopfbogen: R. E. Lujan | Literary Agency) findet sich in der Traven-Sammlung von W.-D. Schramm (Lübeck).

Die Freude, die man als Forscher angesichts dieser editorischen Trouvaille in der Ausgabe der Buchgemeinschaft Donauland empfindet, wird nun allerdings bei einer auf Lesegenuss orientierten Lektüre stark gemindert. Man kann leider kaum behaupten, dass die neue Passage zu den besten Seiten gehört, die Traven je geschrieben hat. Ein solches Urteil bleibt natürlich immer Geschmackssache, aber es gibt genügend Gründe, den geänderten Schluss des Ersten Buches als eine ‚Verschlimmbesserung' anzusehen. Nun wird die Anheuerung des Protagonisten auf der ‚Yorikke' durch seine Angst vor der Fremdenpolizei motiviert. „In einer Entfernung von etwa zweihundert Schritt" erscheinen zwei Männer von der Fremdenpolizei, deswegen fühlt er sich „umzingelt" und sucht an Bord der Yorikke eine Rettung.[73] Das Motiv der ‚Umzingelung' ist somit dramatischer, aber dabei viel gröber gestaltet, als es in dem allen Traven-Lesern geläufigen Schluss des Ersten Buches der Fall war. Damals kam die Anheuerung allein durch einen raffinierten Dialog zustande. Das Gespräch wurde von dem zweiten Ingenieur so geschickt geführt, dass sich der Seemann in seinen mentalen Reaktionen völlig ‚umzingelt' fühlen musste.

> „Was wird gezahlt?"
> „Englisch Geld."
> „Wie ist das Essen?"
> „Reichlich."
> [Usw.] (BG 1926, 106)

Dieses Thema der Manipulation der Menschen auf der Grundlage der Kenntnis ihrer Denkgewohnheiten war typisch für Travens Werke der 1920er und 1930er Jahre (eigentlich auch früher, für den Ret Marut der Zeit des *Ziegelbrenners*).[74] Der späte Traven empfindet dieses Spiel von Fragen und Antworten vielleicht als zu subtil und damit als unzureichend für die Erklärung der Anmusterung und motiviert deshalb viel gröber. Dabei aber auch eindeutiger; denn in der ursprünglichen Fassung wurde doch, ungeachtet der ‚beruflichen' Mentalität des Seemanns, nicht zwingend klar, warum er so unbedingt an Bord der ‚Yorikke' gehen musste. Dass die Anheuerung nicht völlig eindeutig durch die Not begründet wurde, ließ und lässt einen unerklärlichen Rest, eine Interpretationsfreiheit für den Leser. In der korrigierten Version letzter Hand dagegen wird die Anmusterung zweifelsfrei und ziemlich banal erklärt – durch die Angst.[75]

---

[73] B. Traven: Das Totenschiff. Die Geschichte eines amerikanischen Seemanns. Wien: Buchgemeinschaft Donauland 1963, S. 129.

[74] Vgl. Günter Dammann: Ret Marut / B. Traven und die Entstehung des erzählerischen Werks aus der Zeitschrift. In: Welt und Roman. Visegráder Beiträge zur deutschen Prosa zwischen 1900 und 1933. Hg. von Antal Mádl und Miklós Salyámosy. Budapest 1983, S. 321–332.

[75] Das Erscheinen von Polizisten in dieser Szene ist übrigens ein Motiv, das sowohl in der Verfilmung des Romans durch Georg Tressler (1959) als auch in der um einige Jahre früheren dramatisierten Überarbeitung des *Totenschiffes* von Traven selbst vorliegt. Zu letzterem siehe: B. Traven's Totenschiff (Anm. 62), S. 60–65; die Episode spielt sich hier in einer Hafenkneipe in Italien ab, vor der Anheuerung kommt es (fast) zu einem Abenteuer mit der Kellnerin (dieses Mal einer Italienerin). Ohne genauer auf die Prioritäten einzugehen, kann man sagen,

Die geänderte Fassung des Schlusses des Ersten Buches wird meines Wissens nur von diesem einzigen, eher peripheren Verlag Donauland im Druck realisiert. Ansonsten konkurrieren auf dem westdeutschen Büchermarkt die Fassung aus den ersten Nachkriegsjahren und die korrigierte Fassung von 1959$_2$ (die Verteilung ist in Abb. 3 dargestellt). Man kann auch anmerken, dass die DDR-Verlage allmählich beginnen, auf den Text der deutschen Erstausgabe zurückzugreifen.

6

Unklar bleibt die Provenienz der Textfassung, die Ende der Siebziger in der von Edgar Päßler vorbereiteten Werkausgabe veröffentlicht wurde und sich seitdem auf dem deutschen Büchermarkt ziemlich erfolgreich durchgesetzt hat, obwohl es auch in den letzten Jahrzehnten genügend Ausgaben gab, die sich an der Fassung BG 1959$_2$ orientierten (vgl. Abb. 3).

Im Vertrag zwischen dem Herausgeber und der Büchergilde, der (nicht von ungefähr, wie wir gleich sehen werden) erst nachträglich, beim Abschluss der Ausgabe, am 1. August 1982 unterschrieben wurde, wird festgehalten, dass Päßler „als Herausgeber für die Gesamtkonzeption der ‚Werkausgabe' verantwortlich [ist], er stellt die einzelnen Bände zusammen und erarbeitet aufgrund der im Nachlass vorliegenden, vom Autor korrigierten Fassungen die für die ‚Werkausgabe' gültige Textvorlage."[76] Die Distanznahme zu allen früheren Druckfassungen wird somit manifest gemacht. Tatsächlich gibt es keine frühere *Totenschiff*-Ausgabe, die den Text in der Form enthält, wie sie in der Werkausgabe geboten wird.[77] Dabei bleibt aber höchst unklar, wie sich der ganze Prozess

---

dass der geänderte Schluss des Ersten Buches im Zusammenhang einer intermedialen Bearbeitung steht: Entscheidungen, die in einer anderen Gattung und in einem anderen Medium gefunden werden, finden ihren Weg zurück in die klassische Buchversion. – Hier sei noch ein weiterer Befund gleichen Zuschnitts beigebracht. Im Roman war nicht ganz motiviert, warum Gale seine Anmusterung auf der *Tuscaloosa* nicht beweisen konnte; vgl. dazu die Meinung eines Literaturkritikers: „Was tut ein amerikanischer Seemann, dem sein Schiff mit seinen Papieren weggefahren ist und von dem sein Konsul einen Identitätsnachweis verlangt? Er braucht doch nur zu sagen: drahten Sie an mein Schiff oder an den nächsten Hafen, in den es einfährt." (M. Charol: [Rezension von] ‚Das Totenschiff'. Roman. Von B. Traven. Berlin 1930. In: Die Literatur 33 [1930/1931], S. 224). Sowohl in Travens dramatisierter Version als auch in Tresslers Film lautet die Erklärung folgendermaßen: Gales wird im letzten Augenblick vor der Abfahrt an Bord genommen, nur mit einer mündlichen Versprechung, ihn später ordentlich anzumustern; deswegen steht sein Name noch nicht in der Mannschaftsliste. In beiden Fällen verspricht ihm der Konsul, sich weiterhin zu bemühen, um seine Identität zu klären, und bietet ihm an, nach vier Wochen bzw. nach zwei Monaten noch einmal vorbeizukommen. Vgl. ferner zur Begutachtung des Drehbuches von Hans Jacoby durch Hal Croves: Guthke (Anm. 1), S. 585.

[76] Ein Exemplar des Vertrages findet sich im Archiv BG.
[77] Dies wurde soweit wie möglich an allen zugänglichen *Totenschiff*-Ausgaben überprüft. Ich beziehe mich hier auf die Traven-Sammlung von W.-D. Schramm (Lübeck), auf die Biblio-

der „Erarbeitung" der „gültige[n] Textvorlage" gestaltet hat. Ob es im Nachlass tatsächlich eine später als 1959 ‚korrigierte' und von Traven selbst auf den Textstand der Werkausgabe gebrachte Textvorlage gibt oder gab – oder ob (eher wahrscheinlich) man unter „Erarbeitung" das Bemühen des Herausgebers zu verstehen hat, den Edierten Text aufgrund verschiedener Druckfassungen und Werkmanuskripte herzustellen (im Sinne der einstmals weitverbreiteten, heute nicht mehr ernsthaft vertretenen Editionspraxis der Kompilation), – dies bleibt ohne genaue Auseinandersetzung mit den Werkmanuskripten und Buchexemplaren aus dem schwer zugänglichen Nachlass in Mexico, D. F. eine offene Frage.

Wie die im Archiv der Büchergilde Gutenberg heute noch vorhandenen Unterlagen zeigen, gab es in der Vorbereitungsgeschichte der Werkausgabe verschiedene Phasen, in denen man zu unterschiedlichen Editionsstrategien bei der Wahl der Textgrundlage griff. Der erste Plan der Ausgabe, der auf den 6. Oktober 1975 datiert ist und sich zuerst nur auf den ‚Caoba'-Zyklus beschränkt, lässt die Absicht erkennen, die Erstausgaben als Druckvorlagen zu verwenden.[78] Im Laufe des Jahres 1976 wird der Plan der Ausgabe erweitert und ausgearbeitet. Als erste Bände der neuen Traven-Ausgabe werden zwar die drei ersten Romane des Caoba-Zyklus im Dezember 1976 in den Druck gegeben, aber das gesamte herausgeberische Projekt ist nun bereits nicht mehr nur auf diesen Zyklus abgestellt, sondern umfasst sämtliche Werke Travens.[79] Es spricht vielleicht für eine gewisse Besorgtheit in der Frage der Textwahl, dass die Büchergilde Gutenberg Anfang Februar 1977 einen Vertrag mit der Stiftung Studienbibliothek zur Geschichte der Arbeiterbewegung (Zürich) abschloss, in dem u. a. vereinbart wurde, dass die Studienbibliothek Traven-Texte in Originalen bzw. Kopien für die Drucklegung zur Verfügung stellte.[80] Ob die Traven-Ausgaben (und welche genau) als Druckvorlagen dann tatsächlich aus Zürich kamen, lässt sich heute leider nicht mehr feststellen.[81] Vielleicht ist dies auch nicht so wichtig. Denn mit

---

theksbestände des Deutschen Literaturarchivs Marbach und der Staats- und Universitätsbibliothek Hamburg sowie auf die *Totenschiff*-Exemplare aus meiner eigenen kleinen Sammlung.

[78] Alle Romane des Zyklus sind in dieser von Edgar Päßler zusammengestellten Liste (Archiv BG) in den Erstauflagen aufgeführt – bis auf den Band *Ein General kommt aus dem Dschungel*, zu dem zunächst keine Jahresangabe gemacht worden ist und auf dessen Exemplar sich der folgende Vermerk Päßlers bezieht: „Bd. 6 ist keine Erstauflage, ist also nicht als Satzvorlage zu verwenden!" Der Vermerk wurde später gestrichen, gleichzeitig fügte man das Erscheinungsjahr 1940 ein – die entsprechende Erstauflage war also gefunden worden.

[79] *Plan für die ‚Edition Traven'*, von Päßler auf den 23. Dezember 1976 datiert (Archiv BG).

[80] Der Vertrag wurde von den beiden Partnern am 5. und 7. Februar 1977 unterzeichnet. Er besagt u. a.: „Die Stiftung verpflichtet sich, alle zugänglichen und möglicherweise noch unveröffentlichten Texte von B. Traven der Büchergilde für die Werkausgabe zur Verfügung zu stellen. [...] | Die Büchergilde Gutenberg verpflichtet sich, alle ihr zur Verfügung gestellten Originale oder Kopien von Texten, Briefen, Dokumenten etc. nach Drucklegung, spätestens aber bis Dezember 1980, der Stiftung zurückzugeben. Dies gilt auch für Texte, Briefe, Dokumente etc., die ihr von anderer Seite zur Verfügung gestellt wurden [...]" (Archiv BG).

[81] Im Archiv der Studienbibliothek zur Geschichte der Arbeiterbewegung findet sich heute nur weniges aus dem Briefwechsel mit der Büchergilde Gutenberg zur Gesamtausgabe Traven. Diesen Dokumenten kann man entnehmen, dass zu einem späteren Zeitpunkt zumindest die

Das Totenschiff. *Fassungsgeschichte* 85

dem Besuch Päßlers bei Rosa Elena Luján in Mexico-Stadt im Frühjahr 1977 beginnt eine neue Phase in der Vorbereitungsgeschichte der Ausgabe. Im Brief der Büchergilde an die Satzwerkstatt Gerhard Stalling AG in Oldenburg vom 18. Mai 1977 wird mitgeteilt:

> Nach Rückkehr des Herausgebers aus Mexiko ergeben sich allerlei Korrekturen, für die ersten drei Bände, die bereits erschienen sind [*Der Karren*, *Regierung* und *Der Marsch ins Reich der Caoba*, G. P.]. Es ist nicht zu vermeiden, dass vom „Karren" und von der „Regierung" Neusatz anfällt. Beim „Reich der Caoba" gibt es nur geringfügige Korrekturen, die allerdings ausgeführt werden müssen. Der Titel „Der Karren" ändert sich auch in „Carreta".[82]

An diesem Briefzitat ist eine deutliche Umorientierung bei der Gestaltung der Texte abzulesen, die nun systematisch mit den späteren, von Traven überarbeiteten Fassungen verglichen werden. Der geänderte Nachdruck der drei ersten, im Brief benannten ‚Caoba'-Bände sollte, gemäß diesem Schreiben, parallel zum Neudruck der weiteren Bände erfolgen. Die Druckvorlagen für die drei zu korrigierenden Bände werden der Satzwerkstatt gleich zugeschickt; zumindest beim *Marsch ins Reich der Caoba* handelte es sich dabei um eine „korrigierte Fassung der Erstausgabe".[83] Wahrscheinlich wurden die Korrekturen nach einem Vergleich mit den späten Ausgaben bzw. mit Werkmanuskripten in Mexico-Stadt eingetragen. Aber wieviel Zeit Päßler für die Archivarbeit in Mexico-Stadt hatte und in welcher Form ihm das Textmaterial aus dem Nachlass zugänglich war, kann nicht gesagt werden. Was in den Akten vorliegt, ist eine am 8. März 1977 unterzeichnete Vereinbarung zwischen der Büchergilde und einer Helga Prignitz (West-Berlin), wahrscheinlich Päßlers Mitarbeiterin. Helga Prignitz wurde mit der Aufgabe betraut, drei Wochen lang, gegebenenfalls auch länger, an der Sichtung der Manuskripte Travens mitzuarbeiten.[84] Wieviel Arbeit sie in diesen Wochen geschafft und ob sie sich überhaupt mit dem Kollationieren verschiedener Fassungen veröffentlichter Werke beschäftigt hat oder nicht vielmehr auf der Suche nach noch nicht veröffentlichten Texten war, bleibt im Dunkeln. Die Druckvorlagen (‚Manuskriptbände' in der Verlagsterminologie), nach denen sich der Satz richtete und die von der Büchergilde ausdrücklich als die einzig gültigen Vorlagen „im Hinblick auf die Authentizität des Werkes" betrachtet wurden,[85] sind leider nicht erhalten.

Erstausgabe von *Land des Frühlings* tatsächlich von Zürich nach Frankfurt geschickt wurde (vgl. Anm. 90). Für diese Auskunft danke ich sehr herzlich Brigitte Walz-Richter (Zürich).
[82] Der Brief ist unterzeichnet von Juergen Seuss (Archiv BG).
[83] Lieferschein vom 20. Juli 1977 über *Der Marsch ins Reich der Caoba* (Archiv BG).
[84] „Im Auftrag der Büchergilde arbeitet Frau Prignitz in Mexico an der Sichtung von Manuskripten und Briefen mit, die sich im Besitz von Frau Rosa Lujan befinden und die in der Traven-Edition gegebenenfalls veröffentlicht werden sollen" (Archiv BG).
[85] Vgl. den Brief von Seuss an die Firma Stalling vom 5. Juli 1977: „Im übrigen bitten wir Sie, darauf zu achten, dass diese Korrekturexemplare nicht verloren gehen, denn im Hinblick auf die Authentizität des Werkes stellen sie die absolut verbindlichen Unterlagen dar für unsere

Nachdem die Entstehung und Wandlung des gesamten Konzepts der Werkausgabe skizzenweise geklärt ist, wenden wir uns nun wieder ausschließlich dem Band *Das Totenschiff* zu. Auch dafür ist keine Vorlage erhalten. Immerhin findet sich im Archiv der Gilde eine Aktennotiz Päßlers vom 26. Oktober 1977, die zwar ohne den ‚Manuskriptband' sehr unklar klingt, aber trotzdem einige Schlüsse erlaubt. In der dieser Notiz vorangestellten Bemerkung von Juergen Seuss, dem Chef des Lektorats der Büchergilde, wird um besondere Aufmerksamkeit gebeten, „da der Vorlageband stark korrigiert ist".[86] Von der Intensität dieser Korrekturen gibt eine Vorstellung die Notiz selbst, die in ihrem Hauptteil lautet:

> Alle mit rot gekennzeichneten Stellen sind nicht zu beachten, hier handelt es sich um Autorkennzeichnungen.
> Alle mit Kugelschreiber und Bleistift eingetragenen Veränderungen bitte ausführen.
> Alle mit Blaustift gekennzeichneten Stellen sind im Originaltext abzusetzen, das heißt, die dort vermerkten Korrekturen sind nur insoweit auszuführen, als sie nicht nachträglich gestrichen worden sind.

An dieser Stelle gibt Päßler eine Liste der Seitenzahlen für die Passagen, die dieser Regelung unterliegen, und zwar, wie man den Zahlen entnehmen kann, nach der Ausgabe des Buchmeisterverlags 1930.[87] „Um dabei Missverständnisse von vornherein nicht aufkommen zu lassen," wiederholt Päßler noch einmal:

> Die genannten Passagen müssen so abgesetzt werden, wie sie in der Vorlage stehen, unabhängig von im Text vorgenommenen Korrekturen. Es sollen lediglich die Korrekturen ausgeführt werden, die am Rande stehengeblieben und nachträglich nicht gestrichen worden sind.
> Bei vier Textstellen ist vermerkt: „Siehe Sonderblatt". Hier sind anstelle der gestrichenen Texte neue einzufügen, die auf dem beigefügten Blatt stehen [...].

Die Aktennotiz legt nahe zu denken, dass als Druckvorlage ein von Traven eigenhändig korrigiertes Buchexemplar benutzt wurde. Dass der Autor in den beiden letzten Jahrzehnten seines Lebens an mehreren Ausgaben seiner Texte durchaus dermaßen durchgreifende Korrekturarbeit unternommen hat, konnte bereits Karl Guthke konstatieren.[88] Fraglich bleibt, wann und wie dieses korrigierte Exemplar in den Besitz der Büchergilde gelangt ist, und noch wichtiger:

---

wie auch für alle übrigen Lizenzausgaben. Ich bitte also darum, dass nach Abschluss der Arbeiten alle diese Korrekturexemplare an uns zurückgeschickt werden" (Archiv BG).

[86] Diese Bemerkung ist auf den 28. November 1977 datiert.

[87] B. Traven: Das Totenschiff. Die Geschichte eines amerikanischen Seemanns. Berlin: Buchmeisterverlag / Universitas 1930. Der Text dieser Ausgabe entspricht der Fassung der BG 1926. Die Seitenzahlen, die in Päßlers Notiz aufgeführt werden, sind die folgenden: S. 107–114, 142–143, 159, 217, 229, 242, 252–255, 257, 258, 259, 260–261, 265, 266, 274.

[88] Vgl. die Abbildung von zwei Seiten aus einem korrigierten Exemplar der *Weißen Rose* aus dem Nachlass in Mexiko–Stadt bei Guthke (Anm. 1), S. 431.

Wem sind die Markierungen mit Blaustift zuzuordnen, die die früheren Korrekturen rückgängig machten?

Es könnte sein, dass Päßler das kreuz und quer korrigierte Exemplar leihweise während seines Aufenthalts in Mexiko–Stadt im Frühjahr 1977 von Rosa Elena Luján bekommen hat. Gegen diese Hypothese spricht zwar der Umstand, dass das Buch im Laufe der Herstellung des Satzes zerschnitten wurde,[89] was kaum im Sinne von Travens Witwe gewesen sein dürfte; trotzdem ist auch dies nicht unvorstellbar, wenn man Päßlers wenig rücksichtsvollen Umgang mit anderen leihweise erhaltenen Traven-Ausgaben bedenkt.[90] Oder es könnte sich um ein Exemplar handeln, das bereits 1959/60 für den Satz der korrigierten Ausgabe BG 1959$_2$ benutzt worden war (in diesem Fall wäre der rücksichtslose Umgang mit dem Buch etwas verständlicher).

In jedem Fall stellt man bei einem genauen Textvergleich fest, dass Päßler in seiner Notiz ausschließlich diejenigen Textstellen nach der Ausgabe des Buchmeisterverlags aufführt, an denen bereits in der Fassung BG 1959$_2$ gravierende Änderungen vorgenommen worden waren. Daher liegt es nahe anzunehmen, dass die Druckvorlage, die Päßler in Händen hatte, von Traven selbst, und dann keinesfalls später als 1959, durchkorrigiert worden ist (egal, ob es sich um eine bei der Büchergilde erhaltene Druckvorlage aus dem Jahr 1959 gehandelt oder ob Päßler selbst sie erst aus Mexico–Stadt mitgebracht hat). Was die Kennzeichnungen mit Blaustift betrifft, die eine Wiederherstellung gestrichener Textstellen anzeigen sollten, so sind sie höchstwahrscheinlich von Päßler und nicht von Traven vorgenommen worden. Andernfalls müsste der Autor ein von ihm einmal massiv revidiertes Buchexemplar später noch einmal in die Hände genommen haben, um frühere Korrekturen rückgängig zu machen, was für seine Arbeitstechnik, die aus den oben gemachten Beobachtungen bereits erste Konturen gewinnt, sehr wenig plausibel erscheint.[91]

---

[89] Vgl. den Brief von Seuss an die Satzwerkstatt vom 28. November 1977: „Das Manuskript ‚Das Totenschiff' kann in diesem Falle zerlegt werden – Sie brauchen hiervon keine Kopien anzufertigen. Wichtig ist nur, dass nichts verlorengeht" (Archiv BG).
[90] Das Schicksal der von der Studienbibliothek zur Geschichte der Arbeiterbewegung nach Frankfurt ausgeliehenen Ausgabe von *Land des Frühlings* (vgl. Anm. 81) beklagt Theo Pinkus im Brief an die Büchergilde Gutenberg vom 23. Dezember 1982: „Kollege Pässler hat am 28. 7. 1981 die Erstausgabe ‚Land des Frühlings' ausgeliehen und hat nie mitgeteilt, dass er das Buch für die neue Ausgabe zerschneiden muss, er verlangte es nur für Textvergleiche […] Ich lege diesem Brief eine Rechnung zugunsten der Bibliothek bei, die dem heutigen Antiquariatspreis dieser Erstausgabe entspricht" (Archiv der Studienbibliothek, Zürich).
[91] Der Korrektheit halber muss man dennoch darauf hinweisen, dass sich im Text der Werkausgabe an ein paar Stellen kleinere Änderungen im Vergleich zur Erstausgabe finden, die in BG 1959$_2$ nicht enthalten waren. Zwei Beispiele: Im Kapitel 13 bekommt der Erzähler von den französischen Bauern für seine Arbeit von sechs Wochen nun nicht „im ganzen zehn Franken" (BG 1926, 66, wie es auch in BG 1959$_2$ stehenblieb), sondern „hundert Franken" (WA 1978, 79). In dem Satz des Kapitels 36, der seit der Erstausgabe immer lautete: „Stanislaw war dabei, als in der Nähe von Skagen zwei sich bekämpfende Nationen, die Engländer und die Deutschen, zu gleicher Zeit Sieger wurden" (BG 1926, 184), hat die Werkausgabe statt „in der Nähe von Skagen" nun „in der Ostsee" (WA 1978, 221). – Was die Veränderungen in der Recht-

Auch wenn also wohl als Druckvorlage ein ursprünglich von Traven korrigiertes Buchexemplar benutzt wurde, dürfte die Gestalt des Textes in diesem ‚Manuskriptband' mithin nicht vom Autor selbst stammen, sondern Resultat der herausgeberischen Arbeit Päßlers sein. Dafür spricht auch die Liste der hinzufügenden Passagen auf dem „beigefügten Blatt", das im oben zitierten Dokument erwähnt ist. Lediglich ein Fragment dieses Blattes, eine Halbseite Typoskript, ist in Fotokopie im Archiv der Büchergilde erhalten; sie wurde von Juergen Seuss der Aktennotiz Päßlers beigelegt. Die halbe Seite ist mit der gleichen Schreibmaschine wie die Notiz Päßlers getippt. Sie enthält die Korrekturen, die in der Fassung BG 1959_2 das Kapitel 16 und die erste Hälfte des Kapitels 17 verschwinden ließen und durch eine neue, kurze Textpassage ersetzten.[92] Die erste Hälfte dieses in BG 1959_2 eingeschobenen Textes ist bereits durchstrichen – vermutlich mit Blaustift, soweit dies nach der schwarzweißen Kopie beurteilt werden kann; die zweite Hälfte ließ Päßler, offensichtlich aus Unaufmerksamkeit, als gültig stehen. Daher bemerkt Seuss am Rande zu Recht, dass es sich hier um einen Fehler handle und dass die zweite Hälfte der Passage ebenfalls gestrichen werden müsse, wenn die erste schon getilgt sei. In jedem Fall entspricht der von Päßler auf dieser halben Seite abgetippte Text genau den Änderungen, die in BG 1959_2 gemacht wurden. Päßler, so ist wohl anzunehmen, hat in einem ersten Arbeitsschritt alle Veränderungen der Fassung BG 1959_2 für sich verzeichnet – und in einem zweiten Schritt dann sehr aleatorisch entschieden, was in die Werkausgabe zu übernehmen sei und was nicht.

Nach diesen Überlegungen zur Druckvorlage wenden wir uns einer inhaltlichen Übersicht der Änderungen zu, die in der WA 1978 im Vergleich zu den früheren Fassungen gemacht wurden. Ein solcher Vergleich liefert weitere Indizien für den Verdacht, dass es sich beim Text der Päßler-Edition um eine kompilierte Textversion handelt, die Traven in dieser Form nie konzipiert hat.[93]

---

schreibung einiger Wörter, besonders der fremdsprachigen, angeht, so sind dies bestimmt Resultate der Arbeit des Verlagslektors. Vgl. zu einzelnen Aktualisierungen der Rechtschreibung die Bemerkungen Seuss' zur Aktennotiz Päßlers über *Das Totenschiff* (28.11.1977; Archiv BG). Dazu kommen noch die Setzerfehler, die bei den Satzarbeiten offenbar zahlreich angefallen sind. Im Brief an die Firma Stalling vom 19. Juli 1977, der sich allerdings auf den Roman *Regierung* bezieht, beklagt Seuss sich besonders expressiv, weil „sich neue und immer wieder neue Fehler einschleichen. Nach wie vor gibt es Leichen über Leichen, um im Bild zu bleiben: was Sie mir da liefern, sind regelrechte Schlachtfelder. Die Korrekturen des Verlagskorrektors und meine und die des Lektors hinzugenommen, ergeben Fahnen, die das blutige Aussehen Balzac'scher Manuskripte haben [...]. Ich kann mich eigentlich nur noch wundern, kaum ernsthaft ärgern" (Archiv BG).
[92] Vgl. oben, S. 74.
[93] Wie ungehemmt sich die Traven-Forscher jener Generation zugunsten solcher kompilierten Fassungen entschieden, belegt das oben (Anm. 61) erwähnte Gutachten von Recknagel zu den unterschiedlichen Ausgaben des *Totenschiffes*, das im Juli 1961 auf Bitten des Verlags *Volk und Welt* erstellt wurde. Nach einem schnellen Vergleich von BG 1926 und der aus dem Amerikanischen übersetzten Züricher Ausgabe 1940 kommt es zu dem Urteil: „Die dargelegten Beispiele lassen bereits erkennen, daß sich die amerikanische Fassung für eine NEUAUSGABE besser eignet als die deutsche Erst-Fassung der Büchergilde Gutenberg, Berlin 1926. Aus den vorange-

Das Totenschiff. *Fassungsgeschichte*

Die Strategie der Textkonstitution scheint die folgende gewesen zu sein: An denjenigen Stellen, wo es sich nur um stilistische und ganz kleine inhaltliche Änderungen handelt, tendiert WA 1978 dazu, den Text von BG 1959$_2$ zu übernehmen; in den Fällen hingegen, wo BG 1959$_2$ große Auslassungen im Vergleich zur Fassung von 1926 aufweist, richtet sich die Werkausgabe meistens nach der Erstausgabe.

Teilweise entspricht der Edierte Text Päßlers also wieder der *editio princeps*. Schon dies ist meiner Meinung nach ein gewichtiges Argument dafür, dass diese Version nicht von Traven selbst stammen kann. Traven korrigierte seine Texte gern und oft, aber es ist schwer, einen Präzedenzfall dafür zu finden, dass er den Text auf den alten Stand zurückgebracht hätte. Für besonders unwahrscheinlich halte ich, dass er die Stellen über den Ersten Weltkrieg wieder in der ursprünglichen Version hätte abdrucken lassen wollen – nachdem diese Stellen für ihn bereits in den fünfziger Jahren *passé* waren. In WA 1978 aber sind die drei Kapitel mit Stanislaws Geschichte erneut auf den Stand der Erstausgabe gebracht: Stanislaw Koslowski macht nun wieder seine Erfahrungen im Ersten Weltkrieg. Auf die Syrer-Figur hat die Werkausgabe hingegen verzichtet – das Kapitel 36 gehört wie früher ganz Stanislaw.

Nun verhält es sich allerdings nicht so, dass die Werkausgabe konsequent die alten Textpassagen wiederherstellte und auf die späteren Hinzufügungen verzichtete. Das neu bearbeitete Kapitel 18 mit dem erotischen Abenteuer in Marseille aus der Fassung BG 1959$_2$ etwa wird in den Edierten Text doch aufgenommen. Des weiteren fällt auf, dass das 13. Kapitel (über die französischen Bauern) in WA 1978 nach der korrigierten, stark gekürzten Fassung BG 1959$_2$ erscheint. Während der Erste Weltkrieg mit Stanislaws Geschichte wieder präsent wird, verschwindet er hier also erneut.

Unlogisch erscheint auch, wie in der Werkausgabe die ‚spanischen' Kapitel wiedergegeben sind. Hier stimmt der Text einerseits fast vollkommen mit der Erstausgabe überein, die das Leben in Spanien als Paradies für einen Vagabunden darstellt. Zusätzlich aber wird andererseits diejenige Passage aus BG 1959$_2$ übernommen, welche die ganze Handlung nach Portugal versetzt: „Inzwischen war es mir gelungen, mich unter allen nur denkbaren, vorstellbaren und nicht vorstellbaren Schwierigkeiten nach der Südküste Portugals durchzuschummeln" (WA 1978, 102). Was für ‚vorstellbare und nicht vorstellbare Schwierigkeiten' das gewesen sind, bleibt jetzt völlig unklar. Wie unüberlegt diese Passage mit der Übersiedlung nach Portugal in den Edierten Text eingefügt ist, zeigt besonders gut das folgende Detail. Im Anschluss an das zitierte Stück folgt der Text nämlich wieder der Erstausgabe; unter anderem treffen wir in Portugal auf ein Fischlein, das als „spanisches Fischlein" (WA 1978, 109) angesprochen wird.

---

gangenen Fakten resultiert ferner folgender VORSCHLAG: Die geplante Ausgabe des Verlages Volk und Welt wird zusammengestellt aus der deutschen und der amerikanischen Fassung. [...] Bei einer Neu-Fassung des ‚Totenschiffes', so wie sie vorgeschlagen wurde, dürfte auch ein guter Absatz des Buches garantiert sein." Der Verlag hat diesen Vorschlag jedoch nicht akzeptiert.

Und dies, obwohl sogar der nicht besonders aufmerksame Traven (oder Wieder oder der damalige Verlagslektor?) seinerzeit doch nicht vergessen hatte, in „ein portugiesisches Fischlein" (BG 1959$_2$, 99) zu ändern!

Es spricht also vieles dafür, dass der in der Werkausgabe vorgelegte Text ein Mischtext ist – Resultat der Bemühungen um die (schon von Hans Zeller ironisierte) „Herstellung des besten Textes".[94] Von der textkritischen Perspektive her betrachtet ist der Edierte Text der Werkausgabe sehr unzuverlässig. Legitim erscheinen dagegen zwei Entscheidungen: den Roman entweder nach der Erstausgabe oder nach der Ausgabe letzter Hand abzudrucken. Mit einer Ausgabe letzter Hand wird es allerdings im Falle des Travenschen *Totenschiffes* ziemlich schwierig. Die Fassung BG 1959$_2$, die sich auf dem Buchmarkt relativ gut durchgesetzt hat (vgl. Abb. 3), ist doch eigentlich keine ‚Ausgabe letzter Hand'. Als eine solche kann (wenn überhaupt) allenfalls die periphere Donauland-Ausgabe mit dem ‚verschlimmbesserten' Schluss des Ersten Buches gelten. Darüber hinaus sind diese beiden Fassungen (BG 1959$_2$ und Donauland) von Traven selbst sehr inkonsequent korrigiert. Vor allem Stanislaws gekürzte Geschichte wirkt in beiden Ausgaben absurd.[95] Noch wichtiger ist, dass Travens Korrekturen in BG 1959$_2$, die auf eine wesentliche Reduktion der Thematik des Ersten Weltkrieges abzielen, doch nicht dermaßen konsequent sind, dass sie das Werk zum Werk einer anderen geschichtlichen Epoche machen. Unter Berücksichtigung des bisher Gesagten erscheint mir also letzlich die Erstausgabe die am besten geeignete Textgrundlage für jegliche Auseinandersetzung mit dem Roman zu sein.

7

Eine andere Frage ist die, ob eine Entscheidung zugunsten der Erstausgabe wirklich alle Probleme einer textkritischen Traven-Ausgabe lösen würde – besonders bei dem heutigen Stand der Editionswissenschaft, die den hierarchisch hervorgehobenen Status des einzig zuverlässigen Edierten Textes zunehmend in Zweifel zieht.

Als Editionswissenschaftler, der eine textkritische Traven-Ausgabe plant, muss man sich nicht zuletzt über das folgende Dilemma im klaren sein: Wir haben mit einem Schriftsteller zu tun, der *nie* den Text der Erstausgaben seiner Romane als einzig gültig anerkennen würde. Karl Guthke bemerkt in seiner Traven-Biographie, dass Traven „an seinem Recht auf Revision [...] ganz ener-

---

[94] Hans Zeller: Befund und Deutung. Interpretation und Dokumentation als Ziel und Methode der Edition. In: Texte und Varianten. Probleme ihrer Edition und Interpretation. Hg. von Gunter Martens und Hans Zeller. München 1971, S. 45–89, hier S. 73. Der ‚beste Text' Päßlers wäre aber zudem, wie gezeigt, eher nachlässig erstellt worden.

[95] Es kann sein, dass Päßlers editorische Entscheidungen zum Teil ausgerechnet daraus resultierten, dass er die Unstimmigkeiten des Textes von BG 1959$_2$ zu beheben suchte, dabei aber schließlich zu einer in sich widersprüchlichen Kombination gelangt ist.

Das Totenschiff. *Fassungsgeschichte* 91

gisch festgehalten" habe, und zitiert in diesem Zusammenhang einen Brief Travens an den Rowohlt Verlag vom 24. August 1964.[96] Traven bezieht hier gegen die Meinung Stellung, das Buch sei vom Autor unabhängig, sobald es erschienen sei, der Autor dürfe es nicht mehr berühren:

> All this brings us to a point: you know there's a controversy all over the world whether an author should revise, change or edit himself a book after its publication, that is, for future publications in the same language. Some are of the opinion that once a book has been written an author should not „touch" it anymore and leave it exactly as it was first written. Well, Traven does not believe in this, he thinks an author may revise, re-write, or whatever he pleases to do with his books to better them for future readers. Usually he makes very small changes, though.
> Of course, you know very well he is not the only author who does this. Many others make considerable changes in new editions. Thomas Mann, I believe, made changes in his novels „Felix Krull" and „Lotte in Weimar".
> As a rapid composer, Traven often has to make changes in successive editions. Perhaps the best contemporary example of similar behavior is Vladimir Nobakov [sic] (Lolita), who wrote several books first in Russian; others in German; on arriving in USA, he began to write and publish in English. We have been told that after he was famous for „Lolita", he supervised the translations of his Russian books into English, with considerable changes.[97]

Traven vertritt hier also die Position, der Autor dürfe mit seinem Buch immer machen, was er wolle. Eine etwas unerwartete Behauptung für einen Schriftsteller, von dem das Gros der Traven-Forscher annimmt, er bemühe sich darum, die Macht des Autors über den Text möglichst zu reduzieren. Diesen Standpunkt vertritt z. B. Peter Küpfer, der von einem ‚antiautoritären Erzähler' im *Totenschiff* spricht. Wolfgang Eßbach hat die Auffassung philosophisch untermauert, er sieht bei Traven eine radikale Polemik gegen das Individuationsprinzip, als deren Folge er die ‚Herrenlosigkeit' seiner Sprache postuliert:

> By dying to society through his anonymity, he killed the „philosopher", the „prophet", and the „political ideologue", whose words are aimed at achieving acclaim and support. [...] The death of identity, the end of this coercive societal institution, is at the same time the birth of a language without a master, that is, a language that is to be read without reference to the author.[98]

So berechtigt solche Feststellungen auch sein mögen, es wird hier dennoch nur ein Moment des Phänomens Travens, insbesondere das seiner Anonymität, verabsolutiert. In Travens idealer Programmatik mag all das, was Eßbach über die

---

[96] Guthke (Anm. 1), S. 537.
[97] Ebd.
[98] Wolfgang Essbach: A Language without a Master. Max Stirner's Influence on B. Traven. In: B. Traven. Life and Work. Hg. von Ernst Schürer and Philip Jenkins. University Park, Pennsylvania / London 1987, S. 101–119, hier S. 112f.

Anonymität schreibt, stimmen. Nichtsdestoweniger haben gewiss auch diejenigen Forscher recht, die betonen, dass Traven seine Anonymität sehr gezielt als Instrument zur Steigerung des Interesses und zur Stimulation der Neugier am wirklichen Autor eingesetzt habe.[99] Es wäre bestimmt produktiv, diesen letzteren Umstand nicht nur biographisch zu reflektieren, sondern auch darin ein Moment von Travens Umgang mit der Autorschaft als Kategorie zu sehen. Einerseits besteht Traven auf der Unwichtigkeit der Autorschaft, andererseits aber greift er – als reales Subjekt – in seine Texte sehr stark ein, er löst sich von seinen Texten keinesfalls ab, er will u. a. ihre Wege durch Verlage vollkommen kontrollieren, und in der Hartnäckigkeit seiner immer neuen Textänderungen äußert sich wiederum alles andere als ein Verzicht auf die Macht des Autors über den Text. Travens oben zitierter Brief lässt vermuten, dass er die These vom ‚Tod des Autors' kaum jemals akzeptieren würde.

Dieses Dilemma, das Travens Umgang mit der Kategorie der Autorschaft innewohnt, sollte man immer im Blick haben. Dabei spielen die beiden benannten, einander widersprechenden Momente der Anonymität Travens wohl in dem Sinne zusammen, dass sie sich gegen die Vorstellung vom Text als einem organischen Ganzen richten.[100] Indem Traven auf der Anonymität seiner Werke besteht, wendet er sich auf der Ebene der Programmatik gegen die „traditionelle Vorstellung vom Autor als eines privilegierten Individuums [sic], einer Person, die den von ihr verfassten Text und seine Bedeutung völlig kontrolliert".[101] Gleichzeitig wird die Vorstellung von einem alle Sinnelemente unwidersprüchlich akkumulierenden ‚implied author' (Wayne C. Booth) nicht weniger stark durch wiederholte Andeutungen in die Richtung des realen biographischen Autors sabotiert. Dies geschieht sowohl textextern – wiederum durch die Neugier erregende Anonymität – als auch textintern durch die im Text verstreuten Hinweise, die nicht zur Biographie des textimmanenten Erzählers passen, sondern den Leser zu Spekulationen über die Biographie des realen Verfassers anregen – und in diesem Sinne das konventionelle Modell der Kommunikationsebenen in einem Erzählwerk transzendieren.

Das wiederholte Überarbeiten wiederum signalisiert die Macht des biographischen, realen Autors (nicht des idealen ‚implied author') über den Text, sein

---

[99] Vgl. Rolf Recknagel: B. Traven. Beiträge zur Biografie. Leipzig 1971, S. 360; Ders.: Geheimnis und Geschäft. In: Neue deutsche Literatur 9 (1961), S. 86–109 u. 132–148.

[100] Indessen darf man diesen poetologischen Aspekt bei Traven auch wieder nicht verabsolutieren. Seine Werke und ganz besonders *Das Totenschiff* bleiben jeweils ein sehr gut organisiertes und durch und durch strukturiertes Ganzes – man kann nur hinsichtlich einzelner Momente von der Durchbrechung dieser Ganzheit sprechen. In diesem Sinne erscheint z. B. die folgende Bemerkung von Eßbach (Anm. 98), S. 113 stark übertrieben: „One is reminded of the automatic writing of the Surrealists. The writer is not master of the language; rather, the text takes shape itself outside the identity of a consciously creative author."

[101] Heinz Antor: Tod des Autors. In: Metzler Lexikon Literatur- und Kulturtheorie. Ansätze – Personen – Grundbegriffe. Hg. von Ansgar Nünning. Stuttgart / Weimar 1998, S. 534. Vgl. ferner Michail M. Bachtin: Probleme der Poetik Dostoevskijs. Aus dem Russ. von Adelheid Schramm. Frankfurt a. M. / Berlin / Wien 1985, S. 54–58.

Recht auf eine Einmischung in den angeblich von der Welt unabhängigen autonomen poetischen Organismus. Das Verhältnis Autor–Text wird bei Traven deutlich prozessualisiert. Als Zeugnis dafür kann auch die Resolutheit betrachtet werden, mit der er jede neue Fassung, auch mit nur kleinen Änderungen, zuerst als die allein gültige proklamiert – und dann, in der nächsten Korrekturphase, vielleicht nur nach einigen Monaten, bereits für völlig überholt hält. Deswegen ist in bezug auf Traven (wie oben angedeutet) der Begriff ‚Ausgabe letzter Hand' nur mit Vorsicht anzuwenden: Denn wo gibt es Garantien, dass er bei der nächsten kleinen Änderung nicht behaupte, dass von nun an nur diese die alleingültige Fassung sei? Ähnlich wie Ret Marut einst in seiner logisch-mathematischen Abhandlung über die „Markurve" hartnäckig wiederholte, es gebe keinen Punkt,[102] so gibt es auch keinen Punkt in Travens Weiterschreiben an seinen literarischen Texten.

Für die Arbeitstechnik Travens, wie wir sie aufgrund der vorangehenden Beobachtungen rekonstruieren können, scheint außerdem das Folgende charakteristisch zu sein. Nicht nur ist es so, dass er keine Alleingültigkeit der ‚ursprünglichen' Fassungen anerkennen will. Wie ich gezeigt habe, sind die Textänderungen, die Traven in den deutschen Neuauflagen des *Totenschiffes* macht, punktuellen, mosaikartigen Charakters. Der Text als Ganzes wird nicht korrigiert – korrigiert werden nur Fragmente, und diese Korrekturen sind in den früheren Text nicht wirklich eingearbeitet.[103] Der Schriftsteller scheint darüber allerdings sehr wenig bekümmert zu sein. Dieses Unbekümmertsein um den Text als organisches Ganzes gehört meiner Meinung nach zu den wichtigsten Charakteristika von Travens Schreiben. Wir haben es mit einem Autor zu tun, der kein abgeschlossenes Ganzes anerkennen will und immer etwas Neues macht – nicht nach dem Prinzip der Vollkommenheit, sondern nach dem Prinzip, dass „allein das, was anders gemacht wird, als bisher" (BG 1926, 150), für ihn Wert habe.

Um zur Situation des Editionswissenschaftlers in Travens Fall zurückzukommen: Will man einen Edierten Text festlegen, so sollte hier die Entscheidung zugunsten der Erstausgabe fallen, wodurch allerdings ein Konflikt mit Travens Einstellung zur Frage von ‚Neuauflagen' unvermeidlich wäre. Das jedoch ist kein Einwand, denn die Ansicht, der Editionswissenschaftler habe sich in allem nach dem Willen des zu edierenden Autors zu richten, wird in der Editionswissenschaft seit langem angezweifelt. Aber den autorspezifischen Überarbeitungsstrategien sollte man in einer möglichst ausführlichen Präsentation der Textvarianten gerecht werden, wobei sämtliche Textträger – sowohl Druckfassungen als idealerweise auch Travens Manuskripte und korrigierte

---

[102] Ret Marut: Die Zerstörung unseres Welt-Systems durch die Markurve. In: Der Ziegelbrenner 4 (1920), H. 20/22 (6. Januar), S. 1–48, hier S. 9–11.
[103] Diese Feststellung bezieht sich hier übrigens nur auf die Auflagen in derselben Sprache. Für englischsprachige Fassungen seiner Werke hat Traven dagegen den Text als Ganzes neu geschrieben. Im oben angeführten Brief (Parallele mit Nabokov) scheinen hingegen zwei grundsätzlich verschiedene Situationen miteinander vermischt worden zu sein: eine neue Fassung in einer anderen Sprache und eine Neuauflage in derselben Sprache.

Druckvorlagen – berücksichtigt werden müssen. Wenn irgend finanzierbar, sollte man zudem daran denken, eine Edition zu finden, die Travens Schreib- und Überarbeitungsstrategien Rechnung trüge. Ob dies in *einem* Edierten Text realisierbar wäre oder ob die Varianten der Überarbeitung nach traditioneller Weise in einem ‚Apparat' ihren Ort fänden, darüber kann an dieser Stelle nicht spekuliert werden. In jedem Fall ist festzuhalten, dass eine Reflexion der wandlungsreichen Fassungsgeschichte der Texte Travens für jeden zukünftigen seriösen Herausgeber einer Werkausgabe Travens unerlässlich sein wird.

KLAUS MEYER-MINNEMANN (Hamburg)

Traven spanisch: *Die Brücke im Dschungel* – *(Un / El) Puente en la selva*

Die Romane und Erzählungen sowie der zu einer allgemeinen Landeskunde ausgearbeitete Reisebericht *Land des Frühlings* von B. Traven sind fast alle, zum Teil sogar mehrfach, ins Spanische übersetzt worden, allerdings (mit einer Ausnahme) nicht in der Reihenfolge ihres Erscheinens. Das erste Werk des Autors, das auf Spanisch erschien, war *Das Totenschiff*.[1] Es folgten die Übersetzungen von *Die Brücke im Dschungel*, *Die Rebellion der Gehenkten* und *Die weiße Rose*.[2] Sie alle gehen auf die frühen deutschen Fassungen zurück. Die erste Übersetzung einer der englischsprachigen Versionen der Werke Travens in die spanische Sprache ist *Puente en la selva* [Brücke im Dschungel] aus dem Jahre 1941.[3] Sie stammt von Esperanza López Mateos, Travens späterer Bevollmächtigten und Vertrauten, und beruht auf dem überarbeiteten und erweiterten Text des Werkes, der 1938 in New York bei Alfred A. Knopf publiziert wurde.[4] Diese Übersetzung ist die erste spanischsprachige Version eines seiner Bücher, der Traven zugestimmt hat.

Der Übersetzung von Esperanza López Mateos ist eine *Nota* (oder Anmerkung) vorangestellt, die nicht unterzeichnet ist, aber wahrscheinlich von Traven selbst stammt.[5] In ihr heißt es, die vorliegende Übersetzung sei die einzige Ausgabe auf Spanisch in Amerika (was hier gemäß dem Gebrauch des Eigennamens ‚América' im hispanoamerikanischen Spanisch den gesamten Kontinent, also nicht nur die Vereinigten Staaten von Amerika meint), die autorisiert sei. Und weiter heißt es (ich zitiere in meiner Übersetzung):

---

[1] B. Traven: El barco de los muertos: historia de un marinero americano. Traducción de José de Unamuno. Madrid: Zeus 1931. Vgl. Edward N. Treverton: B. Traven. A Bibliography. Lanham, Md. / London 1999 (im folgenden immer als Treverton mit Angabe der Nr. herangezogen), Nr. 19.
[2] Bruno Traven: Un puente en la selva. Traducción directa del alemán de Alfredo Cahn, Buenos Aires: Ediciones Imán 1936, Treverton Nr. 431 (Treverton gibt den Namen des Übersetzers fälschlicherweise mit „Alfredo Kahan" an); B. Traven: La rebelión de los colgados. Traducción de Pedro Geoffroy Rivas y Lia Kostakowsky. México: Editorial Cima 1940, Treverton Nr. 779; B. Traven: La rosa blanca. Traducción de Pedro Geoffroy Rivas y Lia Kostakowsky. México: Editorial Cima, o. J. [1940], Treverton Nr. 512.
[3] B. Traven: Puente en la selva. Traducida del inglés por Esperanza López Mateos. Méjico, D. F.: A. P. Márquez, Editor 1941, Treverton Nr. 440.
[4] B. Traven: The Bridge in the Jungle. New York: Alfred A. Knopf 1938, Treverton Nr. 436.
[5] Ebd. Nota, S. 5–8.

Sie stellt mithin die einzige rechtmäßige Ausgabe dar, die in Spanischamerika veröffentlicht wurde, und sie ist die einzige Übersetzung aus der amerikanischen Edition, die auf das englische Original des Autors zurückgeht. Alle Ausgaben, die in Spanischamerika auf Spanisch herausgekommen sind, beruhen auf Betrug und sind ohne Zustimmung und Kenntnis des Autors veröffentlicht worden. Und keine von ihnen ist eine Übersetzung aus dem Original, sondern sie fußen allesamt auf fehlerhaften und gekürzten europäischen Fassungen, die für das europäische Publikum von den Literaturagenten und Übersetzern des Autors in Europa angefertigt wurden. Die besagten Fassungen, von denen die betrügerischen Ausgaben abstammen, besitzen so viele Mängel, dass sich der deutsche Verlag des Autors, der früher in Berlin seinen Sitz hatte und sich jetzt in der Schweiz befindet, entschieden hat, eine neue Übertragung direkt aus dem englischen Original vorzunehmen. Einige dieser korrekten Übersetzungen aus dem Englischen ins Deutsche sind gegenwärtig in der Schweiz auf dem Markt.

Unter den auf Betrug basierenden, nicht autorisierten und fehlerhaften Raubausgaben im Hinblick auf ihre Textgestalt, ihren Sinn und ihre Bedeutung, sowohl weil sie ohne jeden Verstand gekürzt, als auch weil ihnen Einführungen hinzugefügt wurden, in denen Phantastereien und Unwahrheiten über den wahren Namen und die Nationalität des Autors geäußert werden, sind insbesondere zu nennen:

LA REBELION DE LOS COLGADOS [Die Rebellion der Gehenkten], übersetzt von Pedro Geoffroy Rivas und Lia Kostakowsky (keiner von ihnen mexikanischer Nationalität), die zunächst in Auszügen in „El Popular" veröffentlicht wurde und in Buchform vom Verlag Cima, México, D. F.[6]

LA ROSA BLANCA [Die weiße Rose], übersetzt von Pedro Geoffroy Rivas und Lia Kostakowsky, in Auszügen veröffentlicht in „El Nacional"

---

[6] Treverton Nr. 779. Ein Exemplar dieser Ausgabe ist unter Angabe beider Übersetzer im Katalog der Biblioteca Nacional de México unter der Signatur G 833. 9 TRAb1E GEO verzeichnet. Pedro Geoffroy Rivas (1908–1979) war ein Schriftsteller, Linguist und Anthropologe aus El Salvador, der zur fraglichen Zeit in Mexiko–Stadt lebte. Zu seinem Leben und Werk vgl. die Darstellung von Rafael Lara Martínez: Pedro Geoffroy Rivas (Internetadresse: archivo.con trapunto.com.sv/index2.php?otion=com_content&do_pdf=1&id=388, gesehen am 25. Februar 2010). Über Lia Kostakowsky ist wenig in Erfahrung zu bringen. Sie stammte aus Berlin, was die deutsche Orthographie ihres slawischen Familiennamens erklärt. Man darf annehmen, dass ihre Zusammenarbeit mit Rivas für die Übersetzung des Romans von Traven entscheidend war. Später heiratete sie den in Mexiko lebenden guatemaltekischen Schriftsteller Luis Cardoza y Aragón. Beider Nachlass wird heute von der Biblioteca Nacional de México betreut und könnte vielleicht Auskunft geben über die Entstehung der ersten Übersetzung von *Die Rebellion der Gehenkten*. Mit dem Namen Kostakowsky verbindet sich gegenwärtig der Literaturpreis ‚Premio de Ensayo Literario Lia Kostakowsky', der von Cardoza y Aragón gestiftet wurde. – Die Zeitung *El Popular*, die zunächst Auszüge aus der Übersetzung des Romans veröffentlichte, gehörte dem mexikanischen Gewerkschaftsverband CTM. Ihr Herausgeber war der damalige Generalsekretär des Verbandes Vicente Lombardo Toledano, der eine der bedeutendsten intellektuellen Figuren im Mexiko jener Zeit war, vgl. Robert Paul Millon: Mexican Marxist Vicente Lombardo Toledano, Chapel Hill, N. C., 1966.

sowie in „Ruta", als Buch vom Verlag Cima, México, D. F. Der Originaltext enthält ungefähr 30.000 Wörter mehr als die Raubausgabe. Im Original bezieht sich der Autor nie auf Mexiko, sondern auf eine Republik des Südens.[7]

EL BARCO DE LOS MUERTOS [Das Totenschiff], übersetzt von Alfred Kahn y Kaplan, veröffentlicht vom Verlag Ediciones Imán, Buenos Aires, Argentinien, gekürzt um ungefähr 15.000 Wörter.[8]

UN PUENTE EN LA SELVA [Eine Brücke im Dschungel], übersetzt von Alfred Kahn y Kaplan, veröffentlicht vom Verlag Ediciones Imán, Buenos Aires, Argentinien.[9]

---

[7] *El Nacional* (ich verdanke diese Information einem Hinweis von Wiebke von Deylen) war die Tageszeitung der mexikanischen Regierungspartei (PNR, Partido Nacional Revolucionario), die seit 1938 Partido de la Revolución Mexicana (PRM) hieß, während *Ruta. Revista mensual de literatura* eine kurzlebige mexikanische Monatsschrift war, die der KP nahestand. Von ihr existierte ein Nachdruck in der Reihe *Revistas Literarias Mexicanas Modernas*, den ich nicht eingesehen habe. Im übrigen wird die Behauptung, der Autor bezöge sich in *Die weiße Rose* nicht auf Mexiko, sondern auf eine „Republik des Südens", durch den ursprünglichen Text des Romans (Berlin 1929), eindeutig widerlegt, vgl. dazu auch Heidi Zogbaum: B. Traven: A Vision of Mexico. Wilmington, Del., 1992, S. 26–36. – *La rosa blanca* in der Version von Pedro Geoffroy Rivas und Lia Kostakowsky (Treverton Nr. 512) erschien noch einmal in Montevideo: Editora Elite 1944 (Treverton Nr. 514). Da sich ein Exemplar dieser Ausgabe in der Linga-Bibliothek Hamburg befindet, konnte ich sie einsehen.

[8] Bei dieser Angabe scheint es sich um einen Irrtum Travens zu handeln. Eine Übersetzung von *Das Totenschiff* ins Spanische aus der Feder von „Alfred Kahn y Kaplan" ist nicht nachweisbar. Hingegen existiert ein Nachdruck der spanischen Übersetzung von José de Unamuno, Madrid 1931, der in Buenos Aires: Ediciones Imán 1936, erschien (Treverton Nr. 38). Diese Ausgabe ist sowohl in der Biblioteca Nacional de Argentina als auch in der Special Collection Traven der University of California, Riverside, nachgewiesen.

[9] Im Original: „Es por lo tanto la única edición legal que se ha hecho en la América Española y la única que ha sido traducida de la edición americana tomada del original escrito en inglés por su autor. Todas las ediciones que se han publicado en castellano en la América Española son fraudulentas, publicadas sin la autorización y conocimiento del autor y ninguna de ellas traducida del trabajo original, sino tomadas de las traducciones europeas, defectuosas y recortadas, preparadas especialmente para los públicos europeos por los agentes y traductores del autor en Europa. Las referidas ediciones de las cuales han sido hechas las traducciones fraudulentas, adolecen de tantos defectos que el editor alemán del autor, con residencia anterior en Berlín y actual en Suiza, ha decidido obtener una nueva traducción hecha directamente del original escrito en inglés. Algunas de estas traducciones correctas del inglés al alemán se encuentran actualmente de venta en Suiza.
Como ediciones ‚piratas', fraudulentas, desautorizadas y plagadas de defectos por lo que hace a su redacción, sentido, significación, tanto como por haber sido recortadas fuera de toda razón y habérseles agregado introducciones en las que se asientan fantasías y falsedades acerca del verdadero nombre y nacionalidad del autor, pueden mencionarse especialmente las siguientes:
LA REBELION DE LOS COLGADOS, traducida por Geoffroy Rivas y Lia Kostakowsky (ninguno de los dos de nacionalidad mexicana), la cual fué publicada en trozos por ‚El Popular' y en un libro por Editorial Cima, de México, D. F.
LA ROSA BLANCA, traducida por Pedro Geoffroy Rivas y Lia Kostakowsky, publicada en trozos por ‚El Nacional' y ‚Ruta' y en un libro por Editorial Cima, de México. D. F. La obra

Und weiter heißt es in der *Nota*:

> B. TRAVEN, stammt aus dem Westen der Vereinigten Staaten von Nordamerika. Er ist Sohn gebürtiger Amerikaner, die von Norwegern und Schotten abstammen. Er ist gerade vierzig Jahre alt geworden und schreibt alle seine Bücher auf Englisch. Sein Vorname, der ihm von den Kommuni-Nazis angehängt worden ist, denen die großzügigen Regierungen von Mexiko und Argentinien Zuflucht gewährt haben, ist nicht Bruno. Der Autor hat mit diesen Leuten nichts zu schaffen und teilt weder ihre Ideen noch ihre Glaubenssätze. Er beklagt, dass einige Einzelheiten, die in den Gesetzen zum Schutze der Rechte von Autoren sowohl in Mexiko als auch in Argentinien nicht vorgesehen sind, das klägliche Aussehen möglich gemacht haben, das man seinen Werken verliehen hat.[10]

Soweit die *Nota* zur spanischsprachigen Ausgabe von *The Bridge in the Jungle* aus dem Jahre 1941. Aus den folgenden Auflagen des Werkes verschwindet sie wieder, und ich weiß nicht, ob die Erklärung in andere Übertragungen Travens ins Spanische noch einmal aufgenommen wurde. Für den Band mit Erzählungen *Una canasta de cuentos mexicanos* in der Version von Esperanza López Mateos aus dem Jahre 1946, der die zweite autorisierte Übersetzung eines Textes von Traven aus dem Englischen in die spanische Sprache darstellt, ist das jedenfalls nicht der Fall.[11]

Die in der *Nota* zu *Puente en la selva* aufgezählten spanischsprachigen Ausgaben von Werken Travens zwischen 1931 und 1940 sind heute selten, obwohl auch sie in respektablen Stückzahlen gedruckt wurden. Ich habe sie in nur wenigen Bibliothekskatalogen gefunden, und auf dem antiquarischen Buchmarkt sind sie kaum zu haben. Wenn ich mich im Folgenden in meinen Ausführungen

---

original contiene aproximadamente treinta mil palabras más que las contenidas en la edición fraudulenta. En el original el autor nunca se refiere a México, sino a una República del Sur.
EL BARCO DE LOS MUERTOS, traducida por Alfred Kahn y Kaplan, publicada por Ediciones Imán, Buenos Aires, Argentina, recortada aproximadamente en quince mil palabras.
UN PUENTE EN LA SELVA, traducida por Alfred Kahn y Kaplan, publicada por Ediciones Imán, Buenos Aires, Argentina" (S. 5–7).
[10] Im Original: „B. TRAVEN, es nativo del Oeste de los Estados Unidos de Norteamérica, hijo de nativos americanos descendientes de noruegos y escoceses respectivamente. Acaba de cumplir cuarenta años, y escribe todos sus libros en inglés. Su primer nombre no es Bruno, nombre que le adjudicaron los comuninazis a quienes los generosos gobiernos de México y la Argentina han dado refugio. El autor no tiene conexión alguna con esas gentes, no comparte sus ideas ni sus credos y deplora que algunos detalles, no previstos en las leyes que amparan los derechos de los autores, tanto en México como en la Argentina, hayan hecho posible la lamentable presentación que de sus obras se ha llevado a cabo" (S. 7f.). – Die Behauptung Traven sei gerade vierzig Jahre alt geworden, stellt eine der vielen Irreführungen des Autors dar. Denkbar ist, dass Traven auch gegenüber Esperanza López Mateos sein Alter zunächst mit vierzig angab.
[11] B. Traven: Una canasta de cuentos mexicanos. Traducción de Esperanza López Mateos. México 1946 (Treverton Nr. 991). Treverton gibt an, López Mateos habe *Una canasta* aus dem Deutschen übersetzt, was jedoch sehr unwahrscheinlich ist; siehe hierzu den Beitrag von Dieter Rall im vorliegenden Band.

auf die spanischsprachigen Versionen von *Die Brücke im Dschungel* beschränke, so vor allem deshalb, weil mir die Erstausgabe der Übersetzung von Esperanza López Mateos in einem Exemplar der Linga-Bibliothek in der SUB Hamburg zur Verfügung stand und ich mir die übrigen Versionen, nicht zuletzt dank der liebenswürdigen Hilfe von Frau Heidi Hutchinson von der University of California, Riverside, beschaffen konnte. Insgesamt existieren von dem Werk drei spanischsprachige Fassungen:

> 1) Bruno Traven: Un puente en la selva. Traducción directa del alemán de Alfredo Cahn, Buenos Aires: Ediciones Imán 1936, 158 Seiten.
> 2) B. Traven: Puente en la selva. Traducida del inglés por Esperanza López Mateos. Méjico, D.F.: A. P. Márquez, Editor 1941, 356 Seiten.
> 3) B. Traven: El puente en la selva. Versión castellana de Pilar Álvaro. Prólogo de Alejandro Gándara. Madrid: Editorial Debate 1991, 178 Seiten.[12]

Die Übersetzung von Alfredo Cahn basiert auf dem Text der ersten Buchausgabe der Novelle oder des Romans, „wenn Sie das lieber wollen", wie Traven 1929 in der Präsentation des Werkes sagte.[13] Ihr ist ein Vorwort von dem ursprünglich aus Mainz stammenden, zu seiner Zeit recht bekannten Anarcho-Syndikalisten Rudolf Rocker (1873–1958) vorangestellt, der damals schon in den U.S.A. im Exil lebte. Rocker arbeitet die anarchistische Grundtendenz der Romane und Erzählungen Travens heraus – auch *Land des Frühlings* wird erwähnt – und feiert den Autor mit den folgenden Worten (ich übersetze aus dem Spanischen, in das Rockers Vorwort wahrscheinlich von Cahn übertragen worden ist):

> Es gibt kaum einen modernen Schriftsteller, in dessen Werken sich der Geist der Freiheit, der menschlichen Würde und der flammenden Revolution so offen und unbezähmbar kundtut wie in den machtvollen Schöpfungen Travens. In seinen Schriften hallt das Echo des Leides und des Schmerzes der geschundenen Menschheit wider, weht der Geist der Rebellion aller Entrechteten, ertönt hoffnungsvoll die hehre Botschaft besserer Tage. Traven ist der Dichter der sozialen Revolution im weitesten Sinne, ein Aufrührer und Anstachler in den großen Kämpfen der Zeit, ein Verkünder der nahen Zukunft.[14]

---

[12] Zitiert wird im Folgenden aus diesen drei Ausgaben unter Angabe der jeweiligen Seitenzahl in Klammern.
[13] B. Traven: ‚Die Brücke im Dschungel'. In: Die Büchergilde 1929, Heft 3, S. 35–37; hier zitiert nach dem Wiederabdruck in Karl S. Guthke: B. Traven. Biographie eines Rätsels. Vom Autor revidierte Taschenbuchausgabe. Zürich 1990, S. 739f., Zitat S. 739.
[14] Rudolf Rocker: Apuntes sobre la obra de Bruno Traven. In: Traven: Un puente (Anm. 2), S. 7–17, Zitat S. 7. Im Original: „Apenas hay un escritor moderno en cuyas obras se manifiesta el espíritu de la libertad, de la dignidad humana y de la rebelión ardiente tan abierta e indomablemente como en las poderosas creaciones de Traven. En sus escritos tiene eco todo el sufrimiento y todo el dolor de la humanidad profanada, sopla el aliento de la rebelión de todos los desheredados, suena promisoramente el mensaje de mejores días. Traven es el poeta de la re-

Man kann davon ausgehen, dass Traven die Einleitung Rockers gelesen hat und dass sie ihm in hohem Grade missfiel. Dem pathetischen, vereinnahmenden Stil der Charakterisierung Rockers konnte der scheue Individualanarchist Traven sicher keinen Geschmack abgewinnen. Darüber hinaus nannte Rocker ihn „Bruno Traven" und schrieb, dass man von dem Autor nur wisse, dass er ein Deutscher sei, der sein Land verlassen musste und irgendwo in Mexiko lebe. Doch Deutscher wollte Traven ja unter keinen Umständen (mehr) sein, und auch Bruno wollte er nicht heißen. Der letzte Absatz der *Nota* von 1941 liest sich daher auch wie eine Antwort auf die Charakterisierung und Zuordnung des Autors durch Rudolf Rocker. Boshaft, ja geradezu bösartig, ist in diesem Zusammenhang die Kennzeichnung derjenigen, die Traven den Vornamen Bruno angehängt haben, als „Kommuni-Nazis", was Rocker nun gewiss nicht war. Außerdem scheint Traven nicht gewusst zu haben, dass Rocker in den U.S.A. lebte.

Wie gesagt, Alfredo Cahn übersetzt *Die Brücke im Dschungel* nach der ersten deutschen Buchfassung des Werkes.[15] Seine Übersetzung ist in einem eher nüchternen, an keiner nationalen Standardvarietät orientierten Spanisch gehalten und sehr genau. Nur wenige typisch argentinische Ausdrücke kommen vor.[16] Die zahlreichen Hispanismen, mit denen der deutsche Text gespickt ist, bleiben in Cahns Übersetzung erhalten, verlieren jedoch für ein hispanoamerikanisches Publikum notwendigerweise ihr exotisches Flair, das sie im deutschen Text besitzen. Erhalten bleiben auch die wenigen Einsprengsel aus dem amerikanischen Englisch wie „Stick'em up, boy" (21) oder „No, thanks just the same" (33). Zur Unterscheidung für den Leser erscheinen sie in Cahns Version jedoch im Fettdruck. Interessant ist, dass Cahn den Titel des Werkes von *Die Brücke im Dschungel* in *Un puente en la selva* [Eine Brücke im Dschungel] transformiert, das heißt, den bestimmten Artikel gegen den unbestimmten austauscht. Diese Änderung bewirkt einen höheren Grad an Verallgemeinerung der erzählten Geschichte, die zu der Absicht Travens passt, mit seinen Büchern im Partikularen etwas Paradigmatisches zum Ausdruck zu bringen.

Wie in der ersten Buchausgabe lässt sich auch in Cahns Übersetzung der Schauplatz der Handlung als mexikanisch verstehen, was typische kulturelle Besonderheiten des Habitats der Figuren, der Nahrung und der Kleidung einschließt. Die Eigennamen wie Matehuala, Tula und vor allem der Fluss Tamesí referieren auf den Süden des mexikanischen Bundesstaates Tamaulipas, in dem

---

volución social en el más vasto sentido, un suscitador y estimulador en las grandes luchas de la época, un anunciador del porvenir próximo".

[15] B. Traven: Die Brücke im Dschungel. Berlin: Büchergilde Gutenberg 1929, Treverton Nr. 427. Auf dem Schmutztitelverso der Ausgabe heißt es: „Rechte, insbesondere das der Übersetzung, vorbehalten. Copyright 1929 by B. Traven, Tamaulipas (Mexiko)".

[16] Zum Beispiel *pampa* (24) für „Prärie", *recién* (49) für „gerade eben", *los purretes* (51) für „das kleine Kroppzeug", *galpón* (ebd.) für „Schuppen", *guacho* (82) für „Bastard"; vgl. die entsprechenden Einträge in Claudio Chuchuy und Laura Hlavacka de Bouzo: Nuevo diccionario de argentinismos. Santa Fe de Bogotá 1993 (Nuevo Diccionario de Americanismos, II).

Traven zur Zeit der Abfassung von *Die Brücke im Dschungel* ja tatsächlich lebte. Die Erwähnung des von Cahn getreulich wiedergegebenen „Agrarista" (121),[17] der wie die vielen anderen Bewohner der Gegend zur Totenfeier für den kleinen Carlos kommt, datiert das Geschehen auf die Mitte der zwanziger Jahre des vorigen Jahrhunderts, noch vor der Gründung des Partido Nacional Revolucionario (PNR), der die zahlreichen politischen Gruppierungen, die aus der Mexikanischen Revolution (1910–1920) hervorgegangen waren, unter einem Dach vereinte.[18] Allerdings geht in Cahns Übertragung der umgangssprachliche Ton der Erzählung weitgehend verloren. Er weicht einer eher neutralen Erzählerrede, die deutlich weniger figurenbezogene Kennzeichen des Sprechens aufweist.

Doch trotz des mexikanischen Schauplatzes ist *Die Brücke im Dschungel* (und damit Cahns Übersetzung) kein Tatsachenbericht wie in seinem Selbstverständnis *Land des Frühlings*, auch wenn Traven andeutete, er habe die Ereignisse, die in *Die Brücke am Dschungel* erzählt werden, selbst erlebt.[19] Vielmehr handelt es sich um einen fiktionalen Text, in dem ein fiktiver Erzähler namens Gale vom tragischen Tod eines kleinen Indianerjungen, seiner Aufbahrung und seiner anschließenden Beerdigung erzählt. Gale ist zuweilen sogar in der Lage, die Gedanken der Personen seiner Geschichte zu lesen und in erlebter Rede mitzuteilen, was ein untrügliches Zeichen für Fiktionalität darstellt.

Der Übersetzer Alfredo Cahn (eigentlich Alfred Kahn, 1902–1975) stammte ursprünglich aus Zürich und war aber schon in den zwanziger Jahren nach Argentinien gekommen. Vor seiner Übertragung von *Die Brücke im Dschungel* hatte er sich bereits als Übersetzer von Emil Ludwig und Stefan Zweig einen Namen gemacht. Später entwickelte er sich zu einem wichtigen Vermittler der deutschsprachigen Literatur, insbesondere der Literatur des Exils, in Argentinien.[20] Seine Bemühungen um Traven standen allerdings unter keinem guten Stern. Als Cahn sich an die Übersetzung von *Die Brücke im Dschungel* machte, hatte Traven bereits beschlossen, die von ihm mit Hilfe seines amerikanischen Lektors in Angriff genommenen englischsprachigen Versionen seiner Werke als die einzig authentischen Traven-Texte auszugeben, auf die alle Übertragungen in andere Sprachen zurückzugehen hatten, so auch die deutschen Fassungen.[21] Eine Übersetzung von *Die Brücke im Dschungel* ins Spanische aus der ersten Buchauflage von 1929 musste ihm daher mehr als ungelegen kommen.

---

[17] Im Ausgangstext Traven: Brücke (Anm. 15), S. 141f.
[18] Die Gründung des bereits erwähnten Partido Nacional Revolucionario (PNR) erfolgte auf Initiative des Ex-Präsidenten Plutarco Elías Calles im Jahre 1929.
[19] Vgl. B. Traven: Ich kenne das Leben in Mexiko. Briefe an John Schikowski 1925 bis 1932. Mit einem Essay von Karl S. Guthke. Frankfurt a. M. 1992, S. 36f.
[20] Mehr zu Cahns Leben und Wirken in Argentinien bei Regula Rohland de Langbehn: Cahn, Alfredo. In: Internationales Germanistenlexikon 1800–1950. 3 Bde. Berlin 2003; Bd. 1: A–G, S. 308f.
[21] Zu den Rückübersetzungen von Travens Romanen ins Deutsche während des Exils der Büchergilde Gutenberg in Zürich vgl. den Beitrag von Günter Dammann in diesem Band.

Es scheint, dass Cahn versucht hat, mit Traven Kontakt aufzunehmen, bevor er sich an seine Übersetzung von *Die Brücke im Dschungel* machte, jedoch keine Antwort erhielt. Nach Veröffentlichung der Übersetzung in Buenos Aires, richtete Traven einen Brief an die Ediciones Imán, in dem er sich über Cahn beschwerte und behauptete, dieser habe das Buch ohne seine Genehmigung an den Verlag verkauft.[22] Der Verleger gab den Brief an Cahn weiter. Im Cahn-Nachlass der Deutschen Nationalbibliothek zu Frankfurt am Main existiert die Durchschrift eines Schreibens von Cahn an Traven, in dem dieser Vorwurf zurückgewiesen wird. Es heißt dort (unter Beibehaltung der Cahnschen Orthographie):

> Sehr geehrter Herr Traven,
> Der Inhaber des Verlags Iman übergibt mir soeben einen mit Ihrem Namen gezeichneten, allerdings nicht unterschriebenen Brief, von dem ich zwar mit Bestimmtheit annehme, dass er nicht von Ihrer Hand stammt, auf den ich aber dennoch antworten möchte, um jede mögliche Verdächtigung zu vermeiden.
> In diesem Brief wird mir mit Worten, die meines Erachtens der Verfasser mir teurer Bücher niemals gebrauchen kann, der Vorwurf gemacht, ich hätte dem genannten Verlag Ihr Buch „Die Brücke im Dschungel" verkauft. Diese Beschuldigung muss ich zurückweisen, komme sie von wem sie komme. Ich bin selbst Schriftsteller und sicherlich vielmehr als Sie auf die Einkünfte aus meinen Arbeiten angewiesen, da ich ni[e] das Glück hatte, grosse Auflagen in Ländern zu erzielen, in denen Autoren annehmbare Honorare bekommen. Und dennoch zähle ich mich zu denen, die auch einmal etwas aus Begeisterung, aus Liebe zur Kunst und Idealen tun, ohne ans „Geschäft" und an den Verdienst zu denken. Im Falle der „Brücke im Dschungel", habe ich nicht nur nicht gestohlen, das heisst Autorenrechte einkassiert, die Ihnen allein zustehen, sondern darüber hinaus habe ich zwei Monate an die Uebersetzung Ihres Buches verwendet, ohne für diese Uebersetzungsarbeit mir einen Pfennig, oder einen Centavo – wenn es Ihnen auf die Genauigkeit ankommt – bezahlen zu lassen. Es war mir – mögen Sie es glauben oder für möglich halten oder nicht – daran gelegen, Sie hier bekannt zu machen, wie ich früher Stefan Zweig und Emil Ludwig und andere Autoren einführte, von denen mir keiner je den geringsten Vorwurf machte, sondern alle herzlichsten Dank wussten. Ich bin Ihnen gegenüber genau in der gleichen Weise vorgegangen, wie allen Ihren Kollegen gegenüber. Das heisst, ich habe Ihnen geschrieben, ob sie

---

[22] Diesen Brief Travens habe ich nicht gesehen. Eine Kopie befindet sich möglicherweise im Traven-Archiv, México, D. F. Was den Verlag Ediciones Imán angeht, habe ich kaum etwas in Erfahrung bringen können. Seine Publikationen exilspanischer (z. B. Luis Cernuda und Rosa Chacel), linkssozialistischer und libertärer Autoren und Autorinnen aus den dreißiger, vierziger und fünfziger Jahren des 20. Jahrhunderts finden sich in argentinischen Bibliotheks- und Antiquariatskatalogen. Unter anderem ist eine Übersetzung von Alfred Stern: Sartre. His Philosophy and Psychoanalysis (1950) nachgewiesen, die von keinem Geringeren als Julio Cortázar stammt (A. S.: La filosofía de Sartre y el psicoanálisis existencialista. Buenos Aires 1951).

damit einverstanden sind, dass ich Ihr genanntes Buch übersetze, habe aber keine Antwort von Ihnen erhalten. Nun war mir bekannt, wie streng Sie Ihr Inkognito hüteten, und ich nahm an daher an, dass Sie mir Antwort schuldig blieben, um auch mir kein Dokument über Sie in die Hände zu spielen. Daraufhin habe ich mich entschlossen, die Uebersetzung zu machen, da Sie meines Erachtens so gut wie andere deutsche Autoren verdienten, in Südamerika eingeführt zu werden. Tatsächlich ist auf Grund meiner Uebersetzung in allen südamerikanischen Zeitungen viel, herzlich und freundlich über sie geschrieben worden, und heute [,] glaube ich, hat Ihr Namen [sic] hier unter den Verlegern einen Klang, so dass sicherlich mit Erfolg versucht werden könnte, Ihre Bücher zur Uebersetzung zu den hier üblichen Preisen anzubieten.

Das Schreiben fährt fort mit einem knappen Hinweis auf die erfolgreiche Vermittlertätigkeit Cahns im Falle von Stefan Zweig und schließt mit der Bemerkung, dass er, Cahn, sich „weder als Mensch, noch als Jude" durch den besagten Brief gekränkt fühle, „kränken könnte mich höchstenfalls mein eigener unsicherer Instinkt, mein traurig falsches Urteil, sollte sich herausstellen – wogegen ich mich sträube – dass Sie sich tatsächlich hinreissen liessen, Gefühlen Ausdruck zu verleihen, die Ihr ganzes Werk lügen [sic] straften".[23]

Eine Antwort Travens auf dieses Schreiben scheint es nicht gegeben zu haben, jedenfalls ist mir keine bekannt. Allerdings existiert ein auf den 12. März 1938 datierter Brief Travens an Josef Wieder, in dem der Autor sagt (wiederum in der originalen Orthographie):

Was für ein schaebiges und dreckiges Juden-Gesindel die Banditen des Iman in Buenos Aires und mit Nebengeschaeften in Mexico sind, geht daraus hervor, dass die Gesellschaft trotz der Briefe, die ich Ihnen schrieb, voll von meinen Meinungen, die „Bruecke" hier nun gar verkaufen als Premie oder Preis fuer Leser eines gross-kapitalistischen und fascistischen Blattes in Mexico. Es wird also mit Hilfe eines meiner Buecher die Verbreitung einer fascistischen Tageszeitung gefoerdert. Jeder Leser jener Zeitung „El Universal", der zwei Coupons, ausgeschnitten aus zwei verschiedenen Nummern des „El Universal", einsendet, erhaelt „Die Bruecke" für $ 1.69 anstatt fuer $ 2.50. Abgesehen von allem andern allein schon aus dieser Tatsache, dass hier das Buch in Ramsch und in Mengen verkauft wird, geht hervor, dass diese juedischen Piraten wieder gelogen haben, als sie erklaerten, die Auflage sei nur 3000. Waere die Auflage wirklich nur 3000, so muesste sie vor einem Jahr bereits voellig ausverkauft gewesen sein.
Ich möchte nun dringend wünschen, dass Sie den Schweizer Consul in Mexico ersuchen, in Ihrem und des Author's Auftrage sowohl den Zeitungsverlag „El Universal" wie auch den Zeitungsverlag „El Universal Gráfico" (dieses Blatt ist ein Ableger des „Universal" und als Scandalblatt

---

[23] Archiv Alfredo Cahn (EB 2001/66). Deutsche Nationalbibliothek (Deutsches Exilarchiv 1933–1945). Frankfurt a. M. Der Brief endet mit dem Satz: „Und selbst dann noch könnte ich dem Autor der Brücke im Dschungel meine volle Achtung nicht versagen".

bekannt) aufzufordern, den Verkauf des Buches „Un Puente en la Selva" por B. Traven sofort einzustellen, weil das Buch eine gestohlene Ausgabe ist, vom Author nicht authorisiert und ohne Erlaubnis des Verfassers und der Eigentuemer an den Rechten des Buches gedruckt wurde [...].[24]

Ob Wieder sich an den Schweizer Konsul in Mexiko–Stadt gewendet hat und dieser darauf hin gegen den Verkauf von Cahns Übersetzung von *Die Brücke im Dschungel* an die Leser des *El Universal* protestierte, habe ich nicht in Erfahrung bringen können. Cahns Übersetzung wurde noch einmal 1940 von den Ediciones Populares in Mexiko aufgelegt. Der letzte Nachdruck erfolgte 1944 in Montevideo.[25] Die im Jahre 1941 publizierte autorisierte spanische Übertragung des Werkes von Esperanza López Mateos schnitt jedoch die Möglichkeit weiterer Auflagen für Cahns Version ab.

Die Übersetzung von Esperanza López Mateos geht, wie bereits gesagt, auf die überarbeitete und erweiterte englischsprachige Fassung von *Die Brücke im Dschungel* aus dem Jahre 1938 zurück. Die Übersetzerin, um deren Leben sich fast so viel Mysteriöses rankt wie um das des Autors, soll sie zunächst ohne Auftrag auf eigene Kosten angefertigt haben.[26] Traven erhielt, auf welchem Wege auch immer – vielleicht über den mit ihm befreundeten mexikanischen Kameramann Gabriel Figueroa, der Esperanzas Schwager war –, Kenntnis von dieser Übersetzung und war offenbar begeistert. In den folgenden Jahrzehnten wurde die Übersetzung immer neu aufgelegt, weit über den Tod von Esperanza López Mateos, die sich 1951 das Leben nahm, und den Tod des Autors hinaus. Die letzte Auflage, die mir vorliegt, erschien 2004 in dem angesehenen mexikanischen Verlag Fondo de Cultura Económica,[27] kurioserweise mit einem fehlerhaften Verweis auf den Titel des Ausgangstextes, der nun als *Bridge on* [sic] *the Jungle* figuriert, was auf eine Rückübersetzung aus der spanischsprachigen Version hindeutet. Für diese hatte Esperanza López Mateos den bestimmten Artikel im Titel der englischsprachigen Version (die darin der deutschen Erstfassung gleicht) gestrichen und Travens Text (mit seiner Zustimmung?) ohne den bestimmten Artikel als *Puente en la selva* [Brücke im Dschungel] herausgebracht.

---

[24] Der Brief findet sich als Nr. 70 in: Rotes Antiquariat: B. Traven. Katalog Berlin Mai 2009 (Internetadresse: www.rotes-antiquariat.de/_pdf/Traven_1266940879.pdf, gesehen am 2. März 2010). Sein antisemitische Ton scheint kein Ausrutscher angesichts einer vermeintlichen Praxis der Unterschlagung von Autorenhonoraren gewesen zu sein, sondern auf eine tiefer liegende antisemitische Einstellung Travens hinzudeuten; vgl. Michael L. Baumann: Ein kleiner Mensch. In: Text und Kritik 102 (April 1989), S. 33–42 sowie Renata von Hanffstengel: Die Evolution eines Traven-Forschers: Michael L. Baumann. In: B. Travens Erzählwerk in der Konstellation von Sprachen und Kulturen. Hg. von Günter Dammann. Würzburg 2005, S. 337–345.
[25] Treverton Nr. 435 und Nr. 441.
[26] Guthke: Traven (Anm. 13), S. 498.
[27] B. Traven: Puente en la selva. Ilustraciones: Manuel Ahumada. Traducción: Esperanza López Mateos. México: Fondo de Cultura Económica 2004.

Im Vergleich zu Cahns Übertragung wirkt die Version von López Mateos mexikanischer, was zum Teil auf die im Verhältnis zur deutschen Erstfassung verstärkte Verwendung von Mexikanismen im englischsprachigen Text zurückzuführen ist, zum Teil aber auch auf den Wortschatz der Varietät des Spanischen, den die Übersetzerin benutzt. Ein Beispiel, in dem beide Merkmale zusammenkommen, ist das folgende. In der Erstfassung des Werkes bezeichnet Gale die ärmliche Behausung Sleighs regionalsprachlich ganz unspezifisch als „grasgedeckte Lehmhütte",[28] was Cahn ebenso unspezifisch mit der hispanoamerikanischen Umschreibung „un rancho de barro cubierto de hierbas" (22) wiedergibt. Einige Zeilen später nennt Cahn die Hütte sogar eine „casucha" (ebd.), das heißt eine ‚Bruchbude' oder ‚Baracke'. In der englischsprachigen Fassung von 1938 wird aus Sleighs Hütte unter Hinzufügung von einem gehörigen Schuss *couleur locale* „a palm-roofed adobe house".[29] Esperanza López Mateos verkürzt diese Beschreibung unter Wahrung des Lokalkolorits auf den bloßen Ausdruck „jacal" (16), in dem im mexikanischen Spanisch die Bedeutung ‚aus luftgetrockneten Lehmziegeln mit einem Dach aus Stroh' (in diesem Fall aus Palmenblättern) konnotativ enthalten ist.[30] In anderen Fällen lässt die Übersetzerin aber einfach auch nur Erläuterungen des Erzählers fort, die für eine mexikanische Leserschaft überflüssig sind, so z. B. zu dem Wort „enchilada" (40), zu dem es in der englischsprachigen Fassung von 1938 heißt: „[...] and in his right hand he [Manuel] held an enchilada – that is, a tortilla filled with cheese, onions, chicken, and chile".[31] In der Übersetzung fehlt der erklärende Zusatz.

Ein weiteres Beispiel für das mexikanische Spanisch, das Esperanza López Mateos benutzt, ist das englische Wort ‚alligator'. Schon in der ersten deutschen Buchfassung kommt Gale in die Gegend am Fluss, um „Alligatoren" zu jagen.[32] Bei Cahn werden daraus korrekterweise „caimanes" (22), ein Ausdruck, der wahrscheinlich aus der Sprache der Kariben stammt[33] und sowohl in Spanien als auch in Hispanoamerika für die Familie von Echsen gebraucht wird, die in Mittel- und Südamerika heimisch ist. Die asiatisch-afrikanisch Familie hingegen heißt auf Spanisch ‚cocodrilo'. Auch in der Knopf-Fassung des Werkes sucht Gales (nun mit „s") nach „alligators".[34] Bei Esperanza López Mateos heißen sie „lagartos" (19), was im Spanischen eigentlich ‚Eidechsen' bedeutet und allenfalls in der seltenen Bezeichnung ‚lagartos de Indias' als ‚Alligatoren' oder ‚Kaimane'

---

[28] Traven: Brücke (Anm. 15), S. 9.
[29] Traven: Bridge (Anm. 4), S. 7.
[30] Siehe den Eintrag: jacal. In: Diccionario del español usual en México. Dirigido por Luis Fernando Lara. México, D. F. 1996.
[31] Traven: Bridge (Anm. 4), S. 29.
[32] Traven: Brücke (Anm. 15), S. 10.
[33] Siehe den Eintrag: caimán. In: Joan Corominas: Breve diccionario etimológico de la lengua castellana. Tercera edición muy revisada y mejorada. Madrid 1980.
[34] Traven: Bridge (Anm. 4), S. 10.

verstanden werden kann.[35] Im mexikanischen Spanisch hingegen genügt der Ausdruck ‚lagarto' ohne die Hinzufügung ‚de Indias', die lächerlich oder gar irreführend wirken würde, um die Familie der Alligatoren zu bezeichnen.[36]

In der Erstausgabe von *Die Brücke im Dschungel* geht Sleighs Frau „mit den Kindern auf Besuch zu ihrer Mutter".[37] Bei Cahn heißen diese Kinder spanisch ganz normal „niños" (27). In der englischsprachigen Version liest sich die Mitteilung über die Reise in der Sprache Sleighs so: „My woman will be off tomorrow with the kids for a visit to her folks".[38] Esperanza López Mateos übersetzt: „Mi mujer se irá mañana con los chamacos a visitar a su familia" (30). In dieser Übersetzung geht zwar der umgangssprachliche Ausdruck „folks" = ‚Leute' verloren – López Mateos hätte das spanische Wort ‚gente' statt „familia" wählen können – ; die „kids" aber werden bei ihr zu „chamacos", das heißt zu einer im mexikanischen Spanisch typischen Bezeichnung für ‚Kinder', die in keiner anderen Varietät des Spanischen üblich ist.[39]

Diese Beispiele ließen sich beliebig vermehren. Doch kontrastiv zu der sprachlich verstärkten *couleur locale* der fiktionalen Welt von *The Bridge in the Jungle* in der Übersetzung von Eperanza López Mateos (die dort allerdings im Hinblick auf den mexikanischen Leser ihre Exotik verliert) steht die Verwischung der Verweisungsfunktion von geographischen Eigennamen, die sich schon in der englischsprachigen Version von 1938 findet und in López Mateos' *Puente en la selva* fortgesetzt wird. Während in der deutschen Erstfassung Gale eine „ziemlich beschwerliche Reise" macht,[40] um an den Tamesí zu kommen, unternimmt Gales in der Knopf-Fassung von 1938 „a rather difficult trip on horseback on the way to the jungle sections of the Huayalexco River",[41] um Alligatoren zu jagen. So liest es sich, wenngleich in nicht ganz exakter Wiedergabe, auch bei Esperanza López Mateos: „un difícil recorrido a caballo por la selva que atraviesa el río Huayalexco" (19).

Nun, diesen Fluss Huayalexco, der durch seinen indianischen Namen einen mittelamerikanischen Dekor konnotiert, wird man auf dem Atlas vergeblich su-

---

[35] Siehe den Eintrag: ‚lagarto de Indias'. In: María Moliner: Diccionario de uso del español. Segunda edición. 2 Bde., Madrid 1998, Bd. 2: I–Z.
[36] Siehe den Eintrag: ‚lagarto'. In: Diccionario (Anm. 30): „Reptil del orden *crocodilia*, familia *alligatoridae*, de cuerpo cilíndrico y aplanado, de aproximadamente 2 m de largo; cabeza triangular, hocico corto con respecto al de los cocodrilos, y con la punta redondeada; vive en ríos y lagunas de las regiones tropicales [...]". [Reptil der Ordnung *crocodilia*, Familie *alligatoridae*, mit zylindrischem, abgeflachtem Körper, von etwa 2 m Länge, mit dreieckigem Kopf, kurzer Schnauze im Unterschied zum Krokodil und abgerundeter Spitze; lebt in Flüssen und Lagunen tropischer Regionen (...)].
[37] Traven: Brücke (Anm. 15), S. 15.
[38] Traven: Bridge (Anm. 4), S. 20.
[39] Verloren geht in der Übersetzung von López Mateos auch die Bedeutung von ‚nicht verheiratet' in der Verwendung des Wortes „woman" durch Sleigh, die in der spanischsprachigen Entsprechung „mujer" nicht existiert (my woman ≠ mi mujer).
[40] Traven: Brücke (Anm. 15), S. 10.
[41] Traven: Bridge (Anm. 4), S. 10.

chen. Es gibt ihn nicht. Dasselbe gilt für die Ortschaften Tlalcozautitlán (98 u. ö. in der Übersetzung von López Mateos) und Pacheco (ebd. 107), – aber nicht für das Magiscatzin, Ocampo und Ller(r)a [de Canales] der deutschen Erstfassung,[42] die alle im südöstlichen Tamaulipas liegen und die auch Cahn getreulich verzeichnet (53f., 57 u. 115).[43] Natürlich besagt die Referenzialisierbarkeit der geographischen Namen nicht, dass die Geschichte, die in *Die Brücke im Dschungel* von 1929 erzählt wird, faktualer ist, als in der Übersetzung von Esperanza López Mateos und der ihr zugrunde liegenden Knopf-Fassung von 1938. Aber Traven hat seit den dreißiger Jahren Wert darauf gelegt, eine mögliche Verortung seiner Geschichten in der mexikanischen Wirklichkeit durch den Leser zu erschweren. Dieser Befund korrespondiert mit der oben zitierten Bemerkung in der *Nota* zur Ausgabe von *Puente en la selva*, dass der Autor von *La rosa blanca* [Die weiße Rose] sich im Original nie auf Mexiko, sondern auf eine „República del Sur", also eine (imaginäre) Republik des Südens beziehe.[44]

Eine eigene Betrachtung verdient die Frage nach dem Grad der Ethnizität der indianischen Figuren der Novelle oder des Romans. Heidi Zogbaum meint, dass Travens Indianer in *Die Brücke im Dschungel* Merkmale besäßen, die er auf seiner ersten Reise nach Chiapas im Jahre 1926 an den Chamulas beobachtet habe.[45] Eine solche Verwendung von empirischen Daten in einem fiktionalen Text ist natürlich möglich, aber schwer zu substantiieren. Im Unterschied zu dem, was in einigen jüngeren Arbeiten zu diesem Thema zu lesen steht, sind Travens Indianer in *Die Brücke im Dschungel* weitgehend durch die mexikanische Standard-Kultur geprägt. Sie sprechen untereinander Spanisch – nur die

---

[42] Traven: Brücke (Anm. 15), S. 50, 55, 133.
[43] Nicht verifizieren konnte ich den Ort „Tamalan" (S. 55 der deutschen Erstfassung). Allerdings gibt es in der Region, auf die durch die geographischen Eigennamen in *Die Brücke im Dschungel* verwiesen wird, einen Weiler namens „Tamatán", der vielleicht gemeint ist.
[44] Am Ende der Knopf-Version heißt es über die Schüler des Dorfschullehrers, der die Grabrede auf den kleinen Carlos halten wird, sie seien von kommunistischen Agitatoren, die zwei Mal im Monat in sein Dorf kamen, angehalten worden, in die Schule zu gehen, denn „if they did not learn how to read and write they would never amount to anything and would be exploited by American imperialistic companies and by Spanish hacendados and German coffee-planters, and if they did not learn quickly, the United States would come and take the whole republic away from them and teach them the English language by force", vgl. Traven: Bridge (Anm. 4), S. 267. Esperanza López Mateos gibt in ihrer Übersetzung diese Passage wortgetreu wieder (S. 330f.). Tatsächlich verweisen imperialistische amerikanische „companies" (wie die berüchtigte United Fruit), spanische Hacienda-Besitzer und deutsche Kaffeepflanzer konnotativ auf Republiken Zentralamerikas (von Guatemala bis Nicaragua), nicht aber auf das mexikanische Tamaulipas. Allerdings kann der kundige Leser bei diesen ‚Republiken des Südens' auch an den mexikanischen Bundesstaat Chiapas denken, auf den das ausbeuterische Wirken von Fremden, wie in der zitierten Formulierung beschworen, ebenfalls zutraf oder noch zutrifft.
[45] Zogbaum: Traven (Anm. 7), S. 87. Allerdings hatte Traven die allererste Textversion, die im Mai / Juni 1927 in Fortsetzungen vom *Vorwärts* gedruckt wurde, bereits am 5. August 1925, also noch vor seiner ersten Reise nach Chiapas, Ernst Preczang zur Veröffentlichung in der Büchergilde angeboten, vgl. Traven: Ich kenne (Anm. 19), S. 36f. u. Anm.

„uralte Indianerin", die auf der Brücke hockt, spricht einen „vermischten Dialekt"[46] – tragen westlich geprägte (wenn auch ärmliche) Kleidung und spielen auf europäischen Instrumenten europäische und nordamerikanische Schlager und Rhythmen.[47] Keinesfalls handelt es sich bei ihnen um eine Ethnie, die unter die ethnographische Bezeichnung ‚Indígena' fällt.[48] Die Indianer in *Die Brücke im Dschungel* zeichnen sich als solche vor allem durch physische Merkmale aus, denen die kulturellen – die es natürlich auch gibt – nachgeordnet sind. Sowohl

---

[46] Traven: Brücke (Anm. 15), S. 87 u. 89. Die Indianer sprechen in beiden Versionen, der deutschen Erstfassung und der englischsprachigen Version von 1938, untereinander Spanisch, auch wenn es in der Gegend noch hunderte von Familien gibt, so später abschwächend die Knopf-Fassung (Traven: Bridge [Anm. 4], S. 135), die die alte indigene Sprache beherrschen. Traven hat die Spanischsprachigkeit seiner Figuren in der englischen Überarbeitung noch durch das Einweben von Ausdrücken aus dem mexikanischen Spanisch zu verstärken versucht. So heißt es zum Beispiel am Ende des 9. Kapitels: „‚Don't you worry, Carmelita', the pump-master said in a fatherly way. ‚That kid got tired out, so he has laid himself down somewhere as kids will do. There's nothing strange about that'. ‚He isn't at home. I've looked everywhere. I've searched every nook and corner'. ‚He'll be in another choza with other kids; sure, that's where he is'. ‚No, I've asked everywhere in all the jacales'. ‚Don't get hot, Carmelita. Perhaps he has crawled beneath a blanket or a petate or hidden in a heap of old sacks. He may have climbed up on the roof, where it is cool, and fallen asleep there' […]" (ebd., S. 65f.). In der deutschen Erstfassung finden sich die Ausdrücke ‚choza', ‚jacales' und ‚petate' (‚Bastmatte') noch nicht. In der spanischen Übersetzung von Esperanza López Mateos gehen diese Signale der Spanischsprachigkeit unter den Indianern natürlich verloren. Interessanterweise fehlt dort aber auch die spanische Entsprechung ‚manta' (bzw. im mexikanischen Spanisch ‚zarape') zu „blanket" (S. 80), vielleicht weil diese wollene Decke kaum zur Schlafkultur eines Indianerkindes im tropischen Tiefland gehört. Bei López Mateos kriecht Carlos in der Vorstellung des Pumpmeisters auch nicht unter eine ‚Bastmatte', eine ziemlich absurde Vorstellung, die vielleicht der Unkenntnis des amerikanischen Lektors von Traven im Hinblick auf die Bedeutung des Wortes geschuldet ist, sondern er ‚schleppte sich' (‚se arrastró' – vor Müdigkeit?) bis zu ihr.
[47] Zumindest versuchen sie es, wie der Vater Garza bzw. García; aber die schlechte Beherrschung eines Musikinstruments ist kein Zeichen ‚fremdkultureller' Differenz.
[48] Wie z. B. bei Stefan Hofer: Zwischen Allmachtsphantasien und Ohnmachtsbewußtsein. Der Umgang mit Fremdkulturen bei B. Traven und Hugo Loetscher. In: B. Travens Erzählwerk in der Konstellation von Sprachen und Kulturen. Hg. von Günter Dammann, Würzburg 2005, S. 109–132, S. 114, Anm. 17. Hofer liest *Die Brücke im Dschungel* mit einem verstellten Blick. So behauptet er, im ganzen Text sei „nur von wenigen Gesprächen Gales mit Indígenas die Rede, und wenn es dazu kommt, wie in der Szene mit der alten Indígena auf der Brücke, dann sind weniger die Worte ausschlaggebend als Gestik und Mimik" [hier folgt das Zitat des Gesprächs zwischen Gales und der alten Indianerin]. Hofer fährt fort: „Kommunikation läuft also – wenn überhaupt – mehrheitlich nonverbal ab, das Geäußerte muß von Gales gewissermaßen in seine eigene Sprache übersetzt, damit interpretiert – in die richtige Ordnung gebracht – werden, wie es heißt, ohne dass er jedoch darin für das eigene Verstehen eine Problematik sehen würde", ebd. S. 118f. In Wahrheit versteht Gale / Gales, der Spanisch spricht, von der ersten Unterhaltung mit dem ‚Pumpmeister' an intrafiktional (fast) alles und erzählt als homodiegetischer oder ‚Ich-Erzähler' davon. Dass die Homodiegese in *Die Brücke im Dschungel* zuweilen aus dem Blick gerät, steht auf einem anderen Blatt und ist nicht Ausdruck dafür, dass Gale / Gales das Gesprochene und gestisch bzw. mimisch Mitgeteilte erst einmal auf ‚problematische' Weise in seine Sprache übersetzen müsste.

Cahn als auch López Mateos übersetzen den Begriff ‚Indianer' bzw. ‚indian' mit dem Ausdruck ‚indio'. Darin liegt – zumindest für jene Zeit – nichts Herabwürdigendes. Selbst eines der berühmtesten Werke des Indigenismo der zwanziger und dreißiger Jahre, der Roman *El indio* von Gregorio López y Fuentes, der 1935 erschien, den Nationalen Literaturpreis erhielt und zahlreiche Auflagen erlebte, bediente sich im Titel dieses Begriffs.[49]

Gegen den beträchtlichen Grad von Akkulturation (oder Transkulturation) der Indianer in *Die Brücke im Dschungel* spricht nicht, dass sie sich schließlich magischer Praktiken bedienen, um Carlos zu finden. Das tun in Mexiko, wie in ganz Lateinamerika (aber natürlich auch anderswo), mit einiger Selbstverständlichkeit Menschen der verschiedensten kulturellen Einbindungen, wenn die üblichen Erklärungen und Mittel versagen. Interessanterweise wissen in dem Dorf am Fluss nur noch der weißhaarige alte Indianer und sein uraltes weibliches Pendant auf der Brücke um die Kraft des Lichts auf dem Brett, falls diese in der richtigen Weise beschworen wird. Dass sich Gale/Gales gegenüber der magischen Praxis fremd fühlt, ist nur zu natürlich. Einem Fremden, der einem bairischen Exorzismus beiwohnt, würde es nicht anders gehen. Allerdings wird bei Traven kein Dämon ausgetrieben, sondern mit der Anrede „Heilige Jungfrau" die indianische Göttin „Cioacoatl" beschworen: „Sie sprachen ‚Heilige Jungfrau', aber sie meinten die indianische Göttin Cioacoatl".[50] In der Knopf-Fassung liest

---

[49] Mir liegt die zweite, um gesteigerte Authentizität bemühte Auflage des Werks vor, vgl. Gregorio López y Fuentes: El indio. Novela mexicana. Premio Nacional de Literatura de 1935. Segunda edición ilustrada con fotografías tomadas por Bodil Christensen. México 1937. Im Roman selbst werden die Indianer allerdings als „naturales" oder „indígenas" bezeichnet, was nichts anderes als ‚Eingeborene' bedeutet, ein jedoch für Mexiko ambivalenter Begriff, dessen Fragwürdigkeit man auch nicht dadurch entgeht, dass man ihn im Deutschen durch ‚Indígena' ersetzt in der Absicht, die negativen Konnotationen des Lexems zu tilgen. – Traven besaß zur Zeit der Arbeit an *Die Brücke im Dschungel*, doch auch später noch, keinen ethnologischen, sondern einen vorwiegend (wenn auch nicht rein) biologisch-rassischen (um nicht zu sagen rassistischen) Begriff vom mexikanischen Indianer. Das zeigt sich z. B. deutlich an der Charakterisierung des Gouverneurs in *Die weiße Rose*, bei dem sich während des Besuches auf der Hacienda „plötzlich der Indianer regte, der in seinem Blute war. Denn obgleich er gebildet war wie ein gebildeter Amerikaner, obgleich er gekleidet war wie jeder amerikanische Großstädter, obgleich er lebte, wie jeder zivilisierte Mensch in einer Großstadt lebt, so war seine Hautfarbe, die Farbe und die Schwermut seiner Augen, die Farbe und Strähnigkeit seines Haares doch so durchaus gleich Hacinto, daß sie waren, als hätte beide dieselbe Mutter geboren. Das weiße Blut, das er von einem spanischen Vorfahren in seinen Adern hatte, war nicht stark genug gewesen, auch nur einen Schimmer in ihm zu zeigen. Die Ur-Rasse des Kontinents war so mächtig, daß sie alles fremde europäische Blut, das in ihm war, aufgesogen hatte, wie sie alles fremde Blut nach und nach aufsaugt, das hier geboren wird. Denn das fremde Blut unterliegt ja nicht nur dem Einfluß des indianischen Blutes durch Mischungen bei der Zeugung, sondern es unterliegt auch denselben Einflüssen des Klimas, des Wassers und der Nahrung, die in Jahrtausenden die Eigenheit und Einzigkeit der indianischen Rasse schufen" (B. Traven: Die weiße Rose. Berlin: Büchergilde Gutenberg 1929, S. 128f.). Zum Teil hanebüchene Ansichten über den mexikanischen Indianer und andere „Rassen" enthält die erste Auflage von *Land des Frühlings* (1928). Vgl. zu diesem Punkt auch Zogbaum (Anm. 7), S. 78–81.

[50] Traven: Brücke (Anm. 15), S. 91.

es sich etwas detaillierter. Aus respektvoller Entfernung, die dazu führt, dass er nicht alles mitbekommt, was gesagt wird, wohnt Gales der Zeremonie bei:

> I could pick up some phrases. I learned that in the main it was Spanish they spoke. Yet this Spanish of theirs was blended with words and phrases taken from the Indian idiom, which was still spoken by hundreds of families in that jungle region. However, the expression ‚Madre Santisima' was used so frequently that it stood out clearly. I felt, however, that they prayed to the Most Holy Virgin only with their lips while with their hearts they were calling up their ancient holy mother, perhaps Cioacoatl.[51]

Zum Schluss noch einige Bemerkungen zu der spanischen Ausgabe von *The Bridge in the Jungle* in der Übersetzung von Pilar Álvaro (1991). Sie ist die erste Version, die den Titel des Werkes exakt ins Spanische transponiert: *El puente en la selva* [Die Brücke im Dschungel]. Im Unterschied zur Übertragung von Esperanza López Mateos, für die in den späteren Ausgaben als Inhaber des Copyrights entweder R. E. Luján und / oder H. Croves bzw. der Verlag Fondo de Cultura Económica genannt werden, figurieren für das Copyright dieser Ausgabe die Übersetzerin und der Verlag Editorial Debate. Ferner wird mitgeteilt, die Ausgabe sei im Einvernehmen mit der Scott Meredith Literary Agency Inc., New York, veröffentlicht worden. Darauf mache sich einen Reim, wer will, zumal die Ausgabe von *Puente en la selva* im Verlag Fondo de Cultura Económica mit dem korrekten Copyright gleichzeitig auch in Spanien vertrieben wurde (und noch vertrieben wird, während die Ausgabe im Verlag der Editorial Debate nur noch antiquarisch zu haben ist).

Sieht man sich den Text der Madrider Edition näher an, wird rasch klar, dass die Übersetzerin Pilar Álvaro, über die ich nichts weiter in Erfahrung bringen

---

[51] Traven: Bridge (Anm. 4), S. 135. Die Szene zeigt einen typischen Fall von Synkretismus als Zeichen der Akkulturation (oder Transkulturation). Es handelt sich bei Cihuacóatl (so die Schreibung bei der Autorität Bernardino de Sahagún: Historia general de las cosas de Nueva España. Edición de Ángel María Garibay K. 4 Bde. México 1981, lib. I, cap. VI) um eine aztekische Erdgottheit, auch Tonantzin genannt, deren Name ‚weibliche Schlange' bedeutet. Just auf dem Hügel in der Nähe von Tenochtitlán, dem späteren México, D. F., auf dem die Göttin vor der Eroberung durch die Spanier verehrt wurde, soll 1531 dem Indianer Juan Diego die Jungfrau Maria erschienen sein, die spätere Schutzheilige Mexikos und ganz Lateinamerikas. Schon früh wurde die Jungfrau mit der Göttin identifiziert, was Sahagún, lib. XI, appendix 7, im übrigen verurteilt. Kein Wunder also, dass Travens Indianer in *Die Brücke im Dschungel* an Tonantzin = Cioacoatl (d. i. Cihuacóatl) denken, wenn sie die Jungfrau Maria anrufen, um so mehr, als es von Cihuacóatl auch hieß, sie suche nach ihrem Sohn, den sie in einer Wiege an einer Wegkreuzung zurückgelassen habe. In der englischsprachigen Fassung des Werks zeigt sich Gales allerdings vorsichtiger und meint, es handelte sich bei der „Most Holy Virgin" „perhaps" um „Cioacoatl" (s. o.), was Esperanza López Mateos getreulich mit „tal vez" übersetzt (S. 170). Cahn gibt den Namen der Göttin, die auch bei López Mateos „Cioacoatl" heißt, mit „Chioacoatl" wieder, was bedeutet, dass er den aztekischen Namen an die Orthographie des Spanischen anpasst. Im übrigen ist die Verschmelzung von Cihuacóatl / Tonantzin mit der Jungfrau Maria in Mexiko weit verbreitet (Octavio Paz hat sie mehrfach angesprochen) und kein spezifisches Merkmal indianischer Ethnien.

konnte, die Übersetzung von *The Bridge in the Jungle* von Esperanza López Mateos gekannt hat und im Unterschied dazu versucht, Travens Text der iberischen Varietät des Spanischen anzupassen oder zumindest darin unbekannte Ausdrücke zu erklären. Dort, wo in der englischsprachigen Fassung der Ausdruck „a palm roofed adobe house" steht, aus dem bei López Mateos ein „jacal" wird, lesen wir bei Pilar Álvaro: „[...] una choza de adobe con el tejado de palma, que en el país llaman jacal" (5). Wie man sieht, tauscht die Übersetzerin den Ausdruck „jacal" in der Version von López Mateos gegen den Ausdruck „choza", der ‚Hütte' bedeutet, aus. Gleichzeitig weiß sie aber auch, dass eine iberische keine mexikanische ‚Hütte' ist und fügt der Charakterisierung der Behausung Sleighs eine erklärende Beschreibung hinzu: ‚Eine Hütte mit einem Dach aus Palmenblättern, die man in der Gegend ‚jacal' nennt'. Die „lagartos" bei López Mateos werden bei Pilar Álvaro wieder zu „caimanes" (7) und die Kinder Sleighs, bei López Mateos „chamacos", zu „niños". Auch der Ausdruck „enchilada" erhält seinen erläuternden Zusatz aus der englischsprachigen Fassung zurück: „[...] una enchilada – esto es: una tortilla rellena de queso, cebollas, pollo y chile" [eine „enchilada" – das heißt, eine Tortilla gefüllt mit Käse, Zwiebeln, Huhn und Chili] (18).[52]

Doch nicht nur sprachliche Mexikanismen werden in der Übersetzung Pilar Álvaros dem iberischen Spanisch angepasst oder für den spanischen Leser erklärt. Auch einige Kennzeichen der mexikanischen Kultur (nicht nur der indianischen) werden iberisiert. In der englischsprachigen Version bemerkt der Erzähler Gales über die Jazzmusik der Kapelle, die zum Begräbnis des kleinen Carlos aufspielt, sie würde sich in deren Augen für jeden Anlass eignen, „whether a wedding, or a baptism, a saint's day, a dance, or a funeral".[53] Esperanza López Mateos übersetzt wörtlich: „[...] ya fuera boda, bautizo, santo, baile o funeral" [ob nun eine Hochzeit, eine Taufe, ein Namenstag, ein Tanzvergnügen oder ein Begräbnis] (314). Daraus werden bei Pilar Álvaro: „[...] bodas, bautizos, fiestas de cumpleaños o funerales" (158), das heißt, der Namenstag („santo") wird bei ihr durch den Geburtstag („fiesta de cumpleaños") ersetzt. Der Namenstag (‚santo'), von dem das mexikanische Wörterbuch sagt: ‚Feiertag des Namens einer Person im Einklang mit dem Katalog der Heiligen oder dem christlichen Kalender',[54] muss jedoch nicht der Geburtstag sein und ist es in Spanien immer weniger, weil der Brauch, dem Kind den Namen des Heiligen zu geben, auf den der Geburtstag (oder mehr noch das Datum der Taufe) fällt, weitgehend verschwunden ist. So tritt auch der Namenstag eines Heiligen, wenn es ihn denn für den Namen einer Person gibt, immer mehr in den Hintergrund und wird nicht mehr gefeiert. Für viele Menschen in Mexiko besonders aus den

---

[52] Was die Gottheit Cihuacóatl / Tonantzin betrifft, wählt Pilar Álvaro in ihrer Übersetzung die von Sahagún stammende Schreibung: „[...] en su corazón evocaban a su antigua madre sagrada, tal vez Cihuacóatl" [in ihren Herzen riefen sie ihre alte heilige Mutter an, vielleicht Cihuacóatl] (S. 85).
[53] Traven: Bridge (Anm. 4), S. 253.
[54] Siehe den Eintrag: ‚santo (6. Bedeutung) '. In: Diccionario (Anm. 30).

ärmeren Schichten der Bevölkerung – und die Indianer gehören in ihrer großen Mehrheit dazu – ist der Namenstag jedoch auch heute noch von großer Bedeutung und wird dementsprechend festlich begangen, oft mehr noch als der Geburtstag, den man vielleicht gar nicht kennt.

Die Beispiele für die Anpassung von Travens Text an die iberische Varietät des Spanischen und deren Kultur ließen sich beliebig vermehren. Einen besonderen Platz nimmt dabei die Verwendung der Verbform der zweiten Person Plural bei vertraulicher Anrede an oder Rede über mehrere Personen ein, die im iberischen Spanisch gang und gäbe ist, im hispanoamerikanischen Spanisch aber fehlt. Stattdessen gebraucht man dort die Verbform der dritten Person Plural, so dass die Anrede (oder Rede) der Vertrautheit und die Anrede (oder Rede) der Höflichkeit bei mehreren Personen morphologisch zusammenfallen. In Travens Werk besitzen die Indianer sehr höfliche Umgangsformen und reden sich untereinander mit ‚Usted' oder ‚Ustedes' an, das heißt mit ‚Sie'. Auch heute noch liegt soziokulturell darin nichts Ungewöhnliches, während auf der Iberischen Halbinsel seit etwa vierzig bis fünfzig Jahren das Duzen – auch unter Erwachsenen, die sich nicht oder nur wenig kennen – stark zugenommen hat. Aber natürlich werden auch bei Traven in López Mateos' Übersetzung die Jugendlichen in der Form der Vertrautheit angeredet, der im Deutschen das Personalpronomen der zweiten Person Plural mit seinen korrespondierenden Verbformen entspricht. Nur ist diese Anrede nicht wie im iberischen Spanisch morphologisch markiert.[55]

Pilar Álvaro ändert nun den hispanoamerikanischen Gebrauch des Personalpronomens und seiner Verbformen bei Personenanrede, der die Übersetzung von López Mateos kennzeichnet, überall dort, wo es ihr gemäß der iberischen Varietät des Spanischen angebracht erscheint. Das springt besonders in Kapitel 11 ins Auge, in dem zwei Jungen behaupten, der kleine Carlos sei mit einem größeren Jungen nach Tlalcozautitlán geritten. Das will Carlos' Mutter jedoch nicht recht glauben und insistiert darauf, dass die beiden ihr sagen sollen, wer dieser Junge gewesen sei. Aber die beiden antworten ihr, dass sie den Jungen nicht kennen. Darauf die Mutter in der Übersetzung von Esperanza López Mateos: „¿Cómo es posible eso? No saben, ¿no saben ni siquiera quién es ese muchacho?" (101). Bei Pilar Álvaro wird daraus: „¿Cómo es posible? ¿No lo sabéis? ¿No conocéis a ese muchacho?" (51). [Wie ist das möglich? Ihr wisst es nicht? Ihr kennt diesen Jungen nicht?][56] Für iberisch-spanische Ohren klingt das ganz normal und vertraut, nicht aber für mexikanische, denen das ‚Ihrzen' aus dem Munde der Mutter ganz unglaubwürdig, ja lächerlich erscheinen muss. Kurioserweise verwendet auch Cahn an dieser Stelle die Verbform der zweiten

---

[55] Die Literatur zu diesen Phänomenen des Gebrauchs der spanischen Sprache in ihren unterschiedlichen Varietäten ist umfangreich. Zur schnellen Orientierung vgl. Jacques de Bruyne: Spanische Grammatik. Übers. von Dirko-J. Güttschow. Tübingen 1993, §§ 290f.
[56] In der deutschen Version B. Traven: Die Brücke im Dschungel. Deutsch von Werner Preußer. Frankfurt: Büchergilde Gutenberg 1954, die auf die Knopf-Fassung zurückgeht, auch wenn sie ihr nicht immer Wort für Wort folgt, heißt es: „Was? Ihr kennt ihn nicht! Ihr kennt den Jungen nicht einmal?" „Nein, wir kennen ihn nicht, Señora" (S. 76).

Person Plural, die im argentinischen Spanisch ebenso ungebräuchlich ist wie im mexikanischen.[57]

Abschließend noch eine kurze Bemerkung zu dem Vorwort von *El puente en la selva* in der Übersetzung von Pilar Álvaro. Es stammt von dem spanischen Schriftsteller Alejandro Gándara und ist ein weiteres Beispiel für ungehemmtes Fabulieren über das ‚Rätsel Traven', das hier von Salinger über Thomas Pynchon zu Trevanian und Eric Ambler springt und auch einen Carlos Castaneda mit einbezieht. Nicht dass es in diesem Vorwort keinen interessanten Gedanken gäbe; aber der Autor ist mehr darauf aus, seine Assoziationskunst vorzuführen, als etwas Erhellendes über Traven und *Die Brücke im Dschungel* zu sagen.

---

[57] In der Version Cahns heißt es an der entsprechenden Stelle der Szene: „¿Y quién era ese muchacho? – pregunta la Garza. – No sabemos cómo se llama. – ¿De modo que no lo sabéis? – dice la Garza. – ¿Lo conocéis al mozo?" (Kap. 6, S. 55) [Und wer war dieser Junge? – fragt die Garza. – Wir wissen nicht, wie er heißt. – Ihr wisst es also nicht – sagt die Garza. – Kennt ihr den Jungen?]. Schon in der Szene, in der einige der Dorfbewohner über die Absichten der Ölgesellschaft bei ihren Bohrungen spekulieren, verwendet Cahn für die Anrede der Vertrautheit unter mehreren Gesprächsteilnehmern die Verbformen der zweiten Person Plural (Kap. 4, S. 41f.). Dieser Gebrauch findet sich noch an anderen Stellen seiner Übersetzung.

DIETER RALL (Mexiko, D. F.)

Travens Erzählung *Der Großindustrielle*
Fassungen, Übertragungen, Bearbeitungen

1. Einleitung

In seinem bekannten Aufsatz *B. Traven* von 1930 schrieb Kurt Tucholsky: „*Der Busch* gibt kleine Skizzen von unterschiedlichem Wert. Eine wunderschöne Tanzszene bei den Indianern; eine herrliche Radauszene, aus der ich mir für meinen Privatgebrauch das letzte Schimpfwort gemerkt habe".[1] Gemerkt hat sich Tucholsky die Schimpfkanonade aus *Der Eselskauf*. Da heißt es u. a.: „[D]er Felipe ist ein gemeiner Schurke, ein Hurensohn, ein Lügner, ein Schwindler, ein Bandit, ein Mörder und ein großer Hausanzünder".[2] Über die Erzählung *Der Großindustrielle* verliert Tucholsky kein Wort, während ihn *Bändigung*, in der zweiten Auflage des Bandes *Der Busch* von 1930 direkt vor *Der Großindustrielle* stehend, stark beeindruckt haben muss: er zitiert seitenlang daraus.

Ich habe mich bei den Überlegungen über meinen Beitrag für die Marbacher Tagung *B. Traven. Werk – Autor – Werkgeschichte* für die Erzählung *Der Großindustrielle* entschieden, weil an ihr mehrere Aspekte der oft verschlungenen Wege einer Werkgeschichte gut gezeigt werden können. Außerdem sprach die beachtliche „Verbreitung gerade dieser Erzählung" für die Wahl,[3] und inhaltlich nimmt Traven darin wieder eines seiner wichtigen Themen auf, das wir auch schon aus dem kurz davor erschienenen Werk *Land des Frühlings* (1928) kennen: den Gegensatz zwischen nordamerikanischer Geschäftstüchtigkeit und traditioneller indianischer Mentalität. Werner Sellhorn hat betont, dass Absätze der Erzählung, die in manchen Ausgaben gestrichen wurden, „für Travens Verhältnis zur Zivilisation und zu den Indios kennzeichnend waren".[4]

Sicher, auch die Werkgeschichte anderer Erzählungen B. Travens wäre interessant gewesen, wie es Karl S. Guthke in seiner exemplarischen Untersuchung zu *Macario* oder Galina Potapova in ihrem Beitrag über Travens ‚antireligiöse' Erzählungen gezeigt haben.[5] Aber es gibt an allen Werken B. Travens noch viel

---

[1] Kurt Tucholsky: B. Traven. In: Ausgewählte Werke. 2 Bde. Ausgew. und zus.gest. von Fritz J. Raddatz. Reinbek bei Hamburg 1965, S. 294–304, S. 296.
[2] B. Traven: Der Eselskauf. In: Ders.: Der Busch. Berlin: Büchergilde Gutenberg 1928, S.95–106, S. 101.
[3] Werner Sellhorn: Nachwort [und] Bibliographie. In: B. Traven: Erzählungen. 2 Bde. Hg. von W. S. Berlin [Ost]: Volk und Welt [zugleich Frankfurt a. M. / Wien / Zürich: Büchergilde Gutenberg] 1968; Bd. 2, S. 331–373, S. 364.
[4] Ebd.
[5] Karl S. Guthke: B. Travens Comeback zwischen den Sprachen. Der *Macario*-Text und seine Abenteuer. In: B. Travens Erzählwerk in der Konstellation von Sprachen und Kulturen. Hg.

zu erforschen, wie im ersten Einladungsschreiben zur Marbacher Tagung (vom 25. Juli 2007) betont wurde: Einer „der heute dringlichen Aufgabenkomplexe verbindet [...] die Spielarten der Textanalyse mit den Aspekten der Textgeschichte (und der Textkritik) sowie mit der methodisch kontrollierten Konstruktion von Bildern des Autors".

Befassen wir uns also dieses Mal mit *Der Großindustrielle* (1930) bzw. mit jener Variante dieser Erzählung, die im Deutschen (seit 1968) unter dem Titel *Körbchen in Serie* bekannt ist, bereits vorher aber im Spanischen (seit 1946) unter *La canasta* bzw. *Canastitas en serie* bzw. *Producción en cadena* – sowie im Englischen (seit 1954) unter *Assembly Line*.

2. *Zum Bekanntheitsgrad von* Der Großindustrielle

Es gibt wohl keinen Zweifel daran, dass die Romane B. Travens insgesamt mehr zur Berühmtheit des Autors beigetragen haben als seine Erzählungen, nicht zuletzt auch durch die Verfilmungen besonders von *Der Schatz der Sierra Madre*, *Das Totenschiff* und *Die Rebellion der Gehenkten*. Sellhorn nennt die ‚Mahagoni'-Serie B. Travens „Hauptwerk"; er betont aber auch, dass die Kurzprosa „keineswegs im Schatten seiner großen, weltbekannten Romane steht, sondern in ihren besten Teilen gleichwertig neben ihnen. Mehr noch: die kleinen Erzählungen und Geschichten sind oftmals geschlossener und künstlerisch überzeugender, weil in diesem Genre Travens Mängel in der Kompositionstechnik nicht so deutlich werden".[6] In dieser Hinsicht, aber auch im Hinblick auf den Filmerfolg ist die Resonanz beachtlich, welche die Erzählung *Macario* erzielt hat. Im kollektiven Gedächtnis mexikanischer Leser und Filmbesucher sind *Macario* und seine Verfilmung wohl am meisten präsent, wenn heute die Rede auf B. Traven kommt. Wie mir mehrere mexikanische Kollegen und Freunde bestätigt haben, wird am 2. November – *Día de los Muertos* bzw. Allerseelen – traditionellerweise im Fernsehen der *Macario*-Film ausgestrahlt, und in vielen Haushalten empfängt man ihn wie einen alten Bekannten. Das liegt teilweise auch an dem bis heute in Mexiko berühmten *Macario*-Hauptdarsteller Ignacio López Tarso. Sie haben sich gegenseitig berühmt gemacht, B. Traven und *Macario* den Schauspieler, aber auch Ignacio López Tarso den Schriftsteller und sein Werk *Macario*. Anfangs des Jahres 2010 titelte die Tageszeitung *Milenio*: „Para el protagonista de la célebre película *Macario*, la carrera de actor lo ha llenado de satisfacciones y a más de 50 años de la filmación de aquella cinta que lo consagró en el medio artístico, se siente orgulloso de trabajar constantemente en teatro y TV".[7]

An zweiter Stelle gründet sich die Bekanntheit B. Travens in Mexiko auf seinen Erzählband *Canasta de Cuentos Mexicanos*, der kontinuierlich neu aufgelegt

---

von Günter Dammann. Würzburg 2005, S. 261–291; Galina Potapova: Provokative Textstrategien in B. Travens ‚antireligiösen' Erzählungen. In: Ebd., S. 147–176.

[6] Sellhorn (Anm. 3), S. 333f.
[7] Milenio. Jg. 2010; Dienstag, 5. Januar, S. 8.

wird, weil er zum Lektürekanon in den *Preparatorias* und öffentlichen Sekundarschulen Mexikos gehört oder zumindest über viele Jahre gehörte. Kulturell interessierte und gebildete Mexikanerinnen und Mexikaner assoziieren bei *Canasta de Cuentos Mexicanos* auch sofort den Film von 1956 mit demselben Titel, in dem drei der bekanntesten Erzählungen auf die Leinwand gebracht worden sind: *La Tigresa* (deutscher Titel in *Der Busch*: *Bändigung*), *Una solución inesperada* (deutsch *Eine unerwartete Lösung*) und, als letzte Geschichte des Dreiteilers, eben *Canasta* (deutsch *Körbchen in Serie*).[8] Der Verfilmung liegt eindeutig die erweiterte Fassung von *Der Großindustrielle* zugrunde: Die Hauptperson, Mister Winthrop, im Film Eddie Winthrop, erscheint nur in dieser Version der Erzählung. Dazu später mehr. Im Film wird Mr. Winthrop (gespielt von Jack Kelly) auf seiner Vergnügungsreise durch Mexiko von seiner Frau Gladys (gespielt von Mari Blanchard) begleitet. Ansonsten folgt das Drehbuch im Großen und Ganzen dem Plot von Travens *La canasta* bzw. *Canastitas en serie* bzw. *Producción en cadena*, also der umgearbeiteten spanischen Fassung von *Der Großindustrielle*, allerdings mit hollywoodgemäßen und publikumswirksamen Abstechern zum Monte Albán und nach Acapulco.[9]

Was die Aktualität der von mir ausgewählten Erzählung *Der Großindustrielle* bzw. von *La canasta* in Mexiko betrifft, so möchte ich noch zu bedenken geben, dass das Motiv der ‚Körbchen' oder ‚Canastitas' schon im Titel des erfolgreichen Erzählungsbandes *Canasta de Cuentos Mexicanos* erscheint. Sellhorn betonte aber auch in Bezug auf die Präsenz von *Der Großindustrielle* im deutschsprachigen Europa: „Von der Verbreitung gerade dieser Erzählung zeugen zwei Notizen aus den *BT-Mitteilungen*", nämlich eine Einakter mit diesem Titel und ein gleichnamiges, 1957 in der DDR ausgestrahltes, Fernsehspiel.[10] Auch in neuerer Zeit ist es beachtlich, wie *Der Großindustrielle* immer wieder präsent ist in Anthologien über Mexiko, in Lehrmaterialien für Deutsch als Fremdsprache und in akademischen Forschungen[11]. *Das B. Traven-Buch* (1976)

---

[8] Abdruck aller drei Erzählungen mit Hinweisen zur Geschichte der Texte in Traven: Erzählungen (Anm. 3). In dieser Hinsicht gänzlich unbrauchbar B. Traven: Ungeladene Gäste. Erzählungen. Frankfurt a. M. / Wien / Zürich: Büchergilde Gutenberg 1980 (Werkausgabe B. Traven. Hg. von Edgar Päßler. Bd. 14) und Ders.: Der Banditendoktor. Erzählungen. Frankfurt a. M. / Wien / Zürich: Büchergilde Gutenberg 1980 (Werkausgabe B. Traven. Hg. von Edgar Päßler. Bd. 15).

[9] Canasta de Cuentos Mexicanos (Mexiko 1956): Produktion José Kohn; Regie Julio Bracho; Drehbuch, auf der Grundlage von B. Travens Erzählung, Juan de la Cabada und Carlos Ortigosa; Kamera: Gabriel Figueroa. Darsteller: *La Tigresa*: María Félix, Pedro Armendáriz, Consuelo Guerrero de Luna u. a. *Una solución inesperada*: Arturo de Córdova, Lorraine Charnekl, Miguel Ángel Ferriz u. a. *Canasta*: Jack Kelly, Mari Blanchard, Jorge Martínez de Hoyos (als körbchenflechtender Indio) u. a.

[10] Sellhorn (Anm. 3), S. 364.

[11] *Der Großindustrielle* erscheint – abgesehen von seiner Aufnahme in Ausgaben der Werke Travens – auch z. B. in: Reise nach Mexiko. Geschichten fürs Handgepäck. Hg. von Anja Oppenheim. Zürich 2009 (UT 441); Start mit Schwierigkeiten. Reiseerzählungen. Bearb. von Edith Schmitz. Lesetexte Deutsch. München 1985, S. 30–44. – Norbert Ndong: Wenn zwei

enthält ein langes Kapitel über Traven als einen Autor für den Unterricht, und unter den zur Lektüre vorgeschlagenen Texten befindet sich *Der Großindustrielle* in der Fassung von 1955.[12]

Auch in manchen aktuellen Lehrplänen deutscher Schulen ist die Lektüre und Behandlung von *Der Großindustrielle* vorgesehen. So schlägt z. B. der *Bildungsgang Realschule* des Hessischen Kultusministeriums die Lektüre von B. Travens Erzählung für die Jahrgangsstufe 8 im Unterrichtsfach Deutsch vor.[13] Was dann damit im Unterrichtsgeschehen passiert, darüber schweigt freilich Internets Höflichkeit. Ich möchte aber meinerseits in diesem Zusammenhang nicht verschweigen, wie eben das Internet zur Verwirrung der schon traditionell widerspüchlichen Information über B. Traven beiträgt und die Inhalte seiner Werke verfälscht.

Auf der Web-Seite *school24.de/hausaufgaben_thema851.html* können sich Schüler mithilfe folgender „Zusammenfassung" über „Der Großindustrielle von B. Traven" informieren (Stand 16. Januar 2010):

> In der Geschichte geht es um einen mexikanischen Händler, der selbstgefertigte Körbe an einen Amerikaner verkaufen soll. Jeder von diesen Körben ist aus Basalt [sic] gefertigt und gefärbt worden, somt [sic] war jedes [sic] von ihnen individuell. Dieser sieht in ihnen ein großes Geschäft für eine Massenproduktion, da er sie an einen Schokoladenhersteller für großes Geld verkaufen will, weil der Händler bei 100 Körben pro Stück nur 40 Centavos verlangt. Doch als der Amerikaner ihn nach den [sic] Preis für 1000 und 10.000 Stück fragt, will der Mexikaner eine Nacht darüber schlafen und antwortet ihm am nächsten Tag, dass er 2 Pesos für 1000 Stück und 4 für 10.000 verlangt. Der Amerikaner denkt sich, dass hier aber ein Irrtum vorliegt und seine Rechnung nicht stimmen kann. Darauf erklärt ihm der Verkäufer, dass er soviele Körbchen nicht auf Vorrat hat und sie ihm nur mehr Arbeit machen würden, weil er sich auch um sein Feld und Vieh kümmern muss. Deshalb kehrt der Amerikaner wutend [sic] zurück und erzählt dem Schokoladenhersteller, dass man mit Mexikanern keine Geschäfte machen kann. Aufgrund dieses Vorfalls ist die Einzigartigkeit der Körbchen bewhrt [sic] worden.

Alles klar? – Körbchen aus Bast oder aus Basalt? Der Autor dieser „Zusammenfassung" nennt sich im Internet „dressed-to-kill" und macht mit diesem Pseudonym B. Traven alle Ehre. Ansonsten verdient er sich keine Lorbeeren mit seinem Machwerk. Aber anhand dieses kleinen Beispiels, das ich so ausführlich

---

Fundamentalismen aufeinander stoßen. B. Travens Erzählung ‚Der Großindustrielle' im Licht einer interkulturellen Germanistik. In: Andere Blicke. Habilitationsvorträge afrikanischer Germanisten an der Universität Hannover. Mit e. Geleitwort v. Eberhard Lämmert. Hg. von Leo Kreutzer. Hannover 1996, S. 142–154.

[12] Das B. Traven-Buch. Hg. von Johannes Beck, Klaus Bergmann, Heiner Boehncke. Reinbek bei Hamburg: Rowohlt 1976 (rororo 6986), S. 146–338, Abdruck der Erzählung S. 224–230.

[13] Siehe: download.bildung.hessen.de/unterricht/

zitiert habe, lassen sich einige grundsätzliche Fragen stellen, nicht nur zur Rezeption von B. Traven:

- Liegt es an der verschlungenen Werkgeschichte der Erzählung und der für B. Traven typischen variantenreichen Textüberlieferung, dass diese als Hausaufgaben-Hilfe gedachte „Zusammenfassung" so viele unzuverlässige Informationen liefert? Oder sind sie einfach ein Zeichen für Schludrigkeit und Ignoranz?
- Ist es nicht typisch für die Rezeption vieler literarischer Texte, die als Pflichtlektüre in den Schulen gelesen werden, dass (wenn überhaupt) nur eine relativ unpräzise Makrostruktur im Gedächtnis bleibt?
- Inwieweit beeinflusst die Lektüre der einen oder anderen philologisch abgesicherten Textvariante beim ‚Normalverbraucher' Unterschiede bei der Rezeption von Werken?
- Erzeugen kürzere oder längere Fassungen eines Werkes, z. B. von *Der Großindustrielle*, verschiedene Rezeptionen oder Makrostrukturen beim Rezipienten? Die gleiche Frage gilt für Adaptationen zu didaktischen Zwecken oder für verschiedene Medien oder für die Übersetzungen der einen oder der anderen Version.
- Sind das Bemühen um die exakte Textkonstitution und die Rekonstruktion der Werkgeschichte nicht vor allem eine Sorge der Philologen, eine Bemühung, die von vielen Lesern nicht immer mit einer entsprechend genauen Lektüre honoriert wird?

Ketzerische Fragen, gewiss, die hier nicht im Vordergrund stehen, die sich aber aufdrängen, wenn man beobachtet, was z. B. im Internet oder im Klassenzimmer passiert bei der Behandlung von Texten berühmter Autorinnen und Autoren.

3. Zur Publikationsgeschichte von Der Großindustrielle *bzw. von* La canasta

In Mexiko: Die erste (und gegenüber der deutschen zugleich erweiterte) mexikanische Version von *Der Großindustrielle* erscheint 1946 unter dem Titel *La canasta* und eröffnet den Band *Una Canasta de Cuentos Mexicanos*.[14] Die 183 Seiten zählende Sammlung enthält Erzählungen aus *Der Busch*, die von Esperanza López Mateos übersetzt wurden (sie war bis 1951 die wichtigste Übersetzerin der Werke und Vertrauensperson des Autors; 1951 nahm sie sich das Leben). Treverton verzeichnet keine weiteren Auflagen dieser ersten Ausgabe von *Una Canasta de Cuentos Mexicanos*; sie war wohl schnell vergriffen.[15] Das mag auch Sellhorns Bedauern erklären, wenn er schreibt: „Dieser Band stand dem Herausgeber leider nicht zur Einsicht zur Verfügung."[16]

---

[14] B. Traven: La canasta. In: Ders.: Una Canasta de Cuentos Mexicanos. Traducción de Esperanza López Mateos. México, D. F.: Editorial Alas, S. 5–23.
[15] Edward N. Treverton: B. Traven. A Bibliography. Lanham, Maryland / London 1999 (Scarecrow Author Bibliography Series 101), S. 104.
[16] Sellhorn (Anm. 3), S. 355.

Von der folgenden, 1956 veröffentlichten Sammlung *Canasta de Cuentos Mexicanos* zählt Treverton dagegen bis 1988 neunundvierzig Nachdrucke.[17] Es handelt sich abermals um Erzählungen aus *Der Busch*, diesmal übersetzt von Rosa Elena Luján. Auch dieser Band wird eröffnet mit der erweiterten Fassung von *Der Großindustrielle*, die hier *Canastitas en serie* heißt. Die Übersetzung beruht jetzt auf dem englisch erschienenen Band *Canasta of Mexican Stories*,[18] aber Rosa Elena Luján hatte gewiss auch direkten Zugang zu dem gleichfalls englisch verfassten Typoskript der Erzählung. Diese im Traven-Nachlass in Mexiko aufbewahrte maschinenschriftliche Fassung enthält sowohl Korrekturen von B. Travens Hand (mit Bleistift) als auch interlineare Übersetzungs-Notizen von R. E. Luján. Einerseits zeigt schon ein oberflächlicher Vergleich der beiden Übersetzungen (von 1946 und 1956), dass López Mateos und Luján verschiedene Fassungen vorliegen hatten; andererseits stimmen die Übersetzungen immer wieder auffallend überein, so dass man davon ausgehen kann, dass Luján viele Passagen der Übersetzung von López Mateos übernommen hat. Das wäre noch genauer nachzuprüfen.

Seit 1963 gab es ferner, parallel zu *Canasta de Cuentos Mexicanos*, in einem weiteren Verlag eine Ausgabe mit Erzählungen von B. Traven unter dem Titel *Cuentos de B. Traven* in der Übersetzung (aus dem Englischen) von René Cárdenas Barrios; der Untertitel dieser Auswahl lautet *Cuentos del hombre quien nadie conoce*, entsprechend dem englischen Originaltitel *Stories by the Man Nobody Knows*.[19] Aus dem Titel unserer Erzählung, der dort *Assembly Line* lautete, wurde in der spanischen Version von 1963 *Producción en cadena*. Der Übersetzung aus dem Englischen liegt wiederum eine andere Gestalt der Erzählung zugrunde als den beiden Übersetzungen von López Mateos und Luján;[20] der neunte Nachdruck dieser mexikanischen Ausgabe von 1963 stammt aus dem Jahr 1975.

1988 kam dann eine Neuauflage von *Canasta de Cuentos Mexicanos* in der Übersetzung von Rosa Elena Luján im Verlag Selector heraus.[21] Es handelt sich um einen bloßen Verlagswechsel der Ausgabe von 1956, also um keine neue Übersetzung. Treverton zählt bis 1996 zwanzig Nachdrucke,[22] aber inzwischen

---

[17] B. Traven: Canasta de Cuentos Mexicanos. Traducido del inglés por R. E. Luján. México, D. F.: Cía. General de Ediciones 1956. Vgl. Treverton (Anm. 15), S. 105–111.

[18] Leider lassen sich keine näheren Angaben zu dieser vermutlich 1954 erschienenen Publikation machen. Die Existenz des Bandes wird angenommen nach dem Vermerk im Impressum der Titelblattrückseite von Traven: Canasta (Anm. 17), 12. Aufl. (1972): „Titulo de la obra en inglés: CANASTA OF MEXICAN STORIES. Traducido del inglés por R. E. LUJAN."

[19] [B. Traven:] Cuentos de B. Traven. Cuentos del hombre quien nadie conoce. Traducción de René Cárdenas Barrios. México, D. F.: Editorial Diana 1963; Ders.: Stories by the Man Nobody Knows. Evanston: Regency Books 1961.

[20] „ASSEMBLY LINE: copyright, 1954, by Contemporary Publications, Inc." So der Vermerk im Impressum auf der Titelblattrückseite von Traven: Cuentos (Anm. 19), 9. Nachdr. (1975).

[21] B. Traven: Canasta de Cuentos Mexicanos. México, D. F.: Selector 1988.

[22] Treverton (Anm. 15), S. 111f.

gibt es noch eine neuere Ausgabe, ebenfalls bei Selector; das Exemplar, das ich benutzt habe, ist der siebzehnte Nachdruck von 2007. Im Juli 2008 erschien dann schon der zwanzigste Nachdruck.
Also eine Erfolgsmeldung aus Mexiko: *Der Busch* bzw. *Canasta de Cuentos Mexicanos* und damit die Erzählung *Der Großindustrielle* bzw. *La canasta* bzw. *Canastitas en serie* bzw. *Producción en cadena* waren seit 1956 ununterbrochen auf dem Büchermarkt und sind bis heute ohne weiteres in den einschlägigen Buchhandlungen erhältlich.

In den deutschprachigen Ländern: Die Erstveröffentlichung von *Der Großindustrielle* erfolgte 1930 in der zweiten, der erweiterten Auflage von *Der Busch*.[23] Nach gut zwei Jahrzehnten Pause erschien *Der Großindustrielle* wieder, dieses Mal als Taschenbuch in der Fischer-Bücherei.[24] Die ursprüngliche Reihenfolge der Erzählungen ist hier geändert, und die Titel der Erzählungen weichen mehr oder weniger stark von den bisherigen ab, z. B. heißt die Erzählung *Die Wohlfahrtseinrichtung* nun *Das Hospital*, und *Der ausgewanderte Antonio* firmiert als *Des heiligen Antonio Kümmernisse*; neu aufgenommen und zum ersten Mal auf Deutsch veröffentlicht wurden auch Erzählungen, die nicht in *Der Busch* standen: *Seele eines Hundes* und *Eine wahrhaft blutige Geschichte* – aber alles mit dem „Copyright 1954 by B. Traven, Mexico D. F." etc. *Der Groß-Industrielle* (1930 und 1932) nennt sich 1955 immer noch *Der Großindustrielle*, aber ohne den Bindestrich, wobei schon 1930 und 1932 die Schreibweise zwischen der Überschrift im Text und dem Titel im Inhaltsverzeichnis leicht variierte.

4. Varianten am Anfang und am Ende der Erzählung Der Großindustrielle

Sellhorn vermerkt sowohl für den Band der Fischer-Bücherei als auch für die Ausgabe von *Der Banditendoktor* von 1957 in Berlin (Ost) und Zürich „die Streichung der beiden letzten Absätze, die für Travens Verhältnis zur Zivilisation und zu den Indios kennzeichnend waren".[25] Die gleichen Änderungen des Schlusses gelten dann auch für die in der Europäischen Verlagsanstalt 1959 erschienene Ausgabe von *Der Banditendoktor*.[26] Aber die Texte weichen noch weiter voneinander ab: Traven hat, ebenfalls von 1955 an, schon im ersten Absatz verschiedene Änderungen vorgenommen, welche, obwohl es sich im Wesentlichen immer noch um die erste Fassung von *Der Großindustrielle* (1930 /

---

[23] B. Traven: Der Busch. Berlin: Büchergilde Gutenberg 1930; eine weitere seitenidentische Auflage ebd. 1932.
[24] B. Traven: Der Banditendoktor. Mexikanische Erzählungen. Frankfurt a. M. / Hamburg: Fischer Bücherei 1955 (Fischer Bücherei 80).
[25] B. Traven: Der Banditendoktor. Mexikanische Erzählungen. Berlin [Ost]: Tribüne 1957 bzw. Zürich: Limmat 1957. – Sellhorn (Anm. 3), S. 363f.
[26] B. Traven: Der Banditendoktor. Mexikanische Erzählungen. Frankfurt a. M.: Europäische Verlagsanstalt 1959.

1932) handelt, bereits die erweiterte Fassung von *Körbchen in Serie* durchblicken lassen.

Vergleich der Anfänge:[27]

1930 / 1932 und 1968 I:

In ein kleines indianisches Dorf im Staate Oaxaca kam ein Amerikaner, der das Land sehen wollte. Er kam zur Hütte eines Indianers, der sich seinen Lebensunterhalt dadurch verbesserte, daß er in der freien Zeit, die ihm von seiner Tätigkeit auf seinem Maisfeld blieb, kleine Körbchen flocht.
Diese Körbchen wurden aus Bast geflochten [...]

1955 und 1959 / 1963:

In einem kleinen indianischen Dorfe im Staate Oaxaca erschien eines schönen Tages ein Amerikaner, der Land und Leute zu studieren gedachte. Bei seinem Hin- und Herwandern gelangte er zur Hütte eines indianischen Klein-Landwirtes, der sich seinen bescheidenen Lebensunterhalt dadurch verbesserte, daß er in der freien Zeit, die ihm von seiner Tätigkeit auf seinem Maisfeld blieb, kleine Körbchen flocht.
Diese Körbchen wurden aus Bast geflochten [...]

1968 II (Titel: Körbchen in Serie, *aus dem Spanischen von Gertrud Preiss):*

Während einer Vergnügungs- und Erholungsreise kam Mr. E. L. Winthrop als Tourist nach Mexiko.
Er verließ die bekannten und langweiligen Reisewege, die den ausländischen Besuchern von den Reisebüros angekündigt und empfohlen werden, und wagte es, andere, wenig bekannte Gebiete kennenzulernen.
Schon nach wenigen Tagen Aufenthalt hatte sich Mr. E. L. Winthrop [...] eine feste Meinung gebildet. [...]
Und so kam er eines Tages in ein kleines indianisches Dorf im Staate Oaxaca. Er ging über die staubige Hauptstraße, in der man lange nach Straßenpflaster und Kanalisation suchen konnte und die die Leute abends mit Kerzen beleuchteten. Schließlich sah er einen Indio, der vor dem Eingang seiner Hütte hockte.
Der Indio flocht kleine Körbchen aus Bast [...]

Bei diesem *Incipit* sei darauf hingewiesen, dass „der Amerikaner" in den Ausgaben 1930 / 1932 und 1955 bzw. 1959 / 1963 nun 1968 II in *Körbchen in Serie* einen Namen bekommen hat: Mr. E. L. Winthrop. Erst am Ende der ersten Seite

---

[27] Verglichen werden die Fassungen in folgenden Ausgaben, die jeweils mit diesen Siglen ihrer Erscheinungsjahre codiert sind:
   1930:   Traven: Busch (Anm. 23)
   1932:   B. Traven: Der Busch. Berlin: Büchergilde Gutenberg 1932
   1955:   Traven: Banditendoktor (Anm. 24)
   1959:   Traven: Banditendoktor (Anm. 26)
   1963:   B. Traven: Der Banditendoktor. Mexikanische Erzählungen. Frankfurt a. M.: Europäische Verlagsanstalt 1963
   1968 I: Traven: Erzählungen (Anm. 3). Bd 1
   1968 II: Traven: Erzählungen (Anm. 3). Bd 2.

kommt es zur Begegnung Winthrops mit dem Indio im Staat Oaxaca, während sie in der Fassung von 1930 / 1932 in den ersten zwei Zeilen erfolgte. Das Hinzufügen von Einzelheiten und die ausführlicheren Beschreibungen der Lebensumstände des Indios sowie die Ausweitung der typischen Digressionen des Autors erklären leicht, wieso die Länge der Textfassung von 1968 II sich insgesamt verdoppelt hat. Aus der schon erweiterten Einführung von 1955 wurde das „eines Tages" übernommen. Woher der politisch korrekte „indianische Klein-Landwirt" stammt, konnte ich bisher nicht nachweisen. Ansonsten verwendet Traven in der Originalfassung von 1930 / 1932 meistens die Bezeichnung „Indianer", die auch 1955, 1957 und 1959 / 1963 beibehalten wird.

Für den Schluss der Erzählung beschränke ich mich auf eine vergleichende Untersuchung von 1930 / 1932 (ihr entspricht die Fassung 1968 I, außer der Korrektur der Schreibweise von ‚Senjor' in ‚Señor'), 1955 sowie 1968 II und ziehe noch die für den Deutsch-als-Fremdsprache-Unterricht adaptierte Ausgabe 1985 sowie partiell die mexikanischen bzw. US-amerikanischen Ausgaben von 1946 (Übersetzung Esperanza López Mateos) und 1956 (Übersetzung Rosa Elena Luján) bzw. 1954 (?) heran:[28]

> Gleich sind in allen Fassungen die Kernaussagen der Erzählung auf der letzten Seite:
> – Je höher die Anzahl der zu flechtenden Körbe wird, desto mehr erhöht sich der Preis pro Stück;
> – die grundlegend unterschiedliche Einstellung (Amerikaner vs. Indio) zum Produkt, in diesem Fall zum kunstvoll hergestellten Körbchen;
> – die wütende Reaktion des Amerikaners und seine Schlussfolgerung, mit den Mexikanern bzw. den Indios könne man kein Geschäft machen;
> – die vom Erzähler zum Ausdruck gebrachte Genugtuung darüber, dass die kleinen Kunstwerke aus Oaxaca nun nicht in den Mülltonnen New Yorks landen;
> – für den Indio ist das Herstellen von Kunsthandwerk ein Ausdruck seiner ‚Seele', ein Teil seiner Lebenswelt, nicht ein kommerziell orientierter Selbstzweck.
>
> Unterschiedlich sind dagegen:
> – Die beiden letzten Absätze sind, wie oben gesagt, erstmals 1955 entfallen;
> – die Anordnung der Textsegmente, besonders des Absatzes, mit dem in den meisten Ausgaben nach 1955 nun die Erzählung schließt (in beiden Variantentypen *Der Großindustrielle* und *Canastitas en serie / Körbchen in Serie*);

---

[28] Start mit Schwierigkeiten. Bearb. Schmitz (Anm. 11); Traven: Canasta (Anm. 14); Traven: Canasta (Anm. 17); Traven: Canasta (vgl. Anm. 18). – Es lässt sich aufgrund der Durchsicht aller für diesen Aufsatz herangezogenen Editionen sagen, dass in den deutschen Ausgaben tendenziell *Der Großindustrielle* in der ursprünglichen Fassung aus *Der Busch* (1930 / 1932), obschon mit leichten Veränderungen, wie angedeutet, publiziert worden ist. In den mexikanischen Ausgaben finden wir dagegen immer die längere, unter dem Titel *Canastitas en serie* am bekanntesten gewordene, Variante.

- die umfangreichere Schilderung des engen Zusammenhangs zwischen Leben und Kunst in *Canastitas en serie / Körbchen in Serie* (dieser Unterschied ist besonders deutlich, seitdem ab 1955 in vielen Ausgaben die beiden letzten Absätze von *Der Großindustrielle* gestrichen worden sind);
- in der mexikanischen Version *Canastitas en serie* (1956) werden einerseits (1930 / 1932 noch nicht vorhandene) Stellen auf Englisch aus der englischsprachigen Vorlage 1954 (?) übernommen, andererseits redet der Amerikaner aber mit dem Indio in einer Art vereinfachter Kindersprache: „¿[Q]ué decir, amigo? ¿Ser buena mi propuesta?"; „ser mismo precio");
- Eingriffe ins Vokabular in der Ausgabe für den Deutschunterricht, z. B. „ärgerlich" statt ‚in Wut'; „gerettet" statt ‚davor bewahrt'; „verhindern" statt ‚verhüten'; „Mülltonnen", statt ‚Kehrichttonnen'; aber auch Verfälschung: „Landsmann" statt ‚Landmann' bzw. ‚Indianer');
- die explizite Einbeziehung eines Ich-Erzählers am Ende von *Canastitas en serie / Körbchen in Serie*.

Die Gegenüberstellung der Varianten von *Der Großindustrielle* bestätigt B. Travens Praxis, seine Werke jederzeit für neue Ausgaben zu überarbeiten und zu ergänzen, besonders für Veröffentlichungen in anderen Sprachen als dem Deutschen. „Für Neuausgaben seiner Romane", schreibt Karl Guthke, „hat Traven nach dem Krieg seine Texte durchgreifend revidiert (wie er schon bei den Übersetzungen ins Englische die Urfassungen radikal bearbeitet hatte). Dabei kam es vor, dass ganze Kapitel neu eingefügt und längere Passagen gestrichen oder ersetzt oder eingeschoben wurden."[29] „Traven unterzieht alle seine Bücher vor dem Neudruck einer Umarbeitung", zitiert Guthke aus der ersten Nummer der *BT-Mitteilungen* und nimmt in seine Biographie einen Brief von Traven an Fritz J. Raddatz auf, in dem es heißt, „he thinks an author may revise, re-write, or whatever he pleases to do with his books to better them for future readers."[30]

Es ist bekannt, dass Traven vor allem englische Versionen seiner Werke selbst verfasste und die Verleger damit nicht selten in Verlegenheit brachte, weil sie die Texte grundlegend überarbeiten mussten. In den späteren Jahren seines Schaffens ging er mehr und mehr dazu über, die Urfassungen seiner Texte auf Englisch zu schreiben.[31] Das gilt vor allem für einige Erzählungen, eine literarische Gattung, die nach dem Abschluss des ‚Mahagoni'-Zyklus ins Zentrum seines Schaffens rückt; bei der erweiterten englischen Fassung von *Der Großindustrielle* als *Assembly Line* bzw. deren spanisch-mexikanischer Version *Canastitas en serie* kann man fast von einer neuen ‚Urfassung' sprechen, denn abgesehen vom Plot handelt es sich um einen Text, der zu etwa 50% neu geschrieben wurde.

Es kommt noch ein anderer wichtiger Aspekt dazu: Es besteht kein Zweifel, so Karl Guthke in seiner Darstellung der letzten Jahrzehnte von Travens Leben,

---

[29] Karl S. Guthke: B. Traven. Biographie eines Rätsels. Frankfurt a. M. / Olten / Wien 1987, S. 536f.
[30] Ebd., S. 537.
[31] Ebd., S. 542.

dass „seine Hauptaufmerksamkeit in dieser Zeit dem neuen Medium des Films gegolten hat", ja, dass ihm der Film „in den letzten zwei Lebensjahrzehnten zunehmend zum Lebensinhalt wurde".[32] Unter diesem Gesichtspunkt sollte man auch die Überarbeitung von *Der Großindustrielle*, die neue englische Fassung und die Übersetzungen ins mexikanische Spanisch, betrachten, denn sie fallen in die Zeit, als die Verfilmungen von B. Travens Werken z. T. grosse Erfolge feierten und auch *La canasta* für die Leinwand vorbereitet wurde. Nachdem *Assembly Line* (wohl) 1954 in den USA erschienen war, machten sich 1955 Juan de la Cabada und Carlos Ortigosa daran, auf der Grundlage von B. Travens Erzählung das Drehbuch zu schreiben.[33] Die Geschichte bildet den dritten Teil des Episodenfilms *Canasta de Cuentos Mexicanos*;[34] der Film ging 1955 in die Produktion und wurde vom November 1956 an in mexikanischen Kinos gezeigt. Der Film von Julio Bracho war von Anfang an hauptsächlich für das amerikanische und französische Publikum konzipiert und sollte, besonders mit seinem dritten Teil *Canasta* und der darin gezeigten ‚Folklore', den Tourismus nach Mexiko fördern.[35] Schon in Travens Erzählung erschien, und zwar sowohl in der mexikanischen Fassung von 1946 als auch in der von 1956, gleich am Anfang das neue Element ‚Erholungsreise': Mr. Winthrop verlässt die ausgetretenen Pfade des Tourismus, „die den ausländischen Besuchern von den Reisebüros angekündigt und empfohlen werden".[36] Insgesamt enthielt die erweiterte Fassung viel mehr landeskundliche Information als die Erzählung von 1930, versuchte einen differenzierten Einblick in die Psyche eines indianischen Kunsthandwerkers zu vermitteln und diente auch in dieser Hinsicht als Grundlage für ein Filmdrehbuch mit den erwähnten Intentionen.

5. Das Ende der Erzählung und Travens Blick auf verschiedene kulturelle Traditionen

Wenn in den Werken von B. Traven ‚Fremde' auftreten, Ausländer, sind es in vielen Fällen Nordamerikaner. Bei Traven gibt zudem der Erzähler in den ‚Ich'-Erzählungen meistens vor, Nordamerikaner zu sein. Dies sind einige von den Verschleierungstaktiken des Autors, damit nie der Eindruck entstehen kann, er habe einen mitteleuropäischen oder gar deutschen Hintergrund.

In *Der Großindustrielle* bzw. *Canastitas en serie / Körbchen in Serie* aber möchte Traven besonders die kulturellen Unterschiede zwischen einem nordamerikanischen Geschäftsmann und einem mexikanischen ‚Indianer' oder ‚Indio' bzw. ‚Landmann' herausstellen, sowohl im Denken als auch im Handeln.

---

[32] Ebd., S. 544 u. 585.
[33] Emilio García Riera: Historia documental del Cine Mexicano. Bd. 8 (1955–1956). [Guadalajara, Jalisco, México] 1993, S. 153f.
[34] Siehe oben S. 117.
[35] García Riera (Anm. 33), S. 156.
[36] Siehe oben S. 122.

Das Verhältnis zwischen Mexiko und den Vereinigten Staaten, zwischen Mexikanern und Nordamerikanern beschäftigte den Autor schon in seinen ersten ‚mexikanischen' Arbeiten. Mit dem Kapitalismus im allgemeinen hatte er sich dagegen als Ret Marut bereits in Deutschland auseinandergesetzt. In seinem mexikanischen Werk finden wir Nordamerikaner und die amerikanische Kultur schon in den ersten Publikationen: den Ich-Erzähler genauso wie Mr. Shine und dessen amerikanische Familie in *Die Baumwollpflücker* (1926), die Hauptpersonen Dobbs, Howard und Curtin in *Der Schatz der Sierra Madre* (1927), die Welt und die Machenschaften der Erdölindustrie in *Die weiße Rose* (1929). Ein Jahr vorher war Travens Reisebericht über seine Expeditionen in Chiapas erschienen, *Land des Frühlings* (1928). Es enthält viele Passagen über die Politik und die Wirtschaft der USA und über das Verhältnis zwischen Mexiko und seinem nördlichen Nachbarn, über die „Ausdehnungsgelüste" der USA und die Annäherung und den „Zusammenprall der beiden Nationen":

> Es sind natürlich nicht ausschließlich großkapitalistische Interessen in Reinzucht, die Ausdehnungsgelüste fördern. U. S., infolge seiner rapiden Bevölkerungszunahme, infolge seiner gigantische Formen annehmenden Überproduktion muß aus reinem Selbsterhaltungstrieb nach neuen Absatzmärkten suchen. U. S. kann unter dem kapitalistischen und imperialistischen System, das heute noch die Welt beherrscht, auf die Dauer keinen Nachbar dulden, der nicht flink genug auf den Beinen ist. [...] Zustände, wie sie bisher in Mexiko bestanden, kann der moderne Kapitalismus nicht dauernd ertragen.[37]

Der amerikanische Geschäftsmann in *Der Großindustrielle* bzw. Mr. Winthrop in *Canastitas en serie / Körbchen in Serie* sind also literarische Vorreiter dieser vorausgesagten Entwicklung mit dem Ziel, das Produktions- und Geschäftsgebaren der Mexikaner von Grund auf zu verändern.

In *Der Großindustrielle* hat sich der Autor keine knallharte Abrechnung mit dem nordamerikanischen Kapitalismus vorgenommen, sondern er führt in einer liebenswürdigen, ironischen, fast didaktischen Art vor, wie unvereinbar die beiden Welten sind, hier die des profitorientierten, unsensiblen nordamerikanischen Geschäftsmanns, dort die ländliche Lebenswelt des in Harmonie mit der Natur lebenden, aber in seiner Art realistischen, ‚bauernschlauen' Indianers. Es gibt keine Stellen im Text, welche den amerikanischen Leser direkt verletzen könnten; die eher humorvolle Art, mit welcher das Verhalten des amerikanischen Touristen und Geschäftsmanns in der Erzählung gezeigt wird, stand den eigentlichen Zielen der Verfilmung nicht im Wege.

An der generellen Botschaft des Autors für seine Leser gibt es keine größeren Zweifel. Am genauen Wortlaut der verschiedenen Textvarianten schon eher. Wird es gelingen, hier Eindeutigkeit zu schaffen, oder müssen die Traven-Leser

---

[37] B. Traven: Land des Frühlings. Berlin: Büchergilde Gutenberg 1928, S. 422f.

gewisse Unschärfen einfach hinnehmen – wie in vielen seiner Schwarz-Weiss-Fotos und in manchen biographischen Ungereimtheiten?

Nur ansatzweise konnte ich Hinweise auf die offenen Fragen bei der Textkonstitution von *Der Großindustrielle* und *La canasta* bzw. *Canastitas en serie* bzw. *Producción en cadena* geben. Allein mit einer groß angelegten kritischen Ausgabe wäre die Aufgabe zu lösen, Unklarheiten in der Textgeschichte auszuräumen. Dazu wäre jedoch der Zugang zum B.-Traven-Nachlass in Mexiko-Stadt unabdingbar. Aber auch, wenn dies eines Tages möglich würde: Wer nimmt eine solche Aufgabe in Angriff, wer würde sie finanzieren?

Heidi HUTCHINSON (University of California, Riverside)

The B. Traven Collections at UC Riverside Libraries

This essay serves as a continuation of the paper given by Dr. Sidney Berger, then Head of Special Collections at the University of California, Riverside Libraries, at the Stockholm B. Traven conference in 1999, *Das Werk B. Travens: Literarizität, Sprache, Widerspiegelung*.[1] The papers from this conference as well as the previous one, *B. Traven the Writer*, London, 1994, were published in the book *B. Traven the Writer. Der Schriftsteller B. Traven* in 2003.[2] In his presentation, Sid described in detail the character and holdings of the B. Traven collections and archives at the UC Riverside Special Collections Department. Among those were the core of our B. Traven book collection, purchased from Serendipity Books in Berkeley in 1984, E. R. Hagemann's research papers, and William Weber Johnson's papers, which include an extensive correspondence with Rosa Elena Luján. Also among them was the collection on Ret Marut and *Der Ziegelbrenner*. In concluding his remarks, Sidney Berger said what I would like to repeat here today:

> The aim of any serious and well directed library collection is to aid scholars in their work. Without assiduous and dedicated librarians, such collections would not exist, and researchers would then be left to chance, whim, fate, extensive and expensive travel, far ranging correspondence, costly phone calls, wearying hours at the computer, on eMail and the Web, and so on. At UCR we are doing our best to make scholarship on B. Traven as convenient and accessible as possible, both by collecting and by broadcasting information about the collection. The Traven collection is mentioned on our department's home page, and we are developing a web site for it. The more we have, the more rewarded each scholar who comes to us will be. We are always seeking more manuscript materials, either from Traven himself, or from the scholars who have amassed research files on this brilliant author. At UCR, we have collected hundreds of volumes and a vast body of manuscript materials for the use of every legitimate scholar who needs them. We inventory and catalog our holdings, place everything in a conservationally sound, secure environment, and constantly seek more materials for the benefit of our patrons. The building of such a collection takes judgment, foresight, persistence, imagination, knowledge, sleuthing, and fundraising—all of which have gone into UCR's B. Traven collection.[3]

---

[1] Sidney Berger: The B. Traven *Nachlaß* at the University of California, Riverside. In: B. Traven the Writer. Der Schriftsteller B. Traven. Ed. by Jörg Thunecke. Nottingham 2003, p. 51–68.
[2] See fn. 1.
[3] Ibid., p. 67sq.

So, while Sidney Berger and Peter Briscoe did most of the collecting, it was *my* job to take over what Sid called the "broadcasting." With our new website launched March 27, 2009, scholars worldwide can now access indexes to three of our greatest archival collections online in the comfort of their own offices. There will be more about the website at the end of this essay.

Since the time of Sid's paper and its publication in *B. Traven the Writer* in 2003, Special Collections has had the fortune to add two new collections to its B. Traven archives, making it the largest publicly accessible B. Traven research collection in the world. Those two collections are described in *this* presentation: the collections of Gerd Heidemann and Edgar Päßler.

I began work on the massive Heidemann collection first, in 2002. While working with this collection and carefully listing and describing each individual item, I often encountered materials that would take on significance later, in another context. The best example of this is the early B. Traven–Ernst Preczang correspondence. The letters are all present in photocopy in the Heidemann collection, as he was permitted to study and copy them at the Büchergilde Gutenberg at its Frankfurt headquarters in the 1960s. Later, in 2007, the originals of these letters were to come to UC Riverside in the collection of Edgar Päßler, which you will hear about later. Another is my encounter with Irene Mermet's daughter... but we will get to that.

So now, let's learn about those two new collections.

The B. Traven Collection of Gerd Heidemann

The B. Traven Collection of Gerd Heidemann was acquired in September 2000 and consists of 93 ring binders, each carefully numbered and labeled according to its theme, for example: "Ret Marut als Schauspieler." It contains files of letters, manuscripts, documents, transcripts of interviews and photographs. Additionally, there were 91 books, ten 16mm reels of documentary film, several reel-to-reel tapes, 20 audiocassettes and several artifacts. The books were catalogued and became part of the UC Riverside Libraries collection, but they are findable since they have a special notation in each cataloging record: "Heidemann Collection."

My job was to go through the 93 ring binders one by one and catalogue all of their contents. The goal was to make this content available to all of you, the B. Traven researchers. Now, of course you all know that more than anything else, Gerd Heidemann was obsessed with finding out who B. Traven *was* and who he had *been*. All of this is reflected in the places he searched for information and documentation and all of the theories he pursued. And regardless of what one might think of Heidemann because of his involvement with the *Stern* magazine Hitler diary scandal in the 1980s,[4] this collection is so thorough and so well

---

[4] Peter-Ferdinand Koch: Der Fund. Die Skandale des Stern. Gerd Heidemann und die Hitler-Tagebücher. Hamburg 1990.

focused on the pursuit of Traven over a span of 10 years, that it provides a wonderful resource.

As I worked my way through this collection, starting with number 1 and ending with 93, I realized they were not quite chronological in regards to the times and places Heidemann went for his information, so that Heidemann's story did not unfold in its true sequence. But the only disadvantage of this for me was that occasionally I would find a diary reference to something that in 'my' sequence had not yet happened. The advantage was that it became more and more interesting as I went from binder to binder over a 6-year period. And I, of course, knew more and more as I went forward.

Throughout the binders, photographs help paint the picture of Heidemann's adventures and of course serve as evidence. Heidemann also filed all of the negatives at the back of the photo binders.

It is possible to divide the binders into groups. Binders 1–3 are dedicated to the pursuit of the theory that Ret Marut was a descendant of the Hohenzollern and his mother was a woman, perhaps a singer, named Helene. Binder 1 is called "Helene Odilon." The contents of this binder deal with the life of a possible candidate for Traven's mother, the singer Helene Odilon (1864–1939) of Berlin and Vienna. Binder 2 is titled "Helene Dahl geb. Bewer." The contents of this binder deal with the search, mostly in Norway, for evidence that the singer Helene Dahl might have been Traven's mother. Heidemann traveled to Norway in February 1967, according to his diary notes. Binder 3 is titled simply "Hohenzollern," and in it, Heidemann pursues the possibility of Traven being an illegitimate son of Kaiser Wilhelm II. It contains information on several generations of the Hohenzollern family. All three of these binders contain photographs, either pictures taken by Heidemann on site in his travels or photographic copies of existing portraits, newspaper pictures, and other documents.

Binders 4–14 all center around the early life of Ret Marut. Several binders are titled "Ret Marut als Schauspieler," "Ret Marut und die Hochschule für Bühnenkunst," "Schauspielhaus Düsseldorf," "Irene Mermet," "Ret Marut in Düsseldorf und Köln," and the speculative title "Ret Marut in Norddeutschland" (Binder 6), in which Heidemann attempts to place the early Ret Marut in northern Germany, especially around the estate Marutendorf (possible origin of the name 'Marut') and Lübeck.

Binder 13, "Irene Mermet" was a particularly fascinating one for me. It deals with the life of Irene Mermet as it intersects with Ret Marut, including a visit and interview with her daughter, and records of her brief (1915) sojourn at the Hochschule für Bühnenkunst in Düsseldorf. The documentation of Heidemann's visit to Elisabeth von Braitenberg at her castle, the Zenoberg in Tirol, on 5 August 1967 takes on the flavor of a travelogue. We get a wonderful description and history of the Zenoburg Castle, as well as pictures of the castle in this binder. Elisabeth, born 1929, is the oldest daughter of Irene Mermet and Prof. John Hanna. What Elisabeth was able to tell Heidemann about her mother and Ret Marut during his visit was very sketchy, but surprisingly, her mother had left her with a treasure trove of Ret Marut's materials. Heidemann's notes say:

> In der Zenoburg liegt heute noch folgendes Material: Zwei unveröffentl. Buchmanuskripte (das eine v. Richard Maurhut), handgeschriebene Gedichte von R. M., 1. März-Heft mit der Novelle "Der fremde Soldat", Westermanns Monatsheft "Unged. Landsturm im Feuer", Reclam-Kriegsnovellen, Brief von Götz Ohly an R. M., alle Ziegelbrenner-Hefte, verschiedene Fackel-Bände, "Sozialist", u. a. Hefte.

Heidemann was able to make a few photocopies of these things, but had to promise not to publish any of this information. Meanwhile, I had had a case of *déjà vu*: This material sounded so much like the Archive of Ret Marut & Der Ziegelbrenner that the University of California, Riverside Libraries had purchased in the 1980s! Well, it was. And the story of how it got there was already told by Sidney Berger in his 1999 paper.[5]

The Elisabeth von Braitenberg story took another interesting turn when Elisabeth von Braitenberg herself wrote to me one day in 2004. She was writing to the library inquiring if we had any correspondence of her mother, Irene Mermet. Though the answer to her question was 'no,' I was able to tell her that any Mermet correspondence would reside in the Traven family archive in Mexico City. Frau von Braitenberg and I wrote back and forth a few times through November 2005, but then lost contact. I have added Elisabeth's letters to Binder 13 of the Heidemann collection, the "Irene Mermet" binder.

Binders 15–19 cover the exciting period of the *Ziegelbrenner* in München. Binder 15, titled "Ret Marut in München," contains official War Ministry (etc.) correspondence surrounding the censorship of the *Ziegelbrenner* magazine (1918) and documentation on the provisional government of the Bavarian Räterepublik of 1919, in which Marut served as a member of the propaganda committee and the commission charged with forming a revolutionary tribunal, for which he was then wanted for treason. Several police documents attest to this, and to the fact that he was never caught.

Now, mind you, some of this research is already familiar to you all through Rolf Recknagel's early B. Traven biography and especially through the thick tome by Prof. Karl Guthke, issued by the Büchergilde Gutenberg in 1987.[6] To some extent, it was already known to Heidemann as well. This did not stop him, however, from pursuing the same paths as Recknagel and obtaining copies of some of the same documents, but so much more.

Binder 16, titled simply "München," contains materials and interview transcripts from Marta Schubert née Häcker, who was Marut's secretary while he was publishing *Der Ziegelbrenner* in München 1918–19, including a copy of the original letter he left behind for her when he fled in May 1919; a letter from

---

[5] Berger (fn. 1), p. 62–66.
[6] Rolf Recknagel: B. Traven. Beiträge zur Biografie. Leipzig 1966; Karl S. Guthke: B. Traven: Biographie eines Rätsels. Frankfurt a. M. / Olten / Wien 1987.

Irene Mermet written to her shortly thereafter, and photographs. It also includes an interview with and photos of Josef Pfliegler, the building superintendent (Hausmeister) of the house where Marut lived at the time.

Actually, Binder 15 and 16 combine to tell the story of Heidemann's encounter with Ret Marut's former secretary, Marta Häcker. He visited her, interviewed her, photographed her, corresponded with her and purchased a full run of the *Ziegelbrenner* magazine from her. (This is one of the two we now have at UC Riverside; the other was of course in the Archive of Ret Marut & Der Ziegelbrenner which Sidney Berger told about in 1999 at the Stockholm conference.[7]) Here is an excerpt from my description of Heidemann's interview with Mrs. Schubert, née Häcker:

> Mrs. Schubert tells how she met Marut, answering an ad in a München newspaper: "Writer seeking secretary." His apartment doubled as his and her workplace; the living room was set up as an office, where she worked. She took dictation, typing letters for him. She could also hear him typing in his own study, and there was a bedroom and a kitchen as well. (There is some conflict between this statement and the report of Josef Pflieger, the Hausmeister also interviewed on this same trip to München, who said Marut was subletting a single room.) As the number of *Ziegelbrenner* subscribers grew, they hired another girl who packed the journal for shipping. Irene Mermet came and went, but at the time, Mrs. Schubert did not meet her. Then came the day Marut disappeared. He left behind a letter with instructions to Mrs. Schubert for disposition of his belongings: furniture, books, paperwork; her mother helped her clear out the apartment and stored the books and furniture in their house (München, Nibelungenstraße). Irene Mermet wrote to her and visited later in 1919, taking some of Marut's belongings with her (not the furniture). Heidemann asks if she recognizes Marut on the photos of Traven Torsvan he carries with him. On the ones showing him in 1922–30, she definitely recognizes him.

Binders 17, 18 and 19 are a collection of articles by Ret Marut. Binder 17, titled "Ret Maruts Artikel," contains articles by Marut from newspapers and literary journals between 1912 (Düsseldorf) and 1919 (München). This binder also contains an original copy of the book issued by the *Ziegelbrenner* in 1919 (1918?) titled *Der BLaugetupfte SPerlinG*. The book was removed and cataloged for our collection, making it UC Riverside's second copy of this relatively rare title. Binder 18, titled "Ret Maruts Artikel im *März* (1916)," contains two bound volumes of the journal *März*, vol. 10 (1916), no. 2 (April–June) and no. 3 (July–September) plus photocopies of Marut's articles contained therein. Binder 19, titled "Ret Marut und der Ziegelbrenner in München," contains documents and correspondence relating to the publishing of *Der Ziegelbrenner* from 1917 to 1920, including original copies of *Der Ziegelbrenner* interspersed chronologically among the other materials. By this time, Ret Marut had taken on an air of

---

[7] Berger (fn. 1), p. 61–66.

extreme mystery, never showing his face in public, calling himself 'der Ziegelbrenner' and signing his name only with a typewriter.

Here we leave the chapter on Ret Marut and transition over to the search for B. Traven. Binder 20 is called simply "Travens Artikel" and contains articles signed B. Traven from four serial publications dated between 1925 and 1927. Items 2–4 are early serialized versions of novels *Die Baumwollpflücker / Der Wobbly* and *Die Brücke im Dschungel*. His place of residence is listed in the publication *Vorwärts* as "Tamaulipas, Mexico."

Binder 21 is titled "Bibliographie" and it offers a fairly thorough 502-item bibliography of works by and about Marut / Traven up to about 1960 and 34 pages of photographic images of book covers from Traven's best-known works. Much of the bibliography, including the structure, appears to be borrowed from Recknagel.[8]

Binders 22–25, all titled "Presse-Artikel über Traven," are a wonderful collection of carefully clipped, copied and saved newspaper and magazine articles from 1929 through 1990. Binder 22 is "Presse-Artikel über Traven (–1949)" and contains both photocopies and originals of 46 articles from the press, dealing with the identity of B. Traven, 1929 through 1949. The order is roughly chronological. Most of them bear titles such as "Who is B. Traven?" Included here are the letters written by Hal Croves to the editors of *Time* and *Life* magazines in March of 1948 titled "The B. Traven mystery" and "Traven betrayed?"[9] Binder 24, covering 1962–67, includes Heidemann's 1967 article series in *Stern* and *konkret*. Binder 25, covering 1968–90, shows that Heidemann never lost interest in Traven and continued to collect articles on him long after he had left *Stern*. The very last one he filed was a brief auction announcement titled "Traven unterm Hammer," *Bild-Zeitung* (Hamburg), 19 October 1990. It states: "Die Berliner Galerie Gerda Bassenge versteigert 36 teils handschriftliche Briefe und Manuskripte des Schriftstellers B. Traven ('Der Schatz der Sierra Madre'). Schätzwert: 90 000 Mark."

Binder 26, titled "Ernst Preczang, Büchergilde Gutenberg," is a very important one, as it shines a light on B. Traven's early days seeking a publisher and his breakthrough as a bestselling author in Germany. It contains biographical material on Ernst Preczang, first editor (Lektor) of the Büchergilde Gutenberg; correspondence between Preczang and Traven, Bruno Dreßler, Josef Wieder and other letters pertaining to the business of the Büchergilde. The following remark appeared following the listing of these letters in Heidemann's own brief catalogue of his B. Traven Collection:[10] "Die bisher aufgeführten Briefe habe ich im Original der Büchergilde Gutenberg in Frankfurt/M. überlassen." The earliest letter is dated 13 July 1925. Fate has it that I will see these letters again. You will hear about them again, in the next section.

---

[8] Rolf Recknagel: B. Traven. Beiträge zur Biografie. 2., erweiterte Aufl. Leipzig 1971.
[9] H. Croves: B. Traven betrayed? Letter to the editors. In: Life, 15 Mar 1948, p. 23.
[10] Letter to Peter Briscoe from Frank Nordhausen dated Berlin, 4 July 2000, to which the original Heidemann brief catalogue was attached.

Binder 27, "Büchergilde Gutenberg," continues the Büchergilde story from another angle, as it contains articles on B. Traven from the house publication for member-readers called *Die Büchergilde* and also various business and legal correspondence regarding the Büchergilde Gutenberg. Many of the *Büchergilde* articles are supplied by Traven himself. Traven also sent from Mexico Indian artifacts to be awarded to Büchergilde members for recruiting new readers. The advertisements with the recruiting contest rules are included here as well. This binder also includes a transcript of an interview between Heidemann and Helmut Dreßler.

In 1933, the Büchergilde Gutenberg had to flee Berlin and headquarters was moved to Zürich. Binder 28, titled "Josef Wieder und die Büchergilde Gutenberg Zürich," contains correspondence, contracts, interview transcripts and other materials relating to Josef Wieder, Traven's representative from 1933 to 1960. Correspondence and documents are from these years; some research materials are from 1963.

Binder 29, titled "Buchfahnen und Manuskripte," contains proofs and typescripts of a selection of Traven's writings, most notably the illustrated travel book on Mexico, *Land des Frühlings* (1936), and the folk legend *Sonnen-Schöpfung* (1960), of which a complete bound copy is included. Also included are corrected typescripts of two unsigned articles on Traven.

Binder 30, "Redigiertes Traven-Buch *Land des Frühlings*," contains a complete corrected copy of Traven's *Land des Frühlings* (Zürich: Büchergilde Gutenberg [1936]). This is the copy with the corrections made by Margarete Möckli von Seggern in Zürich in 1949. She had been asked by the Büchergilde editors to correct errors and outdated information for the new edition, to be published in 1950. She also improved many of Traven's grammatical constructs.

In Binder 31, "*B. T. Mitteilungen*, 1951–60," we have a complete run of the newsletter *B. T. Mitteilungen*, edited by Esperanza López Mateos in Mexico and Josef Wieder in Zürich. In 1954–56 (through no. 20), Wieder issued it alone; as of no. 21, June 1956, it was continued by R. E. Luján (Mexico) and Josef Wieder. This newsletter was primarily intended for booksellers and for the editors of magazines and newspapers. Some 14 issues are the original mimeographed copies, 22 are photocopies. The *B. T. Mitteilungen* range from no. 1 of January 1951 to no. 36 of April 1960. They are continuously paginated.

Binder 32, "Ret Maruts Tochter Irene Zielke," takes a detour from the 'B. Traven the author' story and lands us in East Berlin, visiting the daughter of Elfriede Zielke in 1963. It contains information on and photographs of Irene Zielke, including an examination of her physical similarities with existing photos of Marut / Torsvan / Croves. The similarities are confirmed. Here we can also find the ill-fated 1948 correspondence from Irene to B. Traven asking if he remembers his daughter with Elfriede Zielke. The correspondence is sent through Ernst Preczang at the Büchergilde and in fact, Preczang does forward the letter to Traven only to receive the rather rude reply I describe in the catalogue as:

Letter, typewritten, photographic reproduction, 1 page, dated August 10th, 1948 to "Lady" [i.e. Irene Zielke] signed [typewritten] B. Traven; completely in English, explaining that he had received her letter through E. Preczang, which he is returning herewith, but that she must have mistaken him for someone else; tells bits of his life story and states that he writes only in English: "I write my books and letters exclusively either in English or in Spanish from where they are translated into the language for which they are meant."

Binder 33, "Chiapas Expedition 1926, Mexico," contains documents and photographs pertaining to the 1926 Palacios Expedition to Chiapas, in which Traven Torsvan took part as a photographer. It includes a lengthy excerpt from the book *En los confines de la selva lacandona* (1928) by Enrique Juan Palacios.[11] Some Torsvan photographs are also included, as well as later correspondence between Prof. Frank Tannenbaum and Dr. Kurt Haase about this expedition.

Binder 34, "Johannes Schönherr in Leipzig / Briefe, 1957–61," contains correspondence chiefly between Schönherr and Dr. Helmut Dreßler regarding B. Traven and the Büchergilde Gutenberg; there are frequent conflicts with Traven's representative J. Wieder.

Binder 35, "Otto Feige," contains letters and documents (chiefly 1924 British and American state department correspondence) regarding Ret Marut's 1924 sojourn and detention in London, the introduction of several more aliases, and supporting a Ret Marut-Otto Feige identity connection, as pursued by Will Wyatt in his 1980 book *The Man Who Was B. Traven*.[12] Many of the documents are in English.

Binder 36, "Señora Rosa Elena Luján de Torsvan, Briefe, 1961–73," contains letters to, from and in reference to Rosa Elena Luján de Torsvan as she managed her husband B. Traven's literary affairs.

Binder 37, "Wilh. Pferdekamp," contains the transcript of an interview with and documents pertaining to Wilhelm Pferdekamp, who traveled extensively in Mexico in the 1920s and may have met Traven.

Binder 38, "UFA-Film *Das Totenschiff* 1959," contains correspondence, interview transcripts, contracts, film stills, reviews, and other documents pertaining to the filming of Traven's *Das Totenschiff* in Germany, 1958–59. This was one of the more enjoyable binders, as it contains sharp-tongued correspondence between director Georg Tressler, Mexican producer José Kohn, and Hal Croves, defending the B. Traven story against any changes – such as the completely artificial role written in for Elke Sommer. Then there are the documents and photos pertaining to Hal Croves' and Rosa Elena's visit to Berlin to attend the premiere of this film. The visit caused quite a sensation, especially since many in the Ger-

---

[11] [Enrique Juan Palacios:] En los confines de la selva lacandona. Exploraciones en el estado de Chiapas, mayo-agosto 1926. Enrique Juan Palacios, inspector de arqueología; contribución de México al XXIII Congreso de Americanistas. Secretaria de Educación Publica. México 1928.
[12] Will Wyatt: The Man Who Was B. Traven. London 1980.

man press suspected Hal Croves was none other than B. Traven himself. Wonderful original film posters from *Das Totenschiff* are also folded into this binder.

Binder 39, "Götz Ohly," contains documents, an interview and articles pertaining to Ret Marut's friend Götz (Otto) Ohly, who gave him refuge in Berlin and lent him his passport in order to leave the country around 1920. It also includes several newspaper articles from 1948–50 which speculate about Traven's identity.

Binders 40–45 all pertain to August Bibelje, a man who was at first thought to be B. Traven. It was to talk to his former wife, Hedwig Meier in Hamburg, that *Stern* editor Henri Nannen first called Heidemann into his office in August of 1962, which began the years of investigating the B. Traven identity. Bibelje's story was so much like that of the main character of *Das Totenschiff* that his wife of so long ago (they were married in 1912) thought B. Traven must have been August Bibelje. These binders contain correspondence, documents, and transcripts of interviews with Hedwig Meier and others in pursuit of the identity and story of August Bibeljé, possibly identical with B. Traven. The photos of Bibelje's family go back as far as 1894.

Binders 43–45 cover Gerd Heidemann's journey to Brazil, including visits to Recife, Maceió, São Luiz de Quitunde, Bahia, and Rio de Janeiro in January and February 1966. He was searching for evidence of August Bibelje in Brazil.

Binder 46, "Ziegelbrenner im span. Bürgerkrieg," contains transcripts of interviews with Ernst Fallen de Droog and documents pertaining to Fallen de Droogs encounter with a man called 'Ziegelbrenner' in the Spanish Civil War, 1937–38. Fallen de Droog tells how the Ziegelbrenner fell on New Year's Eve 1937 in the battle for Teruel. He is very certain that the Ziegelbrenner was Ret Marut.

Binder 47, "Schriftgutachten / Mai 1963." Between March and May 1963, Heidemann sent a collection of handwritten documents from B. Traven, Ret Marut, August Bibeljé and Hal Croves to forensic handwriting expert and graphologist Heinz Engelke, in an attempt to establish identity. Included are expert opinions from the forensic handwriting specialist and graphologist.

Binder 48, "Elfriede Zielke," is a collection of photographs, interview transcripts from conversations with people who knew Elfriede Zielke, and other documents relating to Elfriede Zielke, Ret Marut's early lover and mother of his illegitimate child Irene.

Binder 49, "Dr. Kurt Haase," contains correspondence and research materials used chiefly by Dr. Kurt Haase of Süddeutscher Rundfunk to compile his radio broadcast on B. Traven titled *Vom Busch gefressen mit Knochen und Seele*. This binder also includes many documents pertaining to author Oskar Maria Graf.

Binder 50, "Fedor Gonzala, Franz Traven," contains documentation on Heinz Siebert's Traven / Nabokov identity theories, pursuit of a Swiss man with the pseudonym Fedor Gonzala, and the identity of Yugoslavian-born Franz Traven.

Binder 51 is titled *"Wer sind Sie B. Traven?* Drehbuch" and it houses the shooting script for the 1972 documentary *Wer sind Sie, B. Traven?* by Georg Stefan Troller, for which Heidemann acted as a consultant.

In June of 1963, Heidemann traveled to New Orleans, Chicago and San Antonio in pursuit of B. Traven's supposed American roots. Binders 52–53 cover these rather fruitless trips. They include many photographs documenting each place Heidemann visited.

From San Antonio, Texas, Heidemann journeyed to Mexico for the first time. In July and August of 1963 he visited Mexico City and several other places associated with B. Traven. Binders 54–68 thoroughly document his travels with diary notes, maps and travel materials, copies of documents, interview transcripts and dozens of photographs. As described in detail in his book, *Postlagernd Tampico*,[13] Heidemann traveled in Chiapas on the trail of adventurer and photographer Traven Torsvan, talking to people who remembered him in Tapachula, San Cristóbal de las Casas, and Ocosingo. Then to Acapulco, where he had adventures interviewing the mysterious woman, Maria de la Luz Martínez, at Traven's property called 'Cashew Park' on the outskirts of town, address: Pie de la Cuesta no. 901. These travels were documented not only in pictures and notes and his later book, but in film: Heidemann was traveling with a small camera crew and filming for a German TV series to be called *Im Busch von Mexico: Das Rätsel B. Traven*. Binder 83 is dedicated to this five-part series, which aired in 1967.

The trip began and ended in Mexico City, where Heidemann met with Mexican reporter Luis Spota, the first to have discovered Traven's identity and written about it in his 1948 *Mañana* article.[14] Also helping to provide evidence and documents, including bank records for the author B. Traven and Maria de la Luz Martínez, were bank detectives Fernando López and Dr. Alfonso Quiroz. These documents are all provided in Binders 55 and 56. The final visit (of this trip) to Mexico City in August 1963, which included interviews and filming with Gabriel Figueroa and Rosa Elena Luján de Torsvan in her apartment in Calle Durango, is documented in Binder 68.

In 1966, Heidemann traveled once more to Mexico. In Binders 72 to 81, we can follow his progress. He was still collecting film footage for his five-part television series. He had obtained permission from the Mexican government to film in Mexico by claiming to be promoting the country as a travel destination prior to the 1968 Mexico City Summer Olympic Games. In Binder 72, we find several travel articles about Mexico quite unrelated to B. Traven.

Binder 82, titled "Romanverfilmungen," contains publicity materials, posters, and still photographs from films based on B. Traven novels: *La Rosa Blanca*, *Macario*, *La Rebelión de los Colgados* and *The Treasure of the Sierra Madre*, plus other materials from cinematographer Gabriel Figueroa. I borrowed and viewed

---

[13] Gerd Heidemann: Postlagernd Tampico. Die abenteuerliche Suche nach B. Traven. München 1977.
[14] Luis Spota: Mañana descubre la identidad de B. Traven! In: Mañana, 7 August 1948.

on videocassette three of these four movies at the time I was cataloguing this binder. All of them were very good, and of course, *The Treasure of the Sierra Madre*, an American classic, is an all-time favorite of mine.

Binder 83, titled "WWF-TV-Serie," contains correspondence, documents and photographs from the filming and publicity for the Westdeutsches Werbefernsehen (WWF) TV series *Im Busch von Mexiko. Das Rätsel B. Traven*, which aired in 1967. This is the five-part series Heidemann was filming for on both of his trips to Mexico and I believe its director, Jürgen Goslar, traveled with him the second time. Along with Heidemann's collection came the very rare 16-mm film reels of this series.

The final binder containing printed document material (the remainder of the binders contain mostly negatives and audiotapes) is Binder 84, titled "Travens Tod / März 1969." It contains newspaper articles and wire reports on Traven's death, March 27, 1969, from Mexican and German newspapers. Articles are dated 1969 to 1973. Once again, this is a very thorough collection and I was entertained by the pictures in the Mexican newspapers. I learned for the first time that cremation was done publicly in Mexico, with a ceremony including close friends of the family. Many, many articles were in the theme of B. Traven's identity, for example (this headline is from *Bild-Zeitung*): "Erst nach dem Tod lüftete seine Frau das Geheimnis."[15]

As I said at the outset, the 93 ring binders were accompanied by 91 books and a handful of interesting artifacts. Our favorite artifact is what we at Special Collections & Archives call "The hand of B. Traven." It is a life-size bronze cast hand by the sculptor Federico Canessi, whom Heidemann met in Mexico City at the time Canessi was sculpting the large bust of B. Traven that is familiar to all of us from pictures. Heidemann interviewed Canessi at the time and took some wonderful photos, which were all included in Binder 80. At the time the bust was a huge clay model, and very impressive. Rosa Elena accompanied Heidemann to visit Canessi. The hand was presented by Rosa Elena to Heidemann in December 1966. Other artifacts are a set of mysterious Mexican clay figures. I say 'mysterious', because unlike all the rest of the objects in this collection, there is no mention and nowhere a description of these figures. The simplest idea is that Heidemann picked them up in his travels around Chiapas or even in Mexico City. But there might be much more mystery to them. As yet, this mystery remains unsolved.

The Edgar Päßler Archive

Sidney Berger says the following at the end of his paper given at the Stockholm B. Traven conference: "The larger a collection gets, the more like a planet it be-

---

[15] Erst nach dem Tod lüftete seine Frau das Geheimnis. In: Bild-Zeitung, 28 Mar 1969, page not discernable.

comes: it has its own gravity and draws to it like materials."[16] This is borne out by our acquisition of the Edgar Päßler papers. In 2007, UC Riverside Libraries was offered this collection, which none of us had known existed. (And by 'us' in this case, I mean Sidney Berger, Peter Briscoe, Librarian Emeritus, Melissa Conway, Head of Special Collections & Archives, and myself.) We were extremely fortunate that the University Librarian supported the acquisition and provided the funds. Though it was offered with a brief list, detailed enough for us to realize the value, when the collection did arrive, I took three months away from cataloguing the Heidemann binders to create the detailed description of the Päßler archive that now resides online at the B. Traven website.

Edgar Päßler (1930–2005) was Editor-in-Chief and Head of Program Planning at Büchergilde Gutenberg, Frankfurt from 1962 to 1995. Between 1977 and 1982 he edited the as yet only complete B. Traven works edition.[17] In the course of this project, he traveled to Mexico several times and met with Rosa Elena Luján, Traven's widow. He received many materials from her, among them the complete *Kunst der Indianer* manuscript, original photographs and some letters. Päßler also received the Traven-related files from the Zürich offices of the Büchergilde Gutenberg when it closed. This includes contracts and business correspondence, including the extensive exchanges between Traven and Ernst Preczang, his first Büchergilde editor from 1926 to 1933, as well as Josef Wieder and the Büchergilde Gutenberg Zürich, who represented Traven in later years. These documents provide a fascinating publishing history of Traven's works as well as a glimpse into the writer's temperament and attitude when it came to publishing his books. Taken as a whole, the Edgar Päßler Archive is a portrait of author B. Traven's relationship with his original German publisher, the Büchergilde Gutenberg.

The collection is housed in 7 archival boxes. Box 1 contains an assortment of typescripts, including among others an *Aslan Norval* typescript (original carbon copy), 246 pages, with extensive pencil, ballpoint pen and typed corrections, but lacking the title page, and with a cover sheet addressed to Josef Wieder, Zürich. The typescript is undated. Other, smaller texts include: *Spielzeug*, original typescript, one page only, with extensive pencil corrections; *Der Silber Dollar*, original typescript, eight pages, with the remark at the end "Aus dem Amerikanischen;" *Die schönen Beine seiner Frau*, original typescript, seven unnumbered pages, again with the remark at the end "Aus dem Amerikanischen;" and *Der Nachtbesuch im Busch*, original typescript, a fragment bearing page numbers 221–228 but lacking 224 (though there is no gap in the text). The stories were presumably collected by Päßler for the Büchergilde *Werkausgabe*.

Box 2 is dedicated to just one publication, but it is an intriguing one. It is called *Kunst der Indianer* and was apparently a very large undertaking, to be

---

[16] Berger (fn. 1), p. 68.
[17] [B. Traven:] Werkausgabe B. Traven. Ed. by Edgar Päßler. Vols. 1–17 and 'Anhang'. Frankfurt a. M. 1977–1982.

published in 1929. The box includes several working drafts of the manuscript, which was ultimately *not* published by Büchergilde Gutenberg, or anyone else. Box 3, Folder 6, Letters 15 and 24 (letters to Traven from editor Erich Knauf at Büchergilde Gutenberg) contain references to *Kunst der Indianer*. It seems the undertaking was proving too expensive for the Büchergilde; Knauf mentions the difficulty of accommodating all of the provided illustrations.

There is an "erste Fassung" and a "zweite Fassung". Both have 21 chapters; the second version is on much better paper and has an added 47-page introduction. Considerable hand corrections can be seen throughout, mostly pertaining to placement and description of illustrations; each chapter is paginated separately; separate title pages precede each chapter.

The illustrations themselves are also included. The folder titled "Abbildungen 1 and 2" contains a large quantity of photographs and other illustrative materials, some cut from publications, some bearing stamps on the back of either "Photographs – Tina Modotti, Mexico, D. F." or "La Rochester Photo, Mexico, D. F. – Serie Museo." Many contain instructions for the typesetter. Images are of Mexican art and costume. 'Abbildungen 2' contains no photographs, but includes a map of Chiapas. All pictures in 'Abbildungen 2' are cut from magazines or books. Letter-number combinations written next to or on the back of the illustrations tie them to the individual chapters in *Kunst der Indianer* (letters A–T) and the order within the chapters (numbers). Each chapter contains the illustration descriptions at the end.

Most intriguing to me is the large format layout manuscript, 32 x 22 cm., 263 p., which includes a mock-up of the title page, chapter title pages, location and position of all illustrations, pencil and color sketches done by typographer Kurt Reibetanz and artists at Büchergilde Gutenberg. Each page is interleaved with a blank sheet of paper. The publication now shows a copyright date of 1930. This layout is very beautifully done.

Box 3, Correspondence and Contracts, is divided into 17 folders, of which the most important is Folder 1. Folder 1 contains 32 original letters from B. Traven to Ernst Preczang, written between 5 August 1925 and 17 June 1933, sorted and listed in chronological order. Each letter is described in the finding aid as to its contents. Remember that I said in my description of the Heidemann binders that we would see these letters again? These are the originals from which he made his photocopies in the 1960s. What is so wonderful about these letters is the picture of B. Traven the writer that they provide. The letter of 5 August 1925 would have been the first letter from B. Traven to Ernst Preczang, as it is in response to an important letter from Preczang, in which he (Preczang) extends the offer to Traven to become a Büchergilde author after reading the serialized novel *Die Baumwollpflücker* in the newspaper *Vorwärts*. We find Preczang's letter, dated 13 July 1925, in Box 3, Folder 2.

A characteristic excerpt from a letter dated 8 August 1925 points out how much this unknown author already knew about the publishing business:

> Sehr geehrter Herr Preczang:
> Mit der gleichen Post, gesondert, in zwei verschiedenen Paketen sende ich Ihnen:
> Im 1. Paket Der Farm-Arbeiter
> Im 2. Paket Die Bruecke im Dschungel
> Im tropischen Busch
> Indianer-Taenze habe ich nicht beigefuegt. Es passt nicht gut zu dem Buche "Die Bruecke im Dschungel." Da es auch nur sieben Seiten sind, so hat es auf den Umfang des Buches keinen Einfluss. Die beiden Arbeiten werden das Buch fuellen; Sie koennen ja auch den Satzspiegel kleiner halten oder den Durchschuss vergroessern, wenn Sie durchaus auf fuenfzehn Bogen kommen muessen. Aber in Ruecksicht auf den Umfang des Buches Arbeiten zusammen zu pressen, die nicht zusammen harmonieren, wuerde mir weh tun.

Folder 2 contains 22 letters from Preczang to Traven, as original carbon copies (and in two cases, originals) from Preczang's files. They were written between 13 July 1925 and 21 November 1933 and have been sorted and listed in chronological order. In general, these are the replies to the Traven correspondence mentioned above. There is a two-year gap between 1927 and 1929, and another between 1929 and 1933. The letters from 1929 onward are sent from Zürich. In September 1933, Preczang writes to Traven that he is resigning his position at the Büchergilde. My catalogue description of the final letter reads as follows:

> Letter, typewritten, photocopy, 3 pages + 1 page enclosure, dated Zürich, 21 Nov 1933, to B. Traven, signed Ernst Preczang; thanking him for his (Traven's) support of his (Preczang's) resignation from Büchergilde Gutenberg, though he will remain as a member; describing conditions in Germany as far as he can determine from Switzerland; asking Traven to write to his (Preczang's) private address from now on; enclosing transcription of an item from *Deutsche Freiheit* of 3 Nov 1933, listing the latest "black list" of German authors. Booksellers will now be bound not to sell the works of, among others, Heinrich Heine, Sigmund Freud, Magnus Hirschfeld, Egon Erwin Kisch, Lion Feuchtwanger, Kurt Tucholsky, and some works of Upton Sinclair and B. Traven.

Folder 3 contains 5 essays written by Ernst Preczang *about* B. Traven, probably written for the *Büchergilde* magazine.

Folder 4 contains 7 letters from B. Traven to Büchergilde Gutenberg (other addressees than Preczang), 1930–1934, chiefly dealing with the problems of Büchergilde Berlin during the time his books were banned in Germany; they are sorted and listed in chronological order. The letters are to Erich Knauf, Bruno Dreßler, Josef Wieder, and others.

Folder 5 contains seven letters from B. Traven to various publishers, written between 1925 and 1964. One wonders why they are in the Büchergilde archives at all. Included is a photocopy of the important 'first contact' letter to the magazine *Vorwärts* which I describe in the catalogue as:

Letter, manuscript, photocopy, 1 page, dated Columbus, Tamaulipas, Mexico, 6 Jan 1925, to Feuilleton-Redaktion Vorwärts, Berlin, signed B. Traven, Columbus, etc. ...; offering the unpublished original manuscript of "Wie Götter entstehen" for publication in *Vorwärts* (payment requested following publication); also inquiring whether they would be interested in a longer manuscript about the cotton pickers of Mexico in "35,000 syllables, 20 pages, typed" as well as other travel reports from Latin America. The letter is written in pencil with the explanation "since the next opportunity to buy ink is 36 miles away."

Folder 6 contains 65 letters *to* Traven, either in original carbon copy or photocopy, chiefly from members of the Büchergilde Gutenberg staff (most often editor Erich Knauf), written between 1925 and 1939; the first two are from editors of the journals *Simplicissimus* and *Vorwärts*.

Folder 7 is titled "Correspondence: Josef Wieder, Zürich, representing B. Traven (Dec 1938–Oct 1939)." It had been labeled on the original Päßler file folder "Zürich (Traven – Wieder – Gilde) wichtigstes Material." This short time period saw Wieder write 42 letters—and maybe more—to Traven.

Folder 8 contains 23 other letters written *about* B. Traven between 1926 and 1988 by or to various members of the Büchergilde Gutenberg editorial board.

Folders 9–12 contain originals or carbon copies of all of the contracts between the Büchergilde and B. Traven and between the Büchergilde and foreign publishers regarding translations of Traven books.

Folder 13 deals with a 1958 dispute between Traven and the publisher Kiepenheuer und Witsch.

Folders 14 and 15 contain correspondence between the Büchergilde (Dr. Helmut Dreßler) and Josef Wieder on contractual matters. This was labeled on Päßler's original folder as "Vertragsangelegenheiten." It includes some letters to and from other publishers as well, in both originals and carbon copies. The content consists chiefly of disagreements between Helmut Dreßler of the Büchergilde Gutenberg and Josef Wieder, representing B. Traven, about who holds the publishing rights to the various books originally published by Büchergilde Gutenberg. Part 1 (Folder 14) covers 1947–1957, and includes the period when Esperanza López Mateos was representing Traven in Mexico. This is a period in which many of the Traven novels were reissued. Part 2 (Folder 15) covers 1958–1967, which includes the period when the German UfA film version of *Das Totenschiff* was released (1959/60). At this time, many other publishers and especially book clubs in Germany, such as "Freunde der Weltliteratur," were interested in making a copy of the novel *Das Totenschiff* available to their members or to the general public.

Box 4, titled "Miscellaneous on Marut / Traven," is a curious collection of documents of all sorts pertaining to the B. Traven identity, none of which were new to me by the time I catalogued this collection. For example, Folder 1 contains 17 photographs or photocopies used by various authors of books about Traven, e. g., Gerd Heidemann and Will Wyatt, as well as by Büchergilde Gutenberg in some of its publications or essays about Traven. Seven photographs bear the ownership stamp: "Historisches Archiv Gerd Heidemann" or "STERN Hamburg, Foto: Gerd Heidemann"; five are labeled in pencil on back: "Wyatt." Virtually all of the documents from München on Ret Marut and his *Ziegelbrenner* magazine in Folder 7 bear the Heidemann label on the back.[18]

Finally, there are the photographs.

Box 5 contains ten large-format photo-reproductions of newspaper contributions from the entertainment section of various Düsseldorf newspapers, from 1912 to 1914. These were presumably collected by Päßler in the making of the *Werkausgabe*, as the early Ret Marut stories are gathered together in volume 13.[19]

Boxes 6 and 7 contain photographs. The first contains 171 photographs by B. Traven (or Traven Torsvan), taken in the 1920s, possibly on the Palacios Expedition, and partially used as illustrations in his 1928 book *Land des Frühlings*. The subjects are indigenous people, animals, houses, carts, towns and landscapes. The second box contains 28 personal photographs of Traven, nearly all from his later years with Rosa Elena Luján, and 53 photos used as illustrations for the Guthke book.

That is the extent of the rich Edgar Päßler archive.

The Websites

Since coming to work at Special Collections & Archives in 2002, it has been my responsibility to catalog both the Heidemann and the Päßler collections. It was also my responsibility to establish the internet presence for the B. Traven collections at the University of California, Riverside.

In 2006, in conjunction with a lecture visit to UC Riverside Libraries' Special Collections by Pancho Kohner, son of Paul Kohner and Lupita Tovar,[20] I mounted an exhibition (both physical and electronic) titled "The B. Traven Collections at UC Riverside Libraries." The exhibit cases in the Special Collections & Archives reading room were divided into the following topics: "The B. Traven Identity;" "Gerd Heidemann, Intrepid Reporter;" "Ret Marut and *Der Ziegel-*

---

[18] Of course we know that Büchergilde Gutenberg published the large (840-page) definitive B. Traven biography by Karl S. Guthke in 1987. It stands to reason that these materials were collected from everywhere for this publication, since it is so richly illustrated.

[19] B. Traven: Die Geschichte vom unbegrabenen Leichnam. Erzählungen. Frankfurt a. M. / Wien / Zürich: Büchergilde Gutenberg 1980 (Werkausgabe B. Traven. Hg. von Edgar Päßler. Bd. 13).

[20] The Kohner family is an international film powerhouse with multiple B. Traven connections. Paul Kohner (1902–1988), known as the Magician of Sunset Boulevard, was not only John Huston's agent (*Treasure of the Sierra Madre*), but also B. Traven's Hollywood representative from the 1930s until Traven's death in 1969. Lupita Tovar Kohner (*1911), Paul's wife, a renowned Mexican screen actress best known for her starring role in the 1931 Spanish-language version of *Dracula*, was admired by Traven, who corresponded with her and wrote screenplays just for her, though these were never realized. Pancho Kohner, son of Paul and Lupita, wrote and directed the 1971 film of Traven's *Bridge in the Jungle* starring John Huston.

brenner;" "B. Traven and the Movies;" and "*The Bridge in the Jungle.*" This last exhibit, displaying a dozen or so different editions of *Die Brücke im Dschungel* in five languages, showcased a small portion of UC Riverside Libraries' collection of monographs by and about B. Traven (which currently encompasses around 560 titles) and was a tribute to our guest lecturer, Pancho Kohner, who made Traven's short novel *The Bridge in the Jungle* into a film in 1971.

The electronic version of this exhibition can be found at: library.ucr.edu/?view=collections/spcol/Traven.

The second and far more important website dedicated to the B. Traven collections at UC Riverside Libraries was launched on March 27, 2009, the fortieth anniversary of B. Traven's death. We are particularly pleased to offer this website, as we know that B. Traven researchers live all over the world and usually cannot travel to Riverside, California. This website is a portal to indexes of the three largest archival collections: the Archive of Ret Marut & Der Ziegelbrenner, the B. Traven Collection of Gerd Heidemann and the Edgar Päßler Archive. The website can be found at: library.ucr.edu/?view=collections/spcol/travensite/index.html. The website is used to find and then request copies or electronic scans of the materials in the collections. All of us at UC Riverside's Special Collections & Archives welcome inquiries, and the B. Traven queries are handled by me personally! We have already received B. Traven-related inquiries from researchers in Germany, France, Belgium and the United States.

The B. Traven collections website is featured on the homepage of UC Riverside Libraries Special Collections & Archives (library.ucr.edu/?view=collections/spcol) under the category "Most visited collections." Researchers can enter any one of the three finding aids by clicking on the link to that particular one. Of course, this assumes that you know where to look for the materials you might need. As explained in this paper, the three collections contain different, and sometimes overlapping, materials. Materials from the earliest period of Ret Marut will be in the Archive of Ret Marut & Der Ziegelbrenner, materials from the established and published author B. Traven will likely be in the Päßler archive, but Gerd Heidemann's collection will often contain a photocopy he obtained of letters or documents that we also own in their original form in the Päßler or Ret Marut collections.

The finding aids are in digital (pdf) form, and this has implications for their searchability. Pdfs are searchable through the search or "find" box that appears at the top of each page, but the search can only be carried out within the document open at the time. Of course, there would be more ideal search options, but with the materials and methods available to us at the time, this is what we have been able to produce.

All three of the finding aids were produced as simple word-processed documents before our library had access to the newer indexing tools such as Archivist's Toolkit. While the two produced by me on site were available in electronic form, the finding aid to the Archive of Ret Marut & Der Ziegelbrenner was produced by James Goldwasser prior to UC Riverside's purchase of the collection in 1989. The best option for making this printed catalogue available online was to scan every page and create pdfs of Goldwasser's work. Interestingly, the pages of Goldwasser's catalogue were never numbered, and scholars who had used the print version always had to find creative ways to ask us for a certain document in the collection. I decided to hand-number the pages before we scanned them, so that from now on, users can ask for documents using a page number.

I divided it into six parts so that each individual part would not be too cumbersome, too slow to load or perhaps even incompatible with some researchers' computers. (As time goes by, this becomes less and less of a problem, but slow loading of internet documents is still an important consideration, because libraries want to be as user-friendly as possible.) The six sections divide naturally by Goldwasser's original 'chapters:' "Introduction," "Typed Manuscripts," "Autograph Manuscripts," "Printed Material," "Correspondence," "Correspondence to Marut," and "Other Material." Users will also notice the hand annotations in the right-hand margin (also mine) which designate which archival box in the collection contains that particular document. This is an aid toward retrieving the document from our archives. The system is still not perfect, and at this point, I usually retrieve the requested material myself. My plan, though, is to educate other staff members so that if I am not there, B. Traven materials can still be found fairly quickly.

The B. Traven Collection of Gerd Heidemann consists of 93 ring binders, as I mentioned before, each one labeled or 'titled' with its contents. I had originally made 93 separate files with the description of every item in each binder, plus one last file, number 94, listing the artifacts that came separately with the collection. Each one of these documents, when converted to pdf form, became its own online finding aid.

The recommended method for finding a certain document is to scan through the categories created by the collector—or the archivist—and then search the selected finding aid. And of course the staff at UC Riverside's Special Collections & Archives and I are always there to help you in any way we can.

The third finding aid was created by me upon receipt of the Edgar Päßler Archive in 2007. A single, 40-page document lists the contents of seven boxes, as described above. It is a single pdf with a single search option for the whole document.

Still ahead of me is the task of creating finding aids for the smaller scholarly collections on B. Traven in the Archives, such as William Weber Johnson, Hubert Jannich, E. R. Hagemann, Sidney Berger, and Peter Briscoe. I hope to complete these in the next two years. At the end of his 1999 presentation, Sidney Berger issued an invitation to the Traven scholars in his audience, which I will repeat here: "I hope that the fruit of your labors will eventually reside at UCR."

Werk / Autor

Jörg Thunecke (Köln)

Brückenschlag zu B. Traven?
Die Funktion der Digressionen in Ret Maruts Roman *Die Fackel des Fürsten*

> [W]enn wir einmal heraus haben, was in unserm Leben alles Einbildung und was Tatsache ist, werden wir noch recht sonderbare Dinge lernen und die ganze Welt von einem andern Gesichtswinkel aus betrachten.[1]

Zwischen Ret Maruts Roman *Die Fackel des Fürsten*[2] und dem Œuvre B. Travens besteht ein inhaltlicher und ein stilistischer Zusammenhang – ich habe darauf bereits vor über einem Jahrzehnt anläßlich eines Traven-Symposiums in Stockholm (1999) hingewiesen –,[3] wobei *ein* Bindeglied zwischen dem Frühwerk Maruts und dem Hauptwerk Travens die ungewöhnlich zahlreichen Digressionen – zu gut Deutsch: Abschweifungen – sind, die beide auszeichnen. In diesem Beitrag soll die narrative Funktion dieser Digressionen in Maruts Roman – mit gelegentlichen Seitenblicken auf das Werk B. Travens – einer näheren Untersuchung unterzogen werden.

In der klassischen Rhetorik – insbesondere bei Quintilian (ca. 35–96)[4] – waren Digressionen (gr. παρέκβασις, lat. *egressio*, *digressio* und *excursio*) Teile einer Rede, in denen absichtlich vom eigentlichen Thema abgewichen wurde. Dabei unterschied man zwischen drei Redearten: Gerichtsreden (gr. γένος δικανικόν, lat. *genus iudiciale*), Beratungsreden bzw. politischen Entscheidungsreden (gr. γένος συμβουλευτικόν, lat. *genus deliberativum*) sowie Lob- und Festreden (gr. γένος ἐπιδεικτικόν, lat. *genus demonstrativum* oder *genus laudativum*). Die einzelnen gedanklichen Abschnitte einer Rede wurden als *partes orationis* bezeichnet und bestanden aus fünf Teilen: Einleitung (*exordium / prooemium*), Schilderung des Sachverhaltes (*narratio*), Gliederung (*propositio*), Beweisführung (*argumentatio*) und Schluß (*conclusio*). Eingeschoben zwischen Beweisführung und Schlußteil einer Rede wurden dabei häufig Digressionen, die mit dem eigentlichen Thema in keinem Zusammenhang standen. Die Wirkungs-

---

[1] B. Traven: Das Totenschiff. Berlin: Büchergilde Gutenberg 1926, S. 244 (Buch 3, Kap. 47).
[2] Ret Marut: Die Fackel des Fürsten. Nottingham 2008; Zitate aus dieser Ausgabe werden unmittelbar im Haupttext mit F und Seitenzahl (ohne ‚S.') nachgewiesen.
[3] Jörg Thunecke: ‚Die Fackel des Fürsten'. Ret Maruts Roman als kulturpolitischer und ethnologischer Brückenschlag zu B. Traven. In: B. Traven the Writer. Der Schriftsteller B. Traven. Hg. von J. Th. Nottingham 2003, S. 83–131, hier S. 104f.
[4] Quintilian: Institutio Oratoria (ca. 95).

weisen einer Rede zielten entweder auf *docere et probare* (belehren und argumentieren), *conciliare et delectare* (gewinnen und erfreuen) oder auf *flectere et movere* (rühren und bewegen) ab.

In der westeuropäischen Literatur war der Einsatz von Digressionen als Stilmittel besonders in Satiren des 18. Jahrhunderts weit verbreitet. Herausragende Beispiele hierfür sind Jonathan Swifts *A Tale of a Tub* (1704), Laurence Sternes *Tristram Shandy* (1759/67) sowie Denis Diderots *Jacques le fataliste et son maître* (1771/78); aber auch in der deutschen Literatur des 18. und 19. Jahrhunderts gibt es dafür einige exzellente Beispiele,[5] so etwa das Romanwerk Jean Pauls (1763–1825)[6] und das Wilhelm Raabes (1831–1910).[7] Aufgrund dieses literarhistorischen Hintergrunds soll hier jetzt am Beispiel von Laurence Sternes (1713–1768) Roman *The Life and Opinions of Tristram Shandy, Gentleman* kurz erläutert werden, um was es sich bei derartigen literarischen Digressionen handelt und inwiefern es berechtigt ist, Ret Maruts bzw. B. Travens Werke dieser Tradition zuzuordnen.

Für viele Leser war und ist *Tristram Shandy* ein völlig unorganisierter, chaotischer Roman, eine Meinung, die z. B. Ausdruck fand in E. M. Forsters bekanntem Diktum: „Obviously a god is hidden in *Tristram Shandy*, and his name is Muddle",[8] und worauf auch ein Kritiker wie Norbert Kohl jüngst noch einmal hingewiesen hat, als er in seinem Nachwort zu einer neuen deutschen Über-

---

[5] Vgl. dazu Michael von Poser: Der abschweifende Erzähler. Rhetorische Tradition und deutscher Roman im 18. Jahrhundert. Bad Homburg 1969 (Respublica litteraria 5).

[6] Vgl. dazu Gerhard Baumann: Jean Paul. Zum Verstehensprozeß der Dichtung. Göttingen 1967 (Kleine Vandenhoeck-Reihe 264), S. 31 u. bes. S. 35; siehe ferner Dieter Baacke: Vehikel und Narrenschiff der Seele. Zu Jean Pauls Abschweifungen und Digressionen. In: Jean Paul. Hg. von Heinz Ludwig Arnold. München 1974 (Text + Kritik Sonderbd.), S. 26–43 sowie Rüdiger Scholz: Die Digressionen. In: Ders.: Welt und Form des Romans bei Jean Paul. Bern 1973, S. 198–223, hier S. 198f.: „Dienen Vorrede und Erzählabschweifungen dazu, die Grenze zwischen Dichtung und Wirklichkeit zu verwischen, indem sie den Schein der Realität bei der romanhaften Welt zerstören, zugleich aber auch die Romangeschichte durch die Erzählfigur in die (Schein-) Wirklichkeit der Erzähler-Leser-Welt ziehen, so lösen die größeren Digressionen die Konturen der Dichtung als eines geschlossenen Fiktionsbereiches vollends auf, da sie als selbständige, meist nur locker mit der Romanhandlung verbundene Teile den Verlauf der Romangeschichte erheblich unterbrechen und die Aufmerksamkeit der Lesenden von der romanhaften Welt relativ lange abziehen. [...] Für Jean Paul gehören die Digressionen zum Roman. Man darf [aber] das nicht so auffassen, Jean Paul habe den Druck eines Romans als willkommene Gelegenheit betrachtet, kleinere Nebenschriften mit zu veröffentlichen, sondern sein Roman war eben nur vollständig mit den Beiwerken."

[7] Vgl. dazu Herman Meyer: Das Zitat in der Erzählkunst. Zur Geschichte und Poetik des europäischen Romans. 2. Aufl. Stuttgart 1967, S. 205: „Vielleicht nirgendwo sonst in der Romandichtung [als bei Wilhelm Raabe, J. Th.] ist das literarische Zitat mit solcher Radikalität und mit solchem experimentierenden Wagemut zum strukturierenden Hauptelement erhoben worden." Siehe ferner Uwe Vormweg: Wilhelm Raabe. Die historischen Romane und Erzählungen. Paderborn 1993, Kap. 6 (S. 220–268): „Die ‚Reduktion' des historischen Romans zum autonomen Reflexionsmedium – ‚Hastenbeck' (1899)".

[8] E. M. Forster: Aspects of the Novel. London 1947, S. 146.

setzung von Sternes Roman anmerkte: „Jeder Leser, der den *Tristram Shandy* zum ersten Mal zur Hand nimmt, wird das Buch nach (oder während) der Lektüre mit gemischten Empfindungen zur Seite legen. Er fühlt sich irritiert und gefoppt."[9] Und bereits zu einem früheren Zeitpunkt hat ein weiterer Kritiker in die gleiche Kerbe geschlagen, indem er behauptete, ein ‚ungeschulter Leser', der vom Roman eine Geschichte verlange, gewinne stattdessen „den Eindruck eines planlosen Durcheinanders" und werde abgeschreckt.[10] Allerdings ist diese Warnung des Hamburger Anglisten Johannes Kleinstück etwas irreführend; denn wie kein anderer hat gerade er in einem kurzen, prägnanten Beitrag zu Sternes Roman jene entscheidenden Punkte herausgearbeitet, die auch für die Diskussion des Gebrauchs von Digressionen bei Marut / Traven relevant sind. Kleinstück wies nämlich darauf hin, daß wir es bei Sternes Art des Schreibens mit einer ‚Methodenreflexion' zu tun haben: „[W]ir treten aus der Haltung des nur empfangenden Lesers heraus und werden zum denkenden und kritischen Leser".[11] Genau das aber war Sternes Absicht, als er einst schrieb: „I wish that [...] all good people, both male and female [...] may be taught to think as well as read".[12] Mit anderen Worten, Sterne forderte schon seinerzeit Mitarbeit und Mitschaffen, indem er den Leser bei der Lektüre seines Romans ausdrücklich zwang, „innezuhalten, zurückzublättern, zu vergleichen":[13] denn „[t]he mind should be accustomed to make wise reflections, and to draw curious conclusions as it goes along",[14] man sollte also nicht einfach drauflos lesen „in quest of the adventures".[15] Anders ausgedrückt – und damit kommen wir Maruts und Travens Absichten beim Einsatz von Digressionen in ihrem Romanwerk bereits ziemlich nahe: „Sterne stößt den geistig trägen Leser ab und bringt den sensiblen Leser zum Nachdenken."[16]

Prinzipiell gilt es, drei Arten von Digressionen zu unterscheiden, die sich – laut William Bowman Piper – alle in *Tristram Shandy* nachweisen lassen:

---

[9] Norbert Kohl: Die Struktur des ‚Tristram Shandy'. In: Laurence Sterne: Leben und Meinungen von Shandy Tristram, Gentleman. In der Übers. von Friedrich Seubert. Durchges. u. rev. von Hans J. Schütz. Mit e. Essay u. einer Bibl. von N. K. Frankfurt a. M. 1982 (Insel-Taschenbuch 621), S. 693–715, hier S. 693.
[10] Johannes Kleinstück: Zur Form und Methode des ‚Tristram Shandy'. In: Archiv für das Studium der neueren Sprachen 109 (1958), Bd. 194, S. 122–37, hier S. 122.
[11] Ebd., S. 123.
[12] Vgl. Laurence Sterne: The Life and Opinions of Tristram Shandy, Gentleman, and A Sentimental Journey through France and Italy. London o. J., S. 62 (I, 20). (Sterne: Leben [Anm. 9], S. 73: „Ich wünsche, [daß] alle guten Leute, männliche und weibliche[,] ein Beispiel daran nehmen und ebenso gut denken wie lesen lernen.")
[13] Kleinstück (Anm. 10), S. 123.
[14] Sterne: Life (Anm. 12), S. 60 (I, 20). (Sterne: Leben [Anm. 9], S. 70: „Der Geist solle sich daran gewöhnen, beim Vorwärtsschreiten in einem Buch, weise Betrachtungen anzustellen, und merkwürdige Schlüsse zu ziehen".)
[15] Ebd.
[16] Kleinstück (Anm. 10), S. 124.

1) the *explanatory* digression, by which Tristram helps his audience to understand his story and to see it more clearly, 2) the *opinionated* digression, by which Tristram derives from his story and from his telling of it lessons on life and literature of general value to his audience, and 3) the *interlude*, which has no relationship to Tristram's story except to punctuate its major parts and by which Tristram settles [...] accounts with his audience.[17]

Im Zusammenhang mit dem Romanwerk Ret Maruts und B. Travens ist besonders Sternes zweite Digressionsvariante von Bedeutung, die – wie Kohl hervorhob – dazu diente, die Erzählsequenz mit ‚auktorialen Kommentaren' zu unterfüttern.[18] Denn mehr als alle anderen läßt sich gerade diese Art von Abschweifung im Werk Maruts / Travens nachweisen, ja, sie ist im Grunde genommen recht eigentlich das Herzstück aller ihrer Romane. Oder, um Sterne noch ein letztes Mal zu bemühen: „Digressions, incontestably, are the sunshine; – they are the life, the soul of reading! – *take them out of this book* [*Tristram Shandy*], *for instance, – you might as well take the book along with them*",[19] eine Behauptung, die ebenso auf Maruts und Travens Romane zutrifft!

Ret Maruts Anti-Kolonialroman *Die Fackel des Fürsten* entstand einige Jahre vor dem Ersten Weltkrieg – wahrscheinlich um 1910/12; ein Schreiben des Autors von Mitte Mai 1914 (*ante quem*) an einen nicht namentlich genannten Verlag legt eine solche Schlußfolgerung nahe.[20] Die narrative Struktur dieses Frühwerks, das den Konflikt zwischen Kultur und Zivilisation thematisiert,[21] ist – abgesehen von zahlreichen Digressionen – äußerst traditionell: der lineare Handlungablauf schildert den zehnjährigen Aufenthalt des französischen Ingenieurs Gajus Vautour in Annam (einer Provinz im heutigen Vietnam, damals Teil des französischen Kolonialreiches) sowie seine letztendliche Rückkehr nach Frankreich; und gäbe es in diesem Werk nicht die zahlreichen „historischen und ökonomischen sowie speziell die sozio- und kulturpolitischen Einschübe und Abschweifungen",[22] die den Kern des aus zwanzig Kapiteln plus einer ‚Vorgeschichte' bestehenden Romans ausmachen, es würde die Lektüre kaum lohnen. Da in *Die Fackel* zweierlei Arten von Digressionen parallel zum Einsatz kommen: nämlich solche, bei denen der Erzähler im Namen des Protagonisten und andere, wo er *pro domo* (auktoriale Kommentare) spricht, und da der ‚ausgreifende Erzähler'

---

[17] William Bowman Piper: ‚Tristram Shandy's' Digressive Artistry. In: Studies in English Literature, 1500–1900. 1 (1961), Nr. 3, S. 65–76, hier S. 65; Hervorh. J. Th.
[18] Kohl (Anm. 9), S. 698.
[19] Sterne: Life (Anm. 12), S. 73 (I, 22); Hervorh. J. Th. (Sterne: Leben [Anm. 9], S. 84: „Abschweifungen sind unleugbar der Sonnenschein – das Leben, die Seele der Lektüre – man nehme sie zum Beispiel aus diesem Buche – so könnte man ebensogut das ganze Buch mitnehmen".)
[20] Vgl. dazu den im Anhang zu Marut: Fackel (Anm. 2), S. 126–128 abgedruckten Brief Maruts vom 14. Mai 1914; siehe ferner Thunecke: ‚Fackel' (Anm. 3), S. 90 bzw. 92.
[21] Thunecke: ‚Fackel' (Anm. 3), S. 131.
[22] Ebd., S. 104f.

(Lämmert)[23] in diesen Abschweifungen kulturpolitisch eine völlig andere Position bezieht als der Protagonist, soll in diesem Beitrag insbesondere das Spannungsverhältnis zwischen beiden Digressionstypen untersucht werden.[24] In auktorialen Erzählsituationen gehört der Erzähler selbst nämlich nicht zu der Geschichte, die er erzählt, sondern tritt als deren Urheber und Vermittler in Erscheinung. Der Erzähler ist also selbst nicht Teil der dargestellten Welt, sondern schildert sie ‚allwissend' von außen, weswegen er oft als auktorialer Erzähler bezeichnet wird. In diesem Sinne kann er etwa Zusammenhänge mit zukünftigen und vergangenen Ereignissen herstellen, diese kommentieren und Wertungen (Erzählerrede) abgeben, Handlungen verschiedener Charaktere zur gleichen Zeit an unterschiedlichen Orten schildern, etc. Generell weiß er also mehr als seine Figuren, er kennt deren Gedanken- und Gefühlswelt und sieht die Situation aus einer anderen Perspektive. Mit anderen Worten – um hier einen von Gérard Genette geprägten Begriff aus der Erzähltheorie zu bemühen, der das Verhältnis zwischen dem Wissen einer Erzählinstanz und dem einer Figur beschreibt: es handelt sich in Maruts Roman um eine sogenannte ‚Nullfokalisierung'; und da der Erzähler zudem in der Handlung selbst nicht vorkommt, ist seine Position – wiederum laut Genette – als ‚heterodiegetisch' einzustufen.[25] In Maruts Roman *Die Fackel* führt das oben erwähnte Spannungsverhältnis zwischen Digressionen – Lämmert spricht in diesem Kontext von „Spannungen zwischen Personenwort und Dichterwort"[26] –, in denen der auktoriale Erzähler als ‚Kulturkritiker' auftritt, und solchen, in denen der Protagonist als ‚Kulturträger' (vgl. F, 39) erscheint, zur Schilderung einer Art von ‚Kulturkampf' zwischen der uralten annamitischen Kultur und den relativ jungen zivilisatorischen Errungenschaften Europas, der viel Idealismus ausstrahlt und den man so in dem von Bitterkeit und Zynismus durchtränkten Werk B. Travens kaum je wiederfindet.[27] Lediglich in seinem Mexiko-Buch *Land des Frühlings* (1928) ist Traven einmal kurz auf die Problematik dieses Konflikts eingegangen, als er im dortigen 17. Kapitel seinem Zeitalter in Sachen Zivilisationskrankheiten folgende Diagnose stellte: „Ich denke, Zivilisation ist das, was dem Menschen das Leben erleichtert, und Kultur ist das, was dem Menschen das Leben verschönert und seine Seele bereichert";[28] ich werde darauf später noch kurz zurückkommen.

---

[23] Eberhard Lämmert: Bauformen des Erzählens. 4. Aufl. Stuttgart 1970, S. 69.
[24] Um das Material einzuengen, sollen hier bevorzugt solche Abschweifungen in Betracht gezogen werden, die im Typoskript von einem Verlagslektor gestrichen wurden, da er sie (offenbar) als überflüssige oder gar unerwünschte Ausschmückungen empfand (siehe Thunecke: ‚Fackel' [Anm. 3], S. 105, Anm. 49); auf Einzelheiten der Kulturpolitik in der französischen Kolonie Indochina um die Wende vom neunzehnten zum zwanzigsten Jahrhundert hingegen kann an dieser Stelle allerdings bestenfalls punktuell eingegangen werden (siehe dazu ebd., S. 95–100).
[25] Gérard Genette: Die Erzählung. Aus dem Frz. von Andreas Knop. München 1998.
[26] Lämmert (Anm. 23), S. 201.
[27] Vgl. dazu auch Thunecke: ‚Fackel' (Anm. 3), S. 131.
[28] B. Traven: Land des Frühlings. Berlin: Büchergilde Gutenberg 1930, S. 216.

Im Sinne dieses kurzen theoretischen Vorspanns sollen hier nunmehr selektiv einige typische narrative Passagen aus Maruts Roman vorgestellt werden, in denen der Autor beide Digressionsarten – d. h. solche, wo sowohl der protagonistische ‚Kulturträger' als auch der auktoriale ‚Kulturkritiker' fast gleichzeitig zur Sprache kommen – kunstvoll miteinander verknüpft und in spannungsreiche Beziehung gesetzt hat.

Als erstes Beispiel einer derartigen Koppelung unterschiedlicher Digressionstypen sei hier auf eine Textstelle direkt am Anfang des ersten Kapitels von *Die Fackel* verwiesen, wo der Erzähler berichtet:

> Der frühere Ingenieur war von einer heimtückischen Krankheit weggerafft worden. [...] Und wenn jetzt Vautour die Arbeit betrachtete, so war es doch in der Hauptsache sein eigenes Werk, denn das ursprüngliche Unternehmen war bei weitem kleiner erdacht worden. Auf seine Anregung und Pläne hin bewilligte die Regierung die Mittel, um die Bahn um das Vierfache zu verlängern. Es war nicht allein Stolz, der Vautour bewegte. Vielmehr Freude war es, die ihn beherrschte, wenn er die gebaute Strecke mit seinen Augen verfolgte. *Das war Kulturarbeit im wahrsten Sinne des Wortes.* Die Reichtümer des unerhört fruchtbaren Landes wurden der ganzen Menschheit vermittelt. Wenn er sich auch dabei sagen mußte, daß das Volk und alle die Menschen, die ohne die europäische Zivilisation vielleicht glücklicher lebten, nun ihre Ursprünglichkeit, ihre Unabhängigkeit und ihre wundervolle Unbefangenheit verlieren sollten, so kam ihm andererseits doch auch wieder zum Bewußtsein, *daß die europäische Kultur trotz aller ihrer Nachteile bei verständnisvoller und humaner Verbreitung letzten Endes doch immer ein Segen für die fremden Völker werden mußte.* [...] Die wirkliche Schutzherrschaft eines humanen europäischen Staates konnte hier Wunder vollbringen, denn die gepriesene Freiheit der Ureinwohner war, genau betrachtet, doch sehr zweifelhafter Art. (F, 15f.; Hervorh. J. Th.)

Mit anderen Worten: der Protagonist wird hier in ziemlich positivistischem Lichte als ‚Kulturträger' vorgestellt, der – trotz gewisser Zweifel – alles in allem die angeblich Segen bringenden Bemühungen der französischen Kolonialmacht gutheißt und zu verstehen gibt, daß er dazu einen Beitrag leisten möchte. Derartige einseitige pro-kolonialistische Ansichten seitens des Ingenieurs werden jedoch vom auktorialen Erzähler – der zweifelsohne auch die Meinung des Autors wiedergibt – nicht geteilt, der in einer weiteren Digression, die sich an die vorhergehende übergangslos anschließt, zu einer gänzlich anderen Einschätzung der Verhältnisse in der französischen Kolonie gelangt, wodurch wiederum die bereits eingangs erwähnten Spannungen entstehen:

> Aber sollte diese Schutzherrschaft auch tatsächlich zu Gunsten dieses viel versprechenden Landes geübt werden und nicht bloß ein Wechsel der Regierung und der Personen sein, so mußten Verkehrserleichterungen geschaffen werden, die allein im Stande sind, wahre Kultur zu verbreiten und zu befestigen. Ein Ort, der von jedermann, und nicht nur von Regierungspersonen, für verhältnismäßig wenig Kosten erreicht werden kann, wird

Brückenschlag zu B. Traven? 155

> nur in seltenen Fällen und nur unter ganz besonders ungünstigen Umständen ein Schauplatz fortgesetzter Kulturwidrigkeiten sein können. Die Putumayo-Greuel wären ganz unmöglich gewesen, wenn diese Gegend leicht zu erreichen gewesen wäre, wenn sie in einem innigeren Kontakt, sei es durch direkte, zensurfreie Nachrichten oder durch Bahn oder Autostraßen mit der Kulturwelt gestanden hätte. So aber, weil viele, viele Monate darüber hingehen, ehe ein amtlicher Bericht herbeigeschafft werden kann, ist weder eine Gewähr geleistet, daß nicht am gleichen Ort oder an einer ähnlichen Stelle noch schlimmere Grausamkeiten verübt werden, noch können die weißen Verbrecher zur Rechenschaft gezogen werden. Man hat nie davon gehört, daß den Putumayo-Henkern ernsthaft zu Leibe gegangen wäre. Die Kulturwelt hat sich damit begnügt, die Versicherung entgegenzunehmen, daß die Behandlung der Farbigen eine bessere geworden sei. Ob es wahr ist, wird man erst dann wieder erfahren, wenn es zu spät ist. (F, 16)

Leider kann an dieser Stelle nicht näher auf Ret Maruts interessanten Hinweis, den sogenannten ‚Putumayo-Skandal' (F, 16) betreffend,[29] eingegangen werden; es soll diesem Thema jedoch demnächst eine gesonderte Abhandlung gewidmet werden.[30] Zudem hält sich der Erzähler selbst ebenfalls nicht lange bei diesem Thema auf, sondern wechselt sofort die Perspektive, indem er sich – den Faden wieder aufgreifend – erneut dem Protagonisten zuwendet:

---

[29] Die ‚Putumayo Atrocities' am Oberlauf des Amazonas in den Jahren um 1909/10 führten 1910/11 zu Roger Casements (1864–1916) im Auftrag der britischen Regierung durchgeführten Mission nach Peru. Vgl. dazu Scrutator: ‚The Devil's Paradise'. A British-Owned Congo. In: Truth. Weekly Journal (London) 66 (1909), Nr. 1708 (22. September), S. 663–66, Nr. 1709 (29. September), S. 719–26, Nr. 1710 (6. Oktober), S. 781–83, Nr. 1711 (13. Oktober), S. 846f., Nr. 1713 (27. Oktober), S. 971–74, Nr. 1714 (3. November), S. 1037–39, Nr. 1715 (10. November), S. 1103f.; 67 (1910), Nr. 1723 (5. Januar), S. 13–15, Nr. 1727 (2. Februar), S. 247, Nr. 1746 (15. Juni), S. 1562f., Nr. 1747 (22. Juni), S. 1630f. Siehe ferner W. E. Hardenburg: The Putumayo – The Devil's Paradise. Travels in the Peruvian Amazon Region and an Account of the Atrocities Committed upon the Indians Therein. London / Leipsic 1913 [1. Aufl. 1912]; Ders.: Story of the Putumayo Atrocities. In: The New Review [New York] 1 (1913), S. 629–634; Correspondence Respecting the Treatment of British Colonial Subjets and Native Indians Employed in the Collecting of Rubber in the Putumayo. Hg. vom Foreign Office. London 1912 (H. M. S. O. Misc. 8); Report by His Majesty's Consul at Iquitos on his Tour in the Putumayo District. Hg. vom Foreign Office. London 1913 (H. M. S. O. Misc. 6); N[orman] T[hompson]: The Putumayo Red Book. With an Introduction on the Real Scandal of the Putumayo Atrocities. London [1914]; Barbara Weinstein: The Amazon Rubber Boom, 1850–1920. Stanford, CA 1983; Richard Collier: The River that God Forgot. The Story of the Amazon Rubber Boom. London 1968; Michael Edward Stanfield: Red Rubber, Bleeding Trees. Violence, Slavery, and Empire in Northwest Amazonia, 1850–1933. Albuquerque 1998; Roger Casement: The Amazon Journal. Hg. von Angus Mitchell. London 1997; Roger Casement: Diaries. 1910: The Black and the White. Hg. von Roger Sawver. London 1997.

[30] Die Erwähnung des ‚Putumayo-Skandals' bietet zudem eine zusätzliche Möglichkeit, den vorliegenden Roman zu datieren (*post quem*).

> Und je näher Vautour das Land kennenlernte, je mehr begann er sich für
> das Volk zu interessieren und umso mehr trat er temperamentvoll dafür
> ein, daß die Regierung Bahnen und Straßen anlegen lassen soll, soviel als
> ihrer nur irgend möglich sind. Selbst für jene Gegenden, die weniger
> ertragreich schienen, wollte er gute Verkehrsmöglichkeiten nicht missen.
> Seiner Meinung nach sollte die Rentabilität einer Bahn durch sich selbst
> wachsen und gedeihen. In einem umfangreichen Bericht an die Regierung
> in Saigon hatte er einen Satz geprägt, der hieß „Ohne Bahn – keine Kultur,
> also ohne Bahn – keine Sicherung des kolonialen Besitzes und keine
> Berechtigung, sich Kolonialmacht zu nennen" Dieser Satz kam bis ins
> französische Parlament und wurde hier die kleine Ursache, daß die zwei-
> felhafte Stimmung während der Beschlußfassung sich mit erheblicher
> Mehrheit zu Gunsten der geplanten Bahn entschied. (F, 16)

Ergebnis dieser Entscheidung des französischen Parlaments war – wie wir sodann vom Erzähler in einer dritten, hier wesentlich gekürzt wiedergegebenen Digression erfahren –, daß Gajus Vautour „[e]in unsägliches Glücksgefühl durchströmte": „*Kulturträger, Pionier der Zivilisation* zu sein, was für ein herrlicher, eines Menschen würdiger Beruf war das doch!" (F, 17; Hervorh. J. Th.)

Kapitel 4 (F, 30f.) von *Die Fackel des Fürsten* enthält in Form einer Digression – und wir wenden uns damit einem zweiten Beispiel zu – einen Bericht über Vautours Orientierungsreise in den damals bereits erschlossenen Küstenabschnitt Annams, dem von Kapitel 5 an eine Beschreibung der eigentlichen Reise ins Landesinnere folgt, die sich über acht Kapitel des Romans (bis einschließlich Kapitel 13) erstreckt und einen Großteil der Romanhandlung ausmacht.[31] In dem einem ersten Abschnitt der Reise gewidmeten Teil berichtet der Erzähler von Vautours wachsendem Erstaunen über die kulturellen Errungenschaften der einheimischen Bevölkerung; es heißt dort u. a.:

> Vautour hatte auf dieser kleinen Orientierungsreise immer nur den einen
> Gedanken: „Hier müßte man Bahnen bauen." Das Land, das sich ihm in
> seiner herrlichen Schönheit offenbarte, sah er bald nicht mehr mit den Au-
> gen eines dankbaren Menschen, der vor der märchenhaften Pracht dieses
> Landes die Hände zum Gebet falten möchte, er sah die Natur zuletzt nur
> noch mit den Augen des messenden und bauenden Ingenieurs. Die Zivili-
> sation, in der er aufgewachsen war, machte sich bemerkbar. Die einseitige
> Zivilisation, die jedes Fleckchen Erde, sei es auch noch so schön, noch so
> reich, noch so jungfräulich und unberührt immer nur daraufhin betrachtet,
> wie man es der Menschheit dienstbar machen könne. Als sei die Erde nur
> für die Menschen und nicht auch für sich selber da. Und so durchschnitt er
> im Geiste jeden Wald, jeden Hügel, jedes malerische Flußbett und jedes
> Blütenfeld mit schmalen, eisernen Schienen und ließ darauf die fauchen-
> den, qualmenden und stinkenden Ungeheuer dahin eilen. So verlor er das
> träumerische Auge für die Wunder des Landes, verlor das Gefühl für die
> erhabene Majestät der Natur, die sich nur an wenigen Stätten der Erde den
> Menschen so machtvoll aufdrängt wie hier. Aber *sein kultivierter Geist*

---

[31] Marut: Fackel (Anm. 2), S. 34–78 (d. h. 40% des Romans).

empfand nur die Ausnützungsmöglichkeiten und Ausbeutungsaussichten dieses gesegneten Stückchens Erde, und sein Berufseifer ließ weder Andacht noch Dankbarkeit in ihm aufkommen. Damit beraubte er sich selbst, ohne daß er sich dessen bewußt wurde, der edelsten Genüsse, die einem Menschen nur werden können. (F, 32f.; Hervorh. J. Th.)

Wie sich problemlos erkennen läßt, hat man es hier mit einem eindrucksvollen Beispiel herber Zivilisationskritik seitens des auktorialen Erzählers zu tun; denn nicht nur wird der angebliche ‚Kulturträger' hier äußerst negativ als potentieller Ausbeuter geschildert, sondern es fehlt ihm zudem die Einsicht in das – wie Traven es im *Land des Frühlings* knapp zwei Jahrzehnte später so treffend formulierte –, „was dem Menschen das Leben verschönert und seine Seele bereichert."[32]

In der sich daran anschließenden Schilderung von Vautours Reise ins Landesinnere lassen sich sodann erneut die Maruts Roman innewohnenden Spannungen zwischen den beiden Digressionstypen nachweisen. Denn im fünften Kapitel berichtet der Erzähler zunächst:

Je tiefer Vautour in das Land drang, umso mehr fand er, daß sich die Bewohner des Hinterlandes von Annam hinsichtlich ihres Aussehens, ihres Charakters, ihrer Sitten und Gebräuche von den Küstenbewohnern gewaltig unterschieden. Sie zeigten sich immer weniger [...] von fremden Elementen beeinflußt. Sie wurden immer ursprünglicher, immer natürlicher und selbstverständlicher. Worüber er sich jedoch am meisten wunderte war, daß er völlig kulturlose Menschen überhaupt nicht antraf, selbst nicht in Gegenden, die von der Außenwelt fast ganz und gar [...] abgeschnitten waren. Das versetzte ihn in das höchste Erstaunen. (F, 34)

Während man es hier mit einer direkt auf den Protagonisten zugeschnittenen Abschweifung zu tun hat, einer Passage auffällig wegen der darin vermittelten Unwissenheit und Naivität des Ingenieurs in Sachen annamitischer Kultur, folgt anschließend – wieder quasi übergangslos und typisch für Maruts Vorgangsweise – eine weitere Digression, in welcher der auktoriale Erzähler die abwertenden Ansichten Vautours relativiert und die kulturellen Errungenschaften der Eingeborenen und der Europäer einem kritischen Vergleich unterzieht, der durchaus nicht schmeichelhaft für die Kolonialisten ausfällt:

Der Europäer mit seiner hoch stehenden Kultur ist stets bestrebt, alles[,] was er erreicht hat, als das Originelle und nur von ihm erdachte anzusehen. Deshalb wundern sich auch die Reisenden, die nach überseeischen Ländern kommen, daß sie fast immer eine Kultur vorfinden, die sie nicht für möglich gehalten hätten. Die Kultur ist bei weitem älter, als die Menschen gemeinhin glauben. Wenn in diesen Ländern die Entwicklung nicht über ein bestimmtes Maß hinausgeht, so liegt das weniger an dem Mangel der Entwicklungsmöglichkeiten als daran, daß für eine Höherentwicklung tatsächlich gar kein Bedürfnis vorhanden ist. Und das Bedürfnis ist doch die

---

[32] Traven: Land (Anm. 28).

> Haupttriebfeder aller kulturellen Entwicklung und alles Vorwärtsschreitens. Je leichter dem Menschen die Befriedigung seiner Lebensbedürfnisse infolge der Fruchtbarkeit der Erde oder der persönlichen Anspruchslosigkeit gemacht wird, umso weniger hat der Mensch ein Interesse an einer größeren Ausnützung seiner Lebens- und Genußmöglichkeiten. Wenn ein Volk dann trotzdem einen höheren Kulturstand erreicht, so ist das doppelt anerkennenswert, ja vielleicht noch höher zu bewerten, als die Fortschritte der Bewohner in den gemäßigten Zonen, die auf ihre Kulturhöhe infolge äußerer Bedrängnisse und Daseinsschwierigkeiten hinauf getrieben wurden. (F, 35)

Handelte es sich bis hierher noch um eine vergleichsweise ausgewogene Einschätzung der kulturellen Errungenschaften zwei grundverschiedener Bevölkerungsgruppen, folgt anschließend jedoch sofort die Feststellung, daß die Eingeborenen Dinge herzustellen wußten, „die in ihrer Eigenart, in ihrer Form, in ihrer unerhört geschmackvollen Farbenpracht ihnen selbst heute noch nicht der Europäer nachzuahmen in der Lage ist" (F, 35),

> [d]erselbe Europäer, der damals schon an der Spitze der Zivilisation zu marschieren vorgab, als er in den achtziger und neunziger Jahren des verflossenen Jahrhunderts in seinem Kunstgewerbe eine Stil- und Geschmacklosigkeit offenbarte, die zum Himmel stank und sich hieraus erst durch den sogenannten ‚japanischen' Einfluß einigermaßen erholte. Solcher ähnlicher Geschmacksverirrung ist der ‚Wilde' erst fähig geworden, seit tüchtige europäische Händler die ‚unkultivierten' Völker mit den verstaubten und verdreckten Ladenhütern aus jener schandbaren Kulturperiode Europas überschütteten. Erst seit dieser Zeit sehen die Angehörigen der farbigen Völker so unendlich komisch aus, so sehr den Affen ähnlich. (F, 35f.)

Und nach solch abfälligen Worten sieht der Erzähler keinen Anlaß, sich noch länger zu zieren und geht direkt zum Frontalangriff auf die kulturelle Überheblichkeit der europäischen Kolonisatoren über:

> Der anmaßende Stolz der Europäer läßt es nicht zu, die vollendeten und vor allen Dingen künstlerisch unvergleichlich schönen Arbeiten der wilden Völker unbefangen zu betrachten. *Er sieht sie mit europäischen Augen an und beurteilt danach ihren Wert.* Dann natürlich erscheinen sie primitiv. Der Europäer vergißt nur, daß er die meisten, ja fast alle seine Erfindungen, die ihm das Übergewicht der Kultur gaben, nicht seinem Geiste und seiner Intelligenz in erster Linie verdankt, sondern glücklichen Zufällen. (F, 36; Hervorh. J. Th.)

Es handelt sich hierbei um eine Textstelle, die unwillkürlich an eine ähnliche Passage in B. Travens *Die Brücke im Dschungel* (1929) – wahrscheinlich des Autors kulturell einfühlsamster Roman – erinnert, worin der Ich-Erzähler anläßlich des Begräbnisses des kleinen Carlos (der im Fluß ertrunken war) auf negative europäische Einflüsse im kulturellen Bereich bei den Eingeborenen Mexikos

Brückenschlag zu B. Traven?

hinweist, Auswüchse, die der Autor in *Land des Frühlings* – ungefähr zur gleichen Zeit – als „Kehrichthaufen der Zivilisation" bezeichnet hatte:[33]

> So setzt die Musik lustig ein mit: „It ain't goin' t'rain no' mo' –."[34] Jene Kulturwelle, die in genau bestimmten Intervallen von der europäischen und von der amerikanischen Hochzivilisation erbrochen wird, die in „Puppchen, du bist mein Augenstern" ihren glorreichen Anfang nahm,[35] die mit „Yes, we have no bananas" die bewohnte und die unbewohnte Erde so verschlammte,[36] daß ich, selbst in den unzugänglichen Dschungeln von Chiapas, Guatemala und Honduras, diesem hehren Ausdruck einer angebeteten Zivilisation nicht entgehen konnte, jene Kulturwelle hat nun einen weiteren, in die fernsten Winkel des Weltalls strahlenden Höhepunkt erklommen mit „It ain't goin' t'rain no' mo' –". Man muß Amerikaner durch Geburt sein, um die Geistlosigkeit, die Sinnlosigkeit, die Seelenlosigkeit, die Brutalität dieses Tanz-Chorals der Zivilisation in ihrem vollen Umfange erfassen zu können; wie man geborener Deutscher sein muß, um zu begreifen, daß „Puppchen, du bist mein Augenstern" das hüpfende Vorspiel werden mußte für eine Tragödie der Gehirnlähmung, die einen fünfjährigen Weltraubmord ermöglichte. Für den eingeborenen Bewohner der Tropen ist das Wasser etwas Heiliges, die köstlichste Gabe, die dem Menschen gegeben wurde. „Unser täglich Wasser gib uns heute!" Flüsse und Seen sind schön, das gesegnetste Wasser aber sendet der Himmel herunter auf seine Kinder, wenn ihre Not am höchsten ist. „Es wird nun nie mehr regnen" mag für den Herrn Gerichtsaktuar, der Angst um den neuen Hut seiner Gerichtsaktuarin hat, ein recht freudiger Gedanke sein. Aber der Fluch der Zivilisation und die Ursache, warum die nichtweißen Völker sich endlich zu rühren beginnen, beruhen darin, daß man die Weltanschauung europäischer und amerikanischer Gerichtsaktuare, Polizeiwachtmeister und Weißwarenhändler der ganzen übrigen Erde als Evangelium aufzwingt, an das alle Menschen zu glauben haben oder ausgerottet werden. Würden die Indianer, deren Sprache wie Gesang ist, weil sie Ehrfurcht vor der Sprache haben, erkennen, wie tief weiße Kulturschöpfer ihre Sprache zu erniedrigen vermögen und wie gedankenlos sie diese Erniedrigung ihrer Sprache allein in jener einen Zeile in die Welt

---

[33] Traven: Land (Anm. 28), S. 35; siehe dazu auch Thunecke: ‚Fackel' (Anm. 3), S. 112f.

[34] *It Ain't Gonna Rain No Mo'* wurde von Wendell Hall (1896–1969) komponiert, der den Welt-Schlager 1923 aufnahm.

[35] Die Musik dieses Liedes stammte von dem unter dem Pseudonym Jean Gilbert bekannten Berliner Operetten-Komponisten Max Winterfeld (1879–1942). Dessen berühmtestes Werk war *Die keusche Susanne* (1910); Gilbert emigrierte 1933 nach Argentinien. 1912 hatte er die Schlager-Melodie zu Alfred Schönfelds Text komponiert, dessen zweite Strophe lautet: „Püppchen, Du bist mein Augenstern | Püppchen, hab Dich zum Fressen gern | Püppchen, mein süßes Püppchen | Nein ohne Spaß | Du hast so was! | Püppchen, Du bist mein Augenstern | Püppchen, hab Dich zum Fressen gern | Püppchen, mein süßes Püppchen | Nein ohne Spaß, nein ohne Spaß | Du hast so was!

[36] ‚Yes! We Have No Bananas' war ein von Frank Silver (1896–1960) und Irving Cohn (1898–1961) 1922 für die Broadway-Revue *Make It Snappy* komponierter Schlager; gesungen von Eddie Cantor (1892–1964), wurde das Lied 1923 Schlager des Jahres.

> hinausschreien und hinausmusizieren und hinaustanzen, so würde ich mich schämen, einen Indianer ins Gesicht zu blicken, und ich würde mein Gesicht mit Zinnober bemalen, nur um nicht mit meiner Rasse identifiziert werden zu können. Aber sie verstehen weder den Sinn jener Zeile, noch verstehen sie die Erniedrigung der Sprache, die in jener Zeile zum Ausdruck kommt. Übrig bleibt nur die Musik. Und durch jene Musik, die der einen Zeile völlig ebenbürtig ist, dringt die Kultur der weißen Rasse, die ja in der Musik ihren empfindungsreichsten Ausdruck sucht, in das Leben der farbigen Völker ein. Und in dieser Musik lernt der Indianer, dessen Seele und Empfindung noch ursprünglich sind, die Kultur der weißen Herrenrasse in ihrem Wert erkennen. Daß dieser blöde Tanz hier als Begräbnismusik dient, offenbart, daß der Sinn der europäischen Musik hier seine Grenzen gefunden hat und genau wie die Religion, die von den Weißen gebracht wurde, auf eine undurchbrechliche Mauer stößt. Den Tod begreift der Mensch hier, aber die christliche Form des Begrabens ist ihm fremd. Sie ist ihm hohle Formel, die er rein äußerlich nachahmt. Und darum ist ihm die Tanzmusik bei dem Begräbnis nichts, das ihn stören könnte. Der Tod ist das Große, das Eigene; was darüber ist, das ist das Fremde. Die Tanzmusik ist am richtigen Platze. Wäre es anders, würde der Indianer in Verwirrung geraten.[37]

Diesen Beitrag abschließend, soll nunmehr aus einem Textabschnitt der zweiten Hälfte des Romans ein drittes Beispiel kontrast- und spannungsreicher Digressionen in Maruts *Fackel* erörtert werden. Und zwar handelt es sich hierbei um eine Passage direkt im Anschluß an Vautours Rückkehr von seiner sechsmonatigen Innerlandreise, als er im Begriff war, sich und Khoa ein neues Heim zu schaffen, sich dabei allerdings erstmals auch der potentiellen Komplikationen seiner ehelichen Verbindung mit einer Annamitin – gleichwohl königlicher Abstammung – bewußt wurde (siehe Kap. 14). Der auktoriale Erzähler informiert den Leser darin, daß selbst die kühnsten Erwartungen Vautours hinsichtlich des Eisenbahnbaus übertroffen worden waren und daß er, indem er den unvergleichlichen Erfolg seiner Arbeit so deutlich vor Augen sah, darauf brannte, die Bahn so schnell wie möglich, dem Entwurf entsprechend, zu Ende zu führen:

> Er richtete sich in der kleinen neu erstandenen Stadt eine hübsche Wohnung ein und kehrte hier fast jeden Abend von der Außenstrecke zurück. Khoa fuhr ihm meist in einem leichten Wagen, den er sich angeschafft hatte, ein gutes Stück entgegen. Sie hatte sich sehr rasch in die völlig neuen Verhältnisse eingelebt, und als sie ihm nach einigen Monaten ein reizendes Mädchen gebar, hatte er ganz vergessen, daß seine junge Frau keine Europäerin sei. Vielleicht entsprang dieses Ebenbürtigkeitsgefühl nicht so sehr seiner vornehmen Gesinnung und rein menschlichen Auffassung aller Dinge, sondern der Tatsache, daß er hier überhaupt keine weiße Frau zu Gesicht bekam. Deshalb wurde er auch nicht veranlaßt, irgendwelche Vergleiche zu ziehen und sich in Rassenvorurteilen festzubeißen. (F, 79)

---

[37] B. Traven: Die Brücke im Dschungel. Berlin: Büchergilde Gutenberg 1929, S. 169–171.

Kritische Einwände des auktorialen Erzählers auf dermaßend herablassende Ansichten des französischen ‚Kulturträgers' lassen allerdings nicht lange auf sich warten:

> Die Eingeborenen kümmern sich nicht darum. Sie stehen diesem Zusammenleben der Europäer mit den farbigen Frauen scheinbar gleichgültig gegenüber. Aber nur scheinbar. Innerlich empörte es die Kultiviertesten unter ihnen doch gewaltig, ihre halbwüchsigen Mädchen und kleinen Knaben den rohesten Instinkten der europäischen Herren preisgegeben zu sehen. Aber sie zeigen ihre Gefühle nicht, niemals. Denn der Weiße hat die Macht und den Willen zur rücksichtslosesten Brutalität auf seiner Seite. Hin und wieder kommt eine Empörung eines Einzelnen oder einer Gruppe gegen solche Zustände irgendwie zum Ausdruck. Der Europäer aber, der in seinem Herrenrecht nicht gestört sein will und die tieferen Beweggründe der Empörten wohl ahnt, aber nicht wahr haben mag, spricht dann von der Eifersucht des betreffenden Eingeborenen, der häufig der Bruder oder noch häufiger der rechtmäßige Gatte des Mädchen ist. Denn die Polygamie und die Polyandrie der Eingeborenen haben auch ihre Grenzen und finden selbst hier eine häufige Beschränkung in der Individualität des Einzelnen so gut wie unter den weißen Völkern. Wird es dem Europäer zu arg, so hilft er sich auf zweierlei Art. Bevorzugt er das Mädchen, um das es sich handelt, sehr, so peitscht er den Eifersüchtigen aus dem Hause hinaus oder läßt es absichtlich zu einem Übergriff kommen, der den Eingeborenen ins Gefängnis oder zur Arbeitstruppe bringt. Ist ihm das Mädchen nicht viel wert, dann wirft er es kurzerhand aus dem Hause und nimmt sich dafür zwei andere. (F, 80)

Und selbst derartig kritische Meinungsäußerungen des Erzählers bzgl. des Verhaltens der französischen Kolonialherren vis-à-vis den Eingeborenen in Sachen Sex – die sich zweifelsohne auf sämtliche Kolonialmächte weltweit ausweiten ließen und übrigens ein Grund waren, weshalb im Vorspann der Ausgabe von Maruts *Fackel* eine Textpartie aus Frantz Fanons *Les Damnés de la terre* (1961) abgedruckt wurde[38] – waren vom Autor offensichtlich lediglich als ‚informativer' Einleitungsteil für die nachfolgende Digression gedacht, die die *eigentliche* Kulturkritik beinhaltet:

> Der Europäer begeht hier wie überall in den Kolonien den unverzeihlichen Fehler, die Eingeborenen als Halbtiere zu betrachten, die einer edleren seelischen Regung nicht fähig sind, weil diese Regungen sich anders äußern und auf Grundmotive reagieren. Das Gefühls- und Empfindungsleben ist bei den meisten Kolonialvölkern außerordentlich reich entwickelt, ganz abgesehen davon, daß die Eingeborenen der bekanntesten Kolonien am Ende einer manchmal unerhört großartigen Kultur angelangt sind und bestimmt am Anfang einer neuen Kultur stehen, die nicht von den Europäern, sondern von ihnen selbst, den Eingeborenen, ausgehen wird. Wehe unsern Urenkeln, wenn sich diese Völker für alle erlittene Unbill rächen

---

[38] Vgl. Alice Cherki: Frantz Fanon. Ein Porträt. Aus d. Frz. übers. von Lothar Baier. Hamburg 2002, S. 239–259 (Kap. 8: ‚Die Verdammten dieser Erde').

werden! Die Zukunft unserer ganzen Kultur liegt nicht bei den herrschenden Klassen Europas und Amerikas, sondern bei den unkultivierten, heute noch unterdrückten Klassen der weißen Rasse und bei den unzivilisierten und halbzivilisierten Völkern aller (ausnahmslos aller) übrigen Erdteile. Denn bei diesen Unkultivierten, die wir heute belächeln, bemitleiden und verhöhnen und unterjochen, ist die allmächtige Urgewalt der Urkraft. Und immer *nur* die Urkraft hat die Zukunft, denn die gleißnerische Überkultur ist das sichere Zeichen der Fäulnis und des beginnenden Zerfalls. Daß alles wahrhaft Gute und wirklich Wertvolle der abendländischen Kultur bei dieser gewaltigen Verschiebung aller Machtverhältnisse nicht in Trümmern geht, sondern eine machtvolle Auferstehung feiert, ist die herrliche und stolze Aufgabe des zielbewußten Proletariats. Der unaufhaltsame Siegeszug der arbeitenden Klasse der ganzen Erde ist eine geschichtliche Notwendigkeit, gegen deren Erfüllung alle Mittel, gute wie schlechte, versagen müssen. Glücklicherweise. Sonst wäre die Arbeit der größten Geister aller Zeiten und aller Völker umsonst gewesen. Die Entwicklung dieser geschichtlichen Notwendigkeit ist ein besserer Schutz gegen eine gelbe oder eine schwarze Gefahr als alle weißen Kriegsheere zusammengenommen. Der friedliche Austausch kultureller Güter macht das Rauben überflüssig. (F, 80f.)

Zu diesen prophetischen Worten gibt es meines Wissens im gesamten Œuvre B. Travens kein entsprechendes Pendant,[39] wobei allerdings einschränkend angemerkt werden sollte, daß sich keiner der von Traven während der zwanziger und dreißiger Jahre verfaßten Romane dermaßen gezielt mit rein kulturpolitischen Themen befaßte.[40] Die zahlreichen Digressionen in Travens Werk während dieser Zeitspanne – von denen allerdings keines den in Maruts *Fackel* so erfolgreich verwendeten Kunstgriff des Spannungsaufbau mittels kontrastierenden Vergleichs sukzessiver Abschweifungen einsetzte – behandelten vielmehr meist politische und ökonomische Probleme: sei es die Diskussion der ‚Versklavung'

---

[39] Es gab dazu – meines Wissens – auch in der damaligen europäischen Literatur kein Pendant: Robert Müllers zeitgenössischer expressionistischer Roman *Tropen* (1915) – obwohl es auch darin von philosophischen Abschweifungen wimmelt (siehe Robert Müller: Tropen. Der Mythos der Reise. Urkunden eines deutschen Ingenieurs. 3. Aufl. Paderborn 2010 [Werkausgabe in Einzelbdn.], S. 6) –, ging von ganz anderen Voraussetzungen aus, indem darin – im Gegensatz zu Maruts Vorgangsweise – die „äquatoriale Äußerlichkeit" verinnerlicht wurde (ebd., S. 23). Vgl. dazu auch das Nachwort Günter Helmes: Eine Einführung zu Leben und Werk Robert Müllers. Unter besonderer Berücksichtigung des Romans *Tropen*. In: Ebd., S. 284–303, insbes. S. 299: „Denn so arm diese Bootsfahrt zu Anfang des Romans [...] auch an äußeren Ereignissen ist, so reich ist sie doch an inneren Erlebnissen und Erkenntnissen der Erzählfigur Brandlberger", ferner Wolfgang Reif: Zivilisationsflucht und literarische Wunschträume. Der exotistische Roman im ersten Viertel des 20. Jahrhunderts. Stuttgart 1973. S. 120–148 sowie Thomas Schwarz: Robert Müllers Tropen. Ein Reiseführer in den imperialen Exotismus. Heidelberg 2006 (Diskursivitäten 9). Reiseberichte, die Maruts Ausführungen in den Digressionen von *Die Fackel des Fürsten* ähneln, lassen sich erst in den 1920er Jahren nachweisen; vgl. insbes. André Gides *Voyage au Congo* (1927) und *Le Retour du Tchad* (1928).
[40] Eine Ausnahme war – außer dem Sachbuch *Land des Frühlings* (1928) – der Roman *Die Brücke im Dschungel* (1929).

der Arbeiterschaft im modernen Industriestaat im *Totenschiff* (1926),[41] sei es die Verurteilung von Börsenspekulationen in der *Weißen Rose* (1929),[42] sei es das Amtseinführungsritual des Casiques bei den Pebvil-Indianern in *Regierung* (1931)[43] oder – um noch ein letztes Beispiel zu nennen – der Bericht über die Unterdrückung Eingeborener in *Die Rebellion der Gehenkten* (1936),[44] wobei auffällig ist, daß sich die sechs Teile des ‚Caoba'-Zyklus – mit Ausnahme des abschließenden Teils *Ein General kommt aus dem Dschungel* (1940), wo sich Digressionen nur noch gelegentlich belegen lassen, was wohl u. a. auf ein Erlahmen des politischen Engagements des inzwischen fast sechzigjährigen Traven hindeutet – durch besonders viele Abschweifungen auszeichneten.

Bereits in den sechziger Jahren des verflossenen Jahrhunderts hatte Karl August Horst in dem Kapitel „Fiktion und Illusion" seiner Studie *Das Spektrum des modernen Romans* angemerkt, daß hinsichtlich des Verhältnisses zwischen Autor und Leser von jeher ein Unterschied der Einstellung bestanden habe: „Der Autor unterhält, *informiert, belehrt* ein bestimmtes Lesepublikum", schrieb der Verfasser damals, während „[d]er Leser, im Besitz der erforderlichen Muße [...] den Roman als eine Art *Kulturspiegel*" benutzt.[45] Und um diese Behauptung zu untermauern, verwies Horst auf Henry James' bekannte These – in dessen Essay *The Art of Fiction* aus dem Jahre 1884 –, daß „[l]iterature should be either *instructive* or amusing",[46] eine Forderung, deren erste Hälfte recht eigentlich auch auf Ret Maruts – und später auch auf B. Travens – *didaktische* Methode zutrifft, derzufolge in Romanen, falls überhaupt, gezielt sogenannte ‚opinionated digressions' eingesetzt werden sollten. Man kann sich auf Grund dieses Befundes – sowohl bei Marut als auch bei B. Traven –, trotz aller positiver Aspekte ihres fiktionalen Werkes, oft nicht des Eindrucks erwehren, als seien die Plots ihrer Romane jeweils nur Vorwand, um kulturkritische, politische oder ökonomische Ansichten des auktorialen Erzählers (und das heißt natürlich, mit Einschränkungen, die des Autors) an den Mann zu bringen! Robert Elliott hat auf diesen dubiosen Umstand bereits vor etlichen Jahren in seinem Standardwerk *The Power of Satire* insofern hingewiesen, als er betonte, daß die Gesellschaft den

---

[41] Vgl. Traven: Totenschiff (Anm. 1), S. 148f. (Buch 2, Kap. 29).
[42] Vgl. B. Traven: Die weiße Rose. Berlin: Büchergilde Gutenberg. 1929, S. 42f. (Kap. 2, Abschnitt 3).
[43] Vgl. B. Traven: Regierung. Berlin: Büchergilde Gutenberg 1931, S. 166–172 (Kap. 9, Abschnitt 2); ich habe hierüber bereits an anderer Stelle ausführlich publiziert; siehe Jörg Thunecke: Political Satire Mexican Way. Proto-Fascist Tendencies in B. Traven's Novel *Government*. In: B. Traven. Life and Work. Hg. von Ernst Schürer und Philip Jenkins. University Park u. London 1987, S. 233–244).
[44] Vgl. B. Traven: Die Rebellion der Gehenkten. Zürich / Prag: Büchergilde Gutenberg 1936, S. 173f. (Kap. 12, Abschnitt 7).
[45] Karl August Horst: Das Spektrum des modernen Romans. Eine Untersuchung. 2., durchgearb. u. erw. Aufl. München 1964. S. 31; Hervorh. J. Th.
[46] Henry James: The Art of Fiction. In: Longman's Magazine 4 (1884), S. 502–521, hier S. 503; wiederabgedruckt in: Ders.: Partial Portraits. London 1888. S. 381; Hervorh. J. Th.

Absichten von Satirikern meist argwöhnisch gegenüber stehe und vorzugsweise Distanz halte; denn

> [w]hether he is an enchanter wielding ambiguous power of magic, or whether he is a ‚mere' poet, his relation to society will necessarily be problematic. He is of society in the sense that his art must be grounded in his experience as social man; but he must also be apart, as he struggles to achieve aesthetic distance. His practice is often sanitary, as he proclaims; but it may be revolutionary in ways that society cannot possibly approve [...].[47]

Genau dieses Gefühl aber überkommt den Leser auch bei der Lektüre von Ret Maruts Roman *Die Fackel des Fürsten* sowie einem Großteil von B. Travens Œuvre.

---

[47] Robert C. Elliott: The Power of Satire. Magic, Ritual, Art. Princeton, NJ 1960, S. 275.

GERHARD BAUER (Berlin)

Travens *Baumwollpflücker*
Ein Nobody verfertigt seine do-it-yourself-Poetik

Wie sah die neue Erzählstrategie aus, die Ret Marut entwickelt hat, seitdem er in Mexiko saß und sich Traven nannte? Welchen neuen Pakt mit den Lesern bot er an und schloss er faktisch für die Dauer seiner weiteren Produktion? Schreiben hatte er schon vorher gelernt und hatte Strategien entwickelt, für das Geschriebene potentielle Leser zu interessieren: in den scharf kritischen und aufrüttelnden, herrisch-monomanen, mitunter auch DADA-ähnlichen oder schwärmerischen Artikeln und Einlassungen in seinem *Ziegelbrenner* und in seltsam verstiegenen Romanen, von denen erst kürzlich zwei aus seinem Nachlass aufgetaucht sind. Davon durfte er aber nichts voraussetzen, es möglichst nicht einmal anklingen lassen, wenn aus seinem Versteck Anonymität etwas werden sollte. Vom Nullpunkt aus, als ein bis dato nonexistenter Autor musste er sich auf dem Markt seines fernen Herkunftslands durchsetzen, und zwar auf eigene Faust, was den Skopus, das Material, den Duktus und die vielerlei erzählerischen Strategien betraf. Er suchte (um es erst einmal pauschal zusammenzuraffen) von den Erfahrungen seiner neuen Existenz aus, mit Zuhilfenahme sozialer Imagination, ein verlässliches Kontinuum von Situationen zu schaffen, das ein Publikum fesselnd unterhalten und dabei noch anschaulich politisch belehren konnte. Die Tradition der Abenteuerstory aus fremden Weltteilen bot ihm dazu ein hinreichend ausbaufähiges Muster. Geeignet für seine Zwecke wurde dieses Muster aber erst dadurch, dass er es gegen den Strich bürstet: Er reduziert die Exotik auf solche Merkwürdigkeiten, die die tatsächliche (etwa tropische oder maritime) Besonderheit einer fremden Welt unterstreichen (mit kleinen Übertreibungen). Er versetzt keine Helden: keine besonders starken, mutigen oder edelmütigen Wesen dort hinein, sondern x-beliebige Menschen. Und er konzentriert das Abenteuerliche auf das wirkliche Abenteuer, sich in kapitalistisch organisierten Arbeitsverhältnissen durchzuschlagen und dabei, so gut es geht, Mensch zu bleiben.

Dieses eigenständige Schreibziel, das Traven mit nur wenigen Abenteuerschriftstellern sowie mit Upton Sinclair und Egon Erwin Kisch teilt, machte ein ganzes Bündel von Änderungen an dem gut eingeführten und nach wie vor vitalen Genre der abenteuerlichen Geschichte erforderlich. Die Lebensstellung und die Haltung des Helden, die Seriosität des Erzählers, der keine Lust hat zu diktieren oder geheimes Wissen, geschweige denn Allwissenheit vorzuflunkern, die Lockerheit oder Straffheit des Handlungsfadens mussten ebenso neu konzipiert werden wie der Umgang mit den auf die Pelle rückenden, aber notwendig zu bändigenden Gegebenheiten des Dschungels und der Prärie und mit der

Vielfalt von Unterhaltsmöglichkeiten, die alle nach dem eintönigen ökonomischen Muster der Ausbeutung gestrickt waren. Um die tragenden Pfeiler dieser narratologischen Poetik zu untersuchen, die im Wesentlichen von den frühen vier oder fünf Romanen des neuen Erzählgestirns Traven bis zu seinem ‚Caoba'-Zyklus vorhielt (von 1925 bis 1940), halte ich mich an den Roman *Der Wobbly* (1926), der als *Die Baumwollpflücker* (von 1928 an) berühmt wurde.[1] Da jeder Roman Travens als selbständige Einheit für sich konzipiert ist,[2] gelten meine Ausführungen streng genommen nur für diesen einen Roman. Immerhin liefert er, den Traven vermutlich als ersten ausgearbeitet hat,[3] wichtige Vorentscheidungen für das ganze neugestaltete Genre und ein Kaleidoskop von Erzählkünsten, die der Autor weiterhin eingesetzt hat.

1. Lebens-, Handlungs- und Urteilskompetenz des Helden

Dem Helden kann es noch so dreckig gehen, er weiß sich zu helfen. Der herkömmliche Abenteuerroman gehorcht der Faustregel: Je dreckiger, um so spannender. Gemessen daran sind die Gefahren in den *Baumpflückern* betont gemäßigt; anders als im *Totenschiff* geht es kaum jemals um Leben oder Tod. An sich ist der Dschungel mörderisch,[4] und den einschnürenden, frühkapitalistisch-brutalen Arbeitsbedingungen erliegen einige der Arbeitskollegen am Rande. Gerard Gale aber ist so konstituiert, d. h. erzählerisch konstruiert, dass er überall davonkommt. Er ist abgehärtet, physisch wie vor allem mental: Er kennt sich aus und lernt erstaunlich rasch hinzu; immer weiß er im richtigen Moment das gerade Nötige zu tun. Nichts kann ihn verblüffen, und auf bekannte wie völlig unbekannte Jobs lässt er sich mit nie fehlender Geschicklichkeit ein.[5] „Es gibt überhaupt nichts, das man nicht lernen könnte" (81). „Was er will, das kann er", schreibt Peter Küpfer in seiner abschließenden Laudatio auf den kompetenten Arbeiter Gale, der „durchaus auch denken kann".[6] Aber Gale prahlt gar nicht

---

[1] Ich zitiere (mit Seitenzahlen im Text, ohne ‚S.') nach der Ausgabe B. Traven: Die Baumwollpflücker. Berlin / Leipzig: Buchmeister 1928 (text- und satzgleich mit: Ders.: *Der Wobbly*. Berlin / Leipzig 1926, nur dass dieser Erstdruck das erste Buch noch mit „Die Baumwollpflücker", das zweite mit „Der Wobbly" untertitelt.

[2] Das gilt sogar für die sechs miteinander verknüpften Romane des ‚Caoba'-Zyklus.

[3] Auch wenn er erst nach dem *Totenschiff* herauskam.

[4] Außer diversen Schlangen tauchen Krokodile, ‚Tiger' (aus denen in späteren Auflagen ‚Jaguare' wurden) und eine Reihe weiterer ungemütlicher Raubkatzen auf.

[5] Er behauptet von sich, er habe „schon in hundert verschiedenen Berufen gearbeitet", selbst in der „gottverfluchte[n] Beschäftigung" eines Kameltreibers (52).

[6] Peter Küpfer: Aufklären und Erzählen. Das literarische Frühwerk B. Travens. Diss. phil. Zürich 1981, S. 187. Die Formulierung lässt sich bis auf den Sturm und Drang zurückverfolgen. Ausgerechnet bei dem Schwarmgeist und Propheten der Bewegung, bei Christoph Kaufmann, ist sie belegt; siehe Johann Peter Kraft [d. i. Christoph Kaufmann]: Was ich *wil*, das *kan* ich. Ist mehr als eine Spekulazion. In: Deutsches Museum. Jg. 1779. Zweites Stück (Februar), S. 141–146.

damit. Er stilisiert sich eher auf unheroisch; er weiß, dass es auf seinen ‚Willen' kaum ankommt. Er tut durchweg, was er muss; er reagiert nur, dient in allen möglichen zumeist unwürdigen Arbeitsverhältnissen. Seine Könnerschaft beweist er, indem er sämtlichen Anforderungen gerecht wird und sich nicht unterkriegen lässt. Mit Ausnahme des glorreichen Marsches mit tausend Rindern (davon später) erledigt er alles soweit eben nötig und nur so ungefähr. Gerade eben „brauchbar" muss es sein, nicht so sauber und elegant ausgeführt wie in europäischen Fabriken (42). Lec' Minimalformel (aus seinen polnischen Erfahrungen gewonnen): „Was hinkt, geht",[7] wäre diesem Gale sicher als kongeniale Erfahrung erschienen.

Mit der gleichen Nonchalance verhält sich Gale auch zu sich selbst: Er ist unbekümmert um das, was aus ihm wird. Schlangen z. B. machen ihm nichts aus:[8] So leicht werden sie nicht auf seinen Tisch kommen, und wenn schon, werden sie nicht gleich beißen, und selbst wenn sie beißen, werden sie nicht gleich giftig sein. Wenn die Zisterne nur wenig (fauliges) Wasser enthält, dann müssen er und die Arbeitsgenossen es sich eben einteilen: Jedem auftretenden und scharf bezeichneten Mangel begegnet er mit Gewöhnung, mit Improvisation. Er betont die Adäquatheit jeder Reaktion und hält in der Stilisierung seiner Reaktionskompetenz immer noch ein Moment der freien Wahl aufrecht, selbst wenn es sich um eine freie Wahl zwischen lauter Notlösungen handelt.[9] Selbst zu der für andere vielleicht verführerischen Institution Spielbank verhält er sich desinteressiert.[10] Gale ist zu Gast in einem Land und einer Kultur, in denen nichts perfekt ist und nichts genau so gilt, wie die Worte versprechen würden, er ist aber kein Gringo, der seinen Willen dagegen durchsetzen will, also sucht er zu lernen und passt sich an. Moskitonetze sind hier unentbehrlich, sind aber leider so gut wie nie richtig dicht. Hütten sind auf Pfähle gestellt, was die „Milliarden"[11] von „unangenehme[n] Überläufer[n] aus dem nahen Busch" fernhalten soll; diese „klettern natürlich auch an den Pfählen hoch, können aber doch nicht in solchen Mengen und so leicht ins Haus gelangen" (45).

Die gewählte Erzählhaltung passt dazu: ebenfalls leger und nonchalant bis bärbeißig – sie soll das Gemeinte nicht bis zur Perfektion ausfeilen, sondern nur irgendwie rüberbringen. Wer sich auf diese Texte einlässt, wird schon im eigenen Interesse so viel aufbringen, dass er das Wesentliche versteht. Ausgesprochen

---

[7] „Co kuleje – idzie", in: Stanisław Jerzy Lec: Myśli nie uczesane [Unfrisierte Gedanken, erste posthume Sammlung]. Kraków 1972, S. 76.
[8] Das wäre der übliche, von Traven vermutlich gemeinte Ausdruck, wenn er Gale auf die Zunge legt: „Ich mache mir nichts aus Schlangen" (25).
[9] Wenn für ihn faktisch, in einer Fantasie über seine weitere Arbeitsmigration, nur einer der noch südlicheren Staaten von Mittel- und Südamerika in Frage kommt, spricht er davon, dass er „ebenso gut nach Norden wie nach Süden", nach Ost oder nach West gehen könne (40).
[10] Siehe 144–146 u. 152. Als er durch eine Manipulation, über die er sich ausschweigt, seinem Kumpel zu einem gehörigen Gewinn verholfen hat, begnügt er sich mit seinem Anteil: „Man nimmt das Geld und fragt nicht, woher es kommt" (146).
[11] Vermutlich meint der Autor ‚Myriaden' (die im klassischen Griechisch mit Zehntausend(e) beziffert waren).

locker ist die sprachliche Form der Erzählungen. Karl Guthke hat die vorherrschenden Vorwürfe zusammengefasst: „unbekümmert flüchtig bis zur Schlampigkeit, andererseits auch allzu forsch außenseiterisch, burschikos und antibürgerlich", z. T. übertrieben bis zur Groteske. Guthke legt sich nicht erst ins Zeug, ihn dagegen in Schutz zu nehmen; er findet seine Verdienste auf einem anderen Feld, vor allem in seinem „Grundaffekt des ‚philosophischen Revolutionärs'".[12] Aber auch die Erzählform selber und die ‚schlampige' Sprache haben einen Sinn, der die Untersuchung lohnt.

2. Erzählhaltung: absichtliche Verunsicherung

Traditionelle Erzähler sorgen dafür, dass in ihren erfundenen Handlungen alles mit rechten Dingen zugeht und klar zutage liegt. Das Geschilderte muss nicht mit einer außerhalb der Geschichte bestehenden Wirklichkeit übereinstimmen, es muss aber in sich plausibel und stimmig sein und muss sich von vorn bis hinten sicher überblicken lassen. Raffiniertere Erzähler von Sterne und Diderot an arbeiten mit doppeltem Boden: mit Andeutungen und Dementis, mit offenen, versteckten und halben Lügen, mit unerfüllten Vorgriffen, Illusionen und Desillusionierungen. Vieles lassen sie einfach im Unklaren. Hinter der überschaubaren Welt lassen sie eine dunkler konturierte Welt ahnen, womöglich von fantastischer Struktur, womöglich von irgendeiner nur hier nicht aufgedeckten Kausalität beherrscht. Traven hält am Gestus des schlichten Berichterstatters über wirklich vorgefallene Geschehnisse fest, aber die herkömmliche Manier, den Leser[13] bei der Hand zu nehmen und dahin zu führen, wo der Erzähler ihn haben will, widersprach seinen Vorstellungen von einem mündigen Verhalten. Wenn sein Ich-Erzähler Gale einmal andere Figuren erzählen lässt: den Kumpel Antonio, den er des Raubmords verdächtigt, oder die Prostituierte Jeannette als Vertreterin eines Berufs, der bis dahin literarisch selten zu Wort gekommen ist, aber viel zu erzählen hat, dann macht er sich ihre Geschichten ausdrücklich zu eigen, indem er sie als „die Wahrheit" (71) oder als richtig, solide und würdig anerkennt (125–132). Mit den eigenen Erlebnissen geht er weniger affirmativ um.[14] Er behauptet alles Mögliche von sich, aber immer in bestimmten

---

[12] Karl S. Guthke: B. Traven. Biographie eines Rätsels. Frankfurt a. M. / Olten / Wien 1987, S. 337f.

[13] Korrekter wäre es, hinzuzufügen: oder die Leserin. Es lässt sich jedoch nicht wahrnehmen, dass Traven sich auf Leserinnen irgendwie anders eingestellt hätte als auf männliche Leser, so dass ich für diesen Autor beim ‚Leser' schlechthin für beide Geschlechter bleiben kann.

[14] *Einen* Fall von ‚Allwissenheit des Ich-Erzählers' spießt Walter Olma: ‚Die Baumwollpflücker'. Abenteuer, Exotik und Arbeitsverhältnisse in einer deutschen Vorabendserie der sechziger Jahre. In: B. Traven. Frühe Romane und mediale Adaptionen. Hg. von Günter Helmes. Siegen 2003, S. 11–36, S. 18 auf: Von der „alte[n] kleine[n] Indianerin" (11) behauptet Gale, der sie einmal gesehen hat, sie erscheine zu jedem Zug und verkaufe nie etwas. Aber auch hier versichert er nicht, dass es so ist, sondern unterstellt es mit übertreibender Extemporation aus seiner allgemeinen Kenntnis der Gepflogenheiten. Prompt fügt er die Spekulation an, sie

Konstellationen und auf deutlich erkennbare Redeziele hin. Entweder spricht er direkt auf einen Partner ein und sucht ihn für etwas zu ködern.[15] Oder er wendet sich an den Leser, um ihm etwas klarzumachen, ein gängiges Urteil zurechtzurücken, dann ist erst recht dem Übermut des Erzählers Tür und Tor geöffnet. Gale stilisiert sich als betont nüchterner, faktenverpflichteter Erzähler, aber er *stilisiert* sich als solcher, oft genug spielt er mit dieser Pose: überredend, foppend oder in weiteren Modi des gekonnten Abstands von der Faktizität. Wenn er den „kleine[n] Nigger" charakterisieren will, steht da: „Er stahl wie ein Rabe – der Vergleich war von Gonzalo, ich weiß nicht, ob er richtig ist –", und prompt setzt er einen zweiten Vergleich darauf, den er auf die eigene Kappe nimmt: „und log wie ein Dominikanermönch" (15). Jeannette kommt es in ihrem Streit mit den Eltern so vor, „als ob das irgendwo auf einer Theaterbühne geschehe"; sie findet das Stück „herzlich abgeschmackt" (128). Der äußere Umriss der Geschehnisse gilt als getreu wiedergegeben, die explizit politischen Urteile werden mit so viel Leidenschaft unterstrichen, dass wir sie dem Erzähler = Kommentator voll zurechnen sollen, aber wie die Geschehnisse motiviert sind, hütet er sich auszuführen oder sagt es nur andeutungsweise oder im Modus des ‚Teasing': ironisch, sarkastisch o. ä. Die „Angelegenheit", die ihn und Mrs. Pratt, die Frau seines letzten Arbeitgebers, betrifft, lässt er im Gespräch mit ihrem Ehemann lieber „in der Schwebe und unentschieden" (182).[16] Wie Traven insgesamt mit den für einen Roman unentbehrlichen Frauenfiguren umspringt, lässt nach heutigen Begriffen viel zu wünschen übrig. Die Art aber, wie er die resolute Mrs. Pratt in die Handlung einflicht, macht eines deutlich: Bei einer ernsthaften Lektüre soll es nicht auf die Fragen der Neugier ankommen, ab wann und wie Gale etwas mit ihr gehabt hat, sondern auf ihre eigene Art, mit dem Leben (also auch mit ihrem Mann) fertig zu werden. „Sie ist eine feine Frau" (166), und zwar sie selber, nicht nur in Beziehung zu einem für ein paar Tage hereingeschneiten Cowboy.

Im Grunde beansprucht der Erzähler, obgleich er aus freien Stücken so viel von seinen Erlebnissen und Umständen preisgibt, für sein Inneres die gleiche Schonung, die er in der mexikanischen Gesellschaft generell antrifft und ganz nach seinem Geschmack findet. Keiner kümmert sich hier um den anderen, über die schlichte Selbstverständlichkeit hinaus, dass er ihn leben lässt und wo nötig und möglich am Leben erhält. Jedenfalls lässt man dem anderen seine Eigenart und ggf. seine Geheimnisse. Dass die Indios an die Arbeit in den Tropen besser gewöhnt sind als die Weißen und gleichwohl weniger „schafften", das „ging uns

---

bringe „[w]ahrscheinlich" (ebd.) vier Wochen lang denselben Kaffee an und das wüssten auch die Reisenden.

[15] So muss er z. B. dem Bäckereibesitzer weismachen, er sei perfekt im Tortenbacken, und dem selber dilettierenden „Meister" versichern, dass er von Backen keine Ahnung hat und darauf brennt, es von ihm zu lernen (57f.).

[16] Auch die Andeutungen zuvor über die „prächtige Seele" oder den „lustigen Burschen" Mrs. Pratt, oder dass er in einem „so guten Verhältnis" mit ihr stand (154–166), sind so genau dosiert, dass sie das Entscheidende eben nicht verraten, es jedenfalls nicht gerichtsverwertbar machen.

nichts an, und darüber nachzudenken lohnte sich auch nicht recht" (25).[17] Wenn der Chinese zur Abwehr der massiv rassistischen Frotzeleien der anderen geltend macht, „daß wir alle von demselben Gott geschaffen seien, aber daß dieser Gott gelb sei und nicht weiß", reagieren die anderen ebenso gleichgültig wie tolerant: „Da wir keine Missionare waren und auf dem Gebiete der Bekehrung auch keine Lorbeeren ernten wollten, ließen wir ihn in seinem finstern Unglauben" (14). Dass der Chinese seinen Kaffee mit den anderen teilt, ein großes Opfer in der Hitze, nehmen sie „als ganz selbstverständlich" hin, und: „Wahrscheinlich hätten wir es genauso selbstverständlich gefunden, wenn der Chinc den Kaffee allein getrunken hätte" (17f.). Als Gale noch glaubt, dass sein Kumpel Antonio an einem anderen Arbeitskameraden zum Raubmörder geworden ist, graust es ihm nicht vor ihm, vielmehr bekennt er mit Stolz, er habe sich der raueren Zivilisation hier, eigentlich einer viel freieren Zivilisation, so weit angepasst, „daß ich jede menschliche Handlung verstand, daß ich mir weder das Recht anmaßte, jemand zu verurteilen, noch mir die billige Sentimentalität einflößte, jemand zu bemitleiden" (53).

Der Respekt vor den Beweggründen jedes anderen verlangt, dass auch der Erzähler sich keinen Einblick in die mithandelnden Figuren anmaßt. Er lässt sie fairerweise so erscheinen, wie sie handeln oder von sich aus sich zu äußern bereit sind. Faktisch gilt das jedoch nur für seinesgleichen. Den Angehörigen und Kreaturen der *upper class* werden üppig und schwungvoll, z. T. auch aus der Mottenkiste der Klischees, Motive und psychische Reaktionen angehängt.[18] Interessant sind nun die Stellen, an denen der Klartext, was in einer solchen Figur vor sich geht, kunstvoll hinter den Äußerungen oder Interaktionen verborgen und dadurch nur um so augenfälliger der Bewertung (dem Gelächter) preisgegeben wird. In der Streiksituation auf der Baumwollfarm fummelt Mr. Shine, statt etwas zu sagen, nur unaufhörlich fluchend an seiner Pfeife herum: „Die ganze Erregung, die den Farmer durchtobte, äußerte sich nur in der Behandlung seiner Pfeife" (35).[19] Bis zum Slapstick komisch wird die Szene gestaltet, in der ein Streikbrecher mit „überreichlich verschwendeten" Gebärden, weil er des Spanischen nicht mächtig ist, seinem Dienstherrn klarzumachen sucht, dass sein treuer Kollege schon außer Gefecht gesetzt ist und dass ihm das Gleiche blühen werde, wenn... Die Streikposten verfolgen mit Vergnügen „diese Gebärdensprache aus fossiler Vorzeit" (90). Ein Grundton der Überdeutlichkeit bis zur

---

[17] Auch was der kleinere der beiden Schwarzen sonst noch stahl, außer bei ihnen, „ging uns nichts an" (16).
[18] So mehreren betrügerischen Farmern und dem Ehepaar Doux als Ausbeutern par excellence, einem sadistischen Polizisten und einigen Randfiguren; den Arbeitern in der Bäckerei insoweit, als sie „Gesindel" sind, d. h. sich ohne Gegenwehr ausbeuten lassen und lieber „Bürgerstolz" als „Klassenstolz" zeigen (108).
[19] Bald darauf schlägt er mit der Hand nach einer Baumwollstaude, „als ob er mit dieser einen Handbewegung das ganze Feld abrasieren wollte" (36).

Verabsolutierung und ein paar hemmungslose Übertreibungen,[20] dazu Improvisationen aus dem Moment heraus wie z. B. das „Buschrecht", einen diebischen Arbeitskameraden kollektiv abzuurteilen und aufzuknüpfen (15f.), unterstreichen die Fiktivität der ganzen Story und die Doppelbödigkeit jeder Versicherung. Die Überzeugungskraft der Erzählung und ihrer politischen Intentionen wird dadurch nicht geschmälert; Jägerlatein ist auch ein aussagekräftiger Jargon.

3. Ein lockerer Erzählfaden aus Mühsal, Lebenslust und Denkzwang

Der Selfmade-Abenteuerschriftsteller Traven weiß, dass er seinem Publikum etwas bieten muss. Was immer er seinen Lesern verkaufen will, es muss spannend sein, es muss die Zeit der Lektüre lohnen und der politischen wie der allgemein zivilisatorischen Urteilskraft zu tun geben, ja sie möglichst weiterbringen. Traven führt die Handlung auf der Baumwollfarm wie die in der Bäckerei jeweils auf einen erfolgreichen Streik hinaus. Er lässt auch in der dritten und letzten Handlungssequenz das Ringen mit den Gefahren einer langen Marschroute durch ein nur halb erschlossenes Gebiet Mexikos in einen vollen Erfolg münden, und er baut neben kleineren Episoden noch einen veritablen Krimi ein. Gale selbst spielt darin den Detektiv. Er lässt „eine mysteriöse Stimmung" um das verlassene Haus anwachsen, zögert lange, es zu betreten, konstatiert dann in äußerst knappen Hauptsätzen den Befund, folgert daraus den Täter und das Motiv (beides falsch) und hört schließlich, so aufgewühlt wie nie sonst, die als wahr akzeptierte Story von dem Azteken-Duell mit unbeabsichtigt und unbemerkt tödlichen Folgen. All diese spannungserregenden Sequenzen, zu denen noch Jeannettes triumphale Geschichte und die Abfertigung des einen sadistischen Polizisten zu zählen wären, werden auf einen lockeren Faden gereiht, doch der Faden selbst macht aus der Geschichte etwas anderes als eine spannende Handlung. Er enthält Längen, Reprisen, Unterbrechungen durch spürbar herausgestellte Wartezeiten, Ergänzungen, die das Bild vom Leben im Busch oder in der kleinen Stadt abrunden: lauter Elemente, die höchstens informieren, sich aber gar nicht dazu eignen, verschlungen zu werden. Hinzu kommt, dass auch die beiden Streiks in großer Ruhe durchgeführt werden. Die Streikenden brauchen nur zu warten, bis der Arbeitgeber seine Situation realistisch einschätzt und alle ihre Forderungen bewilligt.[21] Und das *crimen* des Krimis wird gänzlich

---

[20] Siehe die Betten, die gut als Folterinstrument dienen könnten (138), oder die uralte Jacke Antonios, die „vielleicht einmal", lange vor der Entdeckung Amerikas, „Ähnlichkeit mit einer Jacke gehabt haben" könnte (16).
[21] Im Sieg des äußerst progressiven „Syndikat[s]" (in seiner Zeichnung spiegelt sich die sichtliche Freude des Autors über die politischen Verhältnisse in seinem neuen Gastland und eine Hochrechnung der radikalsten Gewerkschaften auf ganz Mexiko nach der „Revolution", wie Heidi Zogbaum in ihrer gründlichen Studie: B. Traven: A Vision of Mexico. Wilmington, Delaware 1992 nachgewiesen hat) über den schuftigen Bäckereibesitzer triumphiert zugleich eine Art Übermut der Sieger: Der in die Knie Gezwungene muss nicht nur die erstrittene Lohn-

hinwegerklärt, in eine psychologisch interessante Konstellation aufgelöst sowie relativiert durch einen Blick auf die „wirkliche[n] und moralische[n]" Raubmörder, die höchst angesehen frei herumlaufen und „auf die Sittenlosigkeit und Roheit" der unteren Klasse schimpfen (54).

Nicht auf Spannung und ihr Anwachsen bis zu einer befreienden Lösung baut Traven sein Erzählmodell,[22] sondern auf die Häufung von Schwierigkeiten, konzentriert um „die Sorge, wie man Nahrung findet" (Wilhelm Busch), sowie auf die Ausarbeitung von individuellen und kollektiven Fähigkeiten, mit ihnen fertig zu werden. Sein Gale ist bei aller ausgepichten praktischen Kompetenz in Fragen der Lebensperspektive ein ausgesprochen schlichtes Gemüt. „Wir wanderten lustig darauf los", fängt er an, nachdem die kleine Reisegesellschaft (in der sich alle gleich so „wohl fühlen" wie unter „Brüder[n]" nach langer Trennung) sich konstituiert hat und sich in den Busch mit seinen Gefahren stürzt (10 u. 17). Wenn er sich nur sattessen, seine bescheidene persönliche Sphäre wahren[23] und zwischen zwei Jobs mal verschnaufen kann, ist er ganz *happy*. Als er nach einem Job als Aushilfsingenieur in einem Ölcamp mal bei Kasse ist, wieder in seiner Hütte im Busch sitzt, feiert er es geradezu, „[s]orgenfrei" zu sein, „ein freier Mann im freien tropischen Busch"; er pocht regelrecht darauf: „Und dieses Gefühl lebte ich auch voll bewußt" (45) – Traven konnte nicht voraussehen, dass die Gemüts- und Zufriedenheitsapostel unserer Tage just diese Wendung bis zum Überdruss strapazieren würden.

Realistische und anspruchsvolle Literatur wird diese Abfolge von schlichten Wünschen und ihrer gradlinigen Erfüllung dadurch, dass das Moment des Vergehens in jede solche Mini-Idylle unvermeidlich mit eingebaut ist. Der Trapper Gale denkt beim Genuss der paar freien Tage bereits an die Kämpfe, die ihm bevorstehen.[24] Die fast unpassend überschwängliche Freude im Viertel der „Senjoritas", mit Lobgesängen auf den Tanz, die „Kunst" überhaupt (118)[25] und auf die Freiheit von moralischer Beurteilung und Einhegungen, ist angefeuert vom Bewusstsein, dass sie selten ist (zu kostspielig). Selbst der krönende Zug mit den tausend halbwilden Rindern über Hunderte von Kilometern, auf dem Gale seiner Liebe zur nicht gezähmten, frei sich auslebenden Natur einmal voll die Zügel schießen lassen kann, mündet in ein Ende, das brutal markiert wird:

---

erhöhung und die Löhne für die Streiktage zahlen, sondern auch noch ein saftiges „Sühnegeld" an die Kasse des Syndikats abführen (99–103).

[22] Mit einer Ausnahme: Zwischen die Beschuldigung Antonios und die Erklärung des Vorfalls baut er, komprimiert auf drei Textseiten, Gales persönliche Auseinandersetzung mit dem peitschenschwingenden Polizisten und prinzipiell mit allem physischen Zwang ein; siehe unten S. 178.

[23] Verdinglicht in „Rasierzeug, Kamm und Zahnbürste", 21.

[24] Er lässt sich mit Kaffee richtig volllaufen, damit er dann „gut wieder einmal einen Tramp von einigen Tagen durch wasserlosen Busch aushalten konnte" (44f.).

[25] Dabei blickt durch die Begeisterung für die vollendete Kunst z. B. eines gekonnten Bauchtanzes – „Kunst ist das, was unsre Seele jubeln macht" (118) – unverhohlen, also auch ‚unverschämt' in jedem Sinne, die Kunst der Prostituierten durch, Männer zu locken, zu erregen und (vorübergehend) festzuhalten.

Die ganze glorreiche Herde wird zum Schlachten abgeliefert. Dass die Tiere (durch Tränken bis zum Überlaufen) ein wunderbar schimmerndes Fell bekommen: wie „mit Bronzelack übergossen" (181), das erhöht nur den Preis, den der Besitzer herausschlägt. So werden die jeweils für eine Strecke aufgebauten Probleme und Bedrückungen zwar aufgelöst, aber jede Lösung erweist sich als Scheinlösung, allenfalls als kurze Unterbrechung im nie endenden Kampf ums Überleben. Das unterstreicht die materialistische Gediegenheit des Geschehens, das hier zum Erzählstoff gemacht ist: Der Lebensunterhalt verlangt unaufhörlich neue Anstrengung. In der harten Welt des Halbkolonialismus und der prekären oder parasitären Verwertungswirtschaft lässt sich nichts sparen oder davontragen. Sämtliche Haltepunkte und alle Verdinglichungen lösen sich in nichts auf. Die einzige Konstante bleibt der pausenlose Wechsel mit immer neuem Einsatz.[26] Aber dieses Gesetz, dessen materielle Begründung die meisten Abenteuerschriftsteller außer Acht lassen oder an den Rand schieben, dominiert nicht pur und bringt die Lust am Erzählen nicht zum Erliegen. Aus dem Zwang, sich immer neu zu orientieren und zu verdingen, wird die eigentliche Lebenslust und Darstellungslust gewonnen, eine beständigere und sinnvollere Lust als die billige Abwechslung. Der Gewinn neuer Einstellungen, neuer Dimensionen nicht nur des eigenen Lebens, sondern auch des Verhältnisses zur Welt und der Erkenntnis dieser Welt ist der Leitfaden, der das erzählerisch lockere Gewebe denn doch strafft. Guthke spricht davon, dass Travens Werke wirken „wie ein frischer Wind".[27] Ein deutliches Bild dafür geben die Banditen ab, die sich Gale nicht nur vom Leibe hält, sondern deren „gute[s] Recht" (176) er auch gelten lässt und historisch begründet.[28] Unter ihnen findet er (das mag jetzt Traven selber als politischer Kommentator oder sein anteilnehmender Erzähler sein) das Gesetz der Veränderung besonders sichtbar und für die ganze Gesellschaft signifikant:

> Und wie das so wechselt. Die drei Brüder, die bei den regulären Truppen dienen, fressen morgen vielleicht etwas aus und finden Unterschlupf bei den Banditen, während die drei Brüder bei den Banditen sich freiwillig der Gnade des Gouverneurs unterwerfen und sich in die reguläre Armee

---

[26] Einmal wird auch der nicht ausgeführten Zukunft etwas überlassen. Die Bäckereiarbeiter werden in der ganzen geschilderten Handlung nur als „Gesindel" (108) dargestellt, das anders als die Kellner im gleichen Betrieb nicht einmal einer bewussten, kollektiven Wahrung der eigenen Interessen fähig ist. Auf Dauer jedoch, lässt sich denken, dürfte das Beispiel der Kellner an ihnen nicht vorbeigehen. Eine Ahnung davon (gekleidet in eine Drohung) wird der Gattin des Bäckereibesitzers zugeschrieben (98), und in dieser Zuteilung würde ich einen sonst seltenen Akt der erzählerischen Wiedergutmachung sehen, denn diese Mme. Doux wird ansonsten vom Erzähler mit ausgesuchter Bosheit gezeichnet.
[27] Guthke (Anm. 12), S. 338. Guthke erinnert daran, dass der Autor für den eigenen Verlag, den er in den vierziger Jahren auf die Beine stellen wollte, als erstes den Namen (den flatternden Wimpel gewissermaßen) parat hatte: „Tempestad", S. 500.
[28] Nachträglich lässt er auch einen persönlichen Bezug zu ihnen durchblicken: Einer unter ihnen war Antonio, der ihm von allen seinen Arbeitskameraden am nächsten gekommen ist (181).

einreihen lassen, wo sie vortreffliche Banditenjäger werden, weil sie alle
Pfade und Tricks kennen (ebd.).

4. Durchgängige Tendenz: Der Kapitalismus ist ebenso fatal wie unüberwindlich

Wie geeignet oder wie sperrig war die so ausgearbeitete Erzählregie, um die aus
Europa mitgebrachte politische Tendenz – wir kennen sie aus dem *Ziegelbrenner*
– darin zu verwirklichen? Weder noch, sondern der Autor entwickelte genau so
viel an politischen Desideraten und an Aktionen zu ihrer Umsetzung oder wenigstens Veranschaulichung, wie die erzählerisch durchdrungenen Verhältnisse
zulassen. Er hielt sich dabei an seine Devise (die ihn schon im *Ziegelbrenner*
geleitet hatte), den Arbeitern wie den Lesern überhaupt müsse niemand etwas
vorsagen.

Die kapitalistische Wirtschaft beruht auf Ausbeutung, das wird im sozialen
Antagonismus unter den verschärften Bedingungen eines unterentwickelten, roh
oder rau erscheinenden Landes wie Mexiko[29] mit aller Deutlichkeit zum Erzählgegenstand gemacht. Wie wenig die Pflücker vom Gewinn an der damals noch
teuren Baumwolle abbekommen, wird mit drastischen Einzelheiten der Ernährung und Kleidung ausgeführt. Wenn es gut geht, bleibt das Reisegeld bis zur
nächsten Arbeitsstelle übrig (23f.). Die Zustände sind nicht mehr so brutal wie
die, die Voltaires Candide drei Menschenalter früher in Surinam angetroffen hat,
wo einem unachtsamen und die Arbeit fliehenden Neger ganz rechtmäßig eine
Hand und ein Bein abgeschnitten werden,[30] aber etwas Barbarisches belässt ihnen
auch Traven. Nach sieben Wochen ‚Abrackern' in der „Glut" (65), von früh um
vier bis Sonnenuntergang, ohne Sonntag, ohne jedes Vergnügen, bleibt den
Pflückern so verzweifelt wenig übrig, dass daraus die Idee eines Auswegs in den
Stand von Wilden resultiert: das „Azteken-Duell" (67) mit Speeren, die nur
verletzen, nicht töten sollen, bis einer restlos erschöpft ist und dann mit seinem
kärglichen Pflückerlohn den Ertrag des Siegers wenigstens so steigert, dass der
ein paar Tage frei hat und so weit „anständig" aussieht, um „zu einem Mädchen
‚Buenas tardes' sagen" (66)[31] zu können.

Aus der Charakterisierung dieser Wirtschaftsform als ruinös für die Arbeitskraft geht natürlich ein Wunsch zu ihrer Veränderung hervor, aber – bei
diesem Wunsch bleibt es. Ebenso vage wie verheißungsvoll wird an das politische
‚Aufwachen' der Arbeiter, die jetzt „anfingen", die Gewinne ihrer Arbeitgeber zu

---

[29] Beziehungsreich heißt es bei der Bahnfahrt, in Mexiko hätten die Züge „nur erste und zweite
Klasse, weil man hier nicht so viele Kastenunterschiede macht wie in vierklassigen [sic]
Ländern" (152).
[30] Voltaire: Candide ou l'optimisme (1759), Kap. 19.
[31] Zitiert unter Korrektur nach der (auf den Ausgaben von 1950 und 1952 fußenden) Ausgabe
B. Traven: Die Baumwollpflücker. Hamburg 1962 (rororo 509), S. 57, in der der Autor
manches politisch entschärft, einiges aber auch logischer entwickelt und die nicht wenigen
sprachlichen Fehler der Erstausgabe korrigiert hat (oder korrigieren ließ); in der Erstausgabe
lautete der Gruß „Buenos tades!".

überrechnen, die Aussicht geknüpft: „Solches Überrechnen stört zuweilen Könige und ganze Staaten" (98f.). Aus der ‚Störung' ergibt sich noch keinerlei Änderung des Verhältnisses. Das Räsonnement, warum direkte Gewalt zum Streik unentbehrlich sei, klingt freilich so revolutionsstrategisch und zukunftsgewiss, als stammte es aus einem Lehrbuch des Sozialismus: „Krieg ist Krieg. Und die Arbeiter sind im Kriege, bis sie endlich nicht nur eine Schlacht, sondern den ganzen Feldzug gewonnen haben" (90). Doch aus dem schönen Bekenntnis, das in dieser Form eigentlich schon Ret Marut unglaubwürdig gefunden hat, folgt nichts. Der Streik ist mit dem kühl geschäftsmäßigen Abschluss einer besseren Bezahlung beendet. Für weitere Schritte, die etwa das Lohnsystem ankratzen würden, sind gerade diese Gewerkschaften nicht zu haben. Sie werden für ihre Resolutheit hoch gelobt (83), aber das gilt nur der unnachgiebigen, in der Tat konsequenten Durchsetzung ihrer Forderungen. Die Forderungen selbst betreffen allein die Höhe des Arbeitslohns und die Regelmäßigkeit der Auszahlungen, nicht einmal die Arbeitszeiten (die richten sich für Kellner ‚natürlich' nach den Usancen der Kaffeehausbesucher). Für irgendwelche Kämpfe darüber hinaus, sei es gegen die ‚Klasse' der Besitzenden, gegen das ‚System' der Lohnarbeit oder die ‚Wertstruktur' aller Waren und Dienstleistungen, bleibt da kein Raum, nicht einmal eine Fehlanzeige. Sämtliche Akteure dieses Romans, auf welcher Seite und in welchem Bewusstseinsstand auch immer, haben sich in der Geldwirtschaft lückenlos eingerichtet wie in einer zweiten Natur. Alles wird mit seinem Preis bezeichnet. Das meiste, außer der Dynamik selbst und der Lust daran, lässt sich in Geld umrechnen. Wie ein Echo auf die Solidität der Geldwirtschaft klingen die gelehrigen „Senjoritas", die mit den Wünschen ihrer Kunden genau zu kalkulieren verstehen: Sie liefern „gute und echte Ware" für das „gute und oft sehr schwer verdiente Geld" ihrer Freier (125, 129, 135 u. ö.). Diese betonte Affirmation des Geldwerts bis auf Peso und Centavo fällt auf, aber sie passt zu der gewählten Darstellungsweise. Ich möchte nicht behaupten, dass sie satirisch gemeint sein soll.[32] Aber sie drückt eine merklich plumpe, vielleicht primitive Kausalität aus: Wenn die am Kapitalismus Profitierenden alles auf seinen Geldwert reduzieren, wenn sie aus der Natur wie aus der Arbeitskraft das nur eben Erreichbare herausschlagen, dann sind sie selber schuld, wenn die so Behandelten ihrerseits kleinlich nachzählen und nachrechnen, wie sie auf ihren Anteil kommen – auch wenn diese sich damit in das ungeliebte kapitalistische System nur um so fester verstricken.

Die Zivilisation im Ganzen, die von diesem Lebenselixier Kapital gespeist wird, erscheint folgerichtig in einem höchst zweideutigen Licht. Gale ist wie sein Schöpfer und Meister Traven kein Schwärmer für die unberührte oder möglichst

---

[32] Nur die billige Klage über die Ausbeutung, so lange keine Aktion daraus folgt, wird scharf ironisiert: erstens verbal, indem dieses „Lieblingsthema aller Arbeiter der Erde" mit den beliebtesten Klischees belegt und „mit mehr Lungenkraft als Weisheit" durchgehechelt wird, zweitens praktisch, indem einer der Kumpel dazwischenplatzt, der auf seine indirekte Weise Abhilfe zu schaffen wusste (26f. – vgl. auch die ironischen Ausdrücke, 10, und dazu Küpfer [Anm. 6], S. 152f.).

wilde Natur. Er weiß alle erreichbaren Komforts: Verfeinerung von Speisen, gut gearbeitete Kleidung, Unterhaltung usw. zu schätzen; am Rande kommen auch Radio und ‚Kino' mit in den Blick. Die Pflücker vertilgen Unmengen von Eiern, denn auf eine Aufbesserung ihrer Kalorien zu verzichten, „war ja nicht anders, als wenn wir aus dem Zeitalter der drahtlosen Abendunterhaltung in das der Steinaxt zurückgeschleudert werden sollten" (32). Gale ist nicht in ein wildes Land schlechthin gelangt, wie es romantisierende Abenteuerschriftsteller gern darstellen, sondern in das halb zivilisierte Mexiko, das über große Strecken schon durch industrielle Importe erschlossen ist. Durch den Busch sind immerhin schon Wege geschlagen; ab und an taucht ein Auto auf, dann kann der Tramp hoffen zu ‚jumpen'. Die Eisenbahn führt in so kühnen Konstruktionen oder auch Improvisationen übers Land, dass es mit Lust, wenn auch mit Gruseln vermischt, zu lesen ist. An die Bildung knüpft sich ein unzerstörbarer Fortschrittsglaube, wie in allen Romanen Travens. Hier sind es die Soldaten, die den Zug begleiten, mit ihren „Lesefibeln": Es sind „ausschließlich Indianer", die wenigsten können lesen und schreiben, aber „sie haben einen brennenden Ehrgeiz, es zu lernen" (155). Bei Traven aber ist Zivilisation kein neutraler Progress zu immer vollkommeneren Gütern und Zuständen. Er vergisst bei der Schilderung der Bahnfahrt nicht die Banditen, die den Zügen auflauern wie später seiner gewaltigen Herde. Beim Nachdenken über diese Einschränkung des Komforts verfällt er nun nicht in die übliche Abschirmbewegung, sobald irgendwo ‚Banditen' auftauchen. Sondern er findet hier die bittersten Worte des ganzen Romans für den Ruin der Bevölkerung durch die spezifische Art ihrer Zivilisierung: „Dreihundert Jahre Sklaverei und Verluderung durch die spanischen Herren und Peitscher und Folterknechte, dann hundert Jahre Militärdiktatur und kapitalistische Cliquendiktatur von gewissenlosen Räubern und Banditen mit polierten Fingernägeln und Klubsesseln müssen das wundervollste und liebenswerteste Volk der Erde in Grund und Boden verlottern" (176). Und diese Perversion des Zivilisationsprozesses betrifft nicht nur die fernen (Halb-)Kolonien, sondern die Kernländer selbst, die von dem fatalen Prozess profitieren: „In zivilisierten Ländern haben fünf Jahre Krieg die Völker so verludert, daß sie zwischen Recht und Unrecht nicht mehr durchfinden können, daß die Hälfte der Bevölkerung in jenen Ländern Verbrecher und die andere Hälfte Polizisten, Gefängniswärter und Staatsanwälte sind" (ebd.). Mit der gängigen Zivilisationskritik halten sich weder Gale noch Traven lange auf.[33] Aber die aggressive Tendenz in der aus Europa exportierten Zivilisation erfasst der erst vor kurzem emigrierte Autor scharf. Er sieht sie vor allem auf Gewalt, Unterdrückung und Achtlosigkeit gegründet. Dagegen richtet sich der zentrale physische und mentale Einsatz seines Helden und die grundlegende literarische Strategie seines Romans:

---

[33] Allerdings geht Gale z. B. die Verscherbelung des Lebens in den amerikanischen Schlagern (Text wie Musik) so auf die Nerven, dass er einmal laut flucht und dazu sinniert: „Es ist ja alles so lustig, die Witwen tanzen, und die Bananen, yes, die haben wir nicht" (72).

5. Jeden sein und bleiben lassen, wie er mag

Ein nur halb zivilisiertes Land wie Mexiko hat eine gewichtige Annehmlichkeit für sich: Das Netz der Regelungen und der Überwachung ist weniger dicht als in den hoch zivilisierten Ländern. Der sonst eher karge Erzähler wird regelrecht geschwätzig, wenn er auf dieses Thema kommt. Er spielt mit dem Reizwort der Moralisten: „Die Polizei kümmert sich hier nicht um die Sitten, um Sittlichkeit und um Gesittung der Menschen", und er bezieht wortreich selbst den Gegner Monsieur Doux in den Genuss der gerühmten Legerität ein: „Wenn der Wirt keine Gäste mehr hat, macht er schon von selbst zu und braucht dazu keine guten Ratschläge und Strafmandate der Polizei, denn er ist ja ein erwachsener Mensch und kein Säugling, der noch in die Windeln macht und die Milchflasche nicht allein halten kann" (80). Weitgehend, d. h. soweit Zeit und Geld reichen, kann jeder tun und lassen, was er will: „Es ist sein Geld, seine Zeit und seine Gesundheit" (ebd.). Die Freiheit im Sinne der Ungestörtheit gilt bereits als das höchste Gut, das sich in dieser harten Welt erlangen lässt: sich regen und seine Eigenart verwirklichen können, intellektuell wie emotional seinem eigenen Kopf folgen. Das konzentrierteste Bild für den sich selbst befreienden Menschen ist – Eva, „als sie das Paradies los war und sich frei bewegen konnte" (118).[34] Selbst das Vieh soll in seinen natürlichen Bedürfnissen respektiert werden. Jedes der bewunderten halbwilden Rinder hat „ein Leben für sich, ein Leben mit eignem Willen, eignen Wünschen, eignen Gedanken, eignen Gefühlen" (167).[35] Geradezu delikat wird der wilde Mustang behandelt, den Gale sich als Reitpferd ausgesucht hat. Er will nicht seinen Willen brechen, wie es auf den Ranches in den Vereinigten Staaten üblich ist, sondern will, dass er sein „natürliches Feuer", seinen „Stolz" bewahrt (160), obgleich er ihn trägt.[36] Die Lust an jeder Kreatur, weil sie so durch und durch lebt und nichts als leben will, gibt der Erzählung einen deutlich vitalistischen Unterton. Man könnte an Albert Schweitzers „Ehrfurcht vor dem Leben" denken, nur dass Traven, ohne jeden theologischen Anspruch, kein Prinzip und keine Botschaft daraus macht. Worauf es ihm ankommt, lässt er durchblicken, als auf dem weiten Treck ein Kalb geboren wird, das nun nicht selber mitlaufen kann, also Anstrengungen der Berittenen verlangt: „Man möchte ihm gern sein junges freudiges Leben lassen" (170).

Unter den Menschen ist das Leben-und-leben-Lassen schwieriger zu wahren; sie tun sich permanent gegenseitig etwas an. Einer beschränkt dem oder den anderen das Auskommen, die Bewegungsfreiheit, ja die Luft zum Atmen. Alle diese privativen, zu Deutsch räuberischen Interaktionen sind durch die

---

[34] Eine Vorstellung, die sich offenbar anbietet, wenn Emanzipation anschaulich gemacht werden soll. Joumana Haddad schreibt in ihrer ketzerischen Prosa *Liliths Wiederkehr*: „Adam und das Paradies, sie haben mich angeödet, drum hab' ich sie abgelehnt und nicht gehorcht" (zitiert nach: Lisan 8 [2009], S. 107).
[35] Z. B. gibt es unter ihnen „Nachtbummler" ebenso gut wie unter Menschen (170).
[36] Nirgends wird die Geschicklichkeit des Könners Gale so methodisch, ja so pädagogisch entfaltet wie in der vorsichtigen Bändigung ‚seines' Pferdes, 160–162.

Herrschaft des Kapitals verursacht und müssen erduldet werden. Wenn die Geduld reißt, können die Bedingungen bei glücklichem Ausgang eines Streiks neu ausgehandelt werden, müssen dann aber wiederum hingenommen werden. Nur zwei Ausnahmen, in denen Gewalt ohne direkt ökonomische Zwecke ausgeübt wird, spielen im Roman eine Rolle. Die entscheidende wird als richtig große Szene dargestellt, zu einer Urszene ausgestaltet (62–64): Ein indianischer Habenichts ist auf einer Bank im Park eingeschlafen und ein indianischer Polizist zieht ihm einen Peitschenhieb über, weil er dort nur sitzen, nicht liegen darf. Gale sieht darin die „Herauspeitschung aus dem Paradiese" (63) wieder aufgeführt. Er addiert die christliche und die weltliche Bezeichnung für die Geschlagenen: „Der uralte Gegensatz zwischen der Polizei und den Mühseligen und Beladenen und Hungernden und Schlafbedürftigen" (ebd.). Er versetzt sich an die Stelle des Aufgeschreckten und zieht Folgerungen bis zur Prognose einer Weltrevolution:

> Ein Peitschenhieb vernarbt nie. Er frißt sich immer tiefer in das Fleisch, trifft das Herz und endlich das Hirn und löst den Schrei aus, der die Erde erbeben läßt. Den Schrei: „Rache!" Warum ist Rußland in den Händen der Bolsches? Weil dort vor dieser Zeit am meisten gepeitscht wurde. Die Peitsche der Polizisten ebnet den Weg für die Heranstürmenden, deren Schritt Welten erdröhnen und Systeme explodieren macht (ebd.).[37]

Anders als bei den sonstigen, den ökonomisch motivierten Ungerechtigkeiten und Übervorteilungen, bei denen Gale ruhig oder nur mit innerer Anteilnahme zusieht, ‚muss' er hier eingreifen: „Man zwang mich, Rebell zu sein und Revolutionär" (ebd.). Wer aber jetzt eine gewaltige Auseinandersetzung erwartet, wird enttäuscht. Gale ‚springt' zwar noch auf, bringt aber den Unhold mit ausgesprochen ruhigen Worten, geradezu legalistisch, zur Räson.[38] Im Sinne des fundamentalen Anliegens, dass keiner zu irgendetwas gezwungen werden soll, kann man es konsequent finden, wenn auch der Fürsprecher mit einem Minimum an Anstrengung auskommt, um den Frieden wiederherzustellen. Man könnte höchstens fragen, wozu er so gewaltig ausholen musste. Wenn wir uns jedoch auf seinen Erzählmodus einlassen, werden wir auch dessen Dosierung ihm überlassen müssen. Man wird es weder dem Erzähler noch dem engagierten Autor verwehren können, in seinem eigenen Roman, wo es einmal gut passt, vom Leder zu ziehen und Klartext zu reden.

Die zweite Stelle mit brutaler Gewalt, die nicht Teil (und nur letzten Endes Mittel) des ökonomischen Zwangs darstellt, ist ganz unscheinbar, in ihrer Dimension jedoch viel krasser. Gale hat an der Pazifikküste eine der ‚blutigen Nächte' der mexikanischen „Anti-China-Bewegung" erlebt. „Kostete achtundzwanzig Chincs das Leben" und blieb juristisch ungesühnt: „[N]iemand wußte,

---

[37] Zitiert unter Korrektur des Textfehlers „Schritte". In Traven: Baumwollpflücker (Anm. 31), S. 55 ebenso wie schon 1950ff. hat Traven nur die beiden ersten Sätze stehen gelassen.
[38] Das Schlafen durfte der Polizist dem armen Teufel verwehren, schlagen durfte er ihn keinesfalls.

wer es getan hat" (155). Gale wundert sich, dass die Chinesen sich dadurch nicht abschrecken lassen. Er kommt zu dem Schluss, dass sie den Blutzoll[39] als Unkosten für die geringfügige Prosperität ansehen, mit der sie das Restaurationsgewerbe schon an vielen Stellen Mexikos an sich gebracht haben. Mr. Pratt, der offen als Rassist argumentiert, sieht seine These bestätigt: „Sie nisten sich ein wie Ungeziefer" (ebd.). Der Kampf um das Einkommen ist in dem postkolonialen Einwanderungsland Mexiko grundiert, diversifiziert und vielfach zugespitzt durch ein Netz von ethnischen und Rasseneinteilungen. Gale profitiert von einigen der Vorteile, die er als Weißer, obzwar von einer nicht privilegierten Herkunft (nicht spanisch oder US-amerikanisch), in diesem Land genießt. Er bedient sich der üblichen degradierenden Bezeichnungen für die anderen Rassen[40] und teilt einige der Vorurteile über sie. Aber er ist verträglich und aufgeschlossen für alle, die er als Mitmenschen in der gleichen Lage begreift. Ethnisches und rassisches Überlegenheitsgehabe findet er töricht, eine überflüssige Verschärfung der sozialen Widersprüche.[41] Traven teilt seiner Figur mit Absicht einen Mexikaner spanischer Herkunft, einen Indio, einen Chinesen und zwei Schwarze als Arbeitsgefährten zu. Gale sucht alle zu nehmen und zu lassen, wie sie sind. Er hat nur mit dem zweiten Weißen am meisten zu tun und fühlt am Ende sich ihm am stärksten verbunden – das dürfte damals sicher und vermutlich auch heute noch zumeist das nächstliegende Verhaltensmuster sein. Dass den Ureinwohnern das Land geraubt wurde, wird nur einmal thematisiert, als ihm einige von ihnen als ‚Banditen' gegenüberstehen.[42] Mit ihrer eigenen (oder vielmehr geborgt angeeigneten) Kultur beschäftigt sich Traven erst in der *Brücke im Dschungel*, mit ihrem Recht auf ihr Land in der *Weißen Rose*.[43] Fast das Optimum an Verhaltensspielraum und Aussicht wird dem einen Indio zugebilligt, den der übereifrige Polizist mit der Peitsche aus dem Schlaf gerissen hat: „[S]tand auf und ging langsam seiner Wege" (64).

Die Gefahr des Abenteuerromans ist der Sozialdarwinismus. Gerade wenn der Held hochgradig kompetent ist und über die Gabe verfügt, vorgefundene Zustände neu aufzumischen, legt sich das Lob der Stärke verfänglich nahe. Abenteuerbücher, die mit der genrespezifischen Glorifizierung des Helden

---

[39] Das Wort fällt nicht, ist aber faktisch gemeint. Wörtlich heißt es nur: „Sie übernehmen das Risiko" (155).
[40] Manchmal sucht er neutralere Bezeichnungen, und zwar auf eigenes Risiko: „Rassenvetter" (10) oder „Couleurbruder" (16) für die beiden Schwarzen in ihrem Verhältnis zueinander.
[41] Küpfer (Anm. 6) teilt eine im fertigen Roman gestrichene Stelle aus dem ersten Abdruck im *Vorwärts* mit, in der das selbstverständliche „Angrunzen" der chinesischen Kellner kommentiert wird: „[D]as tut man sofort, sobald man einen anderen armen Teufel auch nur einen Zentimeter auf der sozialen Rangleiter unter sich weiß" (S. 154).
[42] Siehe oben S. 173f.
[43] In den *Baumwollpflückern* sind die Indios nur überall vorhanden und durchweg passiv. Bei der ersten Begegnung mit einem „schokoladebraune[n] Indianer" wird als wichtigste Eigenschaft seine Gelassenheit hervorgehoben: „[M]it welcher Sorglosigkeit und mit welchem Reichtum an Zeit" kam er an (10; zur bewussten Wahl dieser Ausdrücke siehe Küpfer [Anm. 6], S. 153). Es ist derjenige, der das Beisammensein mit den anderen nicht überleben wird.

fahrlässig umgehen, von Karl May bis zu *Perry Rhodan* oder der *Tarzan*-Serie, werden deshalb nicht selten als pädagogisch bedenklich eingestuft. Wenn Kids wirklich so dumm wären, daraus ihr Weltbild und ihre Handlungsimpulse zu ziehen, dann wäre es um unsere Gesellschaft übel bestellt. Traven spricht in den *Baumwollpflückern* den Sozialdarwinismus einmal direkt an. Der „Lebende hat immer recht", auch wenn er andere umbringt. Denn: „Überall ist Busch. Friß! oder du wirst gefressen!" Ein Tier frisst das andere – „Immer im Kreise herum. Bis eine Erdkatastrophe kommt oder eine Revolution und der Kreis von neuem beginnt, nur anders herum" (64).[44] Aber diese trübsinnige Philosophie wird gerade nicht propagiert. Sie wird zwar nicht zurückgenommen, aber die Vermutungen, auf denen sie beruhte, stellen sich bald darauf als falsch heraus. Rücksichtslosigkeit, Dreinschlagen, jegliche Großspurigkeit passt nicht zu Travens Vorstellung von einem dschungeladäquaten und überhaupt der Welt angemessenen Verhalten. Nicht einmal Stärke ist etwas, worauf seine Helden erpicht sind. Cleverness ist, wie schon die Antike wusste, durchweg vorzuziehen. Wenn es wiederholt von anderen heißt, sie ‚gingen mich [uns] nichts an', wird nicht eigentlich Gleichgültigkeit propagiert, sondern wird Respekt vor der eigenen Entscheidung und Selbstverantwortung eines jeden verlangt.

Mit meinen Ausführungen will ich nicht behaupten, dass diese Erkenntnisse und diese Einstellung schon die ganze selbstverfertigte Poetik des Erzählers Traven ausmachen. Er hat im Laufe seines Schreibens gemerkt, dass die Fiktion als solche, die Kontur und die Belastbarkeit seiner Figuren, die Bestimmtheit von Meinungen und ihre Inszenierung, Dosierung, ironische Brechung u. v. m. eigene Entscheidungen des künstlerischen Willens und des Geschmacks verlangen. Aber er hat, wenn ich richtig sehe, auch diese Entscheidungen in der Haltung der Gelassenheit und Nonchalance, des Respekts vor der Eigenart anderer Menschen sowie vor der Ernsthaftigkeit gegebener sozialer Verhältnisse getroffen. Seinen Lesern sucht er eben diese Haltung bemerkenswert und eindringlich zu machen, wenn auch, versteht sich, nicht aufzunötigen. Er ist ein Narrator von beträchtlicher Ausstrahlungskraft geworden, doch das Bemerkenswerteste an seiner Kunst scheinen mir nicht deren Griffe oder Kniffe, sondern der Grundgestus, sich der Realität in dem fernen, aber für die Gegenwart bezeichnenden Land zu stellen: nüchtern, beharrlich und nur selten erregt, mit seinem eigentümlichen Humor und einer in die harten Fakten eingekrusteten Menschenliebe. Darum spreche ich lieber von seiner ‚Poetik' statt seiner in lauter Erzählentscheidungen auszudifferenzierenden Narratologie. In einem Grundtatbestand, der Evokation von Einbildungskraft in einem Bezirk, der zentral die Person des mitgehenden Lesers betrifft, darf diese spröde und betont ungefällige Prosa in der Tat poetisch heißen.

Jeden anderen sein und bleiben lassen, das hört sich an wie eine Hymne auf die Bequemlichkeit. Es hat aber mit Liberalismus nichts zu tun; vom *laissez faire*

---

[44] Zu solch trostlosen End-Urteilen gelangt Gale, als er von Antonio erst die halbe Geschichte des Endes von Gonzalo gehört hat und seinem raschen Dementi nicht recht glauben kann.

unterscheidet es sich gerade im Verb (und das Verb ist nach der antiken Grammatik das Haupt-Wort), nämlich genau so weit, wie Sein etwas anderes ist als Machen inklusive Besitzen, Akkumulieren usw. Dass *Das Totenschiff* und die ‚Caoba'-Romane heute, auf Deutsch, kaum noch gelesen werden, *Harry Potter* aber viele Millionen Mal, kann man natürlich als eine bedauerliche Entwicklung des Geschmacks in der heutigen Jugend einfach hinnehmen. Zugrunde liegt ihr aber eine gewisse Einstellung zu den entscheidenden Fragen der sozialen Verfasstheit des Lebens, eben Gläubigkeit statt Anstrengung, sie selber, auch über die gesetzten Spielregeln hinweg, zu durchschauen. Um ihretwillen lohnt es sich, die Poetik des Erzählers Traven, wie einiger anderer, genau zu studieren. Denn die Einstellung, behauptet Traven, ändert sich bei besserer Einsicht.

GÜNTER HELMES (Flensburg)

Die erzählstrategische Vermittlung von Diskursen in B. Travens *Das Totenschiff* [1]

Einstieg

In Antwerpen, als er zum ersten Mal auf einer Polizeistation landet und nach Frankreich, nach Deutschland oder nach Holland abgeschoben werden soll, wird der redselig politisierende Gale vom Leiter der Station barsch angegangen: „Was reden Sie soviel herum? Sagen Sie einfach, ob Sie dahin wollen oder nicht" (S. 20; Kap. 3).[2]

 Es gehört in der Tat zu den auffälligen Charakteristika dieses Gale, der als Erzähler und als Akteur die Hauptfigur der Rahmen- und der Binnenhandlung der *Geschichte eines amerikanischen Seemanns* (Untertitel), des Romans *Das Totenschiff*, ist, dass er viel und ‚frei Schnauze' herumredet. Er tut dies, obwohl er meist bedroht ist und deshalb, sollte man meinen, eher auf ein Einlenken aus ist bzw. sein sollte. Gale aber verweigert ganz einfach Konventionen, verweigert reduktionistische, an militärisches Reichsdeutsch erinnernde Kommunikationsvorgaben und Rollenzuschreibungen in Amtsstuben und an ähnlichen Orten – womit bereits eine *zweite* Erzählstrategie explizit angesprochen wäre. Diejenige nämlich, die ergebnisorientierte Erzählung eines bloßen Handlungsablaufes nahezu permanent durch Reflexionen, Kommentare, Bekenntnisse, Forderungen, Erklärungen, Assoziationen, Gefühlsausbrüche und Ähnliches zu unterlaufen. Diese digressiven und / oder performativen Textbausteine befördern im Besonderen einen analytischen Zugriff auf Geschehnisse, Themen und Sachstände und eine analytische Rezeptionshaltung, die auf handlungsrelevante Erkenntnisse aus ist. Dergestalt gelingt mehreres: Zum einen werden Zustände, Verläufe und Ergebnisse dem lähmenden Etikett ‚Fatum' entzogen und als Produkt von ökonomisch-politischen Interessen, Machthierarchien, Gewohnheiten, Mentalitäten, Verhaltensmustern etc. erkennbar. Ganz im Sinne von Traven wird ein

---

[1] Für die Publikation wurde der Vortragsstil weitgehend beibehalten. Wichtige Hinweise und Anregungen seitens der Konferenzteilnehmer und -teilnehmerinnen verdanke ich im besonderen Gerhard Bauer, Mathias Brandstädter und Galina Potapova. – Vgl. auch meinen Beitrag: Literatur und Literaturtransformation. B. Travens Roman ‚Das Totenschiff' (1926) und mediale Adaptionen (Hörspiel, Film). In: B. Traven. Frühe Romane und mediale Transformationen. Hg. von G. H. Siegen 2003, S. 47–70.
[2] Die Seitenangaben, im Anschluss an die Zitate aus dem Roman jeweils in Klammern eingefügt, beziehen sich auf die Ausgabe B. Traven: Das Totenschiff. Die Geschichte eines amerikanischen Seemanns. Berlin / Leipzig: Buchmeister 1926; zusätzlich werden die Kapitel genannt, um das Auffinden der Textstellen in anderen Ausgaben zu erleichtern.

grundsätzliches, konstruktivistisches Bewusstsein für Alternativen, für Handlungsoptionen und für Veränderbarkeit, kurz: für Geschichte, Gegenwart und Zukunft und deren jeweils anders gelagerte Machart und Machbarkeit erzeugt. Zum zweiten wird dieses grundsätzliche Bewusstsein – mehr dazu weiter unten – mit sehr konkreten Inhalten angefüttert, die sich aus einer ganzen Reihe von Ereignissen und Diskursen ergeben, die Anfang und Mitte der 1920er Jahre aktuell sind. Zum dritten demonstriert Gale als einer, der ganz alleine ohne Familie, Freunde, Bekannte oder Kollegen da steht, dass man sich Vereinzelung und fehlender Rückendeckung zum Trotz immer auch anders als erwartet verhalten kann. Er wird damit zu einem unmittelbar erlebbaren Vorbild für eine radikale, gesellschaftlichen Ausschluss ggf. nicht scheuende Eigenmächtigkeit.[3] Gale demonstriert aber auch, zum vierten, dass dieses andere Verhalten, diese Verletzung von Konventionen, Verhaltensmustern etc. durchaus Gewinn einbringen kann. Zu erinnern ist in dem Zusammenhang etwa an die Episode beim Grenzübertritt von Frankreich nach Spanien in den Pyrenäen (Kap. 14 und 15), in welcher der vom Äußersten, vom Tod durch Erschießen bedrohte Gale dank seiner ‚Schnauze' sich faktisch erst Schlemmereien und dann sogar die Freiheit erredet.

Mit dem vielen Herumreden von Gale, wurde gesagt, sei bereits eine *zweite* Erzählstrategie angesprochen. Eine *erste*, Vermittlungsabsichten geschuldete Erzählstrategie besteht darin, dass der Roman *Das Totenschiff* eine Rahmen- und eine Binnenhandlung aufweist und Gale zugleich Erzähler und Akteur ist. Dabei ist der Gale der Rahmenhandlung noch einmal einen Schritt, eine Reflexionsebene weiter als der Gale der Binnenhandlung und kann dessen Erlebnisse wiederum zum Gegenstand von Überlegungen machen oder beispielsweise durch Rückblenden oder Einschübe anders kontextualisieren (vgl. etwa Kap. 32 und 33). Damit wird – an die Romantik erinnernd – ein Reflexions- und Konstruktionskontinuum erzeugt. Dieses Reflexions- und Konstruktionskontinuum wird weiter dadurch befördert, dass sich der Gale der Rahmenhandlung im Stil der impulsiven, der auf ein Gegenüber reagierenden mündlichen Rede an einen Zuhörer wendet. Der bleibt zwar namenlos und ist nur indirekt präsent, kann aber doch einem bestimmten Rezipientenkreis zugeordnet werden. Auch wenn Gale monologisiert, haben wir es von daher mit einer dialogischen Grundkonstellation zu tun, die kommunikativ wie sozial allerdings asymmetrisch ist und die die Verhältnisse auf den Kopf stellt. Ein einfacher Seemann, im realen Leben meist zum Zuhören, zum Befehlempfangen oder zum Schweigen verurteilt und allein aufgrund dieser alltagspermanenten Restriktionen gewöhnlich nur mit begrenzten Ausdrucksfähigkeiten ausgestattet, redet unablässig und höchst eloquent zu einer Person aus offensichtlich besseren Kreisen. Er bewerkstelligt dabei eine teils diskursive, teils an das Junge Deutschland oder den Vormärz erinnernde ironische, parodistische, satirische, groteske, paradox-

---

[3] In dieser Eigenmächtigkeit erinnert Gale beispielsweise an programmatische (Selbst-)Entwürfe à la Bettine von Arnim.

absurde, sarkastische, pamphletistische oder zynische Wiedergabe von zeitgenössischer Wirklichkeit sowie Auseinandersetzung mit ihr. Die Sprache dieses einfachen Seemanns, des Erzählers Gale, weist zudem in Syntax, Metaphorik, Wortbestand und Orthographie eine Anzahl von unverwechselbaren Charakteristika auf, so dass ohne Einschränkung vom Redestil eines markant profilierten Individuums gesprochen werden muss. Diese Charakteristika tragen allesamt als weitere Mittel gelingender Vermittlung dazu bei, je nach Rezipient Amüsement, Vertrautheit, Zeitgenossenschaft, Erkenntnis, Wut, Befremdung, Empathie, Lesefluss, Abwechslung und dergleichen mehr zu erzeugen: Lesevergnügen oder -hunger wird aufgebaut, auf Praxis zielendes Verstehen wird befördert und Rezeptionsbarrieren werden abgebaut. Im Einzelnen sind hier zahlreiche Anglizismen und Slangausdrücke, eine Fülle idiomatischer und funktiolektaler Wendungen, Leitmotive, Flüche einfallsreicher und zugleich hintersinniger Art *en masse*, syndetische Parataxe, syndetische Reihung und Häufung, Ellipse, Alliteration, `Anapher, Parallelismus, Hyperbel, Anthropomorphisierung und phonetische Schreibweise zu nennen.

Vertiefung 1: Lesepublikum

Ein systematischer, den kursorischen Nachweis von Auffälligkeiten ablösender Zugriff auf das Thema ‚erzählstrategische Vermittlung von Diskursen' hat zunächst die Frage zu beantworten, an welches Lesepublikum sich Traven mit dem *Totenschiff* eigentlich wendet. Denn nicht zuletzt vom anvisierten Lesepublikum hängen die erzählerischen Mittel ja ab, die zum Einsatz kommen müssen bzw. sollten, wenn dieses Lesepublikum erreicht werden soll und wenn diesem Lesepublikum etwas Substantielles in Form eines Wissens, einer Lehre oder einer Haltung vermittelt werden soll. Traven wendet sich, so die erste These in diesem Zusammenhang, nahezu ausschließlich an ein männliches Publikum. Das lässt sich aus fünf ineinander greifenden Beobachtungen ableiten. Zum einen legen bereits Titel und Untertitel des Romans, die sich in eine Jahrtausende alte nautische Metapherntradition einschreiben, nahe, dass hier die vor allem von Männern bevorzugten, auf existenzielle Herausforderungen und Grunderfahrungen hinauslaufenden Genres ‚Abenteuer' und ‚Reise' bedient werden. Das ist hinsichtlich ‚Abenteuer' vor allem im zweiten und im dritten Buch der Fall, die anschaulich und häufig auch im Präsens von den grauenhaften Lebens- und Arbeitsbedingungen auf der ‚Yorikke' erzählen – „Wir sind im Kriege" (S. 214; Kap. 42), heißt es – und die auch vor naturalistischer Drastik nicht zurückscheuen.[4] Zum zweiten wird durch die Spezifizierung des Seemanns als ‚amerikanisch' signalisiert, dass sich der Roman auch zum zeitgenössischen Phänomen und Faszinosum ‚Amerikanismus' verhalten wird – er tut dies freilich unter

---

[4] Zu denken ist hier z. B. an das Fußabhacken als einzige Möglichkeit der Lebensrettung beim Untergang der ‚Empress of Madagascar' (S. 240f.; Kap. 46).

Ausschluss all jener dazu gehörenden Themen wie ‚Berufstätigkeit', ‚Sport' oder auch ‚Mode', die Frauen in den 1920er Jahren und in nachfolgenden Jahrzehnten vor allem interessiert haben bzw. interessieren könnten.[5] Zum dritten gibt es im Roman so gut wie keine Frauen, und die wenigen, die erwähnt werden, haben keine eigene Stimme; sie werden dazu noch meist denunziert und geben jedenfalls keinen Anlass zu Identifikationen oder Projektionen. Vom Figurenensemble her handelt es sich also um eine mehr oder minder reine Männergesellschaft, und keiner dieser Männer, auch Gale nicht, ist dazu angetan, auf ein Frauenherz oder -hirn dieser oder jener Art mir nichts dir nichts unwiderstehlich zu wirken. Zum vierten werden im Roman auch diesseits des Stichwortes ‚Amerikanismus' faktisch keine Themen angesprochen, die von spezifisch weiblichem Interesse sind. Wenn einmal ganz nebenbei ein in den 1920er Jahren in Deutschland höchst aktuelles Thema wie der Abtreibungsparagraph 218 zur Sprache kommt, geschieht dies zudem aus rein männlicher Perspektive und in ausgesprochen schnoddrigem Ton: „[H]ilf mal deiner Ella mit Rotwein und Zimt und Nelken aus der Appelsoße, da hast du gleich ein Jahr weg, daß es nur so hagelt" (S. 192; Kap. 38). Dieses Zitat, zum fünften, lässt erahnen, dass der gesamte Ton des Romans nicht dazu angetan ist, gewinnend auf Leserinnen in großer Zahl zu wirken. Wo immer es um Weiblichkeit geht, und das ist vor allem im übertragenen Sinne ziemlich häufig der Fall, beispielsweise bei der Charakterisierung von Schiffen und deren Bedeutung für Seemänner, wird in oft genug anzüglicher oder abschätziger Weise vom männlichen Begehr-, Genuss- und Verzehrstandpunkt aus gesprochen. Einen direkten oder indirekten Hinweis auf ein weibliches Eigenrecht hingegen kann man lange suchen. Was also sollte am *Totenschiff* für ein größeres weibliches Lesepublikum ohne weltanschauliche[6] oder professionelle, beispielsweise germanistische Interessen attraktiv sein?

Traven wendet sich also an Männer, hier allerdings an ein soziologisch gesehen ausgesprochen breites Spektrum dieser Spezies. Bei dem namenlosen, indirekt präsenten Zuhörer der Rahmenhandlung handelt es sich z. B. offensichtlich um einen reiferen Mann mit bürgerlicher bzw. bildungsbürgerlicher Signatur, wird er doch, durchaus ernst gemeint, als „Herr" (S. 10; Kap. 1), „Sir" (ebd.) und ‚Gentleman' (S. 14; Kap. 2) angeredet. Diesem Herrn werden zwar im Stile des gutwilligen Zeigeeifers der Naturalisten vor allem jene Alltags-, Lebens- und Arbeitswelten vor Augen geführt, die ihm sachlich wie sprachlich-stilistisch weitestgehend fremd sein dürften, er wird aber auch mit Informationen und Anspielungen konfrontiert, die sich ihm nur als einem Zuhörer mit breitem kulturgeschichtlichen Hintergrund erschließen können. Zu denken ist etwa an die zahlreichen Bezüge und Verweise auf die antike Mythologie und auf Homers *Odyssee*, auf Dantes *Commedia*, auf Shakespeares *Hamlet*,

---

[5] Vgl. dazu u. a. meinen Beitrag: Ausbrüche, Einbrüche, Aufbrüche: Autorinnen der zwanziger Jahre. In: Nora verläßt ihr Puppenheim. Autorinnen des 20. Jahrhunderts und ihr Beitrag zur ästhetischen Innovation. Hg. von Waltraud Wende. Stuttgart / Weimar 2000, S. 88–102.
[6] Zu denken wäre in diesem Zusammenhang selbstverständlich beispielsweise an Frauen der Weimarer Republik, die im linken Spektrum partei- oder kulturpolitisch organisiert waren.

auf Romane Melvilles oder an die literatur- und kulturgeschichtlich höchst beredten weiteren Namen und Biographien, die sich Gale im Verlauf des Romans zulegt.[7]

Entscheidend ist allerdings, dass sich der Roman in seinen Zeitdiagnosen und -forderungen und in seiner weltanschaulichen Essenz auch ohne die Dechiffrierung dieser literatur- und kulturgeschichtlichen Bezüge und Verweise mit spontanem Genuss und handlungsorientiertem Erkenntnisgewinn lesen und verstehen lässt. Diese literatur- und kulturgeschichtlichen Bezüge und Verweise sorgen zwar für eine historisch-kulturelle Unterfütterung des zeitnah Beobachteten, Analysierten und Bewerteten, sozusagen für eine teils geschichtsphilosophisch, teils empirisch legitimierende Tiefenstruktur; und sicherlich sorgen sie auch für ein komplexeres ästhetisches und intellektuelles Vergnügen; doch sind sie von der Sache und vom Rezipienten her nicht unverzichtbar. Spontaner Genuss und handlungsorientierter Erkenntniszugewinn stellen sich nämlich auch so ein, vor allem für denjenigen – und damit ist ein zweiter, den ersten an Größe weit übertreffender potentieller Rezipientenkreis angesprochen –, dessen Sprache hier die Ausgangsbasis für den Erzählstil abgibt und dessen Alltags-, Lebens- und Arbeitswelt in der erzählten Welt des Romans als extreme Ausformung erscheint;[8] „shanghaied" (S. 235; Kap. 45) sind viele dort in der realen Alltags-, Lebens- und Arbeitswelt potentieller Leser (auch heute noch) ebenso gut wie Gale und Stanislaw hier in der Romanwelt des zweiten und dritten Buches. Die Rede ist von den zig Millionen jungen Männern, die nach dem Inferno des ersten Weltkriegs und nach den strapaziösen Anfangsjahren der jungen Weimarer Republik einen zuträglichen, zumindest auskömmlichen Ort in einer erst noch zu erwirkenden und zu gestaltenden Gesellschaft suchen. Diesem ebenfalls, diesem von Traven vor allem angesprochenen Rezipientenkreis und dessen Lesegewohnheiten bzw. dessen Medienpraxis – Stichworte: Film- und Kinokultur der Weimarer Republik – kommt Traven dadurch weiter entgegen, dass er seine Geschichte in überschaubarem Umfang und in goutierbaren Häppchen präsentiert. Gut 250 Seiten Text auf drei Bücher verteilt mit insgesamt 48 szenischen, zum Teil filmisch hart geschnittenen Kapiteln, dazu den Büchern vorangestellte lyrische bzw. versifizierte Texte, die sowohl auf den künftigen Handlungsverlauf vorausweisen als auch Interpretationsanleitungen für diesen Handlungsverlauf an die Hand geben: dieser Roman ist sicherlich auch für denjenigen zu bewältigen, der über keine einschlägige Lesepraxis verfügt, der beispielsweise Rezeptionsvorgaben struktureller Art oder Erläuterungen benötigt und dessen Freiräume für kulturelle Betätigungen generell stark begrenzt und dazu parzelliert sind.

Die Einteilung in drei Bücher mit 48 Kapiteln – sie sind im Übrigen durch den Protagonisten, durch Leitthemen bzw. Leitbegriffe und durch Wieder-

---

[7] Vgl. hierzu meinen in Anm. 1 genannten Beitrag, dort insbes. die Anm. 28 (S. 52), 49 (S. 56) sowie 57 und 58 (S. 58).
[8] Darin begründet sich u. a. die enorme Bindekraft, die der Roman über Jahrzehnte hinweg auch außerliterarischen Kreisen gegenüber entwickelt hat.

holungen mit Erinnerungsfunktion eng verbunden – ist aber selbstverständlich nicht nur das Ergebnis von präsentations- bzw. lesedidaktischen Überlegungen sowie eines quantifizierenden Abgleichs zwischen Leseprofessionalität, zu Erzählendem und verfügbarer Zeit zum Lesen. Diese Einteilung stellt auch eine qualitative Strukturierung dar, die sich an Thematisch-Sachlichem orientiert, an den aller Schnittmengen zum Trotz dennoch vorhandenen Differenzen nämlich der drei Totenschiffe ‚Amerika sowie Mittel- und Westeuropa' erstens, ‚Yorikke' zweitens und ‚Empress of Madagascar' drittens – für die offensichtlichen Bezüge dieser Einteilung zu Dantes *Commedia* mit den drei Stationen Wald, Inferno und Purgatorio, die vornehmlich bildungsbürgerliche Leserschichten interessieren, ist stellvertretend darauf hinzuweisen, dass auch bei Traven der abschließende kurze Aufenthalt auf der ‚Empress of Madagascar' neben viel Action vor allem ein Läuterungsgeschehen bietet. Diese drei Totenschiffe ‚westliche Länder', ‚Yorikke' und ‚Empress of Madagascar' also unterscheiden sich sowohl für den Akteur Gale als auch für den Leser ohne akademisch-kulturelle Vorbildung in zweifacher Weise voneinander: einmal hinsichtlich ihrer Bestimmbarkeit als Ausdruck ein und derselben Systemlogik, derjenigen des – um Lenin zu zitieren – ‚Imperialismus als höchsten Stadiums des Kapitalismus' nämlich;[9] zum anderen hinsichtlich ihrer identischen Funktion für jeden einzelnen, ein Lebensraum zu sein, der, negativ gewendet, den einzelnen gezielt um Identität und ggf. sogar um Leib und Leben bringen kann, der aber, positiv gewendet, als lebensfeindlicher Widerstand existentielle Grenzerfahrungen provoziert und damit die Herausbildung des einzelnen zu einer Individualität im Stirnerschen Sinne des ‚Einzigen' möglich macht. Es bedarf all der ungleich handfesteren, sinnlicheren und nachvollziehbareren Erfahrungen und Erkenntnisse der ersten beiden Bücher, um am Ende des Romans das sinniger Weise „Empress of Madagascar" genannte Schiff durchschauen zu können, es – sexistisch wieder einmal – mit „[o]ben Seide, unten meide" (S. 226; Kap. 44) als Krönung der Verstellung beschreiben zu können und also dem gleißnerischen Schein nicht auf den Leim zu gehen. Und es bedarf all dieser Erfahrungen und Erkenntnisse der ersten beiden Bücher, um sich trotz ärgster Bedrängnis in aufgewühlter See weder aufs Festland noch auf die Yorikke zurückzusehen, wie das Gales Freund Stanislaw Koslowski zum eigenen letalen Schaden tut, sondern in radikaler Freiheit sich treiben zu lassen wie Gale. Sachlogik und Vermittlungsstrategie und -praxis gehen Hand in Hand.

Vertiefung 2: Diskurse

Die Stichworte ‚Imperialismus' bzw. ‚Kapitalismus' und ‚Freiheit' markieren die zweite zu stellende Frage, wenn es um einen systematischen Zugriff auf das

---

[9] Vgl. W. I. Lenin: Der Imperialismus als höchstes Stadium des Kapitalismus. Gemeinverständlicher Abriß. 6. Aufl. Berlin 1962.

Thema ‚erzählstrategische Vermittlung von Diskursen' geht: diejenige nach den Diskursen, die vermittelt werden sollen. Denn von diesen Diskursen hängen die erzählerischen Mittel, die hinsichtlich der ‚Vermittlung' zur Anwendung kommen können bzw. müssen, genau so ab wie vom anvisierten Lesepublikum.

Die Mehrzahl der zeitgenössischen Diskurse, die im Roman wenn auch nicht gleichgewichtig, so doch einschlägig aufgegriffen werden und die in der Wirklichkeit der 1920er Jahre von zum Teil berührungslosen Teilkulturen in unterschiedlichen Medien geführt werden,[10] ist neben den bereits genannten mit den folgenden Stichworten bezeichnet, die hier nur in einem Stakkato angerissen werden können: Staat und Staatsformen, Nationen, Nationalismus und Vereinte Nationen, Fremde und Heimat, Ökonomie, Politik und Klassengesellschaft, Tyrann und rechtloser Untertan bzw. Herr und Knecht (Sklave), Jurisdiktion, Exekutive und Bürokratie, Militarismus und Erster Weltkrieg, Glaube (Kirche), Ideologie und Wissenschaft, Geld und Bildung, Geist und Tat, Freundschaft und Liebe, Mythos, Geschichte und Geschichtsschreibung, Anarchismus und Kommunismus, Arbeit, Arbeiter und Gewerkschaften, Macht und Moral, Mensch, Maschine und Individualismus, Genuss und Askese, Freiheit, Gewöhnung und Hoffnung, Haben, Sein und Werden sowie Sprache, Erzählen, Literatur, Kunst und Kommerz. Diese zeitgeschichtlichen Problemfelder sind im Roman über ein vielfädiges Netz symbolischer Verweise – beispielsweise ‚Hohepriester' für Staatsbedienstete – als Segmente ein und derselben Wirklichkeit bzw. Ausformungen eines verfehlten Denkens und Handelns miteinander assoziativ collagiert; im einen erkennt man potentiell das andere.[11]

Gleich welche Begriffe, Diskurse oder Problemfelder man herausgreift: mehrheitlich scheinen sie nicht unbedingt dazu angetan, einen Roman zu generieren, der ein großes Lesepublikum auf unterhaltsame Weise anspricht. Es sind überwiegend solche Diskurse und Problemfelder, die mit einigem Recht als unpoetisch gelten und die selbst in ihrer Prosaik nach anderen als genuin literarischen Ausdrucksformen zu verlangen scheinen. Dass *Das Totenschiff* dennoch ein unterhaltsamer Roman ist und gleichzeitig diese Probleme angemessen thematisiert, liegt unter anderem in jenen formalen und sprachlichen Mitteln begründet, von denen bereits die Rede war; es liegt aber auch an dem von Traven betriebenen Genremix: Reiseliteratur, Abenteuerliteratur und Essayismus und deren erzählstrategische Eigenheiten gehen, oft übergangslos, Hand in Hand. Indem Traven diese Diskurse an die unmittelbare, variantenreiche und wirklichkeitsgesättigte Erfahrung vor allem einer Figur zurückbindet[12] und sie zugleich

---

[10] Traven trägt überblicksartig nicht nur eine wirklich imposante Anzahl von Einzeldiskursen schlechthin zusammen, sondern von solchen, die sich außerhalb von Travens Roman, in anderen literarischen Erzeugnissen der Zeit beispielsweise oder gar in dieser Zeit selbst, nicht ‚begegnen'.
[11] Von daher könnte man sie auch anders als hier vorgeschlagen gruppieren.
[12] Später kommen aus legitimatorischen, Verallgemeinerungen möglich machenden Gründen noch die ähnlich lautenden oder Gales Erfahrungen sogar noch übertreffenden Erfahrungen von Stanislaw und von den bloß erzählten Figuren Paul und Kurt hinzu.

aus ihren randständigen, Partizipation verhindernden Codes und Fachsprachen befreit, nimmt er nicht nur selbst an derlei Diskursen teil, sondern gibt im Sinne von Foucaults ‚Dispositiv' selbst Diskursmodalitäten vor. Traven macht mit diesen aktuellen Diskursen und mit seiner Erzählsprache all denjenigen ein Angebot zu eigenem Denken, Handeln und Gestalten, die bislang nur Marionetten waren, aber keine eigenmächtigen Akteure.

Vertiefung 3: Rhetorik, Sprache, Figuren

Neben den bislang genannten gibt es im *Totenschiff* noch eine Reihe weiterer erzählstrategischer Mittel, die sein Erzähler mit Lust einsetzt. Es sind solche rhetorisch-sprachlicher Art und solche, die die Anlage der Figur betreffen.

Auffällig an der sprachlichen Gestaltung des *Totenschiffs* ist erstens, dass vieles in einer Art locker-redundanter Beiläufigkeit Erwähnung findet und sukzessive über Kapitel hinweg entfaltet wird. Themen wie beispielsweise ‚Beamtentum' oder ‚staatlich Kujonierte' werden beiherspielend mal hier mal dort und häppchenweise an die Wahrnehmung der Lesenden herangeführt. In deren Bewusstsein werden diese Themen dann mittels Wiederholung befestigt. So ergibt sich ein allmählicher, weder durch die Sache selbst noch durch Überdidaktisierung noch durch Ballung belastender Zuwachs an Wissen, Kenntnissen, Überlegungen und ähnlichem. Dieser Zuwachs wird abschließend häufig durch Merksätze, Bekenntnisse oder Lebensweisheiten abgesichert.

Dann ist es so, dass im Roman nahezu alles, auch das Vertraute und vermeintlich Selbstverständliche, in Frage gestellt und problematisiert wird. Forciert wird durch ungewöhnliche und verfremdende Perspektiven eine Entautomatisierung der Wahrnehmung, des Empfindens, des Denkens und der sprachlichen Darstellung betrieben. *Ein* Ausdruck dieser Strategie ist beispielsweise darin zu sehen, dass häufiger nach landläufigen Begriffen Marginales, eigentlich des Erzählens nicht Würdiges wie ein Stück Seife leitmotivisch dazu dient, Weltpolitisches und Weltgeschichtliches zu entfalten.[13] Ein weiterer Ausdruck der Strategie kann darin gesehen werden, dass den ja zunächst einmal anvisierten deutschen Lesern die eigenen, vertrauten Verhältnisse nahezu ausschließlich in Gestalt vermeintlich scheußlicher fremder Orte – verschiedene Nachbarländer und Schiffe – und dazu noch aus ‚amerikanischer' Perspektive gespiegelt werden. Damit nicht genug, wird vor allem im ersten Buch ein ums andere Mal betont, dass es in Deutschland ja noch viel schlimmer sei als in den beschriebenen Territorien. Nach Deutschland selbst aber kommt Gale gar nicht, er umkreist es vielmehr wie den sprichwörtlichen heißen Brei – hier sind die Leserschaft und ihre Lust am Beobachten, Vergleichen und Bewerten gefordert. Zudem unterläuft Gale auch immer wieder Sprachgewohnheiten, beispielsweise

---

[13] Von Kapitel 15 an spielt ‚Seife' in dem beschriebenen Sinne immer wieder eine prominente Rolle.

dort, wo er ungewöhnliche Passivkonstruktionen wie „ehe ich gestorben wurde" (S. 148; Kap. 29) oder „[m]an kann so müde gearbeitet werden" (S. 167; Kap. 33) bildet. Etwas dem Anschein nach so Neutrales wie Grammatik erweist sich dergestalt als ideologisch aufgeladenes Herrschaftsinstrument.

Zum dritten gibt Gale exzessiv der Neigung nach, zu Schlagwörtern geronnene Ideologeme der Herrschenden wie beispielsweise das vom ‚Marschallstab im Tornister' eines jeden in die Gegenwart zu übersetzen und wörtlich zu nehmen: „[H]eute heißt es: ‚Jeder unserer Arbeiter und Angestellten kann Generaldirektor werden.'" (S. 122; Kap. 26). Als beim Wort genommene überführt er diese zu Schlagworten geronnenen Ideologeme in imaginierte Minigeschichten (vgl. S. 122f.; Kap. 26), die – wen sollte es überraschen – sogleich so grotesk ausfallen, dass dergestalt die Ideologeme selbst auf der Stelle pulverisiert werden.

Viertens ist darauf hinzuweisen, dass Gale im zweiten Buch, insbesondere in den Kapiteln 35 bis 42 und in den dort vor allem erzählten Gesprächen zwischen ihm und Stanislaw, über weite Strecken nicht der Redende, sondern der Fragende ist. Indem er fragt, kann ‚Lawski' von Dingen erzählen, die Gales eigene Erlebnisse und Erfahrungen bestätigen. Stanislaw kann aber auch ungehemmt – „Ich sagte nichts darauf und ließ ihn ruhig reden" (S. 195; Kap. 39) – nach Traven falsche, doch im Proletariat und in kleinbürgerlich-halbproletarischen Milieus verbreitete Perspektiven und Einschätzungen entwickeln und damit Gale einen Anlass zur Richtigstellung geben.

Fünftens ist hervorzuheben, dass Gale seine Erzählung häufig durch Erläuterungen, Informationen, innere Monologe oder Kommentare unterbricht, durch Einschübe, die nicht selten eine imaginative Kraft auf das Bewusstsein des Zuhörers bzw. Lesers ausüben. Gale unterbricht sich selbst nicht nur durch Erläuterungen und durch Einschübe, sondern lockert seine Erzählung auch durch – selbstverständlich zugleich Sinn transportierende – Sprachspiele und Sprachwitze wie das mit den englischen Wörtern ‚God' und ‚goat' auf (vgl. S. 46; Kap. 9), die ein Geistlicher verwendet. Überhaupt ist es Traven via seine Erzählerfigur Gale wichtig, viel an schweijkhafter oder eulenspiegelartiger Komik zu erzeugen, die meist zum Lachen führen soll, angesichts deren einen aber auch schon einmal das Weinen ankommen könnte.

Abschließend am Beispiel der Hauptfigur einige Bemerkungen zum erzählstrategischen Mittel ‚Figurenanlage'. Gale, so viel sei pauschalisierend-kontrastiv im Vergleich mit anderen erzählten bzw. erzählenden Figuren gesagt, ist dadurch singulär und ein ganz Anderer, dass er ein reiner Ausbund, ein Tausendsassa an Eigenschaften ist. Schaut man sich in einzelnen Kapiteln an, wie Gale sich selbst darstellt, sei es durch Handlungen, durch Gefühle und Denken oder durch direkte Selbstcharakterisierungen, dann kommt man zu einem großvolumigen, hier wiederum stakkatoartig wiederzugebenden Potpourri von Eigenschaften, selbstverständlich ebenfalls meist widersprüchlichen: Gale ist zugleich entschieden, berechnend, moralisch, selbstbewusst, respektlos, unterwürfig, witzig, unbeschwert, naiv, weltgewandt, selbstironisch, mitfühlend, missgünstig, entgegenkommend, empfindsam, schadenfroh, großzügig, gnädig, derb, feinsinnig, eitel, aufbrausend, provokant, salopp, vorurteilsbeladen, wissbegierig, rassistisch und denunziatorisch,[14] gebildet, kaltblütig, brutal, prinzipientreu, impertinent, informiert, urteilssicher, potent, trinkfest, kämpferisch, gewalttätig, reinlich ... Gale ist, so viel wird klar, ein ungemein interessanter, weil vielfältiger Typ aus Fleisch und Blut und Hirn, einer, der zwar eine große, menschlich wie ideologisch sympathische Grundlinie hat, der sich aber situativ auch schon einmal untreu werden kann und der, allem Positiven zum Trotz, auch seine Schwächen, ja, je nach Standpunkt sogar Abgründe hat. Ist das nicht ein Typ, dem man – Vermittlungsstrategien ist das Thema – gerne zuhört und folgt, weil er als *exzentrischer gemischter Charakter* so ungemein anziehend und glaubwürdig wirkt? Tut man dies nicht um so eher, als dieser Typ – allem ‚Yes Sir' und ‚No Sir' zum Trotz – keinesfalls ein notorischer Besserwisser und Alleskönner ist, sondern einer, der selbst oft genug in Fallen tritt und in erhebliche Schwierigkeiten gerät? Vor allem das zweite und das dritte Buch, die Aufenthalte auf der ‚Yorikke' und der ‚Empress of Madagascar', zeigen Gale ja auch als jemanden, der alles andere als ein Held, der vielmehr ein „Schaf" bzw. ein „Esel" (S. 168; Kap. 33) ist. Hier ist *auch* Gale jemand, der der Todsünde ‚Gewöhnung' anheim zu fallen droht und vergisst, dass er „in der Arena ist" (S. 220; Kap. 43), jemand, der irrt, unwissend ist und erheblichen Aufklärungsbedarf hat – Stanislaw übernimmt das –, auch jemand, der sich selbst nicht mehr über den Weg traut; zu erinnern ist hier an seine Liebesgefühle für die ‚Yorikke', die er plötzlich auf der ‚Empress of Madagascar' empfindet (S. 235; Kap. 45). Indem Traven, so eine weitere These, seine Erzählerfigur wie beschrieben zugleich als Identifikationsfigur und als problematische Natur anlegt, trägt er erheblich dazu bei, dass es dem Roman über viele Jahrzehnte gelungen ist, seine Themen und Botschaften einem in viele Millionen gehenden internationalen Publikum zu vermitteln.

Zusammenfassung

Traven hat sich offensichtlich sehr genau überlegt, wie er ein heterogenes männliches Publikum, das sich massiv aus bildungs- und lesefernen Schichten rekrutiert, mit Themen erreichen kann, die mehrheitlich nicht nur als unpoetisch und staubtrocken gelten, sondern die auch bestimmten Kreisen vorbehalten und an bestimmte Codes bzw. Fachsprachen gebunden zu sein scheinen. Dieses genaue Überlegen und das in ihm zum Ausdruck kommende Vertrauen in die (Selbst-) Bildungsfähigkeit sowie in das Politisierungspotential dieser Schichten sprechen für die hohe Wertschätzung, die Traven seinen anvisierten Lesern (und Leserinnen) entgegenbringt.

---

[14] Vgl. in der Erzählsequenz um die Figur Sally Marcus (Kap. 11) Gales Antisemitismus, in Kap. 46 seine ‚Ressentiments' gegenüber Farbigen. – Gale reagiert aber gleichzeitig allergisch auf den Rassismus und Nationalismus anderer.

Zunächst ist die Untergliederung in Rahmen- und Binnenhandlung sowie in drei Bücher mit durchnummerierten 48 Kapiteln und lyrischen bzw. versifizierten Prätexten in vorausdeutender oder interpretationsleitender Funktion hervorzuheben. Dann ist daran zu erinnern, dass Traven einen Mix aus populären und fachnischentypischen (Abenteuer und Reise versus diverse wissenschaftliche Disziplinen), aus erzählorientierten und diskussionsorientierten Genres praktiziert; dieser Mix ermöglicht, bei grundlegend gleich bleibendem weltanschaulichen ‚Ausstoß', unterschiedliche Lesarten und Lesestrategien. Dank dieses Genremixes ist es auch möglich, zwanglos ungemein viele Begriffe, Diskurse und Problemfelder in ein und demselben Text zu verhandeln. Diese Begriffe, Diskurse und Problemfelder werden, zum dritten, in einem patchworkartigen, auf Beiläufigkeit, Wiederholung und Allmählichkeit setzenden Verfahren präsentiert und entfaltet. Auf diese Weise werden sie auch für diejenigen rezipierbar, deren Zeitbudget knapp und atomisiert ist und deren Rezeptionsbedingungen jedenfalls zu berücksichtigen sind. Zum vierten ist die Sprache des Romans in ihrer frappierenden Mannigfaltigkeit zu betonen, die sowohl zur Unterhaltung taugt als auch zu Analysen ermuntert und die für Diskursmodalitäten sorgt. Und nicht zuletzt ist es die Erzählerfigur selbst, deren ‚Biographie' für reichlich Identifikations- und Projektionspotential sorgt und deren schillerndes Naturell dazu einlädt, diesen Roman mehr als einmal zu lesen.

ANNA WOJCIECHOWSKA (Wrocław)

Böse Augen in Travens Novelle *Die Brücke im Dschungel*

Travens Novelle *Die Brücke im Dschungel* (1929)[1] gehört, neben den drei Romanen *Der Wobbly* (1926), *Der Schatz der Sierra Madre* (1927) und *Die weiße Rose* (1929), zum sog. ‚mexikanischen' Zyklus. Die Erzählform ist hier geschlossen – den Handlungsablauf bilden das mysteriöse Verschwinden eines Indianerjungen, die darauf folgende Suchaktion, die Entdeckung seines Körpers sowie abschließend das exotische Begräbnisritual. Der Zeuge dieser merkwürdigen Geschehnisse in einem unbenannten Indianerdorf ist die Erzählerfigur Gale. Ähnlich wie im *Totenschiff* und im *Wobbly* erlebt die ‚nächste' Gale-Inkarnation einen Identitätswechsel, diesmal nicht durch den eigenen, symbolischen Tod, verstanden als Travensche „Häutung"[2], sondern durch die Konfrontation mit dem Ertrinken des sechsjährigen Jungen Carlos. Blickbeziehungen spielen eine auffallend wichtige Rolle in der Novelle, indem sie zum großen Teil die Handlung selbst gestalten. Kommunikationstheoretisch kann somit von einer gewissen Performativität des Blickes ausgegangen werden. Damit verknüpft ist hier das Motiv des bösen Blickes, der paradigmatisch für den Statuswechsel Gales als Grenzgänger zwischen seiner Herkunftskultur und dem indigenen Raum steht. Somit gehört dieser Beitrag zum postkolonialen Interpretationsansatz, der in der aktuellen Traven-Forschung seinen festen Platz hat.

Gales Ausgangsposition und Fremdenstatus werden bereits in der ersten Szene angezeigt. Er trifft im Dschungel auf Sleigh, einen assimilierten Weißen, der ihm den Revolver abnimmt, um sich zu vergewissern, dass er es mit keinem Banditen zu tun hat. Nach einiger Zeit kommt es zum Wiedertreffen der beiden Männer in einem Indianerdorf, während Gale auf einer Alligatorenjagd ist. Sleigh bittet Gale, ein paar Tage lang bei ihm zu Hause zu verweilen; in der Zwischenzeit soll in der Gegend eine Tanzveranstaltung stattfinden.

Die Eigenart des Textes besteht darin, dass er gattungspoetisch ganz in der Tradition des magischen Realismus verfasst ist.[3] Dieser Erzählstil ermöglicht in

---

[1] Ich beziehe mich ausschließlich auf die Fassung aus dem Jahre 1929 und berücksichtige nicht Travens spätere Bearbeitung der Novelle im Jahre 1955.
[2] Christine Hohnschopp: Rebellierende Tote. Tod und Emanzipationsprozess im Werk B. Travens. Paderborn 1993, S. 9.
[3] Zum Begriff des ‚magischen Realismus' siehe Michael Scheffel: Magischer Realismus. Die Geschichte eines Begriffes und ein Versuch seiner Bestimmung. Tübingen 1990 (Stauffenburg-Colloquium 16); Uwe Durst: Das begrenzte Wunderbare. Zur Theorie wunderbarer Episoden in realistischen Erzähltexten und in Texten des magischen Realismus. Berlin 2008. Eine andere Erzählung Travens, in der die magisch-realistische Todespoetik sich sogar noch ausgeprägter zeigt, ist *Der Nachtbesuch im Busch*, wo der Erzähler Folgendes von dem Doktor behauptet:

vielerlei Hinsicht eine andere Herangehensweise an die Kultur der Indígenas, als die Perspektive, die Traven ein Jahr zuvor in seinem Reisebericht *Land des Frühlings* präsentiert hat. Der Spielraum ist in der *Brücke* realistisch-durchschaubar und zeitgemäß angelegt: Die Pumpstation, an der die Tanzveranstaltung stattfindet, die geländerlose Brücke, die von der Station zum Indianerdorf führt. Ein Stück weiter erstreckt sich der Dschungel, hinter dem das Öl-Camp befindlich ist – ein Symbol der expansionistischen Kultur der Kolonisatoren. Allerdings lässt sich der genaue Handlungsort nicht festlegen, wir haben es also mit einer prototypischen Mexiko-Szenerie zu tun. Für die Tradition des magischen Realismus ist auf der Figurenebene das Gefühl der Entfremdung und Aneignung des Fremden kennzeichnend; beschworen werden sowohl das Gefühl der Vereinsamung als auch der rational unerklärbare Glaube an den Sinn und die höhere Ordnung der Begebenheiten. Auch Gales Erlebnisse im Busch werden bei ihm zur Krise oder sogar zum Verlust seiner Perspektive führen. Die magisch-realistische Form ist wie geschaffen für die Darstellung des grundsätzlichen Dilemmas, das die Travenschen ‚Gringos' im fremdkulturellen Raum Mexikos verarbeiten müssen. Der kulturelle Synkretismus hatte zur Folge, dass insbesondere die kolonialisierten Gebiete von den Autoren als Ort des magischen Geschehens betrachtet wurden.[4] Dorthin konnte – aus der europäischen Perspektive – der Schauplatz z. B. für jene volkstümlichen Bräuche und Formen des Aberglaubens verlegt werden, die auf dem alten Kontinent im Zuge der Aufklärung bereits erloschen waren.

Gales Besuch verläuft anfangs sehr harmonisch, er wird von seinem Begleiter Sleigh mit der Umgebung bekannt gemacht. Sein Gastgeber ist ein assimilierter Gringo, u. a. durch die Ehe mit einer ‚Vollblutindianerin' und durch seinen langen Aufenthalt in der Gemeinde. Insofern stellt er eine Kontrastfigur zum Ankömmling Gale dar. Seine Verbindung mit diesem Ort kommt deutlich in der Szene zum Ausdruck, in der er die geschenkte Zeitung lesen möchte. Sleigh setzt sich die Brille auf (ein Symbol der Zivilisation, der Bildung), verliert aber sogleich das Interesse an der Lektüre:

> Sein Wunsch nach einer Zeitung war nunmehr vollkommen befriedigt. Von den paar Zeilen, die er gelesen hatte, hatte er auch nicht einen einzigen Gedanken aufgenommen oder auch nur gefaßt. Was kümmerte ihn dieser Trubel der Welt, der sich in den Zeitungen austobte? (14f.)[5]

„Ich hatte zuweilen das Empfinden, daß der Doktor vor langer Zeit schon gestorben sei, daß er es selbst nicht wisse, daß er tot sei [...]"; der Indianer, von dem er Besuch bekommt, ist anscheinend „seit vier-, fünfhundert Jahren" tot; siehe B. Traven: Der Nachtbesuch im Busch. In: Ders.: Der Busch. Berlin: Büchergilde Gutenberg 1928, S. 131–173, hier S. 136 bzw. 158.
[4] Zu diesem Thema siehe Christopher Warnes: Magical Realism and the Postcolonial Novel: Between Faith and Irreverence. Basingstoke 2009.
[5] Zitate aus B. Traven: Die Brücke im Dschungel. Berlin: Büchergilde Gutenberg 1929 werden durch eingeklammerte Seitenangaben unmittelbar im Haupttext nachgewiesen.

Sleigh, der offenbar jeglichen Kontakt zu seinem früheren, ‚vormexikanischen' Leben abgebrochen hat, übernimmt die Rolle eines Vermittlers zwischen Gale und der Indianergemeinde.

Je näher der Samstagabend rückt, desto unheimlicher und bedrohlicher wird die Atmosphäre, was Traven suggestiv an den Naturbildern zeigt: „Ein Esel begann kläglich zu trompeten, und einige andere antworteten ihm, um sich Mut gegen die Gefahren der Nacht einzuflößen […]. Ein Mule kam wild angetrabt, von einer eingebildeten oder wirklichen Bestie in Angst gejagt" (22). Die gewöhnliche Ordnung und die Erwartung der Tanzveranstaltung werden getrübt, als plötzlich Sleighs Kuh verschwindet. Diese fast unmerkliche und scheinbar rasch vergessene Störung erzeugt langsam Vorahnung und Spannung. Kurz danach gehen die beiden Männer zum Tanzabend. Während die versammelten Menschen Gespräche führen und sich amüsieren, hören Gale und Sleigh einen Platsch. Ihr Blickwechsel ist einer der unbewusst Eingeweihten:

> Der Platsch ist kurz und wird von niemand empfunden. Niemand achtete darauf. Und doch war er [sic], als riefe der Fluss: „Vergesst mich nicht, ich bin noch immer da und werde euch alle überleben". Ich sehe Sleigh an, und er sieht mich an. Auch er hat den Platsch gehört, schenkt ihm aber keine Bedeutung (34).

Nach ein paar Stunden erscheint vor ihnen die Indianerin Garza, Mutter des sechsjährigen Carlos, der seltsamerweise nirgendwo im Ort zu finden ist. So beginnt die Suche nach dem Jungen, an dem sich schließlich die ganze Dorfgemeinde beteiligen wird. Der Ablauf der Suchaktion und Garzas Gemütszustand lassen sich an ihren Augen ablesen. Sie hat den kontrollierenden, erwartenden Blick, der sich Stunde um Stunde wandelt und die Anwesenden zur Suche mobilisiert:

> Sie zieht die Stirne hoch, öffnet ihre Augen weit und richtet sie fragend auf uns. In diesen Augen schimmert ein leiser Verdacht, gegen den sie sich noch zu wehren sucht. Und ein zweiter Verdacht glimmert hindurch, ob wir vielleicht etwas ahnen, aber unsere Ahnung vor ihr verbergen wollen. Hilflos sieht sie sich nach allen Seiten um, wo sie noch suchen könnte. Dann blickt sie uns wieder an. In ihren Augen ist eine Wandlung vor sich gegangen. Der Verdacht, die leise Ahnung fangen an, Gestalt anzunehmen (40).

Garza ist sich nun sicher, dass ihr Sohn ertrunken ist, und drückt das wiederum mit ihrem Blick aus: „Ihre Augen werden wie die eines Tieres, das instinktiv eine Gefahr herannahen fühlt" (47). Die Blicke der beiden Weißen treffen sich plötzlich. Es ist der einschneidende Moment, wo den Ankömmling Gale das Gefühl der Unsicherheit überkommt. Jetzt versteht er gänzlich, was sich hinter dem ‚Platsch' verbarg. Gleichzeitig ist er sich bewusst, dass nur sie beide das merkwürdige Geräusch vernommen und einstimmig ignoriert haben: „Ich blicke seitwärts, und meine Augen treffen die des Sleigh, der im gleichen Moment aufschaut und mich ansieht. Weder er noch ich fühlen das Bedürfnis, irgend etwas zu sagen" (60).

Die Gemeinde fängt das traditionelle, lange Absuchen des Flusses an, was sich dennoch als nicht ergiebig erweist. Erst der alte weißhaarige Indianer schlägt vor, das bewährte Zauberritual mithilfe einer auf dem Brett befestigten Kerze einzusetzen. Der indianische Glaube besagt, dass der Leichnam des Jungen nach dem Licht ruft, und, dieser Spur folgend, wird das Brett an die Stelle des Unfalls rücken. Der Unglückstod, in den Gale sich als Mitwisser involviert fühlt, und das seltsame Zeremoniell, das er nicht begreifen kann, erfüllen ihn mit paranoider Angst vor dem indianischen Glauben an den verhängnisvollen bösen Blick eines Fremden:

> Wo ist die Welt? Wo ist die Menschheit geblieben? Ich bin auf einem anderen Planeten, von dem ich nie mehr zurück kann, zu meiner Rasse, zu meinen Wiesen und meinen Wäldern und meinen Bergen. Ein einziger hier braucht nur aufzustehen, mit dem Finger auf mich zu weisen und zu sagen: „Der da, der Weiße, der Fremde, der ist schuld; der hat das Unglück über die Mutter und über uns alle gebracht. Er ist hierher gekommen, und sofort hat der Fluss, der ihn haßt, uns das Kind geraubt. Seht ihr es nicht an seinen Augen, mit denen er unsere Kinder vergiftet?" (95)

Gleichzeitig überkommt ihn das Gefühl der totalen Vereinsamung und Hilflosigkeit. Sein Begleiter Sleigh ist zwar ein Weißer, gehört aber mentalitätsmäßig zur Indianergemeinde, und insofern ist er für Gale ein regressiver ‚Halb-Wilder':

> Sleigh! Wer ist Sleigh? Er lebt ein halbes Menschenalter unter diesen Indianern, er hat eine Indianerin zur Frau und hat Kinder mit ihr. Er ißt nur indianische Kost und fühlt sich in einem Hause, wie es hier Weiße haben, ungemütlich. Nicht der aus einer Kreuzung hervorgegangene Wolfshund ist er, nein, er ist der aus Bewußtsein und aus Gleichgültigkeit gegenüber dem zivilisierten Menschen sich selbst erzeugte Wolfshund. Ohne eine Miene zu verziehen, wird er dabeistehen, wenn diese erregte Masse plötzlich eine lächerliche Idee bekommt und mich zerfleischt (96f.).

Der böse Blick in der *Brücke* ist mit dem Diskurs des Fremden aufs Engste verbunden. Haben die Indianer Angst, dass der Fremdling das Kind *beschrien* hat oder ist es Gale, der den eigenen Blick und seine Konsequenzen fürchtet? Er ist sich des Vorhandenseins dieses Aberglaubens in der indianischen Kultur durchaus bewusst:

> Ich wäre nicht der erste Weiße, der in ein Indianerdorf kam und mit seinen Augen ein oder zwei oder gar noch mehr Kinder mordete, gesunde Frauen tödlich erkranken, kräftige Männer im Busch verunglücken ließ, Hühnern die Eier aus dem Neste weggückte und die Jaguare herbeisang, um die schönsten Kühe zu schlagen (95f.).

Wie bereits oben gezeigt, erfolgt die Kommunikation in der *Brücke* zum großen Teil durch den Blickkontakt, was auch erzählstrategisch bedingt ist: Gale ist ein Beobachter (als handelnde Figur tritt er lediglich bei der Untersuchung des

Leichnams des Jungen auf). Der Blickwechsel treibt die Entwicklung der Geschichte voran, hat also eine gestalterische Kraft, und der Moment, wo sich Gale den bösen Blick einbildet, ist der Kulminationspunkt seiner Angst. Sein Glaube an die destruktive Macht des Blickes ist atavistisch. Der Blick ist das elementare Erkenntniswerkzeug. Die antiken Sehtheorien besagten, dass das Sehen ein nicht rein aufnehmender, passiver Vorgang ist, sondern ein höchst aktiver Prozess und zwar dank des im Augeninnern glimmenden Feuers und Nervengeistes.[6] Diese Vorstellung bildete die Grundlage für den Glauben an den bösen Blick, der praktisch allen Kulturen der Welt bekannt ist, dabei in der Anzahl der lokalen Varianten dieses *Aber*glaubens kaum übersehbar.[7] Der Glaube an den *bösen* Blick erwies sich als sehr tragfähig, hat sich über alle Zeiten reproduziert und nimmt selbst in postaufklärerischen Kulturen Gestalt an.[8] Eine Definition dieses Phänomens liefert der Hamburger Augenarzt Siegfried Seligmann, der um die Zeit der ersten Mexikoerfahrungen Travens die Geschichte und Erscheinungsformen jenes Aberglaubens in den meisten Kulturen erschlossen hat: „Man versteht darunter den Glauben, daß gewisse Menschen, Tiere oder Geister die Kraft besitzen, durch bloßes Ansehen anderer Personen, ganz besonders Kindern, Haustieren, Pflanzen oder sogar leblosen Gegenständen Schaden zufügen zu können."[9] Seligmann ermittelt, dass für die Indios der Blick zu den wichtigsten Zauberkünsten gehört, wobei das Kriterium der Rasse sowie das der Nähe oder Ferne eine besondere Rolle spielen: Die Augen aller weißen Menschen sind den Indios fremd, daher können sie Unglück bringen.

Traven erwähnt den in Mexiko verbreiteten Glauben an die bösen Augen auch in Zusammenhang mit seiner Chiapasreise. In der Dokumentation *Land des Frühlings* beschreibt er die selbst erfahrene Hartnäckigkeit dieses Aberglaubens, der sich in der indigenen Welt in seiner ursprünglichen Form erhalten hat und traditionell u. a. Ausdruck der Angst vor dem Fremden ist:

---

[6] Siehe [Siegfried] Seligmann: Auge. In: Handwörterbuch des deutschen Aberglaubens. Hg. von Hanns Bächtold-Stäubli unter Mitw. von Eduard Hoffmann-Krayer. Unveränd. Nachdr. der Ausgabe 1927–42. 10 Bde. Berlin / New York 1987; Bd. 1, Sp. 679–701, Sp. 679f.
[7] Die Frage nach dem Entstehungsgebiet ist problematisch. Es wird angenommen, dass dieser Glaube im Nahen Osten entstanden ist, es wird aber auch behauptet, dass er gleichzeitig in vielen Kulturen erschienen ist, und zwar bei den Völkern, die in keinem Kontakt zueinander standen, so dass kein Ideentransfer möglich war; siehe Siegfried Seligmann: Der böse Blick und Verwandtes. Ein Beitrag zur Geschichte des Aberglaubens aller Zeiten und Völker. 2 Bde. Berlin 1910; Bd. 1, S. 11.
[8] Im 20. Jahrhundert ist der böse Blick im Kontext der Totalitarismen als ‚Herrenblick' (Walter Benjamin) aufgekommen.
[9] Seligmann (Anm. 7), S. 3. Allerdings ist die Liste der ‚Beschreienden' und ihrer Opfer recht offen – suspekt sind ganze Völkerschaften (z. B. die Zigeuner), Vertreter ‚fremder' Religionen, bestimmte Berufsklassen (vor allem Geistliche und Gelehrte). Praktisch jedes Individuum, vom Säugling bis zum alten Menschen, insbesondere mit körperlicher Missbildung oder Abnormität in der Augenpartie, kann böse Augen haben oder bekommen. Der unglückliche Blick ist sogar stärker als der Tod: Auch Tote können ‚beschreien', sowie Schlafende und Blinde.

> Sich mit den Kindern anzufreunden, hilft nicht viel gegenüber den Frauen. Ganz im Gegenteil, es macht sie nur noch um so mißtrauischer. Das Auge des Fremden kann das Kind töten oder ihm sonst ein Unheil zufügen. Hat man nun gar noch blaue Augen, so ist man zwar ein Sohn der Sonne, aber dem Kinde kann erst recht viel Böses widerfahren, wenn es das Auge trifft. Ich habe oft gesehen, wenn ich durch Indianerorte ritt und zufällig eine Frau mit ihrem Säugling vor der Tür ihres Hauses stand oder saß, daß sie sofort ein Tuch über das Gesicht des Kindes warf. Den andern Kindern, soweit sie noch am Rockzipfel der Mutter hängen, wird mit erschreckten Worten laut zugerufen, sich sofort umzuwenden. Den größeren Kindern scheint es nicht zu schaden; denn wenn ich ihnen Bonbons zeigte in buntem Papier, dann kamen sie ebenso rasch gelaufen, wie das irgend sonstwo geschieht. Ihnen waren die Süßigkeiten wichtiger als der Blick.[10]

Während im *Land des Frühlings* diese Passage eher informativ ist, sind die bösen Augen in der *Brücke* in einem weiten Kontext situiert. Gales Befremden wird verstärkt durch die Tatsache, dass der plötzliche Tod des Jungen von den Indianern, wie von den anderen Naturvölkern, mit übernatürlichen Ursachen und negativen Mächten in Zusammenhang gebracht wird. Gale, der sich plötzlich als Eindringling identifiziert, begreift die Unnatürlichkeit dieser Todesart: „Daß der Tod inmitten von sechzig oder mehr Menschen, die sich zum Tanze versammelt haben, so ganz still erscheinen kann, ohne daß sich auch nur die Luft bewegt, das begreift keiner von diesen Leuten" (75). Außerdem ist er sich der verbrecherischen Politik der Kolonialmächte bewusst, wie Christine Hohnschopp bemerkt.[11] Der vereinsamte Gale ist ein Vertreter der kolonialen Herrschaft, somit der kapitalistischen, unnatürlichen Welt. Er wird zu ihrem Gewissen. Traven nimmt in der *Brücke* eindeutig die Partei der einheimischen Einwohner Mexikos und, obwohl im Text keine Gewaltszenen zu finden sind und die Vertreter des benachbarten Öl-Camps nirgendwo in der Handlung auftreten, weiß der Leser genau, wer hinter dem Unglück der Indianer und hinter diesem konkreten Tod des kleinen Jungen steht. In dieser Novelle, wo Traven erneut seine Zivilisationskritik darstellt, wird das Motiv des bösen Blickes in eine Gewaltdarstellung eingeschrieben, die für die *Brücke* auch typisch ist – es kommt hier zu keiner direkten Gewaltausübung, sondern das Böse vollzieht sich auf eine symbolische, fast diskrete Weise: Schuldig am Tod des Jungen ist die Konstruktion der Brücke, an der aus finanziellen Gründen kein Geländer montiert wurde; statt zu verbinden, führt sie den Unglückstod herbei. Schuldig sind auch die amerikanischen Stiefelchen aus Texas, die der Junge von seinem Bruder Manuel geschenkt bekommen hat. Das Unglück lässt sich zwar rational rekonstruieren, was auch die Aussagen Garzas bestätigen: „Der Junge war ja so wild und ausgelassen den ganzen Abend. Er wußte ja kaum, was er tat, und wo er rannte. [...] Er hatte doch die neuen Stiefelchen an. Er hat gewiß, als er so ausgelassen drauflostrabte, mit den Stiefeln gegen den Balken gestoßen. Wäre er barfuß gewesen, hätte er sich halten kön-

---

[10] B. Traven: Land des Frühlings. Büchergilde Gutenberg: Berlin 1928, S. 104.
[11] Hohnschopp (Anm. 2), S. 130.

nen. Aber die Sohlen waren spiegelglatt" (60f.). Trotzdem ist Gale in seinem Indianerbild befangen, das ihn fasziniert und beängstigt. Dieses Bild deckt sich auch mit der Mexikodarstellung, die der frühen Korrespondenz aus diesem Zeitraum (1925 bis in den Anfang der dreißiger Jahre) zu entnehmen ist, wo Traven eine gewisse Brutalität der exotischen Welt zur Sprache bringt.[12] Auch in der anti-abenteuerlichen Novelle *Die Brücke im Dschungel* sind Travens Ängste aus dieser Zeit gut lesbar – Gale empfindet seine Erfahrung nicht in den Kategorien einer spannungsvollen, romantischen Unternehmung, sondern als Situation existenzieller Gefahr. Es wird hier mit dem Mythos des ‚edlen, guten Wilden' gebrochen, die indianische ‚Urrasse' wird in ihrer Stärke und die Natur in ihrer Unberechenbarkeit gezeigt. Selbst der Verwesungsprozess, der den Körper des Jungen schrittweise überwältigt, wird als ein Akt der Naturgewalt beschrieben. Die magischen Verfahren sind auch ein Element dieses Sittenkreises, zu dem ein Fremder mit seinem Wissen und Wirklichkeitskonzept keinen Zugang hat.

Sozialanthropologisch gesehen ist der böse Blick Ausdruck der sozialen Konflikte, es ist also ein „psychologisches Idiom";[13] diese Herangehensweise berücksichtigt die Universalität seines Bestehens im Bewusstsein praktisch aller Kulturen. Der Glaube an die Zauberaugen ist Ausdruck der Angst, daher kann er kultur- und situationsbedingt verschiedene Formen annehmen. Der Blick Gales ist der Blick eines Fremden,[14] vor dem sich der Erzähler selbst fürchtet. Gale hat Angst, dass er die bösen Augen gegen den eigenen Willen erwerben kann, dass die Garza diesen Blick in seine Augen hineinprojiziert. Wie Seligmann betont, kann der böse Blick sowohl angeboren wie erworben, freiwillig oder unfreiwillig sein,[15] auch der Glaube an ihn war immer Gegenstand der Debatten.[16] Die

---

[12] Karl S. Guthke: Der Blick in die Fremde. Das Ich und das andere in der Literatur. Tübingen / Basel 2000, S. 145.

[13] Vgl. Thomas Hauschild: Der böse Blick. Ideengeschichtliche und sozialpsychologische Untersuchungen. 2. Aufl. Berlin 1982 (Beiträge zur Ethnomedizin, Ethnobotanik und Ethnozoologie 7), S. 69.

[14] Das Motiv der Entfremdung bezieht sich in der Novelle nicht nur auf Gale. Der 15-jährige Halbbruder des Carlos, der geistig gestörte Marano, wird, nachdem Gale in die Trauergemeinschaft aufgenommen ist, als „der einzige Fremde" bezeichnet (119). Das tote, verwesende Kind wird der Mutter fremd, sie spürt, „dass e[s] ihr Kind gar nicht sei" (139). Garza sieht, dass der Augapfel Carlos' sie „fremd anstarrt" (S. 165). Der Fremdenstatus Gales wird auch dadurch betont, dass er ein ‚Doktor' ist. Siegfried Seligmann: Die Zauberkraft des Auges und das Berufen. Ein Kapitel aus der Geschichte des Aberglaubens. Hamburg 1922 bemerkt: „Der Arzt, der zu einem Kranken gerufen wird, ist diesem oft fremd, und als Fremder kann auch er in den Verdacht kommen, durch seinen Blick zu schaden" (S. 131). Über die zwiespältige Einstellung der Indianer den Ärzten und ‚Wunderdoktoren' gegenüber berichtet Traven: Land des Frühlings (Anm. 10), S. 169.

[15] Vgl. Seligmann (Anm. 7), S. 4.

[16] In den Diskussionen über den Wahrheitsgehalt und Wirkungsmächtigkeit dieses Glaubens sind zwei Fäden präsent: Der ‚gläubige', also ‚wissende', und der ‚aufklärende' Ansatz, wobei selbst die Forscher oft nicht imstande sind, den ‚gläubigen' Faden loszuwerden. So bemerkt Seligmann (Anm. 7), S. 9: „[E]r ist ein uralter Völkergedanke, hervorgegangen aus Unwissenheit und Aberglauben, aber gemischt mit einem kleinen Körnchen Wahrheit". Der Blick-

Vorstellung geht zurück auf Demokrits Eidola-Theorie, die besagt, dass zwischen den Menschen bestimmte Bilder kursieren, die selbstständig und willkürlich handeln und in die menschlichen Seelen eindringen, um die Affekte und sozialen Beziehungen zu beeinflussen.[17] Jeder Kontrollverlust ist für einen weißen Ankömmling gefährlich. Thomas Hauschild bemerkt in seiner Untersuchung des Motivs zur Situation des Gebildeten (dessen Rolle hier Gale übernimmt) Folgendes: „Er hat vielleicht Angst davor, daß etwas außerhalb seines Universums besteht, was nicht rational zu sein scheint."[18]

Gale erlebt einen momentanen Kontroll- und Ich-Verlust als eine Etappe seiner neuen Selbstbestimmung. Von dem eingebildeten Verdacht des Zauberblicks und seinem Fremdenstatus löst er sich scheinbar erst dann ab, als er den Leichnam untersucht. Das bedeutet aber keinen Sieg des Wissens über den indianischen Volksglauben. Gale erfüllt nur seine von den Indios erwartete Rolle des weißen ‚Doktors' und löst somit die Spannung auf. Dies aber auch nicht ganz: Zwar tut er den Aberglauben als „dummen [...] Gedanken" und „lächerliche Idee" ab (96f.), hat aber auch während der Untersuchung Angst, die Umstehenden anzublicken:

> Als ich nun wieder den Kopf hebe, wende ich mich ab, ohne jemand anzublicken, obgleich ich weiß, daß alle Augen auf mich gerichtet sind, als ob ich etwas Unerwartetes zu erzählen hätte. Aber man begreift durch mein Abwenden, daß Unerwartetes nun nicht mehr eintreten kann (110).

Gale überwindet zwar seine Isolierung den Indios gegenüber, löst sich aber nicht ganz von seiner Einbildung, den bösen Blick zu haben.

Im späteren Gespräch mit Sleigh gibt er zu, keine Erklärung für das nächtliche Geschehen, d. h. das Kerzenritual, liefern zu können. Trotz seiner Skepsis wird der Ich-Erzähler Gale von einem Wirklichkeitskonzept verführt, das für seine Begriffe irrational ist. In dieser Begegnung ist das Andere erfahrbar, bleibt aber unbegreifbar[19]. Während des Begräbnisses gehört Gale gefühlsmäßig zu der Trauergemeinde, die Geschichte endet für ihn, wenn man so will, im ‚Happy-End', wobei seine Euphorie in der Begräbnisszene fast ans Kitschige grenzt und

---

Diskurs lässt sich in antiken Überlieferungen verfolgen. In einem der Plutarchschen Tischgespräche sagt der Gastgeber, der römische Militär Metrius Florus, Folgendes: „Warum etwas geschieht, muß man durch die Vernunft zu ergründen suchen; aber daß es geschieht, lernt man nur aus der Geschichte"; zitiert nach Hauschild (Anm. 13), S. 8. Der zwiespältige Standpunkt des Metrius Florus verbindet das „einfache Wissen", d.h. den Glauben an die bösen Augen mit der Möglichkeit, die Hintergründe dieses Aberglaubens durch die Vernunft ergründen zu können.

[17] Vgl. Hauschild (Anm. 13), S. 10.
[18] Ebd., S. 81.
[19] Vgl. Gisela Brinker-Gabler: Die Spur des Anderen. B. Travens mexikanischer Roman ‚Die Baumwollpflücker' im Licht philosophischer, ethnologischer und postkolonialer Zugangsweisen zum Anderen. In: „Neue Welt" – „Dritte Welt". Interkulturelle Beziehungen Deutschlands zu Lateinamerika und der Karibik. Hg. von Sigrid Bauschinger und Susan L. Cocalis. Tübingen / Basel 1994, S. 85–96, S. 86.

Böse Augen in Die Brücke im Dschungel

sich auf rein emotioneller Ebene vollzieht. Hier erfährt die magisch-realistische Darstellungsweise ihre Vollkommenheit: Beibehalten wird das Mimesis-Prinzip, das zugleich durch das Magische ergänzt wird. Die Unbeholfenheit des realistischen Darstellungsanspruchs zeigt die Perspektive des Fremden. Der Tod des Jungen kann verschieden interpretiert werden, z. B. als Verweis auf die ungerechten Verhältnisse im Ort. Auf der anderen Seite können der Tod im magisch-realistischen Text und das Kommunizieren auf der Ebene Tote – Lebende als Symbol des Fortbestehens und der Statik des indigenen Kulturverständnisses interpretiert werden.

Problematisch bleibt aber Gales Selbstverständnis. Der Erzähler monologisiert über seine Gefühle: „Mein Junge, mein Bruder, mein kleiner Mitmensch, ein Menschenskind, das leiden konnte wie ich, das lachen konnte wie ich, das sterben konnte, wie ich es muß" (189). Er scheint also in die Dorfgemeinde integriert zu sein. Seine Assimilation erfolgt auf der Ebene des Erfahrbaren und des universellen Mitgefühls, was eingangs in der Widmung programmatisch erfasst wurde: „Den Müttern! | jedes Volkes | jedes Landes | jeder Sprache | jeder Rasse | jeder Farbe | jeder Kreatur | die lebt!" (7). Diese Wunschassimilation entspräche dem Befinden des Autors selbst, denn es bestehen auffallende Parallelen zwischen dem Werdegang Gales und den ersten Schritten Travens in Mexiko.[20] Ähnlich wie Gale musste Traven mit seinen Vorstellungen des Fremden bzw. Wilden konfrontiert werden und die dabei entstehende Angst verarbeiten. Auf der anderen Seite hat Gale Angst, die Versammelten anzublicken. Die Unvollständigkeit seiner Assimilation ist also evident. Auch sein Bestreben, ein gerechtes Bild der Indígenas zu liefern, erweist sich aus der postkolonialen Perspektive als problematisch: Gale ist derjenige, der *spricht*, der die Sprache besitzt, beobachtet und beschreibt. Dieser Diskurs hat sich seit der Zeit Travens noch mehr verkompliziert. Der postmoderne Kulturrelativismus und das Bestehen der global uneinheitlichen Kultur haben unsere Optik verändert. Es ist der postkoloniale Gedanke, dass eben die Kolonisatoren bzw. Imperialisten die Einheimischen ‚erfunden' haben und auf jeden Fall ihre Repräsentation. Indem Gale über seinen *bösen Blick* fantasiert, bleibt er dem kolonialen Denken verhaftet. Er beharrt also auf seiner Überlegenheit den Indios gegenüber, indem er den Eindruck hat, die Gedanken der Indígenas lesen zu können. Er ist zwar der Ich-Erzähler, will sich aber in die Psyche der Versammelten begeben: Er liest in den Augen der Mutter und versucht die Absichten der Indios aufzudecken.[21] Mithin

---

[20] Vgl. Markus Eigenheer: B. Travens Kulturkritik in den frühen Romanen. ‚Die Baumwollpflücker', ‚Das Totenschiff', ‚Die Brücke im Dschungel', ‚Der Schatz der Sierra Madre', ‚Die weiße Rose'. Bern 1993, S. 14.
[21] Auf die eigenartige Kommunikation in der *Brücke* und ihren Bedeutungsgehalt hat schon Stefan Hofer: Zwischen Allmachtsphantasie und Ohnmachtsbewußtsein. Der Umgang mit Fremdkulturen bei B. Traven und Hugo Loetscher. In: B. Travens Erzählwerk in der Konstellation von Sprachen und Kulturen. Hg. von Günter Dammann. Würzburg 2005, S. 109–132, S. 118f. verwiesen: „Kommunikation läuft also – wenn überhaupt – mehrheitlich nonverbal ab, das Geäußerte muss von Gales gewissermaßen in seine eigene Sprache übersetzt, damit inter-

wäre der böse Blick als eine Wissensform zu deuten. Dieses wird unterschiedlich gedeutet: Einerseits als große Fähigkeit des Schriftstellers, seine Figuren einfühlsam zu gestalten, andererseits wird dieses Verfahren im Kontext der Machtverhältnisse und der essentialistischen Rassentheorien interpretiert.[22]

In der neuesten Forschung wird jene Einfühlsamkeit mit großer Vorsicht bewertet.[23] Die Widersprüchlichkeit im Text widerspiegelt also das außerliterarische Spannungsfeld *das Fremde vs. das Eigene*. Das Wunschdenken Travens ist hier evident, indem er die Werte und Eigenschaften hervorhebt, die traditionell den eingeborenen Gemeinschaften zugeschrieben werden.[24]

Gale war und bleibt ein Tramp, die Bindungslosigkeit und das Angewiesen-Sein auf die Jetzterfahrung sind Teil seines Schicksals. Die Tramps können nicht eine Art Assimilierung vollbringen, wie es z.B. Sleigh geschafft hat, daher grenzt der innere Monolog Gales in der Schlussszene an Assimilierungskitsch. Laut Lévinas' Theorie des Anderen gibt es im Kontakt zweier Kulturen kein ‚Zwischen', man kann kein Ganzes stiften. Gale ist eine Ich-Projektion, die dem Fremden jedes Mal begegnet, was einen Identitätswechsel mit sich zieht, doch das Ich kehrt immer zu sich selbst zurück. Am Ende der Novelle wendet sich der zufällige Ankömmling Gale wiederum zu seiner Ausgangsposition, also zum Beobachterstatus.

---

pretiert – in die richtige Ordnung gebracht – werden, wie es heißt ohne dass er jedoch darin für das eigene Verstehen eine Problematik sehen würde".

[22] Das koloniale Denken ist hier zwar nicht dermaßen störend, wie im *Land des Frühlings*, doch es finden sich mehrere Passagen, in denen die Indígenas mit Tieren verglichen werden. Siehe dazu Anna Lürbke: Die indigenen Kulturen Mexikos im Werk von B. Traven. In: B. Travens Erzählwerk (Anm. 21), S. 95–108, S. 103.

[23] Vgl. ebd., S. 97.

[24] Vgl. ebd., S. 98.

MATHIAS BRANDSTÄDTER (Haan)

Pathos der Distanz – Strategien des Performativen im ‚Caoba'-Zyklus[1]

für N. B. († 30. Juni 2010)

1

Dass Sprache eben nicht nur ein Instrument, nicht nur handlungsanleitend sein kann, sondern bisweilen selbst *in actu* Handeln verkörpert, ist mittlerweile ein Gemeinplatz der Sprachphilosophie und Literaturtheorie und provoziert allenfalls ein Achselzucken der Diskutanten. Allerdings, so scheint es, impliziert diese offenkundige Breitenwirkung, die der Performanz-Begriff in den letzten Jahren und Jahrzehnten in den Geistes- und Kulturwissenschaften entfaltet hat, nicht automatisch, dass derlei Theoreme auch zum primären Rüstzeug der tagtäglichen philologischen Auseinandersetzung gehören. Interpretation, Textanalytik und Literaturtheorie sind über größere Etappen häufig noch getrennte Geschäftsbereiche. Gerade aber für das Erzählwerk Travens und seines häufig expressionistisch anmutenden Alter Egos Ret Marut, so die hier vertretene These, bietet der Performanz-Begriff eine gute Möglichkeit, interpretative und analytische Methoden direkt miteinander zu verschränken. Auf diesem Wege lassen sich einige neue Erkenntnisse über den Status des Handelns durch Sprechen bei Traven zutage fördern, die sowohl für den ‚Caoba'-Zyklus inhaltlich bedeutsam als auch für das Selbstverständnis des Autors Traven in poetologischer Hinsicht relevant sind. Die folgenden Ausführungen gliedern sich zu diesem Zweck in drei Teile: *Erstens* wird – gewissermaßen als Präludium – ein Seitenblick auf die im Titel verwendeten Begriffe geworfen. *Zweitens* verlagert sich der Fokus knapp auf den theoretischen Hintergrund der folgenden Überlegungen; hier soll vor allem auf Überlegungen John Langshaw Austins und Judith Butlers rekurriert werden, die gleichsam als Taufpaten den philosophischen Rahmen dieser Untersuchung abstecken. *Drittens* wird vor dieser Folie ein Blick auf Marut/Traven geworfen, der über den Modus des Sprechens – sowohl in der erzählten Welt als auch im Verhältnis Autor / Leser – einige neue Perspektiven erschließt und fruchtbare Aussagen für das Œuvre insgesamt ermöglicht.[2]

---

[1] Ich danke den Teilnehmern der Traven-Konferenz in Marbach für die anregende Diskussion der folgenden Thesen und Argumente.
[2] Notwendig erscheint es vor allem, das Klischee des ‚simplen Erzählens' bei Traven zu unterminieren. Diese These wurde erst kürzlich wieder von Jan-Christoph Hauschild: B. Traven – wer ist dieser Mann? In: Frankfurter Allgemeine Zeitung. Jg. 2009, 17. Juli medienwirksam erneuert, entbehrt bei genauem Blick jedoch einer sachlichen Grundlage.

2

Performanz, in diesem Punkt darf man Einverständnis voraussetzen, ist in den letzten Jahren zu einem Trendbegriff avanciert – und damit zugleich fast wieder ein wenig aus der Mode gekommen. Sprachphilosophie, Theaterwissenschaft, Gender-Theorie oder Kulturwissenschaft: Gerade im angelsächsischen Sprachraum kann man im Blick auf die vergangenen Jahre und Jahrzehnte im Gefolge der *ordinary language philosophy* und der Sprechakttheorie von einem regelrechten *performative turn* und infolgedessen aber auch von einer Inflation des Performanz-Begriffs sprechen. Seit seiner Einführung zeichnet sich der Begriff durch ein Pendeln zwischen funktionaler und phänomenaler Bestimmung aus. Unter Performanz und performativen Äußerungen sei im Folgenden ein Sprechen verstanden, das in zweierlei Hinsicht selbstreferenziell ist: Erstens liefert das performative Verb eine Selbstbeschreibung dessen, was es tut, zweitens ist der Akt des Äußerns des performativen Verbs selbst ein Teil der Handlung, welche durch das performative Verb beschrieben wird (die Liste der möglichen Beispiele ist lang, man denke an das Schwören, Taufen, Verurteilen, Beschimpfen, Proklamieren usw.).[3]

Die Wendung ‚Pathos der Distanz' ist hingegen nicht ganz so gebräuchlich. Sie stammt bekanntlich von Friedrich Nietzsche. ‚Pathos der Distanz' nannte Nietzsche im neunten Hauptstück von *Jenseits von Gut und Böse* mit prägnanter Schlagwortformel das Prinzip der Differenzierung, das auf einen scharfen Gegensatz zwischen herrschenden und beherrschten Menschen und Gesellschaftsklassen abhebt. Ein Passus aus dem Jahr 1888 führt das in der für ihn typischen Diktion aus:

> Ohne das *Pathos der Distanz*, wie es aus dem eingefleischten Unterschied der Stände, aus dem beständigen Ausblick und Herabblick der herrschenden Kaste auf Untertänige und Werkzeuge und aus ihrer ebenso beständigen Übung im Gehorchen und Befehlen, Nieder- und Fernhalten erwächst, könnte auch jenes andre geheimnisvollere Pathos gar nicht erwachsen, jenes Verlangen nach immer neuer Distanz-Erweiterung innerhalb der Seele selbst, die Herausbildung immer höherer, seltnerer, fernerer, weitgespannterer, umfänglicherer Zustände, kurz eben die Erhöhung des Typus „Mensch", die fortgesetzte „Selbst-Überwindung des Menschen", um eine moralische Formel in einem übermoralischen Sinne zu nehmen.[4]

Später, in *Götzen-Dämmerung oder Wie man mit dem Hammer philosophirt* aus dem Jahr 1889, bekräftigt er diese Ausführungen:

---

[3] Uwe Wirth: Der Performanzbegriff im Spannungsfeld von Illokution, Iteration und Indexikalität. In: Performanz. Zwischen Sprachphilosophie und Kulturwissenschaften. Hg. von U. W. Frankfurt a. M. 2002, S. 9–60, S. 11.

[4] Friedrich Nietzsche: Jenseits von Gut und Böse. Zur Genealogie der Moral. 3. Aufl. München 1993 (Sämtliche Werke. Hg. von Giorgio Colli und Mazzino Montinari. Bd. 5; dtv 2225), S. 205.

> [...] die Kluft zwischen Mensch und Mensch, Stand und Stand, die Vielheit der Typen, der Wille, selbst zu sein, sich abzuheben, das, was ich *Pathos der Distanz* nenne, ist jeder *starken* Zeit zu eigen.[5]

Nietzsche propagiert hier also gleichsam einen ‚aggressiven Aristokratismus', der sich gegen die Gleichheitsideale eines Tocqueville richtet und in ihnen nur einen Prozess des Nivellements und der Mittelmäßigkeit erblickt. Konventionelle Moralbegriffe und rechtliche Gleichheit in Liberalismus und Demokratie sind von diesem Standpunkt aus allesamt Erzeugnisse des Ressentiments und eines kulturellen Durchschnitts. Gegen das schließlich zur Herrschaft gelangte Ressentiment gilt es Nietzsche zufolge, jene Herrschafts- und Sonderrechte zu behaupten, eben ein konkurrierendes Pathos der Distanz zu kultivieren.

Diese Ausführungen mögen genügen, dieses Phänomen – und genau genommen geben sich hier Deskription und normative Werthaltungen die Hand – zunächst holzschnittartig einzukreisen. Im weiteren Verlauf soll gezeigt werden, wie sich die Begriffe der Performanz und des Pathos der Distanz sinnvoll verschränken lassen und inwieweit es damit gelingen mag, Nietzsche im Blick auf den Romanzyklus Travens gewissermaßen vom Kopf auf die Füße zu stellen.

3

Durch John L. Austin in *How to Do Things with Words* (1955) wurde zum ersten Mal manifest dargestellt, dass die Sprache nicht nur einen referenziellen, sondern auch einen performativen, einen handelnden, ja: einen wirklichkeitskonstituierenden Charakter hat. Im Gegensatz zur „konstativen Beschreibung" von Zuständen, welche entweder wahr oder falsch sind, verändern performative Äußerungen durch die Tatsache, dass sie geäußert wurden, „Zustände in der sozialen Welt."[6] Für Performativa also gilt: Eine Äußerung ist performativ, wenn mit ihr eine Handlung ausgeführt wird – also eine vollwertige Handlung, die über das Äußern eines Satzes, über die reine Produktion von Schallwellen und das Ausstoßen von Atemluft, hinausgeht. Performativa können explizit oder implizit sein, sind aber im Gegensatz zu Konstativa nicht wahrheitsfähig. Gewöhnlich wird der Übergang der Geburtsstunde der Sprechakttheorie bei Austin in deren Adoleszenzphase bei John R. Searle als ein Präzisierungsprozess beschrieben, in dem die schlechtere Theorie der Performativa durch die bessere der Illokutionen ersetzt wurde.[7] Es ist indes ein Übergang, den Austin selbst schon vollzieht, wenn er in seinen Vorlesungen zuerst die Dichotomie von Konstativa und Performativa einführt, sodann aber feststellt, dass sich diese Begriffspaarung

---

[5] Friedrich Nietzsche: Der Fall Wagner. Götzen-Dämmerung. Der Antichrist. Ecce homo. Dionysos-Dithyramben. Nietzsche contra Wagner. 3. Aufl. München 1993 (Sämtliche Werke. Hg. von Giorgio Colli und Mazzino Montinari. Bd. 6; dtv 2226), S. 138.
[6] Wirth (Anm. 3), S. 10.
[7] Sibylle Krämer: Sprache – Stimme – Schrift. Sieben Gedanken über Performativität als Medialität. In: Performanz (Anm. 3), S. 333.

nicht bruchlos aufrechterhalten lässt, und statt dessen den Begriff der Illokution expliziert.[8]

Für das hier vorliegende Erkenntnisinteresse bietet Austins Theorie den entscheidenden Vorteil der Applizierbarkeit. An ihr besticht nämlich nicht nur die Differenzierung zwischen lokutionärem Akt (die Äußerung eines Satzes), illokutionärem Akt (der Akttyp, der durch die Äußerung durchgeführt wird: beispielsweise eine Behauptung, ein Angebot, ein Befehl, eine Warnung usw.) und perlokutionärem Akt (das Hervorbringen des beabsichtigten Effekts beim Adressaten: etwa Glauben an eine Behauptung, Annahme eines Angebots, Ausführen eines Befehls, Berücksichtigen einer Warnung usw.). Nach Austins Auffassung führen wir mit der Äußerung eines performativen Satzes nur dann eine (weitergehende) Handlung aus, wenn „appropriate conditions" vorliegen. Diese sogenannten „felicity conditions", also die Bedingungen, unter denen performative Sprechakte ‚geglückt', d.h. in Ordnung sind, lassen sich nach Austin in drei Gruppen einteilen:[9]

> A. Umstände
> a. Es gibt eine Konvention, die eine bestimmte Handlung, ein Verfahren oder eine Prozedur mit einem festgelegten Ergebnis und der Äußerung verbindet (beispielsweise eine Hochzeit mit der obligatorischen Äußerung des Brautpaares).
> b. Die beteiligten Personen und die äußeren Umstände sind der Handlung angemessen (Personen sind autorisiert, die Handlung zu vollziehen, sie sind also nicht anderweitig vermählt und werden von einem Pfarrer oder einem Standesbeamten getraut, nicht durch den Gärtner).
> B. Ausführung
> a. Das Verfahren wird korrekt durchgeführt (es werden die richtigen Fragen gestellt und die vorgeschriebenen Äußerungen werden in der richtigen Reihenfolge vorgebracht).
> b. Das Verfahren wird vollständig durchgeführt (die Braut bricht vorher nicht zusammen, der Bräutigam verliert nicht das Bewusstsein).
> C. Einstellung
> Die Absichten, Gedanken, Gefühle usw. der beteiligten Personen müssen dem Zweck der Handlung angemessen sein (sie wollen verheiratet sein und keine Zweck-Ehe schließen, etwa um einen Aufenthaltsstatus zu fixieren).

Liegen diese Bedingungen nicht vor, spricht Austin von Unglücksfällen, von „misfires", also Versagern (diese verstoßen gegen die beiden erstgenannten Bedingungen) oder von „abuses", von Missbräuchen.[10]

Eine bemerkenswerte Fortschreibung Austins finden wir bei Judith Butler, die seine Explikation von Performativität in einem zentralen Punkt erweitert: „Eine performative Handlung ist eine solche," so erklärt Butler, „die das, was sie benennt, hervorruft oder in Szene setzt und so die konstitutive oder produktive

---

[8] Siehe John L. Austin: How to do Things with Words. Cambridge, Mass. 1999, S. 91.
[9] Zum Folgenden vgl. ebd., S. 14.
[10] Ebd., S. 16, 18 u. 24.

Macht der Rede unterstreicht."[11] Dies impliziert indes zugleich, dass performative Äußerungen dabei ritualisiert sein müssen. Sie müssen iterierbar sein, um legitim und damit erfolgreich zu sein. Ein performativer Sprechakt ist nur dann erfolgreich, wenn er konventional, also durch einen rituellen Rahmen legitimiert ist. Daraus folgt zugleich begrifflich, dass performative Sprechakte erstens nur ‚vorläufig' erfolgreich sein können, da sich Konventionen und Semantik in einem permanenten Wandel befinden, und dass zweitens eine Kontextverschiebung durch Subjekt, Ort und Intention stattfindet oder zumindest immer möglich ist.

Begreift man Performativität in diesem Sinne als erneuerbare, wirklichkeitskonstituierende Handlung ohne klaren Ursprung oder Ende, so wird das Sprechen letztlich weder durch den jeweiligen Sprecher noch durch seinen ursprünglichen Kontext eingeschränkt. Das Sprechen wird nämlich durch den gesellschaftlichen Kontext nicht nur definiert, sondern zeichnet sich auch durch die subversive Fähigkeit aus, mit diesem brechen zu können. Der Performativität ist also mit diesem emanzipatorischen Potenzial eine eigene gesellschaftliche Zeitlichkeit zu Eigen, „indem sie gerade durch jene Kontexte weiter ermöglicht wird, mit denen sie bricht."[12] Äußerungen sind in dieser Perspektive prinzipiell mehrdeutig, da es immer eine Kluft zwischen dem Gesagten und dem Gemeinten oder Beabsichtigten gibt. Dies ist nach Butler der entscheidende Punkt. Denn: Die Bedingungen für Widerstand und Protest sind dem performativen Sprachgebrauch gewissermaßen eingeschrieben, da durch ‚Fehlaneignung' einer Verletzung (man mag ergänzen: oder sonstigen performativen Sprechens) eine kritische Handlungsmacht ins Spiel gebracht werden kann, die sich vom performativen Sprechakt herleitet und ihm gerade dadurch entgegentritt:

> Diese ambivalente Struktur im Herzen der Performativität beinhaltet, daß Widerstands- und Protestbedingungen innerhalb des politischen Diskurses teilweise von den Mächten erzeugt werden, denen man entgegentritt. [...] Wenn man die Kraft des Sprechakts gegen die Kraft der Verletzung setzt, enthält das eine politische Möglichkeit, nämlich daß man sich diese Kraft fehlaneignet und sie dazu aus ihren früheren Kontexten herauslöst.[13]

4

Warum aber, so mag man fragen, sollte das alles für den eigentlichen Untersuchungsgegenstand, das Erzählwerk Travens, eine tragende Rolle spielen? Zu Beginn dieser Überlegungen stand eine gewisse Irritation: So referiert Marut unter dem Titel „Wirkung" im *Ziegelbrenner*:

---

[11] Judith Butler: Für ein sorgfältiges Lesen. In: Der Streit um die Differenz. Feminismus und Postmoderne in der Gegenwart. Hg. von Seyla Benhabib, Judith Butler, Drucilla Cornell und Nancy Fraser. Frankfurt a. M. 1993, S. 122–132, S. 123.
[12] Judith Butler: Haß spricht. Zur Politik des Performativen. Frankfurt a. M. 2006, S. 69.
[13] Ebd., S. 70f.

> Da schreibt mir eine Frau: „Wäre es nicht besser, nicht so zu schreien? Sie würden eine viel tiefere Wirkung erzielen, wenn Sie ruhiger blieben?" Und eine andere Frau: „Wäre nicht die eindringliche Rede oftmals besser? [...]." Und noch eine andere: „Warum nur schreien Sie so?"[14]

Maruts Replik klingt zunächst überraschend:

> Ja warum? [...] Wenn ich erst einmal erfahren habe, was „Wirkung" ist, wie man „Wirkung erzielt", dann beginnt bereits die Arterien-Verkalkung. Aber weder Rückenmarksdörre noch Arterien-Verkalkung soll der Ziegelbrenner am eigenen Leibe verspüren. Sobald ich die ersten Anzeichen bemerke, ermorde ich ihn kalten Blutes und lachenden Herzens.[15]

Man mag wiederum spontan fragen, wie ernst dieses Statement wohl gemeint ist, oder man mag einwenden, Marut verzichte keineswegs darauf, mit seiner Rede in einem naiven Sinne ‚Wirkung' erzielen zu wollen. Was aber zunächst verwundert, hat im *Ziegelbrenner* System: Avisiert wird bei Marut ein Sprechen, das tatsächlich nicht auf Wirkung spekuliert, sondern gleich Aktion, Handlung, Tat sein will.[16] Wolfgang Essbach hat in diesem Kontext im Blick auf Stirner auch von einem herrenlosen Sprechen gesprochen,[17] das deutlich an dekonstruktivistische Theorieentwürfe erinnert. In den Theoriearbeiten poststrukturalistischer Prägung ist die Unterscheidung zwischen Performanz (performance) und Performativität (performativity) entscheidend: Während Performanz – verstanden als Aufführung oder Vollzug einer Handlung – ein handelndes Subjekt vorauszusetzen scheint (das ist auch die Position der Sprechakttheorie), bestreitet der Terminus Performativität gerade die Vorstellung eines autonomen, intentional agierenden Subjekts. Es ist vielmehr die Sprache, die handelt. Das Sprechen Maruts will, so ist dieser und anderen poetologischen Stellungnahmen der Zeitschrift zu entnehmen,[18] nicht primär propositionale Inhalte, Wissen, Erkenntnis oder Positionen vermitteln. Es fordert nicht auf, sondern verkörpert gleichsam selbst den Akt, die Tat.[19] Allein ein flüchtiger Blick auf den *Ziegel-*

---

[14] Ret Marut: Der Ziegelbrenner 2 (1918), H. 4 (27. Juli), S. 101.
[15] Ebd.
[16] Ebd. 1 (1917), H. 1 (1. September), S. 7. Hier heißt es: „Also warum System? Warum Programm? Handeln, meine Freunde!".
[17] Essbach, Wolfgang: Eine herrenlose Sprache. Max Stirners Einfluss auf B. Traven. In: Neue ‚BT-Mitteilungen'. Studien zu B. Traven. Hg. von Mathias Brandstädter und Matthias Schönberg. Berlin 2009, S. 145–169.
[18] Vgl. Ret Marut: Der Ziegelbrenner 3 (1919), H. 16/17 (10. März), S. 11.
[19] Vgl. ebd. 2 (1918), H. 5–8 (9. November), S. 106. Hier heißt es in einem Gedicht zu Beginn des Heftes „Worte, Worte, nichts als Worte stürmen auf mich ein. | Wo bleibt die Tat?". Vor dem Hintergrund des Sprachkonzepts wird deutlich, dass sich *Der Ziegelbrenner* auch nur schwer des Verdachts erwehren kann, keine echte Zeitschrift, sondern eine Art ‚Anti-Zeitschrift', eine Destruktion der Idee der Zeitschrift, zu sein, teilt er doch kaum die Aufgaben und Zielsetzungen eines konventionellen Organs. In dieses Bild passt dann auch, dass Marut den ohnehin überschaubaren Leserkreis weiter dezimiert, indem er Absender wohlwollender Stellungnahmen umgehend aus dem Verteilerkreis wirft.

brenner zeigt, dass die performativen Sprechakte in ihm folglich auch eine überaus prominente Rolle spielen: Es wird gefordert,[20] beleidigt,[21] verboten,[22] geschworen,[23] es werden neue Menschenrechte verkündet,[24] Manifeste proklamiert,[25] zur Vernichtung der bürgerlichen Presse und des Verlagswesens aufgerufen[26] – ja, sogar der Beginn der Weltrevolution findet in einem Heft buchstäblich seinen Anfang.[27] Performanz ist, das zeigen diese Beispiele, gewissermaßen der poetologische ‚Refrain' des *Ziegelbrenners*.

Die Irritation, die soeben anklang, bezog sich aber nicht auf dieses individualanarchistisch fundierte, expressionistisch anmutende Konzept des Sprechens, sondern hatte bereits die poetologischen Axiome im Blick, denen das spätere Werk Travens folgt. Denn: Was ist dort aus den Performativa geworden? Welche Rolle spielt das Sprachhandeln im ‚Caoba'-Zyklus, der sicher ebenso wenig darauf verzichten wollte, als utopischer Entwurf so etwas wie eine ‚Wirkung' entfalten zu wollen?

Zunächst bietet es sich an, zwischen performativen Strategien in der erzählten Welt und innerhalb des Verhältnisses von Autor und Leser (wenngleich der Begriff Autor bei Traven gleich in mehrfacher Hinsicht problematisch erscheint) zu unterscheiden. Im ‚Caoba'-Zyklus ist zweifellos performatives Sprachhandeln auszumachen – doch das scheint kein Spezifikum Travens zu sein, erschiene doch ein fiktionales Universum ohne Sprachhandeln nahezu unmöglich. Bei Traven verdient jedoch ein anderer Aspekt Beachtung: Hinsichtlich der performativen Figurenrede sind es in der erzählten Welt vor allem Momente der Repression, Dienstbarmachung, der Herrschaft, die mittels Sprachhandeln der Figuren erst möglich gemacht werden. Physische Gewalt spielt implizit oder explizit oftmals eine Rolle, das entscheidende Moment ist aber in der Regel ein performativer Sprechakt, der durch scheinbar unantastbare Konventionen, eine Hierarchie, ein Gefälle der Vornehmheit – man könnte aber auch sagen: durch ein Pathos der Distanz – gedeckt zu sein scheint. Beispielsweise wird Geld geborgt, genauer: es wird gesagt, dass Geld geborgt und geschuldet wird – natürlich ein performativer Sprechakt –, um Indios dienstbar zu machen.[28] Dies

---

[20] Vgl. ebd. 3 (1919), H. 9–14 (15. Januar), S. 36, ferner 3 (1919), H. 15 (30. Januar), S. 1–13.
[21] Vgl. ebd. 3 (1919), H. 18–19 (15. Januar), S. 4 und passim.
[22] Vgl. ebd. 3 (1919), H. 16/17 (10. März), S. 11.
[23] Vgl. ebd. 3 (1919), H. 9–14 (15. Januar), S. 31.
[24] Vgl. ebd. 2 (1918), H. 4 (27. Juli), S. 73–77. Im gleichen Heft wendet sich Marut an seine Leser und unterstreicht seinen aktivistischen Gestus noch einmal: „Wenngleich ich gehofft hatte – weil ich Leser suchte und nicht Neugierige –, daß Ziegelbrenner-Empfänger fühlen würden, was ich nicht ausdrücklich sagte [...]" (S. 146). Ebd. 3 (1919), H. 9–14 (15. Januar), S. 48 heißt es: „Ich schreibe nie etwas zwischen die Zeilen."
[25] Vgl. ebd. 4 (1920), H. 20–22 (6. Januar).
[26] Vgl. ebd. 2 (1918), H. 4 (27. Juli), hintere Umschlagseite sowie 4 (1920), H. 20–22 (6. Januar), hintere Umschlagseite.
[27] Vgl. ebd. 3 (1919), H. 15 (30. Januar), S. 1–13.
[28] B. Traven: Der Marsch ins Reich der Caoba. Zürich / Wien / Prag: Büchergilde Gutenberg 1933, S. 19.

illustriert eine Szene, die in diesem Zusammenhang besondere Aufmerksamkeit verdient: Der Indio Celso will wieder zurück in ein Holzfällerlager im Busch, möchte sich indes den Weg dorthin vergüten lassen und verhandelt mit dem Patron:

> „Ich werde dir etwas sagen, Celso. Ich gebe dir drei Reales für den Tag, drei Reales, siebenunddreißig Centavos für jeden Tag."
> „Und das Essen, Gran Patroncito? Wo bekomme ich das Essen her?"
> „Das Essen mußt du dir freilich vorher kaufen."
> „Von drei Reales, mi buen Patroncito mio?"
> [...] Celso sprach immer demütiger, immer ergebener, immer höflicher. Scheinbar immer dümmer und immer weniger begreifend, hätte ihn auch der barscheste Polizeichef nicht anschreien können, daß er sich ungehörig benehme. Und der gerissenste Arbeiteragent würde nicht entdeckt haben, daß nicht der Ladino mit dem Indianer spielte, sondern der Indianer mit dem Ladino. [...] Je demütiger und unterwürfiger Celso wurde, um so gottähnlicher fühlten sich die beiden Caballeros, und um so nachgiebiger und achtloser wurden sie im Unterhandeln mit Celso.[29]

Was in diesem Geschehen paradigmatisch beschrieben wird, sind die Konventionen des Sprachhandelns, die ‚Riten' in Butlers Sprachgebrauch, die zugleich den Keim ihrer eigenen Desavouierung in sich tragen. Indem sich der Indio der Bedingungen der Möglichkeit performativen Sprechens intuitiv bewusst wird (er hat lange Jahre Erfahrung mit dieser Vorgehensweise der Patrone machen müssen), erlangt er schon kurzfristig die Möglichkeit, den Repressionsanspruch teilweise zu unterlaufen und ein – für seine bescheidene Verhandlungsposition – optimales Ergebnis zu erreichen. Gleichwohl ist dieses Erfolgserlebnis, dieser Einblick in die Logik und Kontextbedingungen des Sprechens im Rahmen eines steilen Machtgefälles, nur von kurzer Dauer.

> „Es ist natürlich nicht nur der Brief allein, den du nach der Monteria zu bringen hast", sagte er zu Celso, und er sagte es so gleichgültig, als wäre die ganze Zeit über von mehr Gepäck als nur gerade dem Brief die Rede gewesen. [...] „Nein, es ist nicht der Brief allein, das hast du ja gewußt, Celso. Eines Briefes wegen werde ich keinen Boten schicken." Jetzt war es wieder Celso, mit dem gespielt wurde.[30]

Butlers Kluft zwischen dem Gesagten und dem, was gemeint oder beabsichtigt ist, die zugleich die Bedingung für Widerstand und Protest markiert, da durch ‚Fehlaneignung' einer Verletzung (oder sonstigen Sprechens) eine kritische Handlungsmacht ins Spiel gebracht werden kann, wird vor allem im Akt des Aufbegehrens geradezu beispielhaft beschrieben. Eine zentrale Szene des Roman-Zyklus, in der das Indio-Mädchen Modesta das Wort ergreift, beginnt bezeichnenderweise auch mit einem Performativum, das schnell Gefahr läuft, übersehen zu werden. Sie, als Frau und Indio doppelt unterprivilegiert, duzt den

---

[29] Ebd., S. 61f.
[30] Ebd., S. 63.

Peiniger,[31] bevor sie ihn verflucht – was vom Erzähler ausdrücklich als ungewöhnlich beschrieben wird. Zudem reflektiert der Erzähler in diesem Rahmen auch eingehend über den Zusammenhang von Rede und Wirkung:

> Modesta hatte ihre Rede abermals unterbrochen. Wieder holte sie tief zu neuem Atem aus. [...] Diese Unterbrechungen in ihrer Rede, das Senken ihrer Stimme, wenn sie einen Satz beendete, und das immer stärkere Anheben ihrer Stimme, wenn sie nach der Atempause einen neuen Satz begann, waren durchaus natürlich, obgleich es von einer gewaltigen dramatischen Wirkung war und ganz ohne Zweifel auf Don Felix den Eindruck machen mußte, der Jüngste Tag sei angebrochen und ein anklagender Engel stünde vor ihm. [...] Wo war es je gehört worden unter diesen unwissenden und geknechteten Leuten, daß ein junges Mädchen sich erhob und zu einem Patron, einem Ladino, ja, sogar zu einem Spanier ‚Tu!' sagte, anstatt sich vor ihm zu verbeugen [...]. [H]ier war es ein gewöhnliches, versklavstes [sic] Indianermädchen, in Fetzen gekleidet und mit verlaustem, verzotteltem Haar, die ihre anklagende Stimme gegen den Patron erhob und es sogar wagte, ‚Du!' zu ihm zu sagen und mit dem Finger auf ihn zu zeigen.[32]

Erst durch diesen performativen Vorstoß wird die Umwidmung des Machtgefüges für alle Beteiligten offenbar, er ist gleichermaßen Kulminationspunkt, Initialzündung und vorweggenommenes Ergebnis der Revolte. Doch bevor Modesta zu ihrer anklagenden Rede ansetzt, vergegenwärtigt der Erzähler retardierend im Blick auf die zu erwartende Wirkung, den ‚dramatischen' Effekt, noch einmal deutlich den Kontext und die Bedeutung der folgenden Figurenrede:

> Dramatische Gesten, die beabsichtigt auf irgendeine Wirkung hinzielen, sind dem Indianer jener Gegenden völlig unbekannt. Sie sind seinem Wesen fremd, und so fremd, daß es wahrscheinlich Monate dauern würde, ehe man ihm eine solche Geste mit Erfolg einstudieren könnte. Jedoch alles, was nun Modesta sagte, und wie sie es sagte, war so dramatisch, daß es auf einen Nichtindianer, der diesem Vorgang beigewohnt hätte, tief erschütternd gewirkt haben würde. Um so erschütternder, um so dramatischer und eindrucksvoller, weil sowohl Modesta als erst recht allen Muchachos, die hier versammelt waren, auch das geringste Gefühl für dramatische Wirkung fehlte, und noch viel mehr darum, weil ihr und ihnen allen selbst auch nur die kleinste Absicht abging, irgendwelche dramatische Wirkung zu erreichen.[33]

Tatsächlich, so der Erzähler, besteht das Spezifikum der Figurenrede Modestas nicht nur in dem, was sie inhaltlich sagt, sondern vor allem im formalen Bruch der tradierten Konventionen des Sprechens überhaupt. Diese Sprachhandlung

---

[31] Das Duzen ist ein häufiges Motiv im ‚Caoba'-Zyklus; vgl. z. B. ebd., S. 61.
[32] B. Traven: Die Rebellion der Gehenkten. Frankfurt a. M.: Büchergilde Gutenberg 1983, S. 228f.
[33] Ebd., S. 224.

sei, so wird hier behauptet, kein Kalkül, sondern ein geradezu instinktiver Reflex.[34]

> Es sind nicht immer nur die Worte und Gesten, die eine bestimmte tiefe Wirkung hervorrufen, es sind viel häufiger die Umstände, unter denen jene Worte gesagt werden, die große und unerwartete Wirkungen erzielen.[35]

Dieses Geschehen in der *Rebellion der Gehenkten* ist aus verschiedenen Gründen eine Schlüsselszene für den Zyklus. Traven hat die Rebellion formal und inhaltlich bewusst so konzipiert, dass sie nicht als reiner Gewaltakt im Sinne einer Notwehr oder Nothilfe Geknechteter erscheint, sondern dass sie zugleich darlegt, wie dieses Aufbegehren und Revolten schlechthin beschaffen sein müssen, damit sie nachhaltig mit bisherigen Machtstrukturen zu brechen vermögen. Die Rede Modestas bietet dafür als Kulminationspunkt der Machtumkehr einige erzähltheoretische Raffinessen auf,[36] offeriert dem Leser jedoch vor allem in direkter Figurenrede eine Begründung für den Primat der Sprache gegenüber der physischen Gewalt im Rahmen der Rebellion: Sie wird von Traven als notwendige Bedingung der Möglichkeit einer Emanzipation und Rebellion markiert. Revolutionäres Handeln setzt einen Bruch der Sprachkonventionen voraus; Modesta unterbricht nämlich die Muchachos an entscheidender Stelle, wenn sie erklärt:

> „Erschlage mir diesen Mann nicht!" rief sie zum dritten Male. „Denn ich muß ihn lebendig haben. Lebendig muß ich ihn haben, damit ich weiterleben kann!"[37]

Bezeichnend für diese Szene und die folgende Rebellion ist daher zunächst die Unterminierung von Repressionsansprüchen durch Sprachhandeln. Auch die Exekutoren staatlicher Repression, die Militärs, werden nicht einfach in einem Akt der Gegenwehr füsiliert. Vor der Rache an den Repräsentanten des Gewaltregimes, vor ihrer physischen Zerstörung steht an zentraler Stelle eine Umwidmung der Riten des konventionellen performativen Sprachgebrauchs, die für die Opfer (in diesem Fall der Leutnant und der Divisionario) bezeichnenderweise viel schwerer wiegt als die physische Vernichtung selbst. Nunmehr werden sie beleidigt, entehrt, durch Sprachhandeln gleichsam degradiert – der Akt der Auslöschung erscheint dann nur noch als logische Konsequenz der gesellschaftlichen Ächtung und entsprechend paralysiert und stoisch folgen die Militärs den Rebellen zu ihrer eigenen Hinrichtung. Das bislang so eitel kultivierte ‚Pathos

---

[34] Diese Behauptung wirft indes ein theoretisches Problem auf, das hier nur kurz gestreift werden soll. Denn sind performative Akte als Handeln klassifiziert, so folgt daraus analytisch, dass sie intentional sein müssen. Einen spontanen Impuls, der gleichsam in Gestalt eines Reflexes auftritt, würde man gemeinhin kaum als bewusste Aktion qualifizieren.
[35] Traven: Rebellion (Anm. 32), S. 225.
[36] Die Rede Modestas wird von einem Wechsel von dramatischem und narrativem Modus begleitet, beinhaltet szenisches und zeitdehnendes Erzählen und gleich mehrere Fokalisierungswechsel.
[37] Traven: Rebellion (Anm. 32), S. 226.

Pathos der Distanz 215

der Distanz' der Machthaber ist damit sozusagen vom Kopf auf die Füße gestellt, wie der Erzähler in Form der internen Fokalisierung berichtet:

> Ein höhnisches Gelächter der Muchachos folgte. Der Leutnant hatte der Rede zugehört mit einem Schrecken, der sich mit jedem weiteren Wort vertiefte. Er schüttelte seinen Kopf, als fürchte er, daß sich sein Hirn verwirre. Halblaut sagte er: „O Dios mio, mein guter Gott im Himmel, wie kannst Du es nur zulassen, daß ein Mensch so tief gedemütigt werden kann wie ich!" Dann öffnete er weit den Mund, um laut dazwischenzuschreien, hinein in die höhnische Rede Generals [...]. Aber ehe er so sprach, fand er, daß er sich nur noch immer mehr lächerlich machen konnte [...].³⁸

Aber vor allem die in direktem Anschluss folgende Abrechnung mit dem Divisionario offenbart den – auch buchstäblichen – Gesichtsverlust einer hierarchischen Umkehr performativen Sprechens:

> Der Divisionario wußte nicht, was er mit sich selbst machen sollte. Alles, was hier geredet, gehöhnt und gelacht wurde, ging auf seine Kosten. So unwürdig, so entblößt aller seiner erlauchten Hoheit, so unwichtig erschien er sich selbst, daß er nicht einmal mehr vermochte, sich zu bemitleiden.³⁹

> „[...] Ich [so der General, M. B.] habe nie zu einem Indianer ‚Bitte' gesagt. Ich sage zu Euch: bitte, Muchachos, bitte, schneidet mir nach meinem letzten Hauch mein Gesicht vom Schädel herunter, damit mich niemand, der mich finden sollte, erkennt. Wollt Ihr das tun, Muchachos?"⁴⁰

Diese Szenen verdeutlichen darüber hinaus, dass Traven dem Konzept performativen Sprechens auf einem höherem Abstraktionsniveau durchaus treu geblieben ist. Allerdings bezieht er – anders als Marut im Ziegelbrenner, und damit wäre auch das Verhältnis Leser / Autor berührt – die Bedingungen der Möglichkeit performativen Sprechens mit ein, mehr noch: er fokussiert sie gezielt. Austins Bedingungen performativen Sprachhandelns werden in der erzähltheoretischen Konstruktion und in den Motivwelten des ‚Caoba'-Zyklus bei genauem Blick regelrecht gespiegelt. Das Erfordernis der Konventionen, des Rituellen von Performativa findet sich im Roman beispielsweise in den verschiedenen Formen iterativer und einmaliger Wiederholungsbeziehungen wieder, die etwa Günter Dammann in einem Essay herausgearbeitet hat.⁴¹ Auch das gnomische Präsens, das in den Romanen in geradezu typischer Manier verwendet wird, reflektiert diese gängigen Riten und deutet damit auch über den Schauplatz in der erzählten

---

³⁸ B. Traven: Ein General kommt aus dem Dschungel. 2. Aufl. Amsterdam: Allert de Lange [1950], S. 313f.
³⁹ Ebd., S. 321.
⁴⁰ Ebd., S. 339.
⁴¹ Vgl. Günter Dammann: Darstellung des Regelhaften und Erzählung des Einmaligen in B. Travens ‚Caoba'-Zyklus. In: B. Travens Erzählwerk in der Konstellation von Sprache und Kulturen. Hg. von G. D. Würzburg 2005, S. 215–246.

Welt hinaus, indem ihnen Allgemeingültigkeit bescheinigt wird.[42] Traven konstruiert mit seinem Figurenensemble zudem einzelne Agenten (etwa der General oder der Professor) in der erzählten Welt, die aufgrund ihrer biografischen Herkunft ein Stück weit berechtigt sind, in ihrem revolutionären Tätigkeitsfeld performativ zu sprechen – sie haben gewissermaßen vor den anderen Rebellen einen rituellen Vorsprung, der ihnen gestattet, die Konventionen performativen Sprechens in der Folge für alle Beteiligten umzuwidmen.[43]

Auch die Bedingung der authentischen Einstellung der sprachhandelnden Figuren wird in der Konzeption des ‚Caoba'-Zyklus gespiegelt: Dafür, dass die Absichten, Gedanken, Gefühle der beteiligten Personen dem Zweck der Handlung angemessen sein müssen, sorgt beispielsweise ein dichtes motivisches Netz. Neben Todes-Motiven kommt auch den Tiermotiven ein zentrale Funktion zu: Tiervergleiche im ‚Caoba'-Zyklus grundieren als motivischer Bezugsrahmen stetig den Prozess sukzessiver Reflexion und aufkeimender Emanzipation der indianischen Arbeiter. Sie erhellen zunächst den degenerierten sozialen Status des Indio, dessen Genügsamkeit und Passivität, dienen sodann zur charakterlichen Fixierung der Ausbeutergestalten und verhelfen schließlich als maßgebliches Vorbild zum Bruch internalisierter Repressionsmechanismen und zur Findung revolutionärer Identität.[44]

5

Wie lautet das Resümee? Was im *Ziegelbrenner* unmittelbar, aktivistisch, direkt, pathetisch und mit Verve gesprochen anmutet, scheitert an den Bedingungen, die analytisch an ein gelungenes Handeln durch Sprechen anzulegen sind. Die transzendentale Akzentverschiebung eines Handelns mit und durch Sprache im ‚Caoba'-Zyklus offenbart demgegenüber die Wegmarken einer Emanzipation: Das Pathos der Distanz einer repressiven Klasse ist kein Geburtsmal, es ist vielmehr ein verformbares Instrument, das sich eng an die Hand des Benutzers schmiegt. Traven akzentuiert in diesen Romanen an zentralen Stellen die Iterabilität und Zitathaftigkeit performativer Äußerungen. Damit eine performative Äußerung gelingen kann, muss sie nach Traven und Butler als zitathafte oder ritualhafte Form in einem System gesellschaftlich anerkannter Konventionen und Normen erkennbar und wiederholbar sein. Das heißt auch, dass die Möglichkeit des Scheiterns und des Fehlschlagens performativer Äußerungen dem Sprechen und der Sprache nicht äußerlich, sondern inhärent ist. Sprechen und Sprache sind demzufolge also im wahrsten Sinne des Wortes zweischneidige Schwerter – und mit ihnen findet jeder Machtspruch seinen Anfang und sein Ende.

---

[42] Vgl. Mathias Brandstädter: Der Genosse im Jochbalken? Kontext, Struktur und Funktionsweise der Tiermotive in ausgewählten Romanen und Erzählungen B. Travens. In: Wirkendes Wort 57 (2008), S. 83–112, S. 97.
[43] Vgl. Traven: General (Anm. 38), S. 318f.
[44] Vgl. Brandstädter (Anm. 42), S. 106f.

Tadeusz Zawiła (Wrocław)

Die ‚Silberdollar-Mentalität'
Negative Anthropologie in den Erzählungen von B. Traven

B. Traven skizziert in seinen Kurzgeschichten eine *Anthropologie des Antihelden*, die auch als *negative Anthropologie* zu bezeichnen ist, wobei unter dem Begriff Antiheld negative literarische Figuren gemeint sind. Im Großteil des Travenschen Erzählwerks werden derartig konzipierte Gestalten, oft auf eine humoristische und ironische Art und Weise, geschildert. Im Rahmen der vorliegenden Arbeit werde ich mich auf die Analyse von vier Erzählungen, die für das Gesamtwerk signifikant sind, beschränken.[1] In Travens literarischem Universum gibt es zwar auch solche Figuren, die auf den ersten Blick als positiv oder wenigstens neutral bezeichnet werden könnten, aber wenn man deren Verhaltensweisen genauer analysiert, entlarven sie sich als Schein-Helden. Kennzeichnend für die besondere Gemütsart, welche Travens literarische Figuren verkörpern, ist ein Komplex von spezifischen Charakterzügen, der im Folgenden ‚Silberdollar-Mentalität' genannt wird. Dieser Komplex umfasst das ursprünglich Böse im Menschen. Dabei handelt es sich nicht um irgend eine mythische oder religiöse Vorstellung des Bösen, sondern um die Schattenseiten der menschlichen Psyche, um die angeborene Triebhaftigkeit der Individuen. Charakteristisch für diese Art von Mentalität ist die skrupellose Realisierung der partikulären Interessen, welche u. a. auf der Befriedigung der niedrigsten Triebe beruht, ohne dass das Individuum sich dabei Gedanken über die Konsequenzen der eigenen Handlungen macht. Der Begriff wurde von der Kurzgeschichte *Der Silberdollar* abgeleitet,[2] welche unter mehreren Blickwickeln für das Travensche Erzählwerk, insbesondere im Kontext der Beziehungsschilderung, symptomatisch ist.[3] Das Phänomen der Silberdollar-Mentalität ist aber nicht nur für die im Rahmen dieser Arbeit analysierten Kurzgeschichten prägend, sondern charakterisiert den Großteil des

---

[1] Es handelt sich um die Kurzgeschichten *Der Banditendoktor, Bändigung eines Tigers, Eine unerwartete Lösung, Der Silberdollar*.
[2] Diese Kurzgeschichte wurde zuerst in englischer Fassung (mit dem Titel *To frame or not to frame* in *Selected Writings* Nr. 5, 1946) veröffentlicht und wahrscheinlich auch zuerst auf Englisch geschrieben; siehe Karl S. Guthke: B. Traven. Die Biographie eines Rätsels. Vom Autor rev. Taschenbuchausgabe. Zürich 1990, S. 544. Die deutsche Version bzw. Übersetzung erschien erstmals in B. Traven: Erzählungen. Hg. von Werner Sellhorn. 2 Bde. Berlin: Volk und Welt 1968, Bd. 2, S. 146–153 (vgl. auch ebd., S 372).
[3] Symptomatisch im Hinblick auf die Schilderung der Beziehungsfragen sind zwei weitere, im Rahmen dieser Arbeit analysierte, Kurzgeschichten – *Die Bändigung eines Tigers* und *Eine unerwartete Lösung*. Die zweite Geschichte wurde ursprünglich auf Englisch geschrieben und erschien zuerst auf Spanisch. Vgl. Guthke (Anm. 2), S. 543.

gesamten erzählerischen Werks von B. Traven. Es muss jedoch betont werden, dass das Modell ausschließlich für die kurzen Prosatexte zutreffend ist und sich deswegen für die Beschreibung des Romanwerks nicht eignet.

Frauenfiguren[4]

In Travens Kurzgeschichten kommen weibliche Figuren relativ selten vor, d. h. sie erscheinen zwar im Text, spielen aber nur gelegentlich eine wesentliche Rolle in Bezug auf den Handlungsstrang.[5] Diejenigen, welche für die Entwicklung der Geschichte von Belang sind, exponieren sich durch eindeutig negative Eigenschaften.

In der Erzählung *Der Silberdollar* wird eine untreue Ehefrau dargestellt, welche von ihrem Gatten zu Hause in flagranti mit einem Liebhaber ertappt wird. Dieser verliert jedoch nicht die Fassung, und anstatt Frau samt Liebhaber zu erschießen, entscheidet er sich, seine Gattin auf eine besonders demütigende Art und Weise zu bestrafen – er verlangt nämlich, dass der Liebhaber für den Beischlaf bezahlt: „Nehmen Sie diesen Silberdollar und geben Sie ihn meiner Frau. Meine Frau tut es nicht ohne dafür bezahlt zu werden. […] Werfen Sie ihr den Dollar auf das Kissen, wie es üblich ist. Gut so."[6] Der Ehemann reduziert damit auf symbolischer Ebene seine Frau zu einer Prostituierten, und das ist erst der Anfang einer Serie von Demütigungen, die die Frau jeden Abend erdulden muss:

> Es war am folgenden Tage, als das Mahl zu Ende war und der Ehemann wie gewöhnlich gesagt hatte: „Wir danken Gott für das, was er uns heute gegeben hat", stand er nicht auf, wie es seine tägliche Gewohnheit war. Die Kinder blickten ihn erstaunt und erwartend an […]. Diesmal jedoch blieb er sitzen, zog eine Serviette hinweg, wo sie bis zu diesem Augenblick unbeachtet gelegen hatte, dicht bei seinem linken Arm, und zum Vorschein kam ein kleines Rähmchen aus Metall, festgenagelt auf den Tisch, und das Rähmchen hielt eine dünne Glasscheibe gegen die Tischplatte gepreßt, und unter der Glasscheibe befand sich der Silberdollar. Auf diesen Dollar mit seinem Finger hinweisend, wiederholte der Ehemann: „Ja, wir danken Gott

---

[4] Wie bereits am Anfang angedeutet, beschränken sich die beschriebenen Eigenschaften der literarischen Figuren nur auf Travens Kurzgeschichten. Eine Antithese der weiblichen Gestalten, die im Rahmen dieser Arbeit analysiert werden, ist z. B. Modesta, eine Protagonistin aus dem ‚Caoba'-Zyklus.

[5] Die hier analysierten Kurzgeschichten bilden insofern eine Ausnahme. Wenn man aber das Travensche Erzählwerk als Ganzes betrachtet, bestätigt sich diese These. Sowohl in der ersten als auch in der zweiten Ausgabe des Erzählbandes *Der Busch* sind weibliche Figuren relativ selten präsent. Diejenigen, die trotzdem vorhanden sind, werden zum Großteil negativ dargestellt.

[6] B. Traven: Der Silberdollar. In: Ders.: Der Banditendoktor. Erzählungen. Frankfurt a. M. / Wien / Zürich: Büchergilde Gutenberg 1980 (Werkausgabe B. Traven. Hg. von Edgar Päßler. Bd. 15), S. 339–347, S. 342f.

für das, was er uns heute gegeben hat; wir haben unsern Hunger gesättigt, und da ich immer noch gut im Stande bin, für diese Familie ausreichend zu sorgen, ist es nicht nötig gewesen bis heute, diesen Dollar, ehrlich verdient von eurer geliebten Mutter, anzutasten. Amen.[7]

Er wiederholt das eigenartige Gebet jeden Abend und erniedrigt auf diese Art und Weise die Frau immer erneut. Am Anfang scheint sie sogar bereit zu sein, die Demütigungen, die der betrogene Ehemann für sie vorbereitet hat, als eine Art Buße geduldig zu ertragen. Ihre Reue dauert jedoch nur zwei Monate. Danach rebelliert sie gegen ihren Peiniger, weil sie die Situation nicht mehr ertragen kann. Die Frau betrügt ihn wieder (und zwar mehrmals) und gibt während eines Tischgesprächs offen zu, dass sie es gegen Bezahlung gemacht hatte:

> Er hatte sein Gebet nicht völlig beendet, als seine Frau mit ihrer geballten Faust auf den Tisch hieb und explodierte: „Nein, meine lieben Kinder, wir haben bis heute nicht diesen Silberdollar berührt, und wir werden es nicht nötig haben, ihn je zu berühren. Denn seht hier, meine lieben Kinder, ich ebenfalls kann für diese Familie sorgen. Ich habe heute sechs Dollar verdient, außerdem den Preis für dieses schöne, neue Kleid, das eurem Vater so gut gefällt. Und ich habe das alles verdient in der gleichen Weise, wie ich den Silberdollar verdiente, […] genau so ehrlich, das kann ich euch schwören." […] Als, acht Stunden später, der Ehemann abgeschnitten wurde, war sein Körper noch warm.[8]

Sie treibt den Mann bewusst in den Selbstmord, indem sie seine Schwächen nutzt. Diese beruhen nämlich darauf, dass er stark an das traditionelle, patriarchalische Familienmodell gebunden ist. In diesem Modell ist der Mann u. a. deswegen das Oberhaupt der Familie, weil er allein für ihren Unterhalt sorgt. Deswegen kann er eine derartige Situation nicht verkraften. Seine Frau hat ihn nicht nur betrogen und damit seine Ehre verletzt, sondern sie tastet auch seine Position und Würde an, indem sie ihm deutlich zu verstehen gegeben hatte, dass auch sie für die Familie ausreichend sorgen kann. Dadurch wird ihre gerade entdeckte Unabhängigkeit konstituiert. In diesem Kontext kann man den durch die Peinigung katalysierten Emanzipationsprozess der Frau beobachten. Die Emanzipation, welche meistens positiv konnotiert wird, macht aber diese literarische Figur noch lange nicht zu einer Heldin. Man könnte sogar die These riskieren, dass die Emanzipation die negativen Charakterzüge der Frau nur noch verstärkt. Ihre Vorgehensweise ist nämlich vor allem darauf gerichtet, den maximalen Schock zu erzielen, um damit den Unterdrücker psychisch zu vernichten. Sie scheint auch gar keine Skrupel zu haben und fokussiert ihren gesamten Hass auf den Ehemann. Am Rande sollte noch erwähnt werden, dass in dieser Kurzgeschichte das Ironische deutlich zum Vorschein kommt, was für den Handlungsstrang von Belang ist, u. a. in denjenigen Textpassagen, in welchen die Rede davon ist, dass der Silberdollar ehrlich verdient wurde.

---

[7] Ebd., S. 344.
[8] Ebd., S. 346f.

Das Ironische ist auch für die Erzählung *Der Banditendoktor* prägend. Es kann parallel auf der narratologischen und der inhaltlichen Textebene beobachtet werden. Davon zeugt nicht nur der Stil, sondern auch die Gestaltung der Figuren und der Handlung. In dieser Kurzgeschichte wird nämlich die scheinbar biedere und gutmütige Tante eines verwundeten Banditen als der Kopf der gesamten Verbrecherbande entlarvt. Sie ist diejenige, die über Leben und Tod entscheidet:

> Die Frau wußte recht gut, was mir auf dem Wege geschehen könnte [...]. Aber ich hatte die Sympathie und Dankbarkeit der Frau gewonnen. Die Frau war nicht so nebensächlich in dem Geschäft der Männer, wie es vielleicht erschien. Sie war durch die Verwundung ihres Neffen heftig aus der Fassung gebracht worden. [...] Und oberflächlich gesehen, mochte es den Eindruck erwecken, daß sie eben nur eine Frau war wie andere. Aber wenn ich ein Haus sehe, wie dieses war, dann weiß ich, wer der Kommandant ist. Und weil die Frau mehr Intelligenz besaß als einer der drei Männer, ihr eigener Mann eingeschlossen, so wußte ich auch, wer das Hirn des Unternehmens war.[9]

Ihre Sorge um den angeschossenen Neffen ist vorgetäuscht und dient nur einem Zweck – die kleinen, unbedeutenden Banditen in der Gruppe (im Text als ‚Knechte' bezeichnet) sollen daran glauben, dass man sich im Falle eines Misserfolgs um sie kümmern werde. In Wirklichkeit ist es nur reine Geschäftsklugheit und eine Art Sterbehilfe.[10] Der Zynismus, mit dem sie die Rolle der fürsorglichen Tante spielt, ist dermaßen ausgeprägt, dass keine Zweifel hinsichtlich der eindeutig negativen Konzipierung dieser Figur entstehen können.

Ein Paradebeispiel der negativen Konzipierung von weiblichen literarischen Figuren im erzählerischen Werk B. Travens ist Luisa Bravo, die Protagonistin aus der Kurzgeschichte *Bändigung eines Tigers*. Sie ist hübsch, reich und intelligent, aber:

> Luisa hatte alle Unarten, die eine Frau nur haben kann. Und zwei Dutzend mehr. Sie hatte zuerst einmal von Natur aus ein zügelloses Temperament, das, wenn es ausbrach, durch nichts, aber auch durch gar nichts, sich besänftigen ließ. [...] Das Wort Gehorchen kannte sie nur von anderen, ihre Eltern, ihre Großmutter und ihre Tante eingeschlossen. Sie gehorchte nie [...]. Hinzu kam, um ihren Charakter noch ungefügiger und starrer zu gestalten, ein unbändiger Jähzorn, der durch lächerlich geringfügige Anlässe zu einem so verheerenden Ausbruch kam, daß die Indianermädchen, die im Hause dienten, und die Indianerburschen, die in der Werkstatt ihres Vaters arbeiteten, davonliefen und sich stundenlang nicht im Hause sehen ließen. [...] Daß sie Töpfe, Tassen, Gläser und Pfannen den Bediensteten an den Kopf warf, war noch das geringste; es waren auch Messer und Beile, mit denen sie warf oder mit denen sie auf ein Mädchen losging.[11]

---

[9] B. Traven: Der Banditendoktor. In: Ders.: Banditendoktor (Anm. 6), S. 11–51, S. 37.
[10] Vgl. Malte Stein: Die Zivilisation im Busch. Unzuverlässiges Erzählen in B. Travens Novelle ‚Der Banditendoktor'. In: B. Travens Erzählwerk in der Konstellation von Sprache und Kulturen. Hg. von Günter Dammann. Würzburg 2005, S. 177–191, S. 191.
[11] B. Traven: Bändigung eines Tigers. In: Ders.: Banditendoktor (Anm. 6), S. 251–288, S. 254f.

Es ist also eine zweifellos negative Gestalt, die auf nichts und niemanden Rücksicht nimmt. Das Ziel ihrer Existenz ist, so zu leben, dass sie niemandem gehorchen muss. Dies ist auch einer der Gründe dafür, dass sie eine eventuelle Heirat als Einschränkung ihrer Freiheit betrachtet:

> Sie war auch gar nicht so wild darauf, sich zu verheiraten unter allen Umständen. Obgleich ein älteres, unverheiratetes Mädchen in Mexiko keine sehr glückliche Figur darstellt, so war sie sich doch genügend bewußt, daß sie aus wirtschaftlichen Gründen jedenfalls keinen Mann brauchte. Und aus anderen Gründen war sie auch noch nicht einmal so sehr davon überzeugt, daß sie ohne Mann etwa nicht leben könnte. Wenn es wirklich unbedingt nötig werden sollte, dann konnte sie [...] genügend Gelegenheit finden, ohne die Verpflichtung zu haben, sich nun auch gleich deshalb zu verheiraten.[12]

Natürlich wird die Protagonistin und damit auch ihre für die damaligen Umstände moderne Lebensanschauung auf eine überspitzte und humorvolle Art und Weise dargestellt, aber ähnlich wie in *Der Silberdollar* kritisiert und verspottet Traven dadurch die emanzipatorischen Tendenzen der zeitgenössischen Frauen. Der Humor ist jedoch nur ein Mittel, welches der Schilderung und der Kritik der Schattenseiten der menschlichen Psyche dient. Selbstverständlich nutzt Traven dieses Mittel auch bei der Darstellung der männlichen Figuren in seinem Erzählwerk.

Die letzte der analysierten Frauenfiguren (Lydia aus der Kurzgeschichte *Eine unerwartete Lösung*) ist wiederum eine Ehebrecherin, die während der ersten Monate nach der Heirat, ohne jeglichen Grund, dem Ehemann das Leben zur Hölle macht, indem sie alles was dieser tut oder sagt, einer scharfen und ungerechtfertigten Kritik unterzieht. Sie verlässt ihren Ehemann und zieht für einige Zeit in die Hauptstadt, um sich um ihre kranke Mutter zu kümmern. Dort begeht sie den Ehebruch. Nachdem sie jedoch festgestellt hat, dass sie schwanger ist und dass der Vater des Kindes nicht ihr Ehemann sein kann, kehrt sie nach Hause zurück und ändert völlig ihre Einstellung gegenüber dem Gatten. Ähnlich wie in der Kurzgeschichte *Bändigung eines Tigers* wird eine innere Umwandlung der Protagonistin, dank welcher die Ehe wieder anfängt zu funktionieren, geschildert.

Das aus Travens Erzählungen hervorgehende Bild der Frau ist die Verkörperung einer Antiheldin. Das zeigen die überwiegend negativen Charakterzüge dieser Figuren, wie z. B. Untreue, Aggressivität, Rachsucht oder Egoismus. Diese Charakterzüge sind Bestandteile der Silberdollar-Mentalität. Von Belang sind auch die emanzipatorischen Neigungen der Travenschen Frauenfiguren.[13]

---

[12] Ebd., S. 258.
[13] Das Motiv der untreuen Ehefrau und das der Frauenfiguren mit emanzipatorischen Zügen sind auch in den Erzählungen *Die Geschichte einer Bombe* und *Die Medizin* präsent.

Männerfiguren

Auch die männlichen Protagonisten in Travens Erzählwerk werden als vorwiegend negative Menschentypen dargestellt. Der Katalog ihrer Schwächen, welche die Silberdollar-Mentalität konstituieren, ist zum Großteil mit dem der weiblichen Figuren übereinstimmend.

In der Kurzgeschichte *Der Banditendoktor* werden ein paar skrupellose Personen dargestellt, die sich um den Verwundeten im Grunde genommen gar nicht kümmern, sondern nur um ihr eigenes Interesse, wobei sie ausgezeichnet ihre Rollen spielen. Der als ‚Banditendoktor' beschriebene Amerikaner weiß zwar genau, welche Kur anzuwenden ist, um den angeschossenen Jungen am Leben zu erhalten, aber er gibt sich mit Halbmitteln zufrieden, weil er sich vollkommen dessen bewusst ist, was von ihm erwartet wird. Genauso wie die Tante täuscht er die Sorge um den Verwundeten nur vor und gibt selbst zu, dass er in Wahrheit das alles sehr wohl bedacht tat.[14]

Wie bereits angedeutet, ist in Bezug auf die männliche Variante der Silberdollar-Mentalität die Aggressivität von Belang. Betrogene Ehemänner sind aber auch fähig, ihren Zorn zu bewältigen, um die Rache kalt zu genießen. Dabei entwickelt sich in ihnen ein starker sadistischer Trieb, was anhand der Kurzgeschichte *Der Silberdollar* beobachtet werden kann. Der betrogene Ehemann entscheidet sich, die Ehefrau samt Liebhaber doch nicht umzubringen, weil er für sie eine, seiner Meinung nach, bessere Strafe hat. Er ist der Ansicht, dass er auf diese Art und Weise seiner Gattin besonders viel Leid zufügen kann. Davon zeugt auch die Reaktion der Ehebrecherin: „Nicht das, mein lieber Ehemann, bitte, bitte, nicht das. Erschieß mich, wenn Du willst, aber nicht das. […] Ich schwöre, es war das erste Mal. Bitte, bitte, geliebter Ehemann, beschäme mich nicht so tief, so fürchterlich tief."[15] Wie bereits oben beschrieben, beschränkt sich der Mann nicht nur darauf, dass er aus ihr eine Art Prostituierte macht, um sie damit zu entwürdigen. Dies ist vielmehr bloß der Anfang einer Serie von Demütigungen, welche während der nächsten zwei Monate fortgesetzt wird. Die sadistische Natur des Mannes gewinnt die Oberhand und die eigentliche Peinigung beginnt erst richtig.

Negativ wurde auch die Figur des Ehemannes aus der Kurzgeschichte *Eine unerwartete Lösung* konzipiert. Rogerio teilt die negativen Charakterzüge mit seiner Frau. Auch er begeht einen Ehebruch und verheimlicht dies bis zu dem Zeitpunkt, wo er glaubt, dass seine Gattin die Wahrheit entdeckt hat.

Sogar diejenigen literarischen Männerfiguren, die für den Handlungsstrang zweitrangig sind, werden vorwiegend negativ dargestellt. Als Exempel kann die Schilderung des Polizeichefs aus der Erzählung *Der Banditendoktor* dienen:

> Hier kann ich ja nun in aller Ruhe erzählen, daß da einmal ein Polizeichef war, der sich so unfähig erwies, daß er selbst dann noch keinen Banditen

---

[14] Traven: Banditendoktor (Anm. 9), S. 35.
[15] Traven: Silberdollar (Anm. 6), S. 342.

erwischt haben würde, wenn er mit ihm Karten am selben Tisch gespielt hätte, und daß da ein Polizeichef war, der wohl wußte, daß er zu Unrecht Gehalt von der Nation bezog, der aber, um jenes Gehalt nicht zu verlieren und um die Aussicht behalten zu können, weiter in den Ämtern hinaufzurücken, seine Unfähigkeit und seine Stupidität dadurch zu verdecken suchte, daß er einen Amerikaner in seinen Berichten anschuldigte, der Anführer von Banditen zu sein.[16]

Beziehungen

Die von Traven dargestellten Ehegemeinschaften fungieren vorwiegend als eine Art Katalysator, der das Triebhafte im Individuum intensiviert.[17] Anstatt die Partner glücklich zu machen, versetzen sie diese in einen Zustand, der für beide unerträglich ist. Sie lösen bei ihnen derartig starke negative Gefühle aus, dass diese sogar im Stande sind, sich selbst oder einem anderen Menschen das Leben zu nehmen. Während der Ehe kommt ihre aggressive, sadistische Natur ans Tageslicht. Die Partnerschaft wird durch den ständigen Kampf um die Überlegenheit konstituiert. Verliert der Mann diesen Kampf, bedeutet dies seinen Untergang. In Travens literarischer Welt muss sich die Frau ihrem Mann unterordnen, damit die Beziehung nicht tragisch endet. Die Kurzgeschichte *Bändigung eines Tigers* kann als Travens Handbuch für Ehemänner gelten, die die Oberhand gewinnen wollen. Schritt für Schritt schildert er die Vorgehensweise in einem scheinbar hoffnungslosen Falle. Die Protagonistin hat nämlich alle bisherigen Verlobten dominiert – und zwar sowohl psychisch als auch physisch – und sie dadurch entmutigt. Um das von ihm erwünschte Resultat zu erzielen, muss der Ehemann seiner Ehefrau beweisen, dass er sie erschießen werde, wenn diese ihm nicht gehorche. Erst nachdem er den Papagei, die Katze und am Ende sein geliebtes Pferd getötet hat, weil diese seinen Wunsch nicht erfüllten und ihm keinen Kaffee aus der Küche gebracht haben, begreift die bisher ungezähmte Gattin, dass die Sache eine schlechte Wendung für sie nehmen kann. Brutale Gewalt erweist sich als das einzige Mittel, mit dessen Hilfe die Ehe gerettet wird. Diese Dominanz erweitert sich auch auf den sexuellen Bereich:

> Denn an diesem Ort kann ein zufriedenstellendes Resultat nur dann erreicht werden, wenn der Mann befiehlt und sich die Frau dem Befehle willig und erwartungsvoll unterwirft. Und man darf ganz sichergehen, wenn in irgendeiner Ehe die Frau kommandiert, so ist es nur darum, weil dem Manne die Fähigkeit fehlt, im Bett mit so starker Stimme zu befehlen, daß der Frau nichts anderes übrigbleibt als zu gehorchen und zuzugeben, daß sie die Untergebene und Unterliegende ist.[18]

---

[16] Traven: Banditendoktor (Anm. 9), S. 50.
[17] Ehepaare, deren Eheleben mit einer Katastrophe endet, werden auch in den Kurzgeschichten *Die Geschichte einer Bombe*, *Die Medizin* und *Die schönen Beine seiner Frau* dargestellt.
[18] Traven: Bändigung (Anm. 11), S. 287.

Es muss noch hinzugefügt werden, dass der ‚Bändiger' (Don Juvencio) fest entschlossen ist, die ‚Tigerin' (Doña Luisa) umzubringen, wenn seine Methode sich als unwirksam erweisen würde. Dies wird von Traven wiederum auf eine spezifische, ironisch-humoristische Art und Weise geschildert:

> Aber er vergaß dennoch nicht, daß er auch in Zukunft der Mann hier zu bleiben gedachte. Darum sagte er kalt und ruhig: „Ich hätte dich mit viel größerer Bestimmtheit und Sicherheit erschossen als mein Pferd, por La Santa Purísima. Denn deinetwegen wäre ich nur zum Tode verurteilt und erschossen worden; aber ich werde lange und weit und breit suchen müssen, ehe ich ein zweites Pferd finde, wie das, mein bestes Pferd, gewesen ist, das ich erschießen mußte, um dir zu zeigen, wie sehr ich entschlossen war. [...]"[19]

In der schon mehrmals angeführten Kurzgeschichte *Der Silberdollar* gelingt es dagegen dem Mann nicht, seine Frau zu dominieren, weil diese sich als die psychisch stärkere erweist. Dem Gatten fehlt es an Durchsetzungskraft. Er hat aber auch nicht vor, die Frau zu bändigen, sondern sie zu bestrafen. Sein Ziel ist die Demütigung der Frau und nicht das Gewinnen der Oberhand in der Beziehung. Ein weiteres Beispiel dafür, dass in Travens literarischer Wirklichkeit die Ehe nur dann Bestand haben kann, wenn die Frau die „Untergebene und Unterliegende" ist, kann in der Erzählung *Eine unerwartete Lösung* beobachtet werden. Die am Anfang immer herummäkelnde, alles kritisierende und nörgelnde Ehefrau verändert sich nach einem in der Hauptstadt begangenen Ehebruch. Sie unterwirft sich dem Willen ihres Ehemannes, und seit diesem Moment wird das Eheleben, welches die beiden früher als „eine schlimme Form von Marter, eine Marter, die keine Grenzen aufwies",[20] betrachtet haben, zu einer Idylle: „Rogerio und Lydia waren inzwischen eines jener seltenen Ehepaare geworden, die man zuweilen im Film sehen kann, weniger in der Wirklichkeit, und auf die man hinweist, wenn man nach einem sichtbaren Beispiel sucht, um zu beweisen, daß ein Eheleben nicht immer eine Katastrophe zu sein braucht."[21] Bei Traven wird das Eheleben nur dann nicht zu einer Katastrophe, wenn die Frau den Willen ihres Mannes respektiert (egal ob gezwungen oder freiwillig) und dessen Überlegenheit anerkennt. Bei diesem Prozess spielt die sexuelle Seite der Beziehung eine wesentliche Rolle.

Das Paradoxon in der Schilderung der weiblichen Figuren im Travenschen Erzählwerk besteht darin, dass die emanzipierten Frauen ihr Leben genießen, aber sich nur dann verwirklichen können, wenn sie sich einem Mann unterwerfen.[22]

---

[19] Ebd., S. 288.
[20] B. Traven: Eine unerwartete Lösung. In: Ders.: Banditendoktor (Anm. 6), S. 301–322, S. 303.
[21] Ebd., S. 310.
[22] Das Thema Beziehungen und Frauengestalten wurde ausführlich dargestellt in Helmut Müssener: ‚Es war ihnen beiden, als hätten sie sich schon gekannt in jener fernen Zeit, wo die Welt zu erwachen begann.' Frauengestalten und die Beziehungen zwischen Geschlechtern in

Dargestellte Welt

Das kreierte literarische Universum ist eine Welt der Antihelden, in welcher solche Werte wie z. B. Ehrlichkeit, Treue oder Tapferkeit keine Daseinsberechtigung haben. Diese für die Silberdollar-Mentalität charakteristische Lebenseinstellung wird explizit in der Kurzgeschichte *Der Banditendoktor* geäußert:

> Tapferkeit mag ja vielleicht eine große Tugend sein, auf dem Schlachtfelde, wo die befleckten Ehrenschilde der Nationen wieder reinpoliert werden sollen; aber Tapferkeit an gewissen Orten und zu gewissen Zeiten und in Mexiko ist meist ein Zeichen von unheilbarer und angeborener Dummheit. Es ist hier niemand verpflichtet, Jongleur zu sein und herumflitzende Revolverkugeln mit den Zähnen aufzufangen. Dafür ist ja der Zirkus da.[23]

Und weiter:

> Ich habe oft gefunden, daß es eine der größten Sicherheiten ist, wenn man keinen Revolver hat. Dann hat man keine Verpflichtung, tapfer zu sein. Tapferkeit wird immer und überall schlecht belohnt. Es sind immer die Leisegänger, die den Krieg überleben; die wahrhaft Tapferen bleiben draußen für den Ruhm derer, die unter Triumphbogen heimmarschieren.[24]

In den angeführten Textpassagen wird die Tapferkeit verspottet und sogar als lebensgefährlich geschildert. Aus Travens Kurzgeschichten geht hervor, dass nicht nur Tapferkeit, sondern positive Verhaltensweisen überhaupt schlecht belohnt werden.

Die in dem Travenschen Erzählwerk dargestellte Wirklichkeit ist eine, wie in der Kurzgeschichte *Der Silberdollar* formuliert wird, „von Sünden und Schande verderbte[ ] Welt".[25] Sogar das Silber, von dem der Protagonist glaubt, es sei „rein und echt" und niemals „betrüg[e] es den Menschen, der sein Vertrauen in gutes Silber setzt",[26] verliert den ihm ursprünglich zugeschriebenen Wert. Das als Symbol der Keuschheit, Reinheit und Jungfräulichkeit fungierende Silber[27] wird durch Traven in sein Gegenteil umgewandelt. Der Autor kreiert ein pessimistisches Welt- und Menschenbild. Gleichzeitig beschreibt er die Welt auf eine distanzierte und gelassene Art und Weise, wobei die wichtigsten Bestandteile der Wirklichkeitsschilderung Ironie und Humor sind. Dank ihnen werden nämlich die Verdorbenheit der Welt und die Schattenseiten der menschlichen Psyche hervorgehoben und in einem Zerrspiegel gezeigt. Diese werden dem Leser indirekt vermittelt. Er ist gezwungen, sich selbst mithilfe der vorhandenen

---

den Mexiko-Werken B. Travens. In: B. Traven the Writer. Der Schriftsteller B. Traven. Hg. von Jörg Thunecke. Nottingham 2003, S. 355–383.
[23] Traven: Banditendoktor (Anm. 9), S. 14.
[24] Ebd., S. 16.
[25] Traven: Silberdollar (Anm. 6), S. 345.
[26] Ebd., S. 343.
[27] Vgl. P[eter] W[ulf] Hartmann / Oskar E. Pfeiffer / Franz Schrapfener / Helga Zoglmann (Red.): Kunstlexikon. [Wien] [1997], s. v. Symbol, S. 1475–1505, 1499.

Bruchteile, Anspielungen und Teilwahrheiten ein vollständiges Bild des gegenwärtigen Menschen zu verschaffen. Die spezifische Schilderungsweise hat jedoch keinen Einfluss auf die Intensität des negativen Menschenbildes, welches aus den Erzählungen von B. Traven hervorgeht. Der Autor kann zwar in diesem Kontext als Kritiker der menschlichen Mentalität bezeichnet werden, aber nicht als Moralist.

URSZULA BONTER (Wrocław)

Die Macht der Bilder in Travens Altersroman *Aslan Norval*

Travens letzter nach nahezu zwanzig Jahren Pause geschriebener Roman *Aslan Norval* gilt allgemein als minderwertig und mißlungen.[1] Der Geschichte über eine mehrfache Millionärin, die einen Kanal quer durch die Vereinigten Staaten zu bauen gedenkt und dabei hauptsächlich erotisches Neuland entdeckt, konnten die Kritiker sowohl im Westen als auch im Osten kaum etwas abgewinnen. In der FAZ verspottete Friedrich Sieburg gründlich das ganze Buch und seinen Autor; er fand die Sprache ‚farblos‘, die Handlung aufgesetzt und langweilig. Die Weltanschauung Travens erschien Sieburg zwar grundsätzlich sympathisch, aber naiv und längst überholt: „Sein Ressentiment gegen die reichen Leute, sein populärer Pazifismus und seine soziale Auflehnung bedienen sich altmodischer Argumente und bewegen sich in einer engen Welt, an der die Umwälzungen der letzten dreißig Jahre spurlos vorübergegangen sind."[2] Aus Verlegerkreisen kam der Vorwurf, daß der Autor den Leser „von der ersten bis zur letzten Zeile mit Hilfe der Erotik bei der Stange zu halten" versuche.[3] Und die Forschung straft den Schriftsteller für diesen Ausrutscher bis heute mit vollkommener Nichtbeachtung.

Im folgenden wird eine erste Annäherung an diesen Roman versucht. In *Aslan Norval* regiert das optische Prinzip, dieses scheint dem gesamten Text als eine Art Organisationsschema zugrunde zu liegen. Näher betrachtet, entpuppt sich das Buch als ein dichtes Geflecht aus arrangierten Bildern, Selbstinszenierungen sowie verschiedenen visuellen Medien und Bereichen. Auffällig oft ist von Hollywood, der ‚Filmindustrie‘, der ‚Illusionsindustrie‘, der ‚Welt der Illusionen‘, Dreharbeiten und der Wirkung der Filme die Rede.[4] Und eine junge Sekretärin stimmt einen direkten Lobgesang auf das Kino an: „Das einzige, was man an einem Wochentage, und wenn man am nächsten Tage arbeiten muß, tun

---

[1] Zur Veröffentlichungsgeschichte und Aufnahme von *Aslan Norval* siehe Karl S. Guthke: B. Traven. Biographie eines Rätsels. Frankfurt a. M. / Olten / Wien 1987, S. 592–600; Peter Lübbe: Die Rolle von Josef Wieder und Johannes Schönherr bei der Veröffentlichung von B. Travens Roman ‚Aslan Norval‘. In: B. Traven the Writer. Der Schriftsteller B. Traven. Hg. von Jörg Thunecke. Nottingham 2003, S. 541–551.
[2] Friedrich Sieburg: Das leere Geheimnis [1960]. Wiederabgedruckt in: Friedrich Sieburg: Zur Literatur. 1957–1963. Hg. von Fritz J. Raddatz. Stuttgart 1981 (Werkausgabe F. S. Bd. 2), S. 178–180, hier S. 178f.
[3] BT-Mitteilungen. Nr. 1–36. [Reprint. Hg. von Kilian Schott.] Berlin 1978, Nr. 33 (März 1959), S. 220.
[4] B. Traven: Aslan Norval. München / Wien / Basel: Kurt Desch 1960, S. 74–81, 94, 103, 106, 131–135, 193–195. Im folgenden stehen die Seitennachweise in Klammern im Haupttext.

kann" (131). Nicht von ungefähr hat Traven ausgerechnet eine mit allen Wassern des Hollywood-Business gewaschene Frau zur Heldin auserkoren. Aslan Norval leitete vor ihrer Ehe eine Überprüfungsstelle bei einer großen Filmgesellschaft und hatte auf Plausibilität und historische Korrektheit der zu drehenden Szenen zu achten:

> Aber in der Hauptsache trage ich die Verantwortung dafür, daß in einem Film, sagen wir in einem Film, der zur Zeit Richards des Zweiten spielt, nicht nur die Kostüme historisch genau richtig sind, sondern daß auch jede Waffe, die Form der Stühle, der Betten, der Waschschüsseln, der Kinderwiegen authentisch ist. Ich habe herauszufinden, ob die römischen Legionen unter Cäsar in geschlossenen Kolonnen und im Gleichschritt marschierten oder in aufgelöstem Haufen (74f.).

In der Tat ist die Heldin eine Universalkünstlerin, eine perfekte Regisseurin und Diva in Personalunion. Zum einen schätzt Aslan das darstellerische Vermögen der Schauspielerinnen sehr gering ein und ist fest davon überzeugt, daß nur die Menschen hinter der Kamera für die Qualität eines Streifens entscheidend seien:

> Ein Film, sogar ein sehr guter Film, kann ohne Darsteller und besonders ohne Berufsdarsteller produziert werden. Aber kein einziger Film wurde bis heute geschaffen ohne Mitwirkung der Schar derer, die hinter der Kamera ihre Nerven zerrütten, ihre Haare zerraufen, sich Schlaganfälle anärgern. Zu denen gehörte ich (95).

Zum anderen kennt sie den Vorzug eines selbstbewußten Auftretens und einer gelungenen Selbstinszenierung sehr wohl und ist besonders stolz darauf, daß sie sich in Hollywood auch diese Fähigkeiten angeeignet hat. Oft bei den Filmaufnahmen anwesend, lernt sie „den zuweilen sehr raffinierten Auftrittseffekt der Hauptdarstellerin, einen Effekt, der freilich in einem Erziehungsinstitut für die Töchter der oberen Fünfhundert als pöbelhaft, vulgär und absolut unschicklich für eine wirkliche Dame verurteilt worden wäre" (170).

Auf diesen beiden Talenten Aslans fußt die ganze Handlung. Die Übermacht des dirigierenden Blicks und der wohldosierten visuellen Effekte wird den Lesern bei der Schilderung einer Fernsehübertragung in besonders eindringlicher Form vorgeführt. Diese Live-Sendung stellt nicht nur das zentrale Ereignis des Romans dar, sondern macht auch noch etwa ein Viertel des gesamten Buchumfangs aus. Es handelt sich um die Anhörung Aslans vor der Senatskommission, bei der die Risiken des geplanten Unternehmens geprüft werden sollen. Die Heldin provoziert dieses Verhör und inszeniert es vor den Augen eines Millionenpublikums zu der – wie sie das selbst bezeichnet – „reizendste[n] und amüsanteste[n] Komödie" (234). Aslan engagiert fünf Assistentinnen, die in aufreizende, enganliegende Uniformen gekleidet sind und in gespielter Rastlosigkeit stets im Hintergrund agieren. Die Bedeutung dieser offensichtlichen Blickfänger wird im Roman direkt reflektiert:

> Ohne den Hollywood-Aufbau der Szenerie, ohne die hübschen Mädchen in ihren geschmackvollen Uniformen, ohne deren schöne Beine und ihr

gewinnendes Lächeln hätten einige Millionen der Zuschauer bald das Interesse an der Sitzung verloren; denn es wurden, besonders am Beginn, zu viele Fragen rein juristischer Natur gestellt und beantwortet, deren Bedeutung und Zweck nur wenige verstanden (196).

Sich selbst weiß Aslan noch einen wirkungsvolleren Auftritt zu verschaffen. Sie läßt zunächst ihren wortwörtlich auf der Straße aufgelesenen und vollkommen unfähigen Direktor Beckford aussagen und greift an einem kritischen Punkt aus dem Off in die Anhörung ein. Von Kameras begleitet, betritt sie die Szene in klassischer Vampmanier:

„Nein, sie wurden nicht betrogen, Mr. Senator", tönte da die volle, sonore Stimme Aslans in den Saal. Die Kameras waren auf diese plötzliche Veränderung der Situation in keiner Weise vorbereitet. Mit ersichtlicher Mühe nur gelang es ihnen, Aslan einzufangen; denn sie sprach vom Hintergrunde aus, langsam sich dem Tisch, hinter dem die Senatoren saßen, nähernd (203).

Aslans Rechnung geht vollkommen auf; die Kommissionsmitglieder können sich dieser erotisch aufgeladenen Atmosphäre und der Macht der auf sie prallenden Bilder nicht entziehen. Ein Senator folgt den Ausführungen der Heldin und zeichnet gleichzeitig „mit einem Bleistift nackte Mädchen mit übervollen Brüsten auf einem vor ihm liegenden Blatt" (224). Die Aussagen – also der eigentliche Inhalt des Verhörs – werden zu einer Nebensächlichkeit degradiert. Deshalb verlangt Aslan noch in der Vorbereitungsphase, daß Beckford für seinen Part eine Reihe von Zahlen „einmal im Tone eines Tragöden und ein andermal wie ein Zirkusclown" (124) aufsagen lernt. Bei der Anhörung folgen die Kameras nur den Bewegungen der Darsteller und dem wohl präparierten Bildmaterial:

Neue Karten erschienen vor den Augen der Senatoren, und die Kameras nahmen die Namen eines jeden Kanals auf, seine Länge, Breite, Tiefe und das Jahr, in dem der Kanal für den allgemeinen Verkehr eröffnet worden war. Das Fernsehpublikum konnte nicht anders als überrascht sein, wie vorzüglich Aslan ihre Verteidigung organisiert hatte. Die Karten waren so groß und die Ziffern so fett und deutlich geschrieben, daß die Zeitungsreporter und die wenigen anwesenden Zuhörer sie lesen konnten, ohne aufzustehen (224f.).

Mit ihrer einstudierten Präsentationsweise infiziert Aslan schließlich die gesamte Umgebung, auch die Journalisten arrangieren sich freiwillig zu einem Gruppenbild mit Dame:

Ein Dutzend Reporter sprangen auf Aslan zu, um sie mit Fragen zu bestürmen. Sie achteten sorgfältig darauf, daß sie um Aslan einen Halbkreis bildeten und nicht aus den Kameras rutschten, und sie taten es so geschickt, daß man glauben konnte, sie hätten eine vortreffliche Schulung als Filmdarsteller genossen (275).

In *Aslan Norval* werden Menschen oft und gern mit Schauspielern verglichen. Beckford erkennt nach der Arbeit kaum seine eigene Sekretärin auf der Straße wieder und hält alle Frauen für geborene Darstellerinnen:

> ‚Nun verstehe ich', sagte er zu sich im stillen, ‚wie es möglich ist, daß ein Ladenfräulein von Macys oder Gimbels, achtzehn Wochen nachdem sie zum letzten Male ein paar baumwollene Herrenstrümpfe verkauft hat, auf der Filmwand als Prinzessin oder Herzogin herumstolziert, als hätte sie als Säugling den Haferbrei mit goldenen Löffeln gegessen.' (137).

Auch Aslan versucht sich offensichtlich in einer neuen Rolle, als sie Beckford in ihrer Villa empfängt. Sie hat gerade den ganzen Nachmittag mit dem arbeitslosen und völlig abgebrannten Mann verbracht und ihn ohne die geringste Qualifizierung seinerseits zum Präsidenten ihrer Kanalbaugesellschaft mit einem eigenen Büro und einer attraktiven Sekretärin gemacht. Zum Schluß lädt sie Beckford zu sich nach Hause ein und behandelt ihn wie einen ebenbürtigen und vielbeschäftigten Geschäftsmann, den sie seit langem nicht gesehen hat:

> „Vorzüglich, wirklich ganz vortrefflich, daß Sie so früh kommen, Mr. Beckford", begrüßte ihn die Dame, die von einem Sessel nahe den großen Fenstern, die bis auf den Boden reichten, aufstand und mit ausgestreckter Hand auf ihn zukam. ‚Nach der Art zu urteilen, wie sie mit ihrem ausgestreckten Arm auf mich lossegelt, erwartet sie wahrscheinlich, daß ich ihr die Hand küsse, wie sie es wahrscheinlich hier und da in einem Film gesehen hat', dachte er bei sich [...]. Inzwischen bot ihm die Dame einen Sessel an und schob diesen Sessel dicht neben den ihren. Sie lachte ihn vertraut an. [...] „Endlich können wir einmal vertraulich miteinander reden", sagte sie, seine Gedanken unterbrechend (91f.).

Am Ende dieses Gesprächs unter vier Augen dämmert Beckford zum wiederholten Mal, daß er eigentlich einer aufgesetzt wirkenden Vorführung beiwohnt: „Vielleicht möchte sie zum Theater gehen und Tragödin werden" (108).

Die Filmassoziationen sind in *Aslan Norval* stets vorhanden und schlagen sich auf unterschiedlichen Ebenen nieder. Bei den Lebensläufen der Haupthelden ist eine Provenienz aus der Klischeewelt der Unterhaltungsindustrie kaum zu verkennen. Aslan hat nicht nur in Hollywood gearbeitet, sie selbst ist eine Film-Phantasie, eine moderne Märchenprinzessin, die ohne irgendwelches Zutun zu unermeßlichen Reichtümern kommt:

> Aslan war zu einer Berühmtheit geworden, als sie im Alter von elf Jahren achtundzwanzig Millionen Dollar erbte. Ihr Name schoß drei Jahre später abermals über die erste Seite der Zeitungen, als ihr eine Erbschaft von neun Millionen Dollar zufiel. Bis zu dem Tage, an dem sie Holved zum ersten Male traf, hatte sie sechs Erbschaften angetreten, und nicht eine war angefochten worden. Im Laufe der Jahre durfte sie auf weitere hohe Erbschaften hoffen, da sie einer der ältesten und reichsten Familien des Landes angehörte (120).

Aslans Mann Holved wird im Gegensatz zu ihr als ein hart arbeitender Mensch konzipiert, der alles nur sich selbst zu verdanken hat. Somit verkörpert er einen weiteren beliebten Hollywood-Mythos und zwar den des Selfmademan: „Alles selbst verdient. Durch seinen Weitblick, seine Tatkraft, seinen Unternehmungsgeist. Was er anfaßt, verwandelt sich in Gold" (97). Und Aslans Kanalbau-Idee wird schon unmißverständlich dem Einfluß der Illusionsindustrie zugeschrieben. Holveds erste Reaktion auf das Projekt seiner Ehefrau fällt keinesfalls positiv aus: „Nur du kannst einen so verrückten Plan aushecken, ohne vor Schreck einen Schlaganfall zu erleiden. Filmidee. Reine Filmidee. Ein solcher Kanal kann in Wahrheit nie gebaut werden" (113). Selbst der eher nüchterne Holved fällt in die Rolle eines melodramatischen Liebhabers, als er Aslan wegen ihrer Untreue aufgesetzte Vorwürfe macht. Bei diesem Gespräch der Eheleute, in dem sich die geständige Ehebrecherin über das stereotype Denken und einen flachen Ausdruck ihres Mannes aufregt, ist Travens Parodieabsicht kaum zu verkennen:

> „Und wo hast du dich so angenehm amüsiert, während ich in der Tropenglut mich abmühte, Kontrakte zu Ende zu bringen?" „Gott im Himmel, werde nun nicht sentimental! Ich hätte auf alle Fälle versucht, meinen Wissensdurst zu stillen, ob du zu Hause warst oder ob du, wie du so wunderschön filmhaft sagst, dich in der Tropenglut braten lassen mußtest." (344f.)

Sogar wenn der Autor das genuine Filmterrain verläßt, bleibt er konsequent im Bereich der arrangierten Bilder und der Effekthascherei. In der Tat ist es Aslan Norval gleichgültig, was für ein Projekt sie verwirklicht. Es geht ihr nicht um Wohltaten, sondern um das eigene Denkmal. Sie wünscht sich einen Blickfänger von überdimensionalem Ausmaß:

> „ – nach – nach – nach – nun kurz gesagt, ich explodiere manchmal fast vor Schaffenslust – ich möchte etwas wirklich Großes, etwas weithin Sichtbares schaffen, etwas, das bleibt. Eine zwanzig Meilen lange Brücke. Eine zweitausend Meter hohe Pyramide. Eine Autobahn, die von New York nach Seattle, Washington, führt, schnurgerade, ohne eine einzige Kurve. Ach, ich weiß wirklich nicht, was ich eigentlich will" (107).[5]

Selbst im Kleinen ist jeder Einzelne ständig um sein Außenbild besorgt. So denkt Beckford, der gerade den Zusammenstoß mit Aslans Cadillac ohne Schaden überstanden hat, nur daran, schleunigst seine Frisur nachzubessern: „Freilich bin ich am Leben, Madame. Warum sollte ich denn tot sein? Vorläufig nicht', und dabei zog er einen Taschenkamm hervor, hielt sein Gesicht gegen die Windschutzscheibe des Autos, kämmte sich das ein wenig zerzauste Haar und grinste" (8). Die irischen Polizisten haben sogar einen Kurs absolviert, in dem ihnen ein

---

[5] Zur Beliebigkeit der Ziele und der megalomanischen Ader bei Aslan siehe auch: „Sie trank von ihrem Wein, öffnete das Buch, das sie lesen wollte, blickte auf die erste Seite, klappte es wieder zu und begann mit offenen Augen zu träumen: Für sie war der Kanal oder die Bahn, was immer es am Ende auch sein mochte, ein Unternehmen wie etwa das Bauen eines großen Schiffes, eines fünfzig Stock hohen Gebäudes, eines mächtigen Dammes" (302).

vertraueneinflößendes Auftreten beigebracht werden sollte: „Darauf grüßten die sechs militärisch und zeigten ihre Zähne in der Weise, wie es ihnen im Polizeiunterricht beigebracht worden war und wie sie es daheim vor dem Spiegel übten, um sympathisch zu wirken" (14). Und Beckfords Sekretärin Amy schminkt sich mit einem Spiegel in der Hand über fünf Seiten (131–135) lang, während sie ihrem Chef von ihrer Vorliebe für aufreizende Filme erzählt und sich mit ihm für den Abend verabredet.

Beckford selbst wird mit auffällig vielen Formen der optischen Darbietung in Verbindung gesetzt. Er hat fünf Jahre lang im Korea-Krieg gekämpft, der von seinem Oberkommando als „das Theater" (19) bezeichnet wird. In der Handlungszeit darf er bei dem Verhör vor der Senatskommission auftreten und somit an der „sensationelle[n] Theatervorstellung" (186) mitwirken. Bei dieser Gelegenheit stellt er unter Beweis, daß gerade Piktogramme sein eigentliches und im Grunde genommen einziges Element sind. Er unterstützt Aslans Auftritt mit Karten, Tafeln und Tabellen mit einer Präzision, die sie ihm nie zugetraut hätte:

> Im Organisieren dieser Vorstellung war ihr freilich Beckford zu Hilfe gekommen, und zwar in einer Weise, wie sie, die seine Intelligenz nicht gerade sehr hoch einschätzte, nie vermutet hätte. Aber diese Art von Vorstellung schien eine Spezialität Beckfords zu sein. Er hatte in Korea sechs Monate lang dem Signal Corps angehört, wo er die Handhabung aller nur möglichen Zeichen bis zur Ermüdung zu lernen und zu üben gezwungen gewesen war (225).

Als Direktor der Kanalbaugesellschaft kommt Beckford in den Besitz einer ansehnlichen Fachbibliothek, die er allerdings auf eine eher untypische Art und Weise genießt: „Er rückte einen Stuhl vor die Regale und setzte sich, die Bücher zu betrachten, wie er sich vielleicht in einer Bildergalerie vor ein großes Gemälde setzen würde" (54).

Auch wird Beckford konsequent mit Begriffen aus dem Bereich der visuellen Unterhaltung beschrieben. Nach seiner Einlieferung ins Krankenhaus heißt es über ihn: „Groß, etwa eins achtzig, kräftig und muskulös. Gebaut wie ein Ringkämpfer. Athletisch, würde ich sagen. [...] Im übrigen war der junge Athlet achtundzwanzig Jahre alt" (30f.).[6] In Beckfords Kopf spult allerdings keine Sportsendung, sondern eine Kriminalschmonzette ab. Nachdem er Aslan kennengelernt hat, stellt er sich mehrere Szenarien vor, in denen die Millionärin ihn zur Beseitigung ihres – wie er fälschlicherweise annimmt – ungeliebten Ehemannes anheuert und anschließend der Justiz ausliefert:

> Sicher verheiratet mit einem Trottel, viel älter als sie, mit dem sie sich sterblich langweilt. Denkt nur immer an Geldmachen. Ich lasse aber doch lieber meine Finger davon. Ist von der Sorte, die Kopfschmerzen bereiten kann, und was für Kopfschmerzen, wenn man sich zu tief verhakt! Ist man

---

[6] Genauso fällt Aslans Urteil über Beckford aus: „Versuchen Sie nicht, romantisch zu werden. Wenigstens nicht mir gegenüber. Die Rolle liegt Ihnen nicht. Die eines Ringkämpfers liegt Ihnen bei weitem besser" (98).

einmal richtig verhakt und will man dann loskommen, fummelt sie in ihrer dicken Handtasche nach dem Revolver und bläst los und sagt dann, ich hätte sie vergewaltigen wollen. Notwehr. Und dann heult sie den Geschworenen etwas vor, läßt ihre schönen Beine sehen, und die Geschworenen erklären: Nichtschuldig (42).[7]

Selbst die Assoziation mit Bereichen, die eigentlich nur Tieren vorbehalten sind, bleibt Beckford nicht erspart. Als Aslan einmal das Gespräch auf die Lebensbedingungen von Tieren bringt, vertritt Beckford die These von dem Vorteil einer Existenz im Zoo:

„Glauben Sie, Mr. Beckford, daß Tiere in einem Zoo oder sonstwie in Gefangenschaft glücklicher sind als in die in Freiheit?" „Daß sie glücklicher leben, möchte ich nicht behaupten; aber ich denke, sie sind zufriedener. Brauchen sich nicht um ihre Nahrung zu sorgen, haben stets Wasser und ein Dach und sind gegen ihre Feinde geschützt, selbst gegen Flöhe, Läuse und Zecken, die das Leben eines Tieres unerträglich machen können" (43).

Am Ende des Romans wählt Beckford auch für sich selbst eine Art freiwilligen Zoo, indem er in die Armee zurückgeht. Somit zieht er zum wiederholten Mal die bequeme Monotonie und Sicherheit der unberechenbaren Freiheit vor:

Gestern habe ich mich zurückgemeldet ins Marine Corps. Behalte denselben Rang. Sergeant. Brauche da nichts zu denken. Jeder Schritt, jede Handbewegung wird befohlen [...]. Das Leben hier ist zu kompliziert für mich, Madame. Beim Militär ist alles einfach. Man hat nur eine einzige Sorge: nicht unangenehm aufzufallen! Und für einen Sergeanten ist selbst diese Sorge auf ein Minimum beschränkt (374–376).

Bevor Beckford zu seiner vollen Zufriedenheit im geschützten Bereich eines menschlichen Zoos untertauchen darf, muß er freilich noch einen anderen Raum der Beobachtung hautnah erleben, und zwar das Labor. Nach den Strapazen des Verhörs erholt sich Aslan am Meer und läßt Beckford für das Wochenende nachkommen. Sie nutzt seinen Aufenthalt, um an ihm eine „Vivisektion" (327) zu Forschungszwecken vorzunehmen. Die Heldin ist über 30 Jahre jünger als ihr Mann und hat vor ihrer Ehe keine sexuellen Kontakte gehabt. Nun möchte sie es mit einem jüngeren Mann versuchen, um einen Vergleich zu haben. Bei diesem Erkenntnistrip erscheint ihr Beckford als ein vielversprechendes Objekt:

„Jung, stark, gut- und geradegewachsen", bemerkte Aslan zu sich, „merkwürdig, ich habe ihn niemals mit einem ähnlichen Empfinden betrachtet. Holved sollte nicht so lange fortbleiben. Dieser Bursche ist ungemein einfältig – doch, davon abgesehen, ein schönes, wohlgeformtes Tier" (285).

Anschließend läßt Aslan den machohaften Eifer Beckfords sogar zweimal über sich ergehen, „um ein volles Resultat zu gewinnen" (347). Als der sich bereits als großer Sieger wähnt, klärt Aslan ihren Direktor über seine eigentliche Rolle auf.

---

[7] Ähnliche Phantasien Beckfords finden sich auch S. 36f., 60, 88.

Und sie tut es mit aller notwendigen Distanz und Sachlichkeit eines Forschers, der lediglich an dem Experiment für sich und keinesfalls an dem Objekt selbst interessiert ist:

> „Ich benötigte für meine seelische Ruhe, sagen wir einmal, ein Versuchskaninchen. Und in Ihnen fand ich ein ganz vorzügliches Meerschweinchen. Wohl das beste, das ich hätte finden können. [...] Ich bin es, der ‚besten Dank' zu Ihnen sagen sollte, wie die von Krankheiten geplagte Menschheit Versuchskaninchen, Meerschweinchen, Affen, Hunden, Mäusen und Ratten Denkmäler setzen sollte für alles das, was diese unschuldigen Versuchstiere für die Menschen getan, gelitten und erduldet haben. [...] Das Kaninchen diente mir dazu, zu erfahren, wie sich wohl mein Ehegatte benimmt, wenn er hört, ein anderer Mann hat mich – nun gut, was sich im Hotel ereignete und mit meiner Zustimmung. [...] Ihre Aufgabe als Versuchskaninchen, die Sie vortrefflich erfüllten, war noch eine andere. [...] Ich wünschte zu wissen, welcher Unterschied in dieser Angelegenheit besteht zwischen einem reifen Mann von durchschnittlicher, ich bin geneigt zu sagen, jungenhafter Natur und Kraft und einem muskelstrotzenden, machtvollen jungen Athleten, wie Sie es sind, Mr. Beckford, obwohl Sie bereits etwa schwammig werden. [...] Mr. Beckford, das Resultat ist vernichtend für Sie. Sie können mit meinem Mann nicht im entferntesten in Wettbewerb treten, Mr. Beckford. Diese Erfahrung mit Ihrer gütigen Mithilfe gewonnen zu haben, könnte ich nicht mit Geld oder sonst etwas bezahlen. Dank Ihrer Hilfe habe ich gelernt, was mein Mann in jeder Hinsicht wert ist" (324–329).

In den fast zwanzig Jahren zwischen *Ein General kommt aus dem Dschungel* und *Aslan Norval* entfernte sich Traven allmählich von der Literatur und wandte sich mit einer steigenden Begeisterung dem Film zu. Als Hal Croves schrieb er Drehbücher und beteiligte sich an den Verfilmungen seiner eigenen Romane.[8] Die Welt der Bilder wurde zu seinem eigentlichen Element. Mit *Aslan Norval* hatte Traven noch einmal in das alte vertraute Medium des Wortes zurückkehren wollen. Die Bilder in seinem Kopf waren allerdings schon nicht mehr zu bannen und nur begrenzt in Worte zu übertragen.

Auch bei diesem letzten Roman gibt es das Problem der Textvarianten. Für die Werkausgabe der Büchergilde Gutenberg von 1978 wurde der Text der Erstausgabe von 1960 um einiges gekürzt und gestrafft. Abgesehen von kleineren vereinzelten Streichungen verzichtete Traven auf das gesamte fünfte Kapitel. Es geht um gut 20 Seiten, auf denen die Karriere von Holved, das Kennenlernen des späteren Ehepaares und Aslans bisherige Arbeit in Hollywood skizziert werden. Freilich konnte dieses Kapitel leicht entfernt werden, weil die zum Verständnis der Geschichte notwendigen Informationen über das Vorleben der Helden ohnehin an einigen anderen Stellen des Buches untergebracht waren. Somit

---

[8] Zu Travens Romanze mit dem Film vgl. Guthke (Anm. 1), S. 505–536.

vermied Traven unnötige Wiederholungen. Zudem hatte diese Rückblende die eigentliche Handlung nur auseinander gerissen.

Aus dem Vorwurf der Omnipräsenz der Erotik hat sich Traven offensichtlich nicht viel gemacht. Er hat im Gegenteil noch nachgelegt. In der Fassung der Werkausgabe ist die Sprache des Romans viel kräftiger und direkter. Sogar die Mathematik wird sexuell konnotiert. So hat Beckford im Technologischen Institut gelernt, „[n]ichts als Kalkulationen, Quadratwurzeln und Kubikwurzeln, Logarithmen vorwärts und rückwärts zu vergewaltigen".[9] Beckfords bereits zitierte Krimi-Phantasie wird um einige neue und entschieden derbere Sätze und Bezeichnungen ergänzt, wodurch sie in die Nähe der *pulp fiction* rückt:

> Verflucht noch mal, möchte doch gern wissen, ob sie die Beine breit macht, wenn ich sie an der richtigen Stelle leise kitzeln sollte. Aber wahrscheinlich kalt wie ein Eisblock. Kalt und trocken wie alle diese eleganten Fähnchen. Zum Ansehen gut. [...] Sicher verheiratet mit einem Krüppel, viel älter als sie, mit dem sie sich sterblich langweilt, weil er ihr den Zimt nicht genügend besorgen kann. Denkt nur immer an Geldmachen. Wenn er über ihr ist, zählt er in Gedanken die Papiere, die er morgen oder übermorgen an der Börse kaufen oder verkaufen möchte (1978, 28).

Und während Aslan in der Erstausgabe ihrem Mann ihre Untreue in eher neutralen Worten eingesteht: „Ich habe mich mit einem Manne eingelassen" (342), heißt es später ohne viel Federlesens: „Ich habe mich von einem Manne legen lassen" (1978, 182).

Unbehelligt ist dagegen das optische Prinzip geblieben. Die Beschreibung der zentralen Fernsehübertragung wurde sogar leicht ausdehnt. Die Vorbereitung der Show und die Bewegungen der Kameras werden noch minutiöser nachgezeichnet. So wird der ersten Beschreibung der aufreizenden fünf Assistentinnen Aslans eine erklärende Passage über die Wirkung der Szene auf das Publikum nachgeschoben: „Jede ihrer Bewegungen offenbarte einen Rhythmus, der angenehm auf die Augen wirkte, ähnlich wie gutgedrillte sportliche Übungen. Nur die Musik fehlte, um den Zirkus vollständig zu machen. Die Musik würde Aslan liefern. Dessen durfte man sicher sein" (1978, 100). In der Fassung von 1960 ‚fegt' über das Gesicht eines Senators einfach nur „ein befriedigendes Grinsen" (202), während er Beckford auf den Zahn zu fühlen versucht. In der späteren Ausgabe wird dieser momentane Gesichtsausdruck zusätzlich von den Kameras eingefangen und in die Welt geschickt: „Senator Drake blickte ebenfalls von einem seiner Kollegen zum andern, und ein befriedigendes Grinsen fegte über sein Gesicht, von dem eine Kamera durch Close-Up entsprechende Notiz nahm" (1978, 105). Die Gesetze einer attraktiven TV-Sendung werden im allgemeinen pointierter und eindeutiger formuliert. In der Erstausgabe bietet eine intensive Diskussion unter den Senatoren den Kameraleuten willkommen

---

[9] B. Traven: Aslan Norval. Frankfurt a. M. / Wien / Zürich: Büchergilde Gutenberg 1978 (Werkausgabe B. Traven. Hg. von Edgar Päßler, Bd. 6), S. 17. Die Seitennachweise im folgenden im Haupttext als (1978, Seite).

Anlaß, „das Fernsehpublikum mit einer interessanten neuen Szene zu füttern" (256). In der Ausgabe von 1978 folgt an dieser Stelle ein kurzer Halbsatz, in dem Traven das Gebot der Abwechslung und Spannung formuliert. Die neue Szene erscheint notwendig, „um das nun ziemlich langweilig gewordene Bild aufzufrischen" (1978, 135). Wesentlich ausgebaut wird schließlich die erste Fokussierung Aslans durch die Kameraleute. 1960 kriechen die Kameras um die Heldin herum und erfassen der Reihe nach ihre „Stirn, ihr Haar, ihre Augen, Nase, Mund, Hals, Brüste, ihren Rücken, die Rundung unter ihren Hüften, die Form ihrer Oberschenkel, ihre Waden, ihre Schuhe, den Schnitt ihres elegant sitzenden Kleides" (205). In der Fassung der Werkausgabe gehen die Penetranz der Kameraleute und die Erwartungen des Publikums viel weiter. Ergänzend heißt es nun:

> Man gewann den Eindruck, als würden die Kameras versuchen, Aslan vollständig auszuziehen. Und auch nicht ein einziger Zuschauer im Lande hätte sich verwundert, wenn ein Kameramann den Rock hochgehoben hätte, um ihr intimstes Untergewand und, wenn möglich, noch etwas mehr zu liefern (1978, 106).

Personenregister[*]

Alemán Valdés, Miguel 9
Álvaro, Pilar 110–113
Ambler, Eric 113
Armendáriz, Pedro 117
Arnim, Bettina von 184
Austin, John L. 205, 207f., 215
Avila Camacho, Manuel 8
Avila Camacho, Maximino 8f.

Benjamin, Walter 199
Bergen, Paul von 27
Bergmann, Hans 66f., 69f.
Bertschi, Rudolf *siehe* Hoegner, Wilhelm
Bewer, Helene 131
Bibelje, August 137
Blanchard, Mari 117
Bracho, Julio 117, 125
Braitenberg, Elisabeth von 130–132
Brockett, Eleanor 33, 38, 43, 46–53, 55
Bromfield, Louis 26
Busch, Wilhelm 172
Butler, Judith 205, 208f., 212, 216

Cabada, Juan de la 117, 125
Cahn, Alfredo 95, 97–107, 109, 113
Calles, Plutarco Elías 101
Canessi, Federico 139

Cantor, Eddie 159
Cárdenas, Lázaro 5
Cárdenas Barrios, René 120
Cardoza y Aragón, Luis 96
Casement, Roger 155
Castaneda, Carlos 113
Cernuda, Luis 102
Charnekl, Lorraine 117
Chacel, Rosa 102
Cohn, Irving 159
Córdova, Arturo de 117
Cortázar, Julio 102
Cronin, Archibald Joseph 26

Dahl, Helene *siehe* Bewer, Helene
Dante Alighieri 186, 188
Darwin, Charles V
Demokrit 202
Dickens, Charles 26
Diderot, Denis 150, 168
Döblin, Alfred V
Dreßler, Bruno 14f., 17–25, 27, 60, 69, 71, 134, 142
Dreßler, Helmut 28, 61, 65–71, 135, 143
Düby, Kurt 23

Ehard, Hans 25

---

[*] Das Personenregister erfasst die in den Beiträgen des vorliegenden Bandes genannten realen Personen. Nicht berücksichtigt wurde B. Traven mit seinem Namen und seinen Pseudonymen. Personen, deren Namen im Zusammenhang mit einem Verlag oder einem Archivbestand erscheinen, werden lediglich dort aufgenommen, wo sie als Personen im Blick sind. Literaturkritiker bzw. -wissenschaftler sowie Wissenschaftler anderer Disziplinen verzeichnet das Register nur, wo sie selbst Teil der Werkgeschichte gewesen sind oder wenn sie zu Theorievorgaben eines Beitrags entscheidend beigetragen haben.

Fallen de Droog, Ernst 137
Fanon, Frantz 161
Feige, Otto 136
Félix, María 117
Ferriz, Miguel Ángel 117
Feuchtwanger, Lion 142
Figueroa, Gabriel 9, 104, 117, 138
Figueroa, Roberto 9
Forster, Edward Morgan 150
Franco, Francisco 75
Freud, Sigmund 142

Gándara, Alejandro 113
Gide, André 162
Gilbert, Jean 159
Goethe, Johann Wolfgang von Vf., IX, 33, 39, 42, 53
Goldschmidt, Alfons 7
Gonzala, Fedor [Pseud.] 137
Goslar, Jürgen 139
Graf, Oskar Maria 7, 137
Grass, Günter 18
Grejner-Gekk, Emilija 72
Gross, Babette 6
Guerrero de Luna, Consuelo 117

Häcker, Marta 132f.
Haddad, Joumana 177
Hall, Wendell 159
Hanna, John 131
Hannibal 33
Haase, Kurt 136f.
Heidemann, Gerd 130–141, 143–146
Heine, Heinrich 142
Hill, Lawrence 49
Hirschfeld, Magnus 142
Hitler, Adolf 5f., 15, 130
Hobart, Alice Tisdale 26
Hoegner, Wilhelm 15, 24–27
Homer 186
Horthy, Miklós 32f., 39, 41, 44
Huston, John 9, 144

Jacoby, Hans 83
James, Henry 163
Jean Paul 150

Kahn, Alfred *siehe* Cahn, Alfredo
Katz, Otto 3, 10
Kaufmann, Christoph 166
Kelly, Jack 117
Kisch, Egon Erwin VI, 3–7, 10, 142, 165
Knauf, Erich 141, 143
Knopf, Alfred A. 18, 112
Kohn, José 117, 136
Kohner, Pancho 144f.
Kohner, Paul 144
Kostakowsky, Lia 95–97
Krüger, Wolfgang 27, 60, 71

Lec, Stanisław Jerzy 167
Lenin, Vladimir Il'ič 188
List, Erich 66, 69f., 80
Lombardo Toledano, Vicente 3f., 8–11, 96
López, Fernando 138
López Mateos, Adolfo 9
López Mateos, Esperanza VIf., 6, 9–11, 60, 64, 95, 98f., 104–112, 119f., 123, 135, 143
López Tarso, Ignacio 116
López y Fuentes, Gregorio 109
Ludwig, Emil 101f.
Luján, Rosa Elena 5, 9, 49, 64, 75, 81, 85, 87, 110, 120, 123, 129, 135f., 138, 140, 144
Luz Martínez, Maria de la 138

Mann, Thomas V, 23, 35, 91
Martínez de Hoyos, Jorge 117
May, Karl 7, 180
Mayer, Hanns 3
Meier, Hedwig 137
Melville, Herman 187
Mermet, Irene 130–133

Personenregister

Miller, Charles 49
Modotti, Tina 141
Mühsam, Erich 5, 7
Müller, Robert 162
Münzenberg, Willi 3, 5f.
Musil, Robert V

Nabokov, Vladimir 35, 91, 93, 137
Nannen, Henri 137
Neruda, Pablo
Nietzsche, Friedrich V, 206f.

Obregón, Álvaro 41, 54
Odilon, Helene 131
Oprecht, Hans 22f.
Ortigosa, Carlos 117, 125
Ohly, Götz 132, 137

Palacios, Enrique Juan 136, 144
Päßler, Edgar VIIf., 58, 61, 83–90, 130, 139–146
Paz, Octavio 110
Pfemfert, Franz 6
Pferdekamp, Wilhelm 136
Pfliegler, Josef 133
Pinkus, Theo 87
Piscator, Erwin 8
Plutarch 202
Powell, Lawrence Clark 18f., 26
Preczang, Ernst 7, 10, 19, 22, 27, 29, 36, 60, 71, 107, 130, 134–136, 140–142
Preußer, Werner 28, 112
Prignitz, Helga 85
Primo de Rivera, Miguel 74f.
Pynchon, Thomas 113

Quintilian 149f.
Quiroz, Alfonso 138

Raabe, Wilhelm 150
Raddatz, Fritz J. 35, 124
Radványj, László 3

Recknagel, Rolf 28, 75, 80, 88
Reibetanz, Kurt 141
Renn, Ludwig 3, 6f.
Rieger, Jonny (Gerhard) 5, 14f., 22, 27
Ritter, Wilhelm *siehe* Hoegner, Wilhelm
Rivas, Pedro Geoffroy 95–97
Rocker, Rudolf 99f.
Rowling, Joanne K. 181

Salinger, Jerome David 113
Schikowski, John 29, 34, 48, 101
Schiller, Friedrich von V
Schnautz, Henry 6, 9
Schönfeld, Alfred 159
Schönherr, Johannes 22, 27, 29f., 36, 60, 65, 71, 136
Schubert, Marta *siehe* Häcker, Marta
Schweitzer, Albert 177
Searle, John R. 207
Seghers, Anna 3, 6f.
Seligmann, Siegfried 199, 201
Seuss, Juergen 65, 85f., 88
Shakespeare, William 186
Sieburg, Friedrich 227
Silver, Frank 159
Simone, André *siehe* Katz, Otto
Sinclair, Upton VII, 142, 165
Smith, Bernard 18
Sommer, Elke 136
Spota, Luis 138
Stalin, Josef 6, 10
Sterne, Laurence 150–52, 168
Stirner, Max 91, 210
Swift, Jonathan 150

Tannenbaum, Frank 136
Toller, Ernst 7
Tolstoj, Lev Nikolaevič 26
Tovar Kohner, Lupita 144
Traven, Franz 137

Tressler, Georg 65, 82f., 136
Trevanian 113
Troller, Georg Stefan 138
Trotzky (Trockij), Leo 6
Tucholsky, Kurt 115, 142

Uhse, Bodo 3
Unamuno, José de 95, 97

Voltaire 174

Walpole, Hugh 26
Wang, Arthur 49

Wieder, Joseph 15f., 20–24, 28, 60f., 64–71, 79, 90, 103f., 134–136, 140, 142f.
Wieland, Christoph Martin VI
Wilhelm II. 131
Wyss, Otto 26

Zielke, Elfriede 10, 135, 137
Zielke, Irene 10, 135–137
Zweig, Stefan 101f.